Alexandre Rodrigues, PhD

IA PARA EMPREENDEDORES

DOMINE NA PRÁTICA A INTELIGÊNCIA ARTIFICIAL E ELEVE SEU POTENCIAL!

IA PARA EMPREENDEDORES

Revisão de Textos: Hellen Suzuki
Design de capa, projeto gráfico e diagramação: Bruno Ortega | BRO® studio

ISBN: 978-65-5695-155-3

Dados Internacionais de Catalogação na Publicação (CIP)
(Câmara Brasileira do Livro, SP, Brasil)

Rodrigues, Alexandre
IA para empreendedores : domine na prática a inteligência artificial e eleve seu potencial! / Alexandre Rodrigues. -- São Paulo : DVS Editora, 2025.

ISBN 978-65-5695-155-3

1. Empreendedorismo 2. Gestão de negócios 3. Inteligência artificial 4. Marketing digital 5. Performance 6. Sucesso em vendas 7. Transformação digital I. Título.

25-282815 CDD-658.05

Índices para catálogo sistemático:

1. Transformação digital : Administração 658.05

Eliete Marques da Silva - Bibliotecária - CRB-8/9380

Nota: Muito cuidado e técnica foram empregados na edição deste livro. No entanto, não estamos livres de pequenos erros de digitação, problemas na impressão ou de uma dúvida conceitual. Para qualquer uma dessas hipóteses solicitamos a comunicação ao nosso serviço de atendimento através do e-mail: atendimento@dvseditora.com.br. Só assim poderemos ajudar a esclarecer suas dúvidas.

Alexandre Rodrigues, PhD

IA PARA EMPREENDEDORES

DOMINE NA PRÁTICA A INTELIGÊNCIA ARTIFICIAL E ELEVE SEU POTENCIAL!

DVS EDITORA
www.dvseditora.com.br
São Paulo, 2025

SUMÁRIO

QUEM SOU EU

Olá! Eu me chamo Alexandre Rodrigues, sou professor e consultor desde 2001 nos campos de desenvolvimento de estratégias em neurociência aplicada a negócios e desenvolvimento de pessoas e equipes de alta performance, pela empresa de consultoria DNA Corporativo (*www.dnacorporativo.com.br*). *Chief Strategy and Institutional Positioning Officer* – Doctor IA (*www.mydoctoria.ai*).

Doutor em ciências da comunicação no campo da aplicação da metacomunicação com ênfase em neurociência aplicada a negócios e desenvolvimento comportamental, pela Universidade Lusófona de Lisboa em Portugal, com mestrado internacional em gestão de equipes de alta performance pela UFRGS (Brasil), HEC (Paris) e EADA (Barcelona).

Pós-graduado com MBA em organização de empresas pela FARGS – Fundação dos Administradores do Rio Grande do Sul.

Graduado em computação gráfica pela CTI (Toronto), administração de empresas e também em *international trade* pelas Faculdades São Judas Tadeu, no Brasil.

Você me encontra pelos seguintes canais:

Instagram: *@neuroexpert*

YouTube: *https://www.youtube.com/@NeuroExpert*

LinkedIn: *https://www.linkedin.com/in/alexandremr/*

Lattes: *http://lattes.cnpq.br/4590143222028752*

E-mail: *alexandre@dnacorporativo.com.br*

Fone/WhatsApp: *+351 924270740*

MEU TRABALHO

Eu trabalho, basicamente, na transformação do negócio a partir do conhecimento sobre como o ser humano funciona em toda a sua complexidade.

Quando compreendemos as bases que estimulam esse funcionamento, nos tornamos mais eficientes na forma como podemos ensinar e exigir performance própria e alheia.

Os resultados organizacionais e pessoais nada mais são que reflexos das decisões humanas, as quais são impactadas pela gama infinita de estímulos e experiências vividas por todos os decisores.

É por isso que somos tão diferentes, mas tão semelhantes ao mesmo tempo.

Dessa maneira, existem infinitas formas de trazer mais performance a uma equipe, porém, diferentemente que muitos imaginam, os elementos dessa transformação, estão sendo mais considerados em âmbito inconsciente que consciente.

Nosso papel, portanto, é abrir as portas às possibilidades, tornando os gestores modernos mais perspicazes na gestão do comportamento humano.

Nosso papel é dar subsídios de compreensão maior a este líder, tornando-o um gestor mais inteligente e diferenciado enquanto responsável por gerir o mais complexo dos animais: o ser humano.

Tenha acesso a todos meus artigos neste link:

https://www.linkedin.com/in/alexandremr/recent-activity/articles/

COLABORAÇÃO ESPECIAL

Sou Leonardo Coelho, pesquisador de IA na Université Libre de Bruxelles (ULB, Bélgica) e consultor de IA para empresas e negócios. Sou formado em Engenharia de Materiais pela UFSC (Brasil) e, durante o meu doutorado em Ciências da Engenharia e Tecnologia na Université de Mons (UMons, Bélgica), precisei aprender programação e ciência de dados para aprofundar minhas pesquisas.

Desde então, o contato com a IA tornou-se inevitável! Realizei pós-doutorados na ULB e na Vrije Universiteit Brussel (Bélgica) focados em aprendizado de máquina aplicado a dados de sensores. Além de ter mais de 40 publicações científicas na área de materiais, transformei conhecimentos acadêmicos em soluções práticas para a indústria.

Recentemente, criei a página @ialeocoelho no Instagram para compartilhar meu conhecimento sobre IA e ajudar profissionais a aplicarem essa tecnologia.

Instagram: *@ialeocoelho*

LinkedIn: *www.linkedin.com/in/leonardo-bertolucci-coelho-26bb78121*

ResearchGate: *https://www.researchgate.net/profile/Leonardo-Bertolucci-Coelho*

E-mail: *bcoelho.leonardo@gmail.com*

Fone/WhatsApp: *+55 47 9929 20737*

Dedicatória Prof. Alexandre:

Dedico este livro a meus filhos, que, ao seguirem o exemplo dos pais, descobrem que somente o conhecimento torna as pessoas realmente livres e donas de seu próprio destino.

Dedicatória Prof. Leonardo:

Dedico esta obra aos nativos digitais, incluindo meus filhos, que precisarão, mais do que as gerações precedentes, apoiar-se no conhecimento para encontrar águas tranquilas em meio ao tsunami digital.

PREFÁCIO - *POR JOEL JOTA*

A Inteligência Artificial já faz parte da minha vida. Está no meu dia a dia de trabalho, nas decisões que tomo, nas ideias que gero, nas pesquisas que realizo, nas reflexões que compartilho e, principalmente, na forma como contribuo com o meu time, com meus mentorados e com os negócios que ajudo a escalar.

Ano passado, em 2024, eu estabeleci um objetivo pessoal: me aprofundar de verdade em Inteligência Artificial. Eu não queria apenas entender por alto, ou repetir o que todo mundo fala. Eu queria ir fundo. Queria testar ferramentas, criar fluxos, explorar aplicações, entender limites e, acima de tudo, tirar resultado prático disso.

Todas as semanas, eu recebo livros no meu escritório. Muitos. É comum. Muita gente me manda com carinho, com admiração, com esperança de que eu leia e recomende. Eu respeito demais isso. Costumo folhear todos eles. Mas confesso: são raros os que realmente me prendem.

Num desses dias comuns, cheguei ao escritório e havia uma pilha com mais ou menos uns 15 livros. Em meio a tantos títulos, um me chamou a atenção. A capa era azul. O autor? Um PhD chamado Alexandre Rodrigues. O título? "Domine seu negócio com Inteligência Artificial."

Naquela semana, eu ia viajar. E toda vez que viajo, escolho um livro para levar comigo. É um ritual meu. E mesmo tendo dezenas de livros já comprados, muitos ainda não lidos, mesmo com obras de autores conhecidos e amigos queridos na estante - eu escolhi o livro do Alexandre.

Li em três dias. Um final de semana. Foi impactante. Prático. Profundo. Inspirador. Tão diferente

que eu fiz algo que nem sempre faço: publiquei nos meus stories. Compartilhei com a minha audiência. O resultado? O livro disparou nas vendas. Em alguns lugares, chegou a esgotar.

Foi ali que começou minha relação com o Alexandre. Hoje, tenho a honra de escrever o prefácio deste novo livro. Um livro que leva ainda mais a fundo essa conexão poderosa entre Inteligência Artificial e negócios.

Mas antes de falar com você sobre o conteúdo, deixa eu te contar algo importante: esse não é mais um livro sobre IA. Ele não vai te jogar um monte de siglas, nomes técnicos e previsões de um futuro distante. Ele vai te mostrar o agora. O que está acontecendo. O que você pode usar hoje. O que vai te deixar para trás se você não aplicar imediatamente.

(E agora, como prometido, deixa eu abrir um parêntese e te contar, com o meu jeito de falar, o que você vai encontrar nos capítulos dessa obra. Fecha parêntese.)

Esse livro começa com uma provocação poderosa: "A Revolução Humana na Era da IA." E é isso mesmo. A IA não é só uma ferramenta - ela é um novo paradigma. É uma nova forma de pensar, trabalhar e resolver problemas. O autor explora, com dados e reflexões, o que está acontecendo no mundo real. Ele traz insights do AI Index Report 2024, fala de tendências globais, do impacto ambiental da IA, e já mostra como isso tudo muda a produtividade no dia a dia de qualquer empresa.

Depois, ele vai direto ao ponto: quem você quer ser nessa nova era? E aqui entra um conceito incrível: você pode ser um Centauro, que usa a IA para multiplicar suas capacidades humanas; um Cyborg, que integra a IA como parte essencial do seu trabalho; ou um Gênio Invisível, que usa sem saber. Essa parte é um espelho. Você se enxerga e entende onde está - e onde pode chegar.

A jornada segue com um mergulho na história da IA. Mas não é uma aula chata de datas. É um panorama que te dá base. Do início com os primeiros experimentos, passando pelo "inverno da IA", até a explosão com o ChatGPT e os modelos generativos. É o tipo de conteúdo que te faz conversar de igual para igual com qualquer especialista, sem precisar ser um programador.

Depois, o livro entra no que eu considero um dos maiores ativos da Inteligência Artificial: a análise preditiva. A capacidade de antecipar o futuro, prever tendências de mercado, reduzir riscos e tomar decisões com base em dados. Alexandre explica isso com uma clareza que poucas vezes vi. Ele mostra aplicações reais para gestores, líderes, empreendedores e profissionais de todas as áreas.

E aqui, o livro começa a virar manual prático. Você aprende como aplicar IA em Marketing, Finanças, RH, Atendimento ao Cliente, Logística, Educação - tudo com casos reais, tabelas comparativas, dicas rápidas e hacks úteis.

É como se ele tivesse sentado do seu lado, com um laptop aberto, te mostrando o que fazer passo a passo.

Tem também um capítulo muito importante sobre os limites da IA. Porque a tecnologia é poderosa, mas não é perfeita. A IA alucina. Erra. Às vezes inventa. O livro mostra quando confiar e quando questionar. Ensina como evitar as armadilhas e usar a IA com inteligência.

E o diferencial? Esse livro te ensina a criar sua própria IA. Isso mesmo. Ele mostra como você pode configurar e treinar seu próprio GPT, seu próprio assistente inteligente, personalizado para o seu negócio. Você aprende a integrar isso ao seu fluxo de trabalho. É autonomia total.

Na parte final, Alexandre expande ainda mais a visão: fala do novo mercado, da nova economia, da computação quântica, do futuro da IA, dos limites éticos e da responsabilidade digital. E ainda compara os principais modelos do mercado - não apenas o ChatGPT, mas outros LLMs e ferramentas que você precisa conhecer se quer estar à frente.

Esse livro é um guia. É um arsenal. É um espelho. É um plano de ação. E para mim, é também um divisor de águas.

Mas não para por aí.

O livro fecha com chave de ouro trazendo ferramentas, tutoriais, dicas práticas e estratégias de aplicação em áreas específicas do seu negócio. Alexandre mostra como a IA pode impactar diretamente seu CAC, LTV, NPS, e transformar setores inteiros dentro de uma empresa - como o jurídico, o RH, o atendimento, o marketing e até o planejamento de aulas para professores.

Você vai encontrar aqui modelos de prompt, estratégias para engajamento de equipe, análise de sentimento, criação de conteúdo otimizado, automação de processos, e até ferramentas para coaching de gratidão e desenvolvimento de infoprodutos. É tudo tão prático, que parece até que você está numa consultoria particular.

E não pense que é só uma lista de ferramentas. Cada capítulo tem um raciocínio por trás. Tem intenção. Tem estratégia. Tem contexto. Esse livro não te entrega atalhos rasos. Ele te dá profundidade com velocidade. E isso é raro hoje.

Além disso, o livro ensina a criar GPTs personalizados, automatizar tarefas, montar assistentes virtuais, implementar bots e até construir agentes de IA que respondem e-mails por você. É um

nível de sofisticação que, até pouco tempo atrás, só grandes empresas tinham acesso - e que agora está ao alcance de qualquer empreendedor com visão e atitude.

E, por falar em atitude, deixa eu te dizer uma coisa importante:

A IA não vai substituir ninguém.

Ela vai substituir quem se recusar a aprender.

Esse livro é para quem quer liderar esse novo tempo. Para quem entende que conhecimento hoje não é mais diferencial - é obrigação mínima. O diferencial é aplicar rápido, aprender com consistência e ajustar com inteligência. E é isso que você vai fazer ao longo desta leitura.

Eu costumo dizer que a alta performance nunca foi sobre talento. Sempre foi sobre disciplina. Foco. Adaptação. E, acima de tudo, domínio das ferramentas certas.

E poucas ferramentas, na história da humanidade, foram tão transformadoras quanto a Inteligência Artificial.

Foi com IA que eu ganhei escala.

Foi com IA que eu economizei tempo. Foi com IA que eu otimizei decisões.

Foi com IA que eu potencializei meus conteúdos, meus produtos, meu posicionamento. Foi com IA que meu time hoje entrega mais, com mais qualidade, e menos esforço.

Por isso, escrever esse prefácio é quase um dever de gratidão. Gratidão por uma tecnologia que mudou a minha vida. E gratidão por um autor que soube organizar esse conhecimento com clareza, profundidade e aplicação direta.

Parabéns, Alexandre. Você entregou um conteúdo que não apenas informa - ele transforma. Ele educa, prepara e ativa.

E você, leitor ou leitora, está com um presente nas mãos. Esse livro é um GPS para o futuro.

Use com coragem. Use com estratégia. Use com frequência.

E prepare-se:

O seu negócio ainda tem muito para crescer. Sua equipe ainda pode render muito mais.

E você está prestes a acessar um novo nível de impacto, produtividade e inteligência.

Tudo isso começa agora. Na próxima página.

Bem-vindo à nova era.

Bem-vindo ao mundo onde IA + atitude definem o jogo.

Vamos juntos.

Joel Jota

Joel Jota

É um empreendedor, escritor e especialista em desenvolvimento pessoal e gestão. Ele é conhecido por suas palestras motivacionais e treinamentos voltados para o crescimento profissional, com foco em áreas como liderança, produtividade e inteligência emocional. Joel Jota também se destaca por sua atuação como coach e mentor de empresários, ajudando-os a atingir melhores resultados no âmbito pessoal e corporativo.

Instagram: *@joeljota*

LinkedIn: *https://www.linkedin.com/in/joeljota/*

Url: *https://joeljota.com/*

PREFÁCIO - *POR MARCO STEFANINI*

Eu e o professor Alexandre Rodrigues nos conhecemos no Web Summit, em Portugal, um dos maiores eventos de tecnologia do mundo. Durante o evento, tive a oportunidade de conhecer melhor o trabalho do professor Alexandre e, ao tomar conhecimento de sua obra, imediatamente me identifiquei com suas ideias e com a abordagem extremamente prática e estratégica que ele traz ao discutir a inteligência artificial. Essa identificação natural com a proposta do livro reforçou minha convicção de que esta obra seria um guia interessante para todos que buscam utilizar a IA de forma eficiente nos negócios.

Vivemos em uma era de transformação acelerada, impulsionada pela inteligência artificial. Empresas e profissionais que desejam se manter relevantes no mercado precisam entender que a IA não é uma tendência passageira, mas sim um dos principais motores da inovação empresarial e da eficiência operacional. No entanto, para que essa tecnologia gere valor real, é necessário um olhar pragmático e estratégico, que evite a armadilha das promessas irreais e foque em soluções concretas. A IA não se trata apenas de automação ou otimização de processos, mas de uma nova forma de pensar e estruturar os negócios para o futuro.

O livro *IA para empreendedores: Domine na prática a inteligência artificial e eleve seu potencial!* é um convite para todos aqueles que desejam não apenas compreender, mas aplicar a IA de forma eficaz em seus contextos de negócios. Com uma abordagem acessível e, ao mesmo tempo, profunda, ele desmistifica conceitos, apresenta cenários reais e fornece um caminho estruturado para que empresas e profissionais extraiam o máximo potencial da inteligência artificial. O verdadeiro diferencial está na sua capacidade de transformar conhecimento em ação, permitindo que qualquer organização aproveite o poder da IA de maneira tangível e estratégica.

Na Stefanini, acompanhamos de perto a evolução da IA e sua aplicação prática em diversos setores. O que aprendemos é que a adoção dessa tecnologia precisa ser orientada a desafios reais, sempre com um olhar estratégico e sustentável. Empresas que utilizam IA sem um direcionamento claro podem acabar investindo em soluções que não geram impacto significativo. Por isso, a abordagem correta é fundamental: integrar a IA de forma estruturada, alinhando-a à cultura corporativa e aos objetivos de longo prazo.

Alexandre Rodrigues captura com maestria esse pensamento, equilibrando teoria e prática de maneira que qualquer líder, gestor ou profissional possa se preparar para esse novo ciclo de transformação digital. Ao longo dos capítulos, é possível perceber como a IA se torna uma ferramenta indispensável para gerar insights mais precisos, automatizar tarefas repetitivas e permitir que profissionais se concentrem no que realmente importa: a inovação e a tomada de decisões estratégicas.

A transformação digital não é um destino, mas um processo contínuo. Seja para otimizar processos, impulsionar a produtividade ou criar oportunidades de negócios, este livro é uma ferramenta essencial. Ele não apenas explica os fundamentos da IA, mas também guia o leitor na prática, mostrando como evitar armadilhas comuns e maximizar os benefícios da tecnologia.

Mais do que um guia, esta obra é um chamado à ação: é tempo de dominar a inteligência artificial na prática e utilizá-la como alavanca para o crescimento sustentável. A próxima revolução empresarial já começou, e aqueles que souberem utilizar a IA de maneira estratégica estarão na vanguarda da inovação.

Marco Stefanini

Marco Stefanini

É o fundador e CEO global do grupo Stefanini, uma das maiores empresas globais de soluções de TI, com presença em diversos países. Ele é um renomado executivo e empresário, com uma trajetória de sucesso no setor de tecnologia e inovação. A Stefanini oferece serviços em áreas como consultoria de TI, outsourcing, automação e soluções de software, e Marco Stefanini tem sido um líder influente no mercado de tecnologia, especialmente no Brasil e em outros países latino-americanos. Ele também é conhecido por sua visão empreendedora e pela criação de um ambiente corporativo focado em resultados e inovação.

Instagram: *@stefanini*

LinkedIn: *https://www.linkedin.com/in/stefaninimarco/*

Url: *https://stefanini.com/pt-br*

COMO APROVEITAR MELHOR ESTE LIVRO

Ter um guia sobre inteligência artificial (IA) é essencial para todos os interessados, pois oferece uma base sólida e estruturada para entender esse campo que está transformando diversos aspectos da sociedade. Para os leitores iniciantes, um guia acessível pode desmistificar conceitos complexos, como machine learning, redes neurais e processamento de linguagem natural, tornando a IA mais compreensível e menos intimidadora. Isso é fundamental, pois a IA está presente em ferramentas e serviços que usamos diariamente, e compreender seus fundamentos permite que qualquer pessoa navegue de forma mais crítica e consciente no mundo digital.

Para os leitores mais experientes, um guia atualizado sobre IA é igualmente valioso, pois a área está em constante evolução, com novos modelos, técnicas e aplicações surgindo rapidamente. Um guia bem elaborado permite que esses leitores se aprofundem em tópicos avançados, entendam melhor os avanços recentes e explorem as implicações éticas, sociais e econômicas associadas ao uso e desenvolvimento da IA.

Além disso, um guia oferece uma visão estruturada e sequencial, permitindo que o leitor veja o panorama completo — desde a teoria até as aplicações práticas, passando pelas precauções éticas e futuras direções da área. Isso é crucial, pois a IA é multifacetada e requer um entendimento tanto técnico quanto contextual para que suas implicações sejam compreendidas e aproveitadas ao máximo, de forma ética e segura.

Seja muito bem-vindo ao nosso mundo!

Aprecie sem moderação e aproveite o trajeto.

Prof. Alexandre Rodrigues

APRESENTAÇÃO

A inteligência artificial não é mais um conceito distante reservado a cientistas ou grandes corporações. Hoje, ela se tornou a principal ferramenta de inovação e vantagem competitiva para qualquer profissional que deseja se destacar no mercado.

Este livro não é apenas um guia técnico, mas um verdadeiro mentor, que leva o leitor a compreender, dominar e aplicar a IA de maneira prática e estratégica.

Afinal, a transformação digital está redefinindo indústrias, carreiras e modelos de negócios, e aqueles que souberem integrar a IA ao seu dia a dia terão uma vantagem incomparável.

Por isso, com uma abordagem clara e acessível, esta obra apresenta os conceitos fundamentais e avançados da IA explorando suas aplicações em áreas como gestão, marketing, vendas, finanças e otimização de processos. Seja você um empreendedor, executivo, analista de dados ou profissional de qualquer segmento, este conhecimento permitirá que você tome decisões mais inteligentes, aumente sua produtividade e eleve sua capacidade de inovação.

Através de exemplos reais, insights estratégicos e explicações detalhadas sobre modelos como o GPT, este livro mostra que a IA não substitui a criatividade humana, mas a potencializa. E compreender seu funcionamento e suas possibilidades significa estar preparado para um futuro onde a tecnologia e a inteligência humana caminham juntas.

Ao final desta jornada, você terá uma nova visão sobre como transformar desafios em oportunidades e como a IA pode impulsionar negócios de forma ética, eficiente e altamente lucrativa.

Agradecemos a você, leitor, por embarcar nesta jornada rumo à excelência e inovação. Que este livro lhe ofereça um caminho sólido e inspirador para utilizar a IA de forma estratégica e alcançar o sucesso que você deseja.

O futuro começa agora, e ele está em suas mãos!

A REVOLUÇÃO HUMANA NA ERA DA IA

De acordo com a Accenture Technology Vision 2024,[1] a IA está no centro de uma grande transformação tecnológica, tornando a tecnologia mais centrada no ser humano e redesenhando indústrias. Noventa e cinco por cento dos executivos acreditam que a IA generativa levará suas organizações a modernizar suas arquiteturas tecnológicas, enquanto 96% concordam que o uso de agentes de IA pode permitir operações totalmente automatizadas, especialmente na manufatura. Essa mudança não apenas marca uma transformação tecnológica, mas também destaca o potencial da IA para melhorar a produtividade, a criatividade e a tomada de decisões de formas nunca antes imaginadas.

Klaus Schwab,[2] fundador do Fórum Econômico Mundial, explora como a convergência de tecnologias digitais, físicas e biológicas está transformando todos os aspectos da sociedade e da economia. Schwab descreve esta "quarta revolução" como uma fase distinta das anteriores (mecânica, elétrica e digital), caracterizada pela velocidade, alcance e impacto sem precedentes das novas tecnologias, como inteligência artificial, biotecnologia, internet das coisas e robótica.O autor discute as oportunidades e desafios que a revolução traz, como o impacto no mercado de trabalho, a privacidade, a desigualdade econômica e as implicações éticas. Schwab enfatiza a necessidade de adaptação tanto dos indivíduos quanto das organizações e governos para acompanhar essa transformação, defendendo um diálogo global e colaborativo para garantir que os avanços tecnológicos beneficiem a humanidade de maneira inclusiva e sustentável.

---

1 Accenture. (2024). Accenture Technology Vision 2024: Human by Design. Accenture. Recuperado de *https://www.accenture.com/us-en/insights/technology/technology-trends-2024*.

2 Schwab, K. (2016). A Quarta Revolução Industrial. Edipro.

Tendências atuais: Insights do AI Index Report 2024

O progresso da inteligência artificial tem sido impressionante e está transformando uma ampla gama de indústrias e atividades humanas. De avanços na pesquisa e desenvolvimento a impactos econômicos e sociais, o AI Index Report 2024[3] oferece uma visão abrangente do estado atual e das direções futuras da IA. Entender essas tendências é fundamental para que profissionais e organizações possam adotar uma abordagem estratégica e informada ao integrar a IA em seus processos de trabalho.

Com base nas últimas descobertas do relatório, listamos 10 pontos-chave que ilustram o impacto atual e futuro da IA:

1. A IA supera os humanos em algumas tarefas, mas não em todas.
2. A indústria continua a dominar a pesquisa de IA de ponta.
3. Modelos de IA de ponta estão ficando muito mais caros*.
4. Os Estados Unidos lideram, assim como a China, a UE e o Reino Unido como a principal fonte de modelos de IA de ponta.
5. Faltam avaliações robustas e padronizadas para a responsabilidade dos grandes modelos de linguagem (LLM).
6. O investimento em IA generativa disparou.
7. Os dados mostram: a IA torna os trabalhadores mais produtivos e leva a um trabalho de maior qualidade.
8. O progresso científico acelera ainda mais, graças à IA.
9. O número de regulamentações de IA nos Estados Unidos aumentou significativamente.
10. As pessoas ao redor do mundo estão mais conscientes do impacto potencial da IA — e mais preocupadas.

Nota: por que os modelos de linguagem estão mais caros?

O aumento dos custos para treinar modelos de IA de ponta, pode ser atribuído a vários fatores: complexidade crescente (os modelos de IA tornaram-se exponencialmente maiores e mais complexos, exigindo muito mais recursos computacionais); custos de hardware e nuvem (computação em nuvem, essencial para o treinamento de grandes modelos, é um dos principais fatores de custo); otimização de modelos (o treinamento do Gemini Ultra (Google),

3 *https://aiindex.stanford.edu/.*

o modelo mais caro até o início de 2024, custou aproximadamente US$ 191 milhões, superando até mesmo o GPT-4).

Portanto, é razoável supor que o custo de treinamento do GPT-5 possa ultrapassar os US$ 200 milhões, dependendo das especificações e objetivos estabelecidos pela OpenAI.

Porém, com a abertura de mercado e novas concorrências e aplicações surgindo, a tendência é sempre baixar valores a médio prazo.

O Impacto Ambiental da IA e a Tendência Atual

O impacto ambiental da inteligência artificial, especialmente dos Modelos de Linguagem de Grande Porte (LLMs), vai muito além das emissões de carbono. Estudos recentes mostram que o consumo de água também é um fator relevante. Por exemplo, o GPT-3 pode "consumir" cerca de 1 litro de água para cada 10 a 50 interações, destacando os custos ambientais ocultos. À medida que os modelos de IA se tornam mais complexos e amplamente utilizados, o consumo de recursos cresce. Entre 2020 e 2023, a Microsoft viu seu consumo de eletricidade dobrar, enfatizando a necessidade urgente de práticas sustentáveis para mitigar os impactos ecológicos mais amplos das tecnologias de IA.

Além do consumo de água, o crescimento exponencial da IA também está pressionando as redes elétricas devido ao aumento da demanda de energia. Segundo uma análise da Goldman Sachs, espera-se que os centros de dados representem 8% de todo o consumo de eletricidade dos EUA até 2030, quase triplicando sua participação atual. Além disso, uma pesquisa realizada pela International Energy Agency revelou que uma busca alimentada pelo ChatGPT consome quase 10 vezes mais eletricidade do que uma busca padrão no Google!

E o Brasil? Nosso país está bem posicionado para enfrentar a demanda energética da IA, devido à sua matriz energética, que é composta de cerca de 50% de fontes renováveis, como hidrelétricas, eólicas e solares. Essa característica coloca o país em vantagem, permitindo que o crescimento do uso de IA seja alimentado de forma mais sustentável.

Assim, uma tendência clara no desenvolvimento de Modelos de Linguagem de Grande Porte (LLMs) é a criação de modelos mais leves e eficientes, como o LLaMA 8B (Meta), Gemini Nano (Google), Phi-2 (Microsoft) e ChatGPT Mini, que visam reduzir a pegada computacional e ambiental dos modelos maiores. Essa mudança é impulsionada pela necessidade de criar modelos que ofereçam alto desempenho com menor consumo de recursos. Essas inovações estão ajudando a mitigar os impactos ambientais e a democratizar o uso de IA, tornando-a acessível a um número maior de aplicações e empresas, sem a necessidade de uma infraestrutura computacional extensa.

Essa tendência de criação de modelos mais eficientes se junta às iniciativas de uso da IA no combate direto a crise energética: cidades ao redor do mundo estão reduzindo emissões com o Google Green Light, uma ferramenta de sustentabilidade que utiliza dados do Google Maps para otimizar o tráfego. A ferramenta analisa o fluxo de tráfego e a frequência de paradas/inícios dos carros nos semáforos e sugere ajustes, como reduzir o tempo de luz vermelha em horários de menor movimento. Essa melhoria já está em fase de testes em 12 cidades, incluindo Seattle, Boston e Rio de Janeiro. Até o momento, o Green Light conseguiu reduzir as paradas nos semáforos em 30%, diminuindo as emissões de gases de efeito estufa em 10%.[4]

IA e Sua Produtividade

De acordo com a pesquisa "Cultura de Dados, Mensuração e Inteligência Artificial na Comunicação", realizada pela Aberje em parceria com a CORTEX em 2024, a área de comunicação tem sido protagonista no uso da IA nas empresas, sendo responsável por 58% da aplicação da tecnologia. O estudo também revelou que 76% das empresas brasileiras já estão integrando IA em suas operações. O uso da IA varia, mas a criação de conteúdos (47%), especialmente para canais digitais (32%), é uma das formas mais recorrentes. Entre os principais benefícios destacados estão o aumento da produtividade (87%), a redução de custos (55%) e a agilidade no reaproveitamento de conteúdos (51%).

Por outro lado, as empresas Brasileiras enfrentam desafios no uso da IA, como a falta de precisão e desinformação (56%), a ausência de interações humanas (55%), incertezas jurídicas (49%) e questões éticas e morais (49%). Esses fatores indicam que, apesar do grande potencial, ainda existem barreiras que precisam ser superadas para a implementação eficaz da IA nas empresas.

Um estudo chamado "Navigating the Jagged Technological Frontier: Field Experimental Evidence of the Effects of AI on Knowledge Worker Productivity and Quality", conduzido pela Harvard Business School em parceria com o Boston Consulting Group (BCG), avaliou o impacto da Inteligência Artificial Generativa, especificamente o uso do GPT-4, na produtividade e qualidade de tarefas realizadas por consultores.

---

4 Fontes:

Li, P., et al. (2023). Making AI less "thirsty": Uncovering and addressing the secret water footprint of AI models.

Rao, P. (2024, August 1). GreenMicrosoft's Electricity Use Has Doubled Between 2020-2023.

Mehta, I. (2024, August 1). Zuckerberg says Meta will need 10x more computing power to train Llama 4 than Llama 3. TechCrunch.

Javaheripi, M., & Bubeck, S. (2023, December 12). Phi-2: The surprising power of small language models. Microsoft Research Blog.

A pesquisa envolveu 758 consultores que foram submetidos a 18 tarefas realistas dentro das capacidades da IA. Os resultados mostraram que aqueles que utilizaram o GPT-4 completaram, em média, 12,2% mais tarefas e 25,1% mais rápido do que os que não utilizaram a ferramenta. Além disso, a qualidade das tarefas realizadas pelos usuários de IA foi 40% superior. No entanto, a pesquisa também apontou que a IA pode levar a erros significativos quando utilizada em tarefas que estão além de suas capacidades atuais, destacando a importância de compreender as limitações dessa tecnologia.

Essas limitações são esperadas, já que a IA aprende com dados existentes, ou seja, com informações do passado. Por esse motivo, a IA não pode ir além da experiência humana já registrada. Por exemplo, embora a IA seja excelente em identificar padrões e generalizar informações a partir dos dados que possui, ela não consegue extrapolar para situações completamente novas, que ainda não estejam representadas em seu conjunto de dados.

O estudo também introduziu os conceitos de "centauros" e "cyborgs" para descrever diferentes padrões de uso eficaz da IA pelos consultores: enquanto os centauros delimitam claramente as funções humanas e da IA, os cyborgs integram as capacidades da IA de forma contínua em suas atividades.

Essa pesquisa é um exemplo claro de como a IA generativa pode aumentar a produtividade e a qualidade em tarefas específicas, mas também ressalta a necessidade de cautela ao utilizá-la para garantir que ela esteja sendo aplicada corretamente.

Quem São os Centauros e Cyborgs

"Centauros" e "Cyborgs" se referem a diferentes formas de interação entre humanos e IA no contexto de realização de tarefas e tomada de decisões. Eles exemplificam como as capacidades da IA podem ser incorporadas ao trabalho humano de maneiras distintas. Vamos entender melhor cada um desses termos:

Centauros

O termo "centauros" faz alusão à criatura mitológica metade homem, metade cavalo, e é utilizado para descrever um modelo de colaboração onde há uma clara distinção entre as funções desempenhadas pelo humano e pela IA. Nesse modelo, as tarefas são divididas de forma que cada parte (humano e IA) opere dentro de suas respectivas áreas de competência.

Suas características principais são:

- **Delimitação de funções:** O humano define claramente quais tarefas a IA irá executar e quais ele mesmo realizará.
- **Complementaridade:** A IA é usada para complementar o trabalho humano, oferecendo suporte em tarefas repetitivas, análises de dados ou em atividades automatizadas que não exigem tomada de decisão complexa.
- **Controle humano:** O humano mantém o controle total do processo, usando a IA como uma ferramenta de suporte.

Exemplo prático:

Um consultor pode usar a IA para gerar relatórios automatizados ou análises de dados, mas a interpretação desses resultados e a tomada de decisões estratégicas são feitas por ele.

Cyborgs

O termo "cyborgs" refere-se à integração mais profunda e contínua entre humanos e IA, inspirada na figura de seres que combinam partes biológicas e tecnológicas de maneira fluida. Neste modelo, a IA está intimamente integrada ao fluxo de trabalho do humano, funcionando como uma extensão natural de suas capacidades.

Suas características principais são:

- **Integração contínua:** A IA é integrada de forma contínua e dinâmica ao processo de trabalho do humano, contribuindo em tempo real para a execução das tarefas.
- **Fusão de capacidades:** A IA e o humano trabalham em conjunto de forma quase indistinguível, onde a IA não apenas apoia, mas também potencializa as habilidades humanas.
- **Aprimoramento cognitivo:** A IA amplia as capacidades cognitivas do humano, permitindo que ele lide com informações e processos complexos de forma mais eficiente.

Exemplos Práticos:

Um consultor utiliza a IA para oferecer sugestões em tempo real durante reuniões, análises de cenários complexos, ou mesmo para antecipar tendências com base em grandes volumes de dados, com a IA se ajustando automaticamente às necessidades do consultor.

- Ao redigir e-mails ou relatórios, um executivo usa um assistente de escrita com IA que sugere melhorias em tempo real. As sugestões de linguagem e estilo são incorporadas automaticamente, aprimorando a clareza e eficácia da comunicação sem interromper o fluxo de pensamento.

O Gênio Invisível: Uma Terceira Categoria

Além dos "centauros" e "cyborgs", propomos aqui uma terceira forma de interação entre humanos e IA, que podemos chamar de "gênio invisível". Inspirado nos seres mitológicos que agem nos bastidores para auxiliar os humanos, o "gênio invisível" representa a IA que opera de maneira discreta e imperceptível, proporcionando melhorias sem exigir uma interação direta ou consciente por parte do usuário.

Nesse modelo, o profissional é beneficiado pela IA sem sequer perceber que ela está em ação. A IA funciona nos bastidores, automatizando e otimizando atividades cotidianas, facilitando o trabalho humano de maneira silenciosa.

Exemplos Práticos:

- Filtragem inteligente de e-mails: A IA organiza a caixa de entrada automaticamente, priorizando mensagens importantes e eliminando spam, sem que o usuário precise interagir conscientemente com o sistema.
- Otimização do desempenho de dispositivos: Algoritmos de IA ajustam automaticamente as configurações de smartphones para economizar bateria e melhorar a eficiência, tudo sem qualquer intervenção do usuário.

A categoria do "gênio invisível" nos mostra que a IA pode, em muitos casos, operar de maneira tão integrada ao nosso dia a dia que não nos damos conta de sua presença. Essa forma de interação é útil para tarefas rotineiras que podem ser automatizadas sem a necessidade de supervisão humana.

Aplicação Prática e Implicações

O estudo sugere que o modelo de interação a ser adotado (centauro ou cyborg) depende do tipo de tarefa e do contexto de aplicação. O uso eficaz da IA não tem um modelo certo ou errado, pois cada abordagem oferece vantagens específicas para diferentes situações. No entanto, um dos objetivos deste livro é incentivar o leitor a utilizar a IA de forma ativa e estratégica. Embora a tecnologia possa operar de forma invisível em segundo plano, é importante que o profissional não se limite a esse uso passivo. Integrar a IA de forma mais consciente permitirá ao usuário aproveitar ao máximo as capacidades dessa tecnologia, aumentando sua produtividade, a qualidade do trabalho e, ao mesmo tempo, minimizando os riscos de erro.

O uso eficaz da IA requer não apenas um entendimento profundo das suas capacidades e limitações, mas também uma estratégia clara sobre como ela pode ser melhor integrada ao trabalho humano para maximizar a produtividade e a qualidade, minimizando ao mesmo tempo os riscos de erro.[5]

---

5 Dell'Acqua, F., McFowland III, E., Mollick, E., Lifshitz-Assaf, H., Kellogg, K. C., Rajendran, S., Krayer, L., Candelon, F., & Lakhani, K. R. (2023). Navigating the jagged technological frontier: Field experimental evidence of the effects of AI on knowledge worker productivity and quality (Working Paper No. 24-013). Harvard Business School. Aberje, & Cortex. (2024). Cultura de Dados, Mensuração e Inteligência Artificial na Comunicação.

1.
A HISTÓRIA DA IA

1.1. PRIMÓRDIOS DA IA (1936-1956)

1936: Teoria Computacional e a Máquina de Turing

Alan Turing propôs a "Máquina de Turing", um modelo matemático que delineia as capacidades e limites da computação. Seu artigo "Computing Machinery and Intelligence" (1950)[6] questiona se as máquinas podem pensar e introduz o famoso "Teste de Turing" como medida para a inteligência artificial.

No artigo, Alan Turing propôs a questão fundamental: "Máquinas podem pensar?". Para responder a essa questão, Turing desenvolveu o famoso "Teste de Turing", que visa determinar a capacidade de uma máquina de exibir comportamento indistinguível de um ser humano. Em vez de focar em definir o que é "pensar", Turing sugeriu um experimento prático em que um avaliador humano interage com uma máquina e outro humano sem saber qual é qual. Se o avaliador não conseguir distinguir a máquina do humano, a máquina é considerada "inteligente".

A obra foi pioneira ao explorar a possibilidade de inteligência artificial, sendo essencial para o desenvolvimento do campo da IA e para debates sobre consciência, linguagem e simulação.

E Alan Turing foi considerado o pai da IA e da computação.

1943: Evolução de neurônios artificiais

Warren McCulloch e Walter Pitts publicaram o artigo "A logical calculus of the ideas immanent in nervous activity",[7] propondo um modelo matemático para neurônios artificiais, servindo de base para redes neurais artificiais modernas.

Neste trabalho, McCulloch e Pitts propuseram um modelo matemático para representar a atividade dos neurônios no cérebro usando lógica booleana e redes de unidades interconectadas. Esse modelo foi a base conceitual para as redes neurais artificiais modernas, influenciando diretamente o desenvolvimento do **Perceptron** de **Frank Rosenblatt** nos anos 1950 e as redes neurais profundas atuais.

---

6 Turing, A. M. (1950). Computing machinery and intelligence. Mind, 59(236), 433-460.

7 McCulloch, W. S., & Pitts, W. (1943). *A logical calculus of the ideas immanent in nervous activity.* Bulletin of Mathematical Biophysics, 5, 115–133. *https://doi.org/10.1007/BF02478259*

1.2. ERA SIMBÓLICA E SISTEMAS BASEADOS EM REGRAS (1956-1980) E LINGUAGEM LISP (1958)

1956: Nascimento da IA: Conferência Dartmouth

O termo "inteligência artificial" foi cunhado durante a Conferência de Dartmouth, organizada por John McCarthy, Marvin Minsky, Nathaniel Rochester e Claude Shannon.[8] Essa conferência marcou o início oficial do campo da IA e formalmente estabeleceu a IA como um campo de estudo acadêmico. O termo "inteligência artificial" foi cunhado por McCarthy.

Marvin Minsky examina o progresso e os desafios da inteligência artificial, detalhando as técnicas e abordagens da época para criar máquinas capazes de simular aspectos do pensamento humano. Minsky divide a IA em subcampos, como aprendizado, reconhecimento de padrões, e resolução de problemas, e discute como sistemas complexos poderiam integrar essas capacidades para alcançar comportamentos inteligentes. A obra introduz ideias fundamentais, como a decomposição de problemas em etapas e o uso de redes para simular o processamento humano, influenciando significativamente o desenvolvimento e a pesquisa em IA nos anos seguintes.

1958: John McCarthy desenvolveu a linguagem de programação LISP, usada para criar os primeiros programas de IA baseados em lógica e regras.[9]

LISP (List Processing Language), no Massachusetts Institute of Technology (MIT), é uma linguagem de alto nível voltada para manipulação simbólica, tornando-se a principal linguagem usada em pesquisa de inteligência artificial durante décadas.

O LISP foi fundamental para o desenvolvimento dos primeiros sistemas de IA baseados em lógica e regras, incluindo sistemas especialistas e resolução de problemas com árvores de decisão.

---

8 Minsky, M. (1963). *Steps toward artificial intelligence*. Proceedings of the IRE, 49(1), 8-30.

9 McCarthy, J. (1960). LISP: A programming language for artificial intelligence. Computers and Thought, 1, 77-84.

John McCarthy apresenta a linguagem de programação LISP, criada especificamente para o desenvolvimento de inteligência artificial. A linguagem é projetada para manipulação de símbolos e listas, o que facilita o processamento de dados complexos e não numéricos, essencial em tarefas de IA como processamento de linguagem natural e representação de conhecimento. A flexibilidade e capacidade de lidar com funções recursivas fizeram do LISP uma das principais ferramentas para pesquisadores em IA, influenciando profundamente o campo nas décadas seguintes.

1960 – 1970: Sistemas Especialistas

Estes sistemas utilizavam regras para resolver problemas em domínios específicos. Exemplos notáveis incluem o DENDRAL (análise química) e MYCIN (diagnóstico médico).

Em Artificial Intelligence (1979) de Patrick Winston oferece uma introdução sólida aos fundamentos da IA, abordando algoritmos e técnicas aplicadas em áreas como redes neurais, representação de conhecimento e processamento de linguagem natural. Tornou-se um recurso amplamente utilizado em cursos e referência importante para estudantes e profissionais da área.

Em Building Expert Systems (1983), organizado por Hayes-Roth, Waterman e Lenat, explora o desenvolvimento de sistemas especialistas, um ramo da IA focado em replicar o conhecimento especializado humano em máquinas. A obra detalha metodologias e aplicações de sistemas especialistas em resolver problemas específicos, sendo fundamental para o crescimento dessa área nos anos 1980.[10]

1966 – Primeiro Chatbot: ELIZA

Joseph Weizenbaum desenvolveu ELIZA, um chatbot baseado em scripts de palavras-chave para simular conversas terapêuticas, demonstrando interações baseadas em IA.

---

10 Winston, P. H. (1979). Artificial Intelligence. Addison-Wesley. Hayes-Roth, F., Waterman, D. A., & Lenat, D. B. (1983). Building Expert Systems. Addison-Wesley.

1.3. INVERNO DA IA E DESAFIOS (1970-1980)

Durante este período, os sistemas baseados em regras falharam em entregar a inteligência geral prometida, resultando em um declínio no financiamento e interesse por IA. Os desafios, como a falta de poder computacional e a dificuldade em representar o "senso comum", impediram o progresso. [11]

Em *Perceptrons: An Introduction to Computational Geometry* (1969), Marvin Minsky e Seymour Papert analisam os perceptrons, um tipo de rede neural simples proposto por Frank Rosenblatt. A obra explora as capacidades e limitações dos perceptrons na solução de problemas de reconhecimento de padrões e classificação. Minsky e Papert demonstram que os perceptrons não conseguem resolver problemas de classificação linearmente inseparáveis, como o problema do "XOR". Essa limitação levou a uma pausa no interesse por redes neurais, mas o livro é considerado uma obra fundamental na história da IA e influenciou o desenvolvimento de redes neurais mais complexas nas décadas seguintes.

1972 – Primeiro robô inteligente: WABOT-1

Criado no Japão, o WABOT-1 foi o primeiro robô humanoide inteligente capaz de se comunicar em japonês, perceber objetos e realizar movimentos básicos.

1.4. RESSURGIMENTO COM REDES NEURAIS (1980-2010)

Redes Neurais e Algoritmos de Aprendizado: A redescoberta da retropropagação em redes neurais na década de 1980 (por Geoffrey Hinton, Yann LeCun e outros) trouxe um novo fôlego para a IA. A partir disso, os computadores começaram a ser capazes de "aprender" com dados, inaugurando o campo do aprendizado de máquina.[12]

Em *Learning Internal Representations by Error Propagation* (1986), Geoffrey Hinton, David Rumelhart e Ronald Williams introduzem o algoritmo de retropropagação (backpropagation), uma técnica essencial para o treinamento de redes neurais multicamadas. Esse algoritmo permite que redes complexas aprendam ajustando pesos internos com base no erro entre a saída real e a saída desejada. Esse trabalho revolucionou o campo das redes neurais e

---

11 Minsky, M., & Papert, S. (1969). Perceptrons: An introduction to computational geometry. MIT Press.

12 Hinton, G. E., Rumelhart, D. E., & Williams, R. J. (1986). Learning internal representations by error propagation. In D. E. Rumelhart & J. L. McClelland (Eds.), Parallel Distributed Processing: Explorations in the Microstructure of Cognition, Vol. 1 (pp. 318-362). MIT Press.

do aprendizado profundo, estabelecendo as bases para redes neurais mais avançadas e eficazes, impulsionando pesquisas e aplicações em inteligência artificial nos anos subsequentes.

Curiosidade:

Em outubro de 2024, Geoffrey Hinton foi agraciado com o Prêmio Nobel de Física, juntamente com John J. Hopfield, por suas contribuições fundamentais ao desenvolvimento das redes neurais artificiais. A redescoberta da retropropagação por Hinton, descrita em seu artigo de 1986, desempenhou um papel crucial na evolução da IA e do aprendizado de máquina. Este reconhecimento também marca a primeira vez que pesquisadores de IA receberam este prestigiado prêmio, destacando o impacto de suas descobertas tanto na física quanto em outras áreas de aplicação tecnológica.

1980 – Sistema Especialista

Os sistemas especialistas ganharam destaque, sendo programas de IA projetados para imitar a tomada de decisões humanas em domínios específicos, como o XCON da Digital Equipment Corporation.

1987-1993: Segundo inverno da IA

Outro período de declínio no financiamento e no interesse pela IA devido a dificuldades em cumprir promessas e avanços limitados.

1997: Deep Blue da IBM vence Kasparov

Em 1997, o supercomputador Deep Blue, da IBM, tornou-se o primeiro sistema de IA a derrotar o campeão mundial de xadrez, Garry Kasparov, em uma série de seis jogos. Diferente das IA modernas baseadas em aprendizado de máquina, Deep Blue não "aprendia" com as partidas. Ele foi programado com algoritmos que utilizavam força bruta para calcular milhões de possibilidades em cada jogada. A vitória demonstrou a capacidade da IA de realizar cálculos complexos em um jogo de estratégia, marcando um ponto crucial no progresso da inteligência artificial.

2002: IA no lar: Roomba

A iRobot lançou o Roomba, um aspirador de pó robótico autônomo que marcou o avanço da IA na automação doméstica.

1.5. EXPLOSÃO DO APRENDIZADO PROFUNDO (2010-2020)

2011: Watson, IBM

O Watson, sistema de IA da IBM, venceu no programa de perguntas e respostas "Jeopardy!", demonstrando avanços na compreensão da linguagem natural.

2012: Google Now

O Google lançou o assistente virtual "Google Now", capaz de prever informações e fornecer respostas contextuais baseadas em IA.

2014: Chatbot Eugene Goostman

O chatbot Eugene Goostman passou no Teste de Turing ao enganar juízes humanos ao acreditar que ele era um menino de 13 anos, marcando um avanço na interação homem-máquina.

2015: Amazon Echo

A Amazon lançou o Echo, assistente controlado por voz com IA, popularizando o uso de assistentes virtuais inteligentes no dia a dia.

Com mais poder computacional e grandes volumes de dados disponíveis, arquiteturas profundas de redes neurais (deep learning) passaram a ser viáveis, trazendo avanços impressionantes em reconhecimento de imagens, voz e linguagem natural.[13]

Resumo da obra:

Em *Deep Learning* (2016), Ian Goodfellow, Yoshua Bengio e Aaron Courville fornecem uma visão abrangente do aprendizado profundo, cobrindo desde os fundamentos matemáticos até técnicas avançadas. O livro aborda tópicos como redes neurais convolucionais, redes recorrentes, otimização e regularização, além das principais aplicações em áreas como visão computacional e processamento de linguagem natural. Amplamente adotado em ambientes acadêmicos e industriais, esta obra é uma referência fundamental para estudantes, pesquisadores e profissionais que desejam compreender e aplicar técnicas de aprendizado profundo.

---

13 Goodfellow, I., Bengio, Y., & Courville, A. (2016). Deep Learning. MIT Press.

Curiosidade:

Lançamento do carro autônomo (2014): a Tesla revolucionou o uso de IA na indústria automotiva ao lançar o Autopilot, um sistema de assistência ao motorista baseado em redes neurais profundas e visão computacional. O sistema processava dados de sensores para detectar e acompanhar objetos, permitindo recursos como ajuste ao tráfego e estacionamento automatizado.

Nota: O carro autônomo pilotado por IA exemplifica a convergência de três das maiores invenções da história: a roda, a eletricidade e a internet. A roda revolucionou o transporte, a eletricidade possibilitou inovações tecnológicas, e a internet, em conjunto com a IA, permitiu a conectividade e o processamento de dados em tempo real, essenciais para a navegação autônoma. Juntas, essas invenções moldaram o avanço tecnológico, culminando em veículos autônomos como um marco dessa evolução.

2017: AlphaGo derrota o número 1 mundial de Go.

AlphaGo, uma IA desenvolvida pela DeepMind, alcançou um marco significativo ao derrotar Ke Jie. O Go é notoriamente mais complexo que o xadrez, com um número quase infinito de configurações possíveis no tabuleiro, tornando essa vitória um feito extraordinário para a IA, graças à combinação de redes neurais profundas e aprendizado por reforço.

1.6. TRANSFORMADORES E O GPT: AVANÇO NO PROCESSAMENTO DE LINGUAGEM NATURAL (2017-2023)

2017: Introdução dos Modelos de Transformadores.

O artigo "Attention is All You Need" introduziu o modelo de transformador, que trouxe grandes avanços no processamento de linguagem natural (NLP). Este modelo se tornou a base de muitas aplicações modernas, incluindo a série GPT.[14]

O artigo *Attention is All You Need* (2017) de Vaswani et al. introduz o modelo de **transformador**, uma arquitetura inovadora que utiliza exclusivamente

---

14 Vaswani, A., Shazeer, N., Parmar, N., Uszkoreit, J., Jones, L., Gomez, A. N., Kaiser, Ł., & Polosukhin, I. (2017). Attention is all you need. In Proceedings of the 31st International Conference on Neural Information Processing Systems (pp. 6000–6010).

mecanismos de atenção para processar dados sequenciais. Essa abordagem elimina a necessidade de redes recorrentes, permitindo paralelismo e eficiência no processamento de grandes conjuntos de dados. A arquitetura dos transformadores revolucionou o campo do processamento de linguagem natural (NLP), possibilitando avanços significativos em tarefas como tradução automática e geração de texto, e estabeleceu a base para modelos como BERT, GPT e outros modelos de linguagem de grande escala.

2018: A OpenAI lançou a primeira versão do GPT (Generative Pre-trained Transformer) em 2018, seguido por GPT-2 e o revolucionário GPT-3 em 2020, com 175 bilhões de parâmetros. Esses modelos alcançaram resultados impressionantes em tarefas de linguagem natural, como tradução, resumo de textos e até mesmo geração de código.

Curiosidade:

O GPT-3 foi treinado em um conjunto de dados de aproximadamente 500 bilhões de tokens (cerca de 300 bilhões de palavras), provenientes de textos da web. Esses 500 bilhões de tokens equivalem a aproximadamente 2 terabytes de dados de texto. Como o inglês é a língua dominante na internet, estima-se que mais de 80% dos tokens estejam em inglês. Em contraste, os tokens em português constituem apenas de 2 a 5% do total. Consequentemente, embora o ChatGPT seja proficiente em português, ele apresenta desempenho superior em inglês, refletindo a maior quantidade de dados em inglês utilizados em seu treinamento.

Curiosidade 2:

O Brasil também está se destacando no desenvolvimento de IA voltada para a linguagem local. Um exemplo notável é o Maritaca AI, que está sendo chamado de "ChatGPT brasileiro". Desenvolvido para superar as limitações de modelos globais em lidar com a língua portuguesa, o Maritaca AI foi projetado para melhor compreensão e interação em português, com foco nas nuances culturais e linguísticas do Brasil. Isso oferece uma experiência mais precisa para os usuários brasileiros, preenchendo uma lacuna que os grandes modelos internacionais ainda possuem em relação à fluência em línguas menos representadas nos dados de treinamento.[15]

O artigo de Abinoan Santiago discute um chatbot desenvolvido no Brasil com foco em dados e expressões culturais locais. O modelo mostrou desempenho superior ao ChatGPT em questões relacionadas ao contexto brasileiro, como

---

15 Santiago, A. (2024, 31 de julho). Chatbot "alfabetizado" no Brasil supera ChatGPT, mas perde em matemática. Brasil do Futuro, Tilt.

compreensão de expressões idiomáticas e cultura local. Entretanto, apresentou resultados inferiores em matemática. A obra enfatiza a relevância de adaptar modelos de IA a contextos regionais para aprimorar a interação e a precisão em diferentes culturas e idiomas.

2022: Lançamento do GPT-3.5.

A OpenAI lançou o GPT-3.5, que trouxe interações mais naturais e coerentes com os usuários. O ChatGPT, baseado nesse modelo, destacou-se pela capacidade de seguir instruções com precisão e fornecer respostas detalhadas em diversos contextos, marcando um avanço significativo na aplicação de modelos de linguagem em conversas. O ChatGPT ganhou enorme popularidade, atingindo 1 milhão de usuários em apenas cinco dias após seu lançamento. Em um período de um ano, o ChatGPT acumulou impressionantes 14,6 bilhões de visitas! (fonte: Ranked the most popular AI tools, by Niccolo Conte – Visual Capitalist)

2023: Lançamento do GPT-4.

A OpenAI lançou o GPT-4, um modelo ainda mais refinado, capaz de interpretar texto e imagens (multimodalidade) e executar tarefas mais complexas, com maior compreensão contextual e interatividade.

2025: Possível Lançamento do GPT-5 ou solução similar.

O GPT-5, próximo modelo de linguagem da OpenAI, está em desenvolvimento e promete avanços significativos em inteligência artificial. Espera-se que ele apresente melhorias em compreensão contextual, capacidade de processamento multimodal (texto, imagem e possivelmente vídeo) e maior eficiência computacional. Além disso, o GPT-5 pode reduzir a ocorrência de "alucinações" — respostas incorretas ou irrelevantes — e aprimorar a capacidade de realizar tarefas complexas de forma mais autônoma, ou seja, o GPT-5 está em desenvolvimento e promete avanços notáveis em inteligência artificial. GPT-5 pode levar a IA ainda mais perto de uma inteligência artificial geral (AGI), já em 2025.

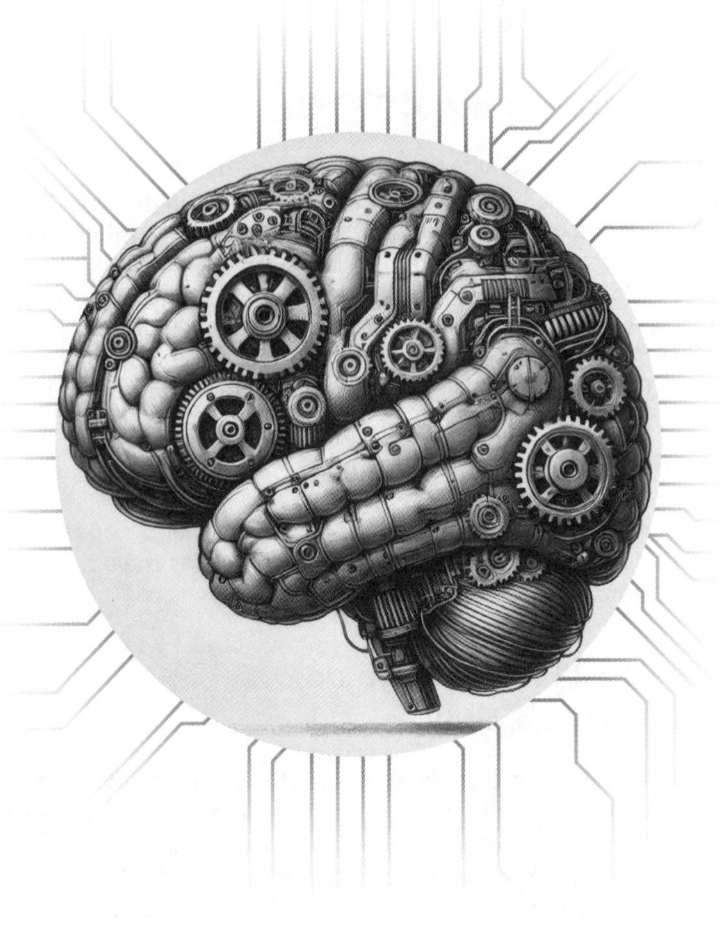

2.
ESTRUTURA DE IA

Uma estrutura de inteligência artificial (IA) é composta por vários elementos fundamentais que trabalham juntos para permitir que sistemas aprendam, tomem decisões e executem tarefas de forma autônoma.

Aqui estão os principais componentes explicados de forma simplificada:

1. **Dados**: A base de qualquer IA. Os dados fornecem exemplos e informações que a IA usa para aprender e melhorar. Podem incluir textos, imagens, vídeos, sons e informações estruturadas.
2. **Algoritmos de Aprendizado**: São conjuntos de instruções e regras que a IA usa para encontrar padrões e tomar decisões com base nos dados. Existem vários tipos, como redes neurais, árvores de decisão, e algoritmos de aprendizado supervisionado e não supervisionado.
3. **Modelos**: O modelo é o resultado do treinamento da IA com dados e algoritmos. Ele é o que realmente executa tarefas como reconhecimento de fala, análise de imagens ou previsão de resultados. Um modelo bem treinado pode fazer previsões e tomar decisões com base em novos dados.
4. **Processamento e Armazenamento de Dados**: Inclui o hardware e o armazenamento necessários para que a IA processe grandes quantidades de dados. GPUs (unidades de processamento gráfico) e TPUs (unidades de processamento tensorial) são comuns para acelerar o processamento, especialmente em redes neurais complexas.
5. **Interface de Usuário (UI)**: A parte visível e interativa da IA, que permite ao usuário enviar dados e receber resultados. A interface pode ser uma plataforma web, um aplicativo móvel, um assistente virtual, entre outros.
6. **Treinamento e Avaliação**: Durante o treinamento, o modelo de IA aprende com dados de exemplo. Na fase de avaliação, o desempenho do modelo é testado para ver se ele responde corretamente. O processo envolve ajustes para melhorar a precisão do modelo.
7. **Infraestrutura de Implementação**: Refere-se ao ambiente e sistemas que tornam possível o uso prático da IA, como servidores, APIs, e plataformas de nuvem que suportam a execução e integração dos modelos.

Esses elementos são integrados para criar uma IA capaz de resolver problemas específicos e interagir com usuários e sistemas em tempo real, evoluindo com base nas novas informações que recebe ao longo do tempo.

2.1. A CLASSIFICAÇÃO ACM CCS (COMPUTING CLASSIFICATION SYSTEM)

A classificação ACM CCS (Association for Computing Machinery — Computing Classification System) organiza as áreas de inteligência artificial (IA) em várias subcategorias, permitindo uma visão detalhada e estruturada dos tópicos cobertos por essa disciplina.

A inteligência artificial é um campo vasto e dinâmico da ciência da computação que busca criar sistemas capazes de realizar tarefas que normalmente exigiriam inteligência humana, como aprendizado, reconhecimento de padrões, tomada de decisões e interações complexas. A seguir, uma visão integrada dos principais tópicos e subtemas da IA, conforme a estrutura da ACM Computing Classification System (CCS), que organiza os diversos campos de estudo e aplicação da IA.

Antes de apresentar a estrutura da IA segundo a classificação ACM CCS, é essencial destacar a importância de uma abordagem orientada por dados. A cultura data-driven é crucial para o sucesso na aplicação de técnicas de inteligência artificial, uma vez que os algoritmos dependem fortemente da qualidade e relevância dos dados disponíveis. A abordagem orientada por dados permite que as organizações tomem decisões mais informadas, identifiquem padrões valiosos e obtenham insights profundos que impulsionam a inovação. Antes de implementar soluções de IA, é fundamental desenvolver uma infraestrutura sólida de coleta, armazenamento e análise de dados, além de promover uma mentalidade focada na tomada de decisões baseada em evidências. Isso garante a aplicação eficaz e responsável da IA maximizando seus benefícios e minimizando potenciais riscos.

Aqui estão as principais áreas e subáreas dentro do contexto de IA, conforme a estrutura da ACM CCS.

2.1.1. INTELIGÊNCIA ARTIFICIAL

A IA é o núcleo do desenvolvimento de sistemas capazes de simular habilidades humanas. A visão computacional é uma subárea que lida com a interpretação de imagens e vídeos, como reconhecimento de objetos e detecção de movimento. O processamento de linguagem natural (NLP) é responsável pela interação entre computadores e linguagem humana, abarcando tradução automática, geração de linguagem e análise de sentimentos. A representação de conhecimento e raciocínio abrange a lógica e o uso de ontologias para que sistemas raciocinem sobre o mundo, enquanto os sistemas multiagente focam na cooperação entre agentes autônomos. O aprendizado de máquina (Machine Learning), um dos pilares da IA moderna, inclui redes neurais, aprendizado profundo e aprendizado por reforço, permitindo que sistemas aprendam a partir de dados.

2.1.2. RACIOCÍNIO E RESOLUÇÃO DE PROBLEMAS

Esse campo trata de como os sistemas de IA resolvem problemas complexos. Planejamento e agendamento envolvem o desenvolvimento de algoritmos que organizam e priorizam ações e tarefas. Sistemas especialistas simulam a tomada de decisão humana em áreas específicas, utilizando raciocínio baseado em regras. Além disso, técnicas de otimização, como algoritmos genéticos e otimização por enxame de partículas, são aplicadas para resolver problemas que exigem a melhor solução possível dentro de um conjunto de restrições.

2.1.3. ROBÓTICA

A robótica, campo tecnológico que se beneficia imensamente da IA, se concentra na criação de máquinas capazes de executar tarefas físicas de forma autônoma. Controle e navegação de robôs abrangem algoritmos que permitem a robôs móveis navegar por ambientes complexos, enquanto a manipulação robótica se refere ao controle de braços robóticos e manipuladores para realizar tarefas de precisão, como montagem ou preensão de objetos. Essas capacidades são essenciais para a automação industrial e a interação em ambientes físicos.

2.1.4. SISTEMAS DE PERCEPÇÃO E INTERFACES INTELIGENTES

Essa área foca nas interações entre humanos e sistemas de IA. Interfaces de usuário para IA abrangem desde assistentes virtuais até chatbots que facilitam a comunicação entre humanos e máquinas. O avanço em realidade aumentada e virtual (Computação Centrada no Usuário) também está revolucionando as formas como os usuários interagem com ambientes digitais, criando experiências imersivas e personalizadas.

2.1.5. LÓGICA E MÉTODOS FORMAIS

Os métodos formais em IA fornecem as bases para raciocínio estruturado e tomadas de decisão. Teorias de decisão abordam como sistemas de IA tomam decisões em cenários incertos, aplicando ferramentas como árvores de decisão e redes bayesianas. Programação lógica, com linguagens como Prolog, permite que sistemas raciocinem de maneira estruturada com base em regras e deduções lógicas, sendo amplamente usada em sistemas que requerem alta confiabilidade.

2.1.6. ÉTICA, IMPACTO SOCIAL E GOVERNANÇA EM IA

À medida que a IA se torna mais presente no cotidiano, o debate sobre ética em IA é essencial. Questões como viés algorítmico, discriminação e privacidade de dados são centrais para o desenvolvimento de sistemas justos e transparentes. IA explicável (XAI) é um subcampo que visa tornar as decisões dos modelos de IA mais compreensíveis aos humanos. Além disso, regulamentação e políticas são fundamentais para garantir o uso responsável da IA protegendo a privacidade dos usuários e minimizando os impactos negativos na sociedade.

2.1.7. SEGURANÇA E PRIVACIDADE EM IA

Com o crescimento da aplicação de IA, a segurança e privacidade tornaram-se áreas de grande preocupação. Privacidade diferencial e criptografia homomórfica são técnicas usadas para proteger os dados sensíveis durante o processamento por sistemas de IA. A robustez e segurança de IA também é crítica, especialmente para evitar ataques adversariais, nos quais os sistemas são manipulados por entradas intencionalmente projetadas para enganar os modelos de IA.

Resumo Integrado

A inteligência artificial é um campo amplo e interconectado, abrangendo desde o desenvolvimento de algoritmos de aprendizado de máquina até a robótica avançada, sistemas de percepção e interfaces inteligentes. O campo se apoia em bases sólidas de lógica e otimização, ao mesmo tempo que enfrenta desafios éticos e de governança. A segurança e privacidade emergem como preocupações centrais à medida que a IA continua a se integrar em todos os aspectos da vida cotidiana. Essa estrutura organizada pela ACM CCS oferece uma visão detalhada e coerente de como a IA pode ser estudada, aplicada e aprimorada, promovendo inovação em várias disciplinas e setores.

2.2. MODELOS DE IA RELACIONADOS AO CHATGPT

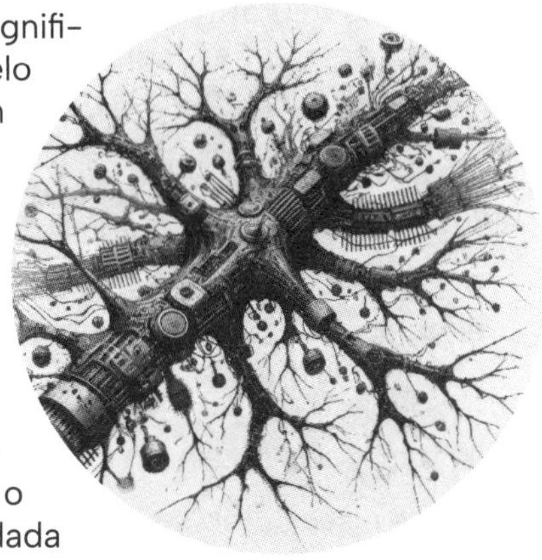

A inteligência artificial conversacional evoluiu significativamente nos últimos anos, impulsionada pelo avanço dos modelos de linguagem baseados em redes neurais profundas. O ChatGPT, desenvolvido pela OpenAI, é um dos exemplos mais sofisticados dessa tecnologia, utilizando a arquitetura Transformer para processar e gerar respostas coerentes e contextualmente relevantes. Além do ChatGPT, existem outros modelos de IA relacionados que desempenham funções similares, como o GPT-4, o Claude da Anthropic, o Gemini do Google DeepMind, o LLaMA da Meta e o Grok 3 da xAI, empresa fundada por Elon Musk.

Esses modelos compartilham princípios fundamentais, como o aprendizado supervisionado e por reforço, mas diferem em aspectos como treinamento, fine-tuning e mecanismos de segurança para mitigar vieses e garantir interações mais eficazes e éticas. O Grok 3, em particular, se destaca por sua integração direta com a plataforma X (antigo Twitter), permitindo acesso em tempo real a informações e tendências da rede social. A evolução desses sistemas está diretamente ligada ao aprimoramento da compreensão da linguagem natural, possibilitando aplicações cada vez mais amplas em áreas como atendimento ao cliente, automação de processos e geração de conteúdo personalizado.

2.2.1. MODELOS GENERATIVOS

A IA generativa é central para modelos como o ChatGPT. Esses modelos aprendem a criar conteúdos a partir dos dados em que foram treinados. O ChatGPT, em particular, é capaz de gerar respostas novas e contextualmente relevantes em tempo real, tornando a interação mais natural e eficaz.

2.2.2. APRENDIZADO PROFUNDO E TRANSFORMERS

O ChatGPT é baseado em aprendizado profundo, utilizando redes neurais profundas para modelar sequências de texto. A arquitetura Transformer é fundamental nesse processo, empregando mecanismos de atenção que permitem ao modelo considerar o contexto completo de uma conversa ao gerar respostas.

2.2.3. REDES NEURAIS PROFUNDAS: COMO A MÁQUINA TOMA DECISÕES

As redes neurais profundas (deep learning) funcionam como o cérebro humano, com várias "camadas" de processamento. Essas camadas permitem que a máquina aprenda padrões mais complexos, algo que não seria possível com algoritmos mais simples, como árvores de decisão. No caso do ChatGPT, redes neurais de aprendizado profundo permite que ele aprenda a entender frases complicadas e dê respostas mais detalhadas e naturais.

As redes neurais são inspiradas no cérebro humano. Imagine que cada "neurônio" artificial processa uma pequena parte da informação e a passa para outros neurônios. Quanto mais camadas, mais complexa é a rede, e mais ela consegue "aprender" a partir das conexões formadas. Como acontece no nosso cérebro, a informação se torna mais detalhada e especializada à medida que percorre cada camada.

Pense nisso como uma máquina que, com o tempo, fica melhor em identificar nuances de uma conversa, reconhecendo não só as palavras, mas o contexto completo. Isso faz com que as respostas sejam mais inteligentes e adequadas à sua pergunta.

2.2.4. MECANISMO DE ATENÇÃO

O mecanismo de atenção é uma técnica central em redes neurais, especialmente em modelos de processamento de linguagem natural (NLP), como transformadores. Esse mecanismo permite que o modelo "preste atenção" a diferentes partes de uma frase, atribuindo pesos variados a palavras ou frases com base em sua relevância para o contexto da tarefa. Em vez de tratar cada palavra de forma independente ou em uma sequência rígida, o mecanismo de atenção considera as relações entre palavras distantes, permitindo que o modelo compreenda melhor o significado de uma frase em sua totalidade.

Funciona atribuindo pesos maiores a elementos que têm mais importância contextual, o que significa que palavras-chave ou conceitos principais recebem mais foco em cada etapa de processamento. Por exemplo, em uma frase complexa com múltiplos significados potenciais, o mecanismo de atenção ajuda a identificar quais palavras ou expressões são mais cruciais para determinar o significado global da frase.

Essa técnica é especialmente importante para tarefas que exigem compreensão precisa, como tradução automática, resumo, e geração de respostas em chatbots. Ela melhora a coerência das respostas, pois o modelo consegue distinguir melhor quais partes do texto são mais relevantes para o contexto e objetivo da resposta. Ao permitir que o modelo selecione informações cruciais, o mecanismo de atenção promove respostas mais naturais, precisas e adaptadas ao contexto específico.

2.2.5. MODELOS DE LINGUAGEM DE GRANDE ESCALA E SUA NATUREZA PROBABILÍSTICA

Os LLMs funcionam de forma probabilística, tentando prever a palavra mais provável em uma frase, com base no contexto. Para explicar isso de maneira simples, imagine que o modelo é como alguém que está adivinhando qual palavra você vai dizer a seguir, com base nas palavras anteriores.

Por exemplo, se você diz "Estou sentado no banco do...", o modelo avalia se "banco" se refere a um lugar para sentar ou a uma instituição financeira. Com base no que veio antes, ele pode "pensar" que você está falando de um assento e, portanto, atribui uma probabilidade maior (por exemplo, 90%) de que "banco" seja um banco de sentar. Ao mesmo tempo, ele considera a possibilidade (talvez 10%) de que você esteja falando de um banco financeiro.

Esse processo de "apostas" com probabilidades acontece o tempo todo quando o modelo responde a perguntas ou continua frases. Assim, o modelo faz escolhas baseadas nas probabilidades mais altas, mas pode errar quando o contexto não está claro, pois ele sempre trabalha com múltiplas interpretações e distribuições de probabilidades.

2.2.6. APRENDIZADO AUTOSSUPERVISIONADO

O ChatGPT é treinado usando aprendizado autossupervisionado, onde o modelo aprende a prever a próxima palavra em uma sequência, utilizando grandes volumes de texto disponíveis na internet. Isso permite que ele aprenda padrões linguísticos complexos sem a necessidade de dados rotulados manualmente.

No aprendizado autossupervisionado, a máquina aprende sozinha, como uma criança que aprende a falar ouvindo as pessoas ao seu redor. Ela não precisa que alguém explique o significado de cada palavra, mas observa e aprende com a experiência. Isso permite que a máquina compreenda padrões e contextos de forma intuitiva, tal como uma criança capta palavras e expressões apenas ouvindo.

2.2.7. PROCESSAMENTO DE LINGUAGEM NATURAL (PLN) – COMO O CHATGPT ENTENDE E RESPONDE

O PLN é o que permite que o ChatGPT entenda e responda em linguagem humana. Basicamente, a máquina pega uma frase que você diz, quebra ela em pedaços menores (chamados tokens), e depois usa um monte de exemplos de conversas para entender o que você quer dizer e como deve responder.

O ChatGPT "lê" e interpreta textos como nós, humanos. Ele divide a frase em partes menores e analisa o contexto para entender o significado. Se você perguntar "Qual é o clima hoje?", ele sabe que você quer saber sobre a previsão do tempo e não sobre o "clima" político. Esse processo permite que o modelo identifique a intenção do usuário e ofereça uma resposta adequada ao contexto.

2.2.8. APRIMORAMENTO COM FEEDBACK HUMANO — COMO O CHATGPT MELHORA SUAS RESPOSTAS

Embora o ChatGPT seja principalmente um modelo generativo treinado de forma autossupervisionada, o processo de Reforço com Aprendizado por Feedback Humano (RLHF) desempenha um papel crucial no refinamento de suas respostas. Nesse processo, o modelo é ajustado com base em exemplos e feedback fornecidos por instrutores humanos, que avaliam e classificam as respostas geradas pelo modelo.

Assim como nós aprendemos com a ajuda de professores, o ChatGPT também aprende com o feedback humano. Se ele cometer um erro, os "treinadores" humanos corrigem a resposta e ele se ajusta para fazer melhor da próxima vez. Esse processo de aprendizado contínuo, com revisão e ajustes, torna o modelo cada vez mais preciso e confiável, como um aluno que aprimora seu conhecimento a cada lição.

Por exemplo, se o modelo inicialmente fornece uma resposta inadequada ou imprecisa a uma pergunta como "Qual é o preço deste produto?", os instrutores humanos podem corrigir essa resposta. O modelo, então, aprende a ajustar suas futuras respostas para atender melhor às expectativas dos usuários.

Compreender como o ChatGPT processa e gera linguagem natural nos leva a um conceito fundamental em modelos de linguagem: o aprendizado de representações por meio de embeddings. Os embeddings são essenciais para que o modelo capture a semântica das palavras e frases, permitindo interações mais precisas e naturais. A seguir, exploraremos o que são embeddings e como eles são aplicados no contexto de negócios.

2.2.9. APRENDIZADO DE REPRESENTAÇÕES – EMBEDDINGS

Embeddings são representações vetoriais de palavras em um espaço contínuo de baixa dimensão, onde palavras com significados similares estão mais próximas umas das outras. Ao transformar palavras em vetores numéricos, os embeddings possibilitam que modelos de linguagem como o ChatGPT compreendam e operem com as similaridades semânticas entre palavras, o que seria impossível com representações tradicionais como Bag of Words, que não captam relações contextuais.

Pense nos word embeddings como um mapa, onde cada palavra é uma cidade. Palavras com significados parecidos, como "feliz" e "alegre", ficam próximas no mapa, enquanto palavras com significados opostos, como "quente" e "frio", ficam distantes. Assim como cidades vizinhas em um mapa geralmente têm características em comum, palavras próximas em um embedding compartilham semelhanças de significado.

Essas representações são aprendidas por meio de grandes conjuntos de dados, como corpora textuais extensivos, onde o modelo detecta padrões e associações contextuais entre palavras. No ChatGPT, os embeddings são fundamentais para que o modelo compreenda nuances contextuais e semânticas, possibilitando a geração de respostas mais naturais e precisas.

Veja como operam:

1. **Transformação de Textos em Vetores**: Usando embeddings, as palavras e frases dos feedbacks dos clientes são convertidas em vetores numéricos. Feedbacks com significados ou sentimentos semelhantes geram vetores parecidos, o que ajuda a identificar padrões e sentimentos gerais sem precisar ler cada comentário individualmente.
2. **Análise de Sentimento**: Com embeddings, algoritmos podem detectar sentimentos positivos, negativos ou neutros em cada feedback. Isso é feito ao analisar as relações entre os vetores, comparando-os com padrões de satisfação e insatisfação previamente conhecidos.
3. **Identificação de Tendências**: Por meio de embeddings, é possível agrupar feedbacks semelhantes, o que permite que a empresa identifique tendências comuns de satisfação e insatisfação em grande escala. Por exemplo, se muitos clientes comentarem positivamente sobre "atendimento" ou reclamarem sobre "demora na entrega", o sistema pode rapidamente destacar essas palavras e temas como áreas de satisfação ou problemas recorrentes.
4. **Automatização e Escalabilidade**: Como as embeddings transformam texto em números, as análises podem ser feitas automaticamente em grandes volumes de dados, sem a necessidade de uma equipe revisando cada feedback. Isso torna o processo rápido e escalável, ideal para empresas que recebem muitos feedbacks diariamente.

Embeddings são úteis, por exemplo, para **avaliar a satisfação do cliente em grande escala**, ao transformar feedbacks em vetores numéricos, facilitando a análise automática.

Elas também possibilitam:

1. **Classificação de Sentimento**: Identificação de feedbacks positivos, negativos e neutros.
2. **Agrupamento por Tema**: Agrupamento automático de temas recorrentes (como "demora" ou "atendimento").
3. **Monitoramento de Tendências**: Acompanhamento de mudanças na satisfação ao longo do tempo.
4. **Identificação de Outliers**: Detecção de feedbacks críticos ou fora do padrão para análise aprofundada.

Isso permite que empresas respondam rapidamente e visualizem métricas de satisfação em tempo real.

Por exemplo:

- Automatizar a classificação de sentimentos de textos de forma precisa.
- Melhorar as campanhas de marketing com base no feedback emocional.

Embeddings também ajudam na **segmentação de clientes,** ao transformar dados complexos em vetores numéricos, facilitando o agrupamento e análise.

São usadas para:

1. **Análise de Feedbacks**: Identificar interesses e preferências dos clientes.
2. **Agrupamento (Clustering)**: Criar grupos com comportamentos ou características semelhantes.
3. **Personalização de Marketing**: Direcionar campanhas específicas a segmentos precisos.
4. **Previsão de Churn**: Identificar clientes com maior chance de cancelamento para retenção.
5. **Detecção de Padrões Complexos**: Combinar diferentes dados para uma visão completa do cliente.

Essas aplicações permitem segmentação em grande escala e experiências mais personalizadas. Por exemplo:

- Consumidores que frequentemente usam termos relacionados a economia podem ser direcionados para campanhas de produtos mais acessíveis;
- Aqueles que utilizam termos técnicos podem ser alvos de produtos premium ou de alto valor agregado.

Embeddings, ainda, **personalizam campanhas de marketing** ao transformar dados de clientes em vetores, permitindo:

1. **Segmentação Precisa**: Agrupar clientes com interesses semelhantes.
2. **Recomendações Personalizadas**: Sugerir produtos com base em interesses e perfis parecidos.
3. **Conteúdo Customizado**: Adaptar mensagens ao estilo e preferências do cliente.
4. **Timing Ideal**: Enviar campanhas no momento certo, baseado no comportamento recente.
5. **Personalização Multicanal**: Escolher o canal preferido para cada cliente.

Isso torna as campanhas mais relevantes, aumentando engajamento e conversão.

Por exemplo:

- Recomendação de produtos: Uma loja online usa embeddings para sugerir produtos sustentáveis a clientes com histórico de compras ecológicas, personalizando anúncios e e-mails.
- Chatbots: Os embeddings garantem que o ChatGPT entenda nuances nas perguntas dos usuários e ofereça respostas mais precisas, adaptando-se ao contexto.

Por meio da análise de linguagem, é possível sugerir produtos que atendam às necessidades específicas de cada cliente.

O ChatGPT aplicado a negócios

O aprendizado de representações através de embeddings é uma das inovações mais poderosas no ChatGPT e outros modelos de linguagem. Ao capturar a semântica contextual de palavras e frases, esses modelos permitem uma compreensão mais profunda das interações linguísticas, sendo altamente eficazes para análises de sentimento, segmentação de clientes e personalização de campanhas de marketing.

Esses elementos são vitais para o desenvolvimento de estratégias inovadoras e personalizadas no uso de IA aplicada a negócios, destacando a capacidade do ChatGPT de gerar valor em diversas frentes de interação com clientes.

2.2.10. MACHINE LEARNING (ML) — O CORAÇÃO DA IA MODERNA

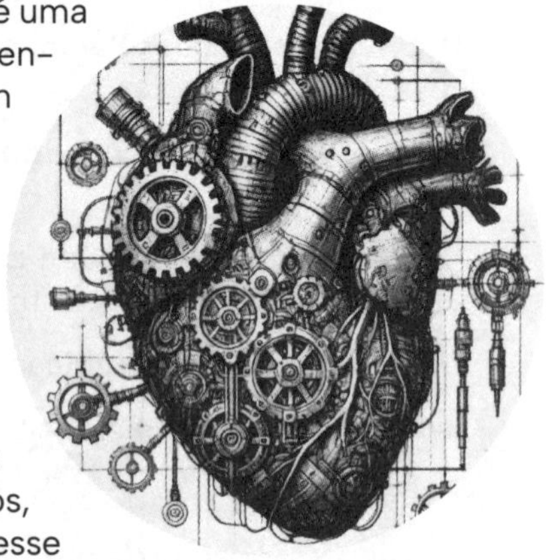

O aprendizado de máquina (Machine Learning) é uma subárea da IA que permite que os sistemas aprendam e façam previsões com base em dados. Em vez de serem programados explicitamente para realizar uma tarefa, os algoritmos de ML identificam padrões nos dados e aprendem com eles.

Em outras palavras, imagine que você tem um monte de fotos de gatinhos e cachorrinhos. No começo, o computador não sabe a diferença entre um gatinho e um cachorrinho, mas você mostra várias fotos e diz "isso é um gatinho" ou "isso é um cachorrinho". Depois de ver muitas fotos, o computador começa a entender, como se estivesse aprendendo com os exemplos.

Então, quando você mostra uma foto nova de um gatinho ou cachorrinho, ele consegue adivinhar o que é, mesmo sem você precisar contar. Ele aprendeu sozinho, só olhando e reconhecendo os padrões nas fotos, como as orelhinhas, o focinho, e o jeito de cada um. É assim que o Machine Learning funciona: é como ensinar o computador a aprender com exemplos, para que ele possa adivinhar e ajudar a gente em várias coisas!

Existem três tipos principais de ML:

- **Aprendizado Supervisionado:** O algoritmo aprende a partir de dados rotulados, ou seja, onde as respostas corretas são fornecidas. É amplamente usado para classificação e regressão.
- **Aprendizado Não Supervisionado:** O algoritmo encontra padrões e estruturas ocultas em dados não rotulados. É utilizado em agrupamentos e detecção de anomalias.
- **Aprendizado por Reforço:** O algoritmo aprende através de interações com um ambiente, recebendo recompensas ou penalidades. É comum em robótica e jogos.

O ML permite que as empresas:

- **Automatizem Processos:** Reduzindo custos e aumentando a eficiência.
- **Tomem Decisões Baseadas em Dados:** Aumentando a precisão e reduzindo riscos.
- **Personalizem Experiências do Cliente:** Melhorando a satisfação e fidelização.

Entre muitas outras....

2.2.11. QUAL A DIFERENÇA ENTRE NLP E LLM

A diferença entre NLP (Natural Language Processing) e LLM (Large Language Models) está na abrangência e especificidade dos termos. NLP é um campo de estudo dentro da inteligência artificial, enquanto LLM é uma aplicação específica desse campo.

Vamos detalhar melhor a seguir.

1. **NLP (Processamento de Linguagem Natural)**

   Definição: É o campo da inteligência artificial que estuda a interação entre computadores e linguagem humana. O NLP envolve técnicas para permitir que máquinas compreendam, interpretem, manipulem e gerem linguagem natural.

   Principais Técnicas e Componentes do NLP:

   - **Tokenização**: Divisão do texto em palavras ou frases menores.
   - **Stemming e Lemmatization**: Redução das palavras à sua forma raiz.
   - **Reconhecimento de Entidades Nomeadas (NER)**: Identificação de nomes próprios, locais, datas, etc.
   - **Análise Sintática e Semântica**: Compreensão da estrutura gramatical e do significado do texto.
   - **Tradução Automática**: Conversão de um idioma para outro (ex: Google Translate).
   - **Modelagem de Tópicos**: Identificação dos principais temas em um conjunto de textos.
   - **Classificação de Texto**: Determinação da categoria de um texto (ex: e-mails spam vs. Não spam).
   - **Análise de Sentimento**: Identificação da polaridade emocional de um texto (positivo, neutro, negativo).

   Exemplos de Aplicações NLP:

   - Assistentes virtuais (Siri, Alexa, Google Assistant).
   - Chatbots e atendimento automatizado.
   - Tradução automática.
   - Resumo automático de textos.
   - Análise de sentimentos em redes sociais.

2. **LLM (Large Language Model)**

Definição: Os LLMs são um subtipo de NLP, especificamente modelos de aprendizado profundo treinados em grandes volumes de dados para prever e gerar texto de forma coerente. Eles utilizam arquiteturas avançadas, como redes neurais profundas e Transformers, para processar e gerar linguagem natural.

Características dos LLMs:

- **Treinados em grandes conjuntos de dados**: Utilizam trilhões de palavras para aprender padrões linguísticos.
- **Utilizam deep learning e redes neurais**: Arquiteturas como **Transformers** (ex: GPT, BERT, T5).
- **Capacidade de geração de texto avançada**: Criam respostas semelhantes às humanas.
- **Aprimoramento por Reinforcement Learning with Human Feedback (RLHF)**: Melhoram respostas com feedback humano.
- **Escalabilidade**: Maior número de parâmetros = melhor capacidade de compreensão e geração.

Exemplos de LLMs:

- **GPT-4 (OpenAI)**: Modelo usado no ChatGPT, capaz de gerar textos, responder perguntas e interagir de forma contextualizada.
- **BERT (Google)**: Modelo focado em entendimento de linguagem e aprimoramento de buscas no Google.
- **T5 (Google)**: Modelo que trata todas as tarefas de NLP como problemas de transformação de texto.
- **LLaMA (Meta)**: Modelo otimizado para pesquisa acadêmica e aplicações de IA.

Aplicações dos LLMs:

- Chatbots avançados (ChatGPT, Claude, Bard).
- Escrita assistida e geração de conteúdo.
- Programação assistida (Copilot, Code Llama).
- Pesquisa e recuperação de informações.
- Resumo e análise de documentos jurídicos.

3. **Diferenças Fundamentais**

Característica	NLP	LLM
Definição	Campo da IA que estuda a interação entre computadores e linguagem humana	Modelos específicos de NLP baseados em aprendizado profundo
Foco	Compreensão e processamento da linguagem	Geração e interpretação avançada de texto
Escala de Aplicação	Ampla (tradução, análise de sentimento, etc.)	Específica (geração de texto em larga escala)
Base Tecnológica	Regras linguísticas + Machine Learning + Redes Neurais	Deep Learning + Transformers (Ex: GPT, BERT)
Exemplo de Aplicação	Classificação de e-mails, chatbots simples, análise sintática	ChatGPT, Bard, Claude, copilotos de programação

Em resumo:

- **NLP é o campo de estudo** dentro da IA que permite que máquinas processem linguagem humana.
- **LLMs são um subconjunto de NLP**, especificamente modelos gigantes que usam deep learning para gerar e entender texto de maneira sofisticada.

Se NLP fosse a medicina, os LLMs seriam uma técnica avançada de cirurgia robótica – ou seja, um ramo específico e altamente especializado da área.

3.
ANÁLISE PREDITIVA: ANTECIPANDO O FUTURO NOS NEGÓCIOS

"A verdadeira gestão estratégica de um negócio é buscar resolver problemas que ainda não aconteceram".

A análise preditiva é uma técnica que utiliza dados históricos, algoritmos estatísticos e ferramentas de machine learning para fazer previsões sobre eventos futuros. O objetivo principal da análise preditiva é identificar padrões nos dados que possam ser usados para prever tendências, comportamentos e resultados futuros. Essa abordagem permite que as empresas e organizações tomem decisões mais informadas e proativas, ajudando a antecipar cenários e otimizar suas operações.

3.1. COMPONENTES PRINCIPAIS DA ANÁLISE PREDITIVA

- **Dados Históricos:** Informações passadas que servem de base para encontrar padrões e comportamentos. Quanto mais dados, mais robusta tende a ser a previsão.
- **Modelos Estatísticos e Machine Learning:** Ferramentas matemáticas e estatísticas, como regressões lineares, árvores de decisão e redes neurais, usadas para identificar correlações e tendências nos dados, são usadas para identificar correlações e tendências nos dados. Após a introdução do ML, entendemos que esses algoritmos são essenciais para construir modelos preditivos eficazes
- **Resultados Preditivos:** Com base na análise de padrões e tendências, a análise preditiva oferece probabilidades ou estimativas de futuros eventos.

3.2. APLICAÇÕES DA ANÁLISE PREDITIVA

- **Previsão de Demanda:** Antecipar as necessidades de estoque ou recursos com base em padrões de consumo.

  Exemplo: Para antecipar as necessidades de estoque ou recursos com base em padrões de consumo, a Amazon implementou uma abordagem de previsão de demanda com IA que utiliza modelos de machine learning para analisar históricos de compra, sazonalidade e tendências em tempo real. Em março de 2024, durante um aumento inesperado na demanda por dispositivos eletrônicos devido a um lançamento global de produtos, a Amazon ajustou rapidamente seus estoques ao prever que a demanda ultrapassaria os padrões habituais. Em apenas algumas horas, a empresa enviou estoques adicionais para centros de distribuição locais, prevenindo atrasos e mantendo a satisfação do cliente, evitando até 30% de perda potencial em vendas devido a produtos esgotados.[16]

- **Gerenciamento de Riscos:** Prever potenciais falhas operacionais ou crises financeiras e criar estratégias de mitigação.

  Exemplo: a Samsung SDS utilizou machine learning e IA generativa para identificar rapidamente riscos logísticos globais, como conflitos geopolíticos. Durante o conflito entre Israel e Irã em Abril, a Samsung previu atrasos nas rotas de entrega e, em apenas duas horas, propôs alternativas de transporte para seus clientes, reduzindo o impacto nas operações. Anteriormente, uma resposta semelhante poderia levar até um dia.[17]

- **Marketing e Vendas:** Identificar comportamentos de clientes, prever churn (cancelamento) ou segmentar consumidores com maior propensão a compra.

  Exemplo: A Netflix aplicou IA para identificar padrões de comportamento de clientes e prever o churn de assinantes em 2024. Com base em uma análise de visualizações, interações e cancelamentos passados, a plataforma criou um modelo de machine learning que identificou usuários com alta probabilidade de cancelar a assinatura. Em resposta, a Netflix implementou campanhas personalizadas com recomendações de conteúdo e ofertas exclusivas, resultando em uma redução de 15% na taxa de churn em comparação ao ano anterior. A previsão permitiu que a Netflix direcionasse ações de retenção para perfis mais vulneráveis à saída, aumentando a lealdade e engajamento dos assinantes.[18]

- **Finanças:** Avaliar probabilidades de inadimplência de clientes ou prever movimentações de mercado.

  Exemplo: O JPMorgan Chase utiliza IA para avaliar a probabilidade de inadimplência dos clientes em 2024, analisando dados de transações, tendências econômicas e perfis de crédito em tempo real. Em setembro, o banco conseguiu prever um aumento na inadimplência de pequenas empresas em áreas economicamente vulneráveis e ajustou suas políticas de crédito para mitigar o risco, oferecendo renegociações proativas e opções de financiamento alternativas. A ação reduziu o índice de inadimplência em 8% em relação ao trimestre anterior e preservou a estabilidade financeira dos clientes.[19]

---

16 Amazon. (2024, March 15). Amazon leverages AI forecasting models to meet unexpected product demand surge. Amazon Press Release.

17 Samsung SDS. (2024, May 23). Samsung SDS Deploys "AI-Powered Digital Logistics" to Counteract Global Supply Chain Risks. Samsung SDS News.

18 Netflix. (2024, June 10). Netflix uses predictive analytics to decrease subscriber churn rates. Netflix Business Insights.

19 JPMorgan Chase. (2024, September 25). JPMorgan Chase's AI models predict credit risk to support financial stability. JPMorgan Newsroom.

3.3. BENEFÍCIOS PARA A GESTÃO EMPRESARIAL

3.3.1. TOMADA DE DECISÃO BASEADA EM DADOS

A análise preditiva fornece insights baseados em dados concretos, ajudando gestores a tomar decisões informadas e estratégicas, reduzindo a incerteza. Ao antecipar cenários, os gestores podem planejar ações proativas, em vez de reativas.

Exemplo: O ChatGPT pode auxiliar gestores ao analisar conjuntos de dados complexos para extrair insights acionáveis. Por exemplo, ao fornecer dados de vendas e indicadores de mercado, o ChatGPT pode gerar análises preditivas e até sugerir estratégias baseadas em padrões históricos, permitindo que gestores tomem decisões fundamentadas em dados e reduzam a incerteza. Além disso, ele pode simular cenários futuros, ajudando a planejar respostas para várias situações de mercado.

3.3.2. PREVISÃO DE TENDÊNCIAS DE MERCADO

Ela permite prever tendências de mercado, identificar padrões de consumo e comportamento do cliente. Isso ajuda as empresas a se adaptarem rapidamente às mudanças no mercado, como mudanças de demanda, preferências do consumidor ou movimentos de concorrentes.

Exemplo: Com acesso a dados de mercado e informações de consumo, o ChatGPT pode gerar previsões de tendências ao identificar padrões de comportamento de clientes, como preferências de produto e sazonalidade. Essa capacidade pode ajudar a empresa a identificar oportunidades emergentes e a reagir rapidamente a mudanças de demanda. O modelo pode também realizar uma análise competitiva ao revisar notícias, relatórios e publicações de mercado, destacando tendências para adaptação estratégica.

3.3.3. OTIMIZAÇÃO DE RECURSOS

A análise preditiva ajuda a otimizar o uso de recursos, desde a alocação de capital até a gestão de estoques. As previsões permitem que a empresa evite excesso ou falta de estoque, otimizando a produção e as operações.

Exemplo: O ChatGPT pode auxiliar na otimização de recursos ao analisar dados de estoque, vendas e produção para prever necessidades futuras. A ferramenta pode sugerir ajustes de estoque com base em projeções de vendas, evitar excessos e melhorar o fluxo de caixa. Esse uso pode ajudar a identificar períodos de pico de demanda e recomendar ajustes na produção ou na aquisição de insumos, evitando tanto o desperdício quanto a escassez de produtos.

3.3.4. REDUÇÃO DE RISCOS

Utilizando modelos preditivos, as empresas podem antecipar riscos, como inadimplência de clientes, falhas operacionais ou eventos disruptivos. Isso permite a criação de estratégias de mitigação antes que os problemas ocorram, garantindo mais segurança e resiliência.

Exemplo: Ao utilizar dados históricos e modelos preditivos, o ChatGPT pode ajudar a identificar riscos em potencial, como inadimplência de clientes, e recomendar medidas de mitigação. Ele pode, por exemplo, revisar e interpretar dados financeiros dos clientes e sugerir estratégias para evitar perdas financeiras. Para riscos operacionais, o ChatGPT pode auxiliar na análise de dados de manutenção e operação, indicando equipamentos que podem falhar em breve, permitindo a ação preventiva.

3.3.5. MELHORIA NO RELACIONAMENTO COM O CLIENTE

Ao prever o comportamento dos consumidores, como preferências, tendências de compra ou churn (cancelamento de serviços), a empresa pode personalizar suas ofertas e campanhas de marketing, aumentando a satisfação do cliente e a retenção.

Exemplo: O ChatGPT pode analisar dados de interação e comportamento de clientes para ajudar na personalização de campanhas e atendimento. Ao prever padrões de churn ou identificar preferências de consumo, ele pode sugerir campanhas de retenção direcionadas, recomendações personalizadas de produtos e até estratégias para melhorar a experiência do cliente. Essa personalização pode melhorar a retenção de clientes e aumentar a fidelidade à marca.

3.3.6. AUMENTO DA EFICIÊNCIA OPERACIONAL

A análise preditiva pode identificar gargalos nos processos internos e prever a demanda futura, permitindo ajustes antecipados. Isso melhora a eficiência operacional e ajuda a empresa a operar de maneira mais ágil e econômica.

Exemplo: Com análise de processos internos, o ChatGPT pode identificar gargalos e sugerir melhorias. Por exemplo, pode avaliar o fluxo de produção e sugerir mudanças para otimizar o tempo de execução e os custos. Ele também pode analisar previsões de demanda e sugerir ajustes na equipe ou alocação de recursos, permitindo uma resposta mais ágil e redução de desperdícios.

3.3.7. VANTAGEM COMPETITIVA

Empresas que utilizam a análise preditiva de forma eficaz têm uma vantagem competitiva ao antecipar movimentos de mercado e se adaptarem antes da concorrência. O uso de IA e algoritmos avançados permite que essas empresas estejam sempre à frente.

Exemplo: ChatGPT pode ajudar a empresa a obter vantagem competitiva ao fornecer informações sobre tendências de mercado, comportamento do consumidor e movimentos de concorrentes. Com IA, é possível gerar insights contínuos para adaptar a estratégia antes dos concorrentes. Por exemplo, ao monitorar e interpretar dados de mídia social e relatórios de mercado, o ChatGPT pode recomendar ajustes em campanhas de marketing ou lançamentos de novos produtos, mantendo a empresa à frente no mercado.

3.4. MODELAGEM PREDITIVA

Modelagem preditiva é uma técnica de análise de dados que utiliza estatísticas e algoritmos de machine learning para prever eventos futuros ou comportamentos. A modelagem preditiva trabalha com dados históricos e outras variáveis relevantes para construir modelos matemáticos capazes de gerar previsões com base em padrões observados. Esses modelos podem identificar tendências e probabilidades de ocorrência de determinados eventos, ajudando empresas e profissionais a tomar decisões informadas.

Os principais elementos da modelagem preditiva incluem:

- **Coleta de Dados:** O primeiro passo envolve a coleta de dados históricos relevantes, que podem ser internos (dados financeiros, transações) ou externos (dados de mercado, demográficos).
- **Preparação de Dados:** Antes de criar o modelo, é essencial limpar, transformar e organizar os dados para garantir que estejam prontos para análise. Isso inclui lidar com dados ausentes, duplicados ou inconsistentes.
- **Seleção de Modelos:** Diversos algoritmos podem ser usados, dependendo da natureza do problema e do tipo de dado, como regressão linear, árvores de decisão, redes neurais, entre outros.
- **Treinamento e Validação do Modelo:** O modelo é "treinado" com uma parte dos dados históricos e testado com outra parte (dados de validação) para avaliar sua precisão.
- **Aplicação do Modelo:** Depois de validado, o modelo é aplicado a novos dados para fazer previsões sobre eventos futuros.

A modelagem preditiva é essencial para as empresas que buscam transformar dados em valor, antecipar mudanças e se preparar para o futuro.

3.5. LIMITAÇÕES E CONSIDERAÇÕES NA ANÁLISE PREDITIVA

Embora a análise preditiva seja uma ferramenta poderosa, é importante reconhecer suas limitações. Os modelos preditivos baseiam-se em dados históricos, o que implica que suas previsões assumem que os padrões do passado continuarão no futuro. No entanto, eventos inesperados, como crises financeiras ou inovações tecnológicas, podem alterar esses padrões.

Portanto, é essencial lembrar que as previsões não são garantias, mas estimativas baseadas em probabilidades. Acompanhe e atualize regularmente os modelos com novos dados para garantir sua precisão e relevância. Além disso, combine a análise preditiva com insights qualitativos e conhecimento de mercado para fortalecer a tomada de decisões.

Em resumo, a análise preditiva deve ser usada como uma ferramenta de apoio, complementada por uma avaliação crítica e adaptabilidade às mudanças.

3.6. APRIMORANDO A ANÁLISE PREDITIVA

Para aprimorar a formulação de cenários preditivos além das análises históricas de dados, algumas estratégias avançadas podem ser adotadas para aumentar a precisão e a relevância das previsões.

Aqui estão algumas dicas práticas:

1. **Incorporação de Dados em Tempo Real**

   A introdução de dados em tempo real, como eventos econômicos, clima, mudanças de legislação, ou até tendências de mídia social, pode aprimorar a precisão das previsões. Dados em tempo real refletem o presente e ajudam a antecipar mudanças que os dados históricos não captam, permitindo uma adaptação mais rápida a novas condições.

2. **Análise de Cenários e Simulação de Monte Carlo**

   A criação de múltiplos cenários hipotéticos, considerando variações em fatores críticos (ex.: variações cambiais, mudanças nos preços de matérias-primas), ajuda a prever como as mudanças podem afetar o futuro. A simulação de Monte Carlo, que usa repetições aleatórias para simular uma ampla gama de resultados possíveis, é útil para testar a robustez dos cenários e melhorar a análise preditiva.

3. **Incorporação de Fatores Externos (Exógenos)**

   Fatores exógenos, como políticas governamentais, condições econômicas globais, regulamentações e mudanças tecnológicas, podem impactar diretamente os cenários futuros. Incluir essas variáveis no modelo permite captar influências externas que não estão presentes nos dados históricos, tornando a previsão mais robusta.

4. **Uso de Inteligência Competitiva**

   Monitorar as estratégias e movimentos dos concorrentes é essencial para antecipar reações e se adaptar a mudanças de mercado. A inteligência competitiva pode incluir análise de preços, lançamento de novos produtos e padrões de marketing, e seu uso complementa a modelagem preditiva com insights sobre tendências do setor e resposta da concorrência.

5. **Modelagem com Machine Learning Baseada em Eventos**

   Desenvolver modelos de machine learning que respondam a eventos específicos, como lançamentos de produtos ou eventos sazonais, permite que a análise preditiva integre a influência de eventos conhecidos e de suas possíveis variações, ajustando-se de acordo com o comportamento de curto prazo.

6. **Feedback e Aprendizado Contínuo**

   Implementar um processo de feedback contínuo, em que os modelos preditivos são constantemente ajustados com novos dados e comparados com os resultados reais, permite uma melhora progressiva do modelo. Esse processo ajusta a precisão e torna as previsões mais confiáveis, ajustando-se automaticamente a mudanças inesperadas.

7. **Incorporação de Opiniões de Especialistas e Dados Qualitativos**

   Dados qualitativos, como insights de especialistas, relatórios de mercado e análise de sentimento dos consumidores, fornecem uma perspectiva complementar aos dados quantitativos. Esses dados qualitativos são especialmente úteis em setores onde mudanças rápidas e novas tendências têm grande impacto.

8. **Consideração de Fatores Humanos e Sociais**

   Fatores comportamentais e sociais, como mudanças nas preferências dos consumidores, tendências culturais ou movimentos sociais, podem ser difíceis de prever apenas com dados históricos. Modelos que capturam essas influências, como análise de sentimento e estudos de comportamento de consumidores, tornam as previsões mais dinâmicas e precisas.

9. **Uso de IA Generativa para Explorar Novos Cenários**

   A IA generativa pode ser usada para explorar cenários hipotéticos e sugerir possíveis futuros alternativos. Com IA generativa, é possível simular como mudanças em certas variáveis podem gerar desfechos diferentes, oferecendo insights sobre os melhores cenários e riscos associados a cada decisão.

10. **Integração de Modelos Multivariáveis**

    Modelos que consideram diversas variáveis interdependentes podem capturar melhor a complexidade de certos cenários. Em vez de depender de uma abordagem linear, os modelos multi-variáveis permitem que o sistema preditivo reaja a múltiplos fatores ao mesmo tempo, oferecendo uma previsão mais completa e ajustada.

    Essas práticas ajudam a formular cenários preditivos mais adaptáveis e assertivos, especialmente em contextos de grande variabilidade e incerteza. A combinação de dados históricos com informações dinâmicas e qualitativas enriquece a modelagem preditiva, elevando a capacidade de resposta da organização a mudanças rápidas no mercado.

4.
ESTÁGIOS DA IA

Os estágios da inteligência artificial refletem os avanços tecnológicos e a complexidade das capacidades que a IA pode alcançar.

4.1. TIPOS DE IA FRACA VS. IA FORTE, IA GERAL VS. IA ESPECÍFICA

IA Fraca (Weak AI): Refere-se a sistemas projetados para realizar tarefas específicas, sem consciência ou entendimento real. Exemplos incluem assistentes virtuais e chatbots, que respondem a comandos limitados.

IA Forte (Strong AI): Refere-se à ideia de uma IA que possui inteligência real, semelhante à humana, com consciência, autossuficiência e compreensão profunda de qualquer tarefa. Isso ainda é teórico.

IA Específica (Narrow AI): Também chamada de IA fraca, refere-se a sistemas que executam tarefas limitadas com base em programação específica, sem transferir o aprendizado para outros contextos.

IA Geral (General AI): Similar à IA forte, a IA geral seria capaz de realizar qualquer tarefa cognitiva que um ser humano pode realizar, aplicando inteligência de forma flexível em qualquer domínio.

4.2. FASES ANI, AGI E ASI

As três fases da inteligência artificial — ANI, AGI e ASI — representam diferentes níveis de capacidade cognitiva das máquinas. A Inteligência Artificial Estreita (ANI) refere-se a sistemas especializados em tarefas específicas, como reconhecimento de voz ou recomendação de conteúdo. A Inteligência Geral Artificial (AGI), ainda teórica, seria capaz de igualar a inteligência humana, adaptando-se a diferentes contextos e aprendendo de forma autônoma. Já a Superinteligência Artificial (ASI) ultrapassaria a capacidade humana em todos os aspectos, potencialmente revolucionando a sociedade e levantando desafios éticos e existenciais.

ANI (Artificial Narrow Intelligence):

Também conhecida como IA Fraca, a ANI é projetada para realizar uma tarefa específica ou um conjunto restrito de tarefas. Esses sistemas são altamente especializados e não possuem capacidade de raciocínio geral ou compreensão fora de seu domínio específico.

Exemplo: Assistentes virtuais como Siri ou Alexa, sistemas de recomendação em plataformas de streaming, programas de reconhecimento de imagem, e modelos de linguagem.

AGI (Artificial General Intelligence):

Conhecida como IA Forte, a AGI refere-se a sistemas de IA que possuem a capacidade de entender, aprender e aplicar conhecimentos de forma geral, semelhante à inteligência humana. A AGI seria capaz de realizar qualquer tarefa intelectual que um ser humano possa fazer.

Estado Atual: A AGI é um objetivo teórico e ainda não foi alcançada. Pesquisadores estão trabalhando para desenvolver sistemas que possam aprender de forma autônoma e aplicar seu conhecimento em contextos variados, que poderá ser alcançado entre os anos de 2030 e 2040.

ASI (Artificial Superintelligence):

A ASI ultrapassaria a inteligência humana em todos os aspectos, incluindo criatividade, resolução de problemas e habilidades sociais. Este nível de inteligência é hipotético e levanta questões significativas sobre controle e ética.

Implicações: A ASI poderia potencialmente resolver problemas complexos de maneiras que os humanos não conseguem imaginar, mas também apresenta riscos significativos se não for controlada adequadamente. Talvez, somente alcançando em final do séc XXI (ou nunca).

5.
HUMANO VS CHATGPT 4 VS CHATGPT 5

A comparação entre **humano, ChatGPT-4 e ChatGPT-5** envolve diferentes dimensões da inteligência, capacidade de processamento e criatividade.

Humano: Inteligência geral, criatividade ilimitada, empatia e julgamento moral, mas limitado por memória e vieses.

ChatGPT-4: IA estreita (ANI), eficiente em processamento e coerência, mas com compreensão limitada e sem criatividade genuína.

ChatGPT-5: Provável avanço em raciocínio, memória e adaptação, aproximando-se da AGI, mas ainda sem autoconsciência.

Aspecto	Humano	ChatGPT-4	ChatGPT-5 (Previsão)
Velocidade de Processamento	Relativamente lenta, limitada pela capacidade neural.	Extremamente rápida, processa grandes volumes de dados em segundos.	Menos focada em velocidade, com maior ênfase em "Cadeia de Pensamento" para análise detalhada, o que aumenta a precisão, mas reduz a velocidade.
Capacidade de Memória de Curto Prazo	Limitada a cerca de 7 ± 2 itens simultaneamente.	Lida com até 8.000 a 32.000 tokens no contexto.	Lida com até 100.000 tokens, aumentando a retenção de informações e contexto durante as conversas.
Capacidade de Memória de Longo Prazo	Alta, depende de repetição e reforço.	Não possui memória própria; não armazena novas informações após o treinamento.	Estrutura de memória aprimorada para armazenar e reter informações em sessões contínuas.
Capacidade de Generalização	Alta, aplica conhecimentos em novos contextos.	Generaliza com base em dados treinados, com boa adaptação.	Generalização mais refinada, lidando melhor com novos cenários e informações não vistas anteriormente.
Criatividade	Alta, baseada em experiências e insights pessoais.	Gera respostas criativas, mas limitado ao treinamento.	Mais avançada, gerando respostas mais criativas e originais.
Tempo de Resposta	Varia de segundos a dias, dependendo da complexidade.	Responde rapidamente, mesmo a perguntas complexas.	Mais lento que o GPT-4, devido ao foco em raciocínio detalhado e análise profunda.

Aspecto	Humano	ChatGPT-4	ChatGPT-5 (Previsão)
Raciocínio Emocional	Intuitivo, influenciado por emoções e experiências.	Simula emoções sem compreensão real.	Simula empatia e emoção com maior realismo, aproximando-se mais de uma interação emocionalmente rica.
Capacidade de Aprendizado	Contínuo e adaptável ao longo da vida.	Não aprende após o treinamento, apenas infere com base nos dados.	Aprendizado contínuo em sessões de interação, adaptando-se melhor a novas informações em tempo real.
Processamento de Linguagem Natural	Fluente, adaptado ao contexto e cultura.	Eficaz, com menor margem de erro.	Fluência e adaptabilidade aprimoradas, com melhor compreensão de nuances e contextos sutis.
Capacidade de Processamento Paralelo	Limitada a poucas tarefas ao mesmo tempo.	Altamente paralela, lida com várias tarefas simultaneamente.	Capacidade ampliada, processando entradas múltiplas com eficiência ainda maior.
Capacidade de Resolução de Problemas	Alta, mas pode ser afetada por emoções e estresse.	Eficaz em problemas complexos, com precisão.	Capacidade aprimorada, oferecendo resolução de problemas complexos com menor margem de erro e precisão superior a GPT-4.
Fadiga Mental	Aumenta com o tempo e esforço, levando a erros.	Não sofre fadiga, mantém consistência indefinidamente.	Consistência ampliada, com maior eficácia em manter desempenho elevado durante interações longas.
Tolerância à Ambiguidade	Alta, lida com ambiguidade usando intuição e julgamento.	Boa, mas tende a gerar respostas genéricas em alta ambiguidade.	Melhor adaptação, oferecendo respostas mais precisas e contextualizadas em cenários complexos.
Consistência de Respostas	Variável, influenciada por humor e circunstâncias externas.	Consistente, sem variação emocional.	Mais calibrada, proporcionando consistência adaptativa e orientada ao contexto da conversa.

Aspecto	Humano	ChatGPT-4	ChatGPT-5 (Previsão)
Capacidade de Abstração	Alta, depende do conhecimento e experiência.	Limitada ao treinamento, mas com boa abstração.	Abstração aprimorada, entendendo melhor conceitos complexos e teóricos.
Interpretação Contextual	Excelente, integra informações passadas, presentes e expectativas.	Boa capacidade para entender nuances.	Mais avançada, captando nuances profundas e mantendo melhor continuidade em conversas longas.
Flexibilidade Cognitiva	Alta, ajusta crenças com novas informações.	Limitada, sem ajuste sem re-treinamento.	Flexível dentro do contexto contínuo, adaptando-se melhor a novas informações durante interações prolongadas.
Percepção Sensorial	Multisensorial, integra visão, audição etc.	Multimodal (texto, imagem, áudio).	Futuramente multimodal, expandindo a interpretação sensorial para novos formatos além do texto.
Compreensão Ética e Moral	Complexa, moldada por cultura e experiência.	Simula julgamentos morais com base em padrões textuais.	Julgamentos éticos e morais mais sofisticados, simulando melhor nuances éticas em interações humanas.
Adaptabilidade a Novos Cenários	Muito alta, capaz de aprender rapidamente.	Baixa, exige re-treinamento para novos cenários.	Alta adaptabilidade, ajustando-se rapidamente a novos cenários e dados em tempo real.

Essa comparação destaca uma evolução de capacidades, onde o ChatGPT-5 deve demonstrar melhorias reais em criatividade, empatia, interpretação contextual e flexibilidade, aproximando-se ainda mais das interações humanas e aprimorando o suporte em tarefas complexas.

6.
COMO SERÁ O FUTURO COM A UNIÃO DE PRÓXIMOS NÍVEIS TECNOLÓGICOS

A tecnologia "G" refere-se a diferentes gerações de redes de telecomunicações móveis. Cada "G" (ou geração) representa uma evolução significativa na tecnologia de rede, com melhorias em termos de velocidade, capacidade de dados e eficiência. Aqui está um resumo das principais gerações:

A evolução das redes móveis tem impulsionado transformações tecnológicas, aumentando a velocidade de conexão, reduzindo a latência e expandindo as possibilidades de uso. Desde a introdução do 3G em 2001, que permitiu chamadas de vídeo e internet móvel básica, até o 5G, lançado em 2019, que viabilizou a Internet das Coisas (IoT) e aplicações em Realidade Virtual (VR) e veículos autônomos, cada geração trouxe avanços significativos.

O 6G, previsto para 2030, promete um salto ainda maior, co'm velocidades de até 1 Tbps, latência submilimétrica e integração profunda com inteligência artificial. Essa nova geração utilizará ondas terahertz (THz), permitindo redes holográficas, cidades inteligentes altamente conectadas e interações instantâneas entre humanos e máquinas. Além de uma capacidade massiva de conexões simultâneas, o 6G deve operar com um consumo de energia extremamente reduzido, tornando-se um pilar da hiperconectividade global e da computação ubíqua.

Geração	Ano de Lançamento	Velocidade Máxima de Download	Latência Média	Tecnologia Principal	Capacidade de Conexões Simultâneas	Principais Aplicações	Consumo de Energia	Frequência de Operação
3G	2001	2 Mbps	100 ms	UMTS/ WCDMA	Centenas de milhares	Chamadas de vídeo, internet móvel básica	Alta	1.8-2.5 GHz
4G	2009	1 Gbps	50 ms	LTE	Milhões	Streaming em HD, jogos online, videochamadas de alta qualidade	Moderada	2-8 GHz
5G	2019	10 Gbps	1 ms	NR (New Radio)	Bilhões	Internet das Coisas (IoT), Realidade Aumentada (AR), Realidade Virtual (VR), carros autônomos	Baixa	Sub-6 GHz, mmWave
6G (Hipotética)	2030 (Previsto)	1 Tbps	Sub-millisecond	THz Waves, AI Integration	Trilhões	Redes holográficas, cidades inteligentes avançadas, interações com inteligência artificial em tempo real	Extremamente Baixa	THz

É possível prever que a convergência entre a tecnologia 6G, a segunda fase da inteligência artificial (AGI — Artificial General Intelligence), e uma versão avançada do ChatGPT-6 acontecerá por volta de 2035 a 2040. Esse período marcará o início de uma era de transformação tecnológica sem precedentes, com implicações profundas para praticamente todos os aspectos da vida humana. Vamos explorar esse cenário em detalhes:

Tecnologia 6G

A rede 6G, prevista para entrar em operação comercial por volta de 2030, trará capacidades que ultrapassam as barreiras atuais de conectividade. Com velocidades de até 1 terabit por segundo (Tbps) e latências quase inexistentes, o 6G permitirá um grau de conectividade contínua e em tempo real. Elementos como ondas em frequências terahertz, maior densidade de dispositivos conectados (trilhões de dispositivos simultâneos) e integração com sensores ambientais formarão a infraestrutura global de comunicação.

AGI (Inteligência Artificial Geral)

O AGI será uma evolução significativa da IA, caracterizada pela capacidade de realizar qualquer tarefa cognitiva que um ser humano possa executar. Ao contrário da IA atual, que é limitada a tarefas específicas (ANI — Artificial Narrow Intelligence), o AGI poderá pensar, aprender, adaptar-se e tomar decisões de forma autônoma em diferentes domínios. Essa inteligência será capaz de interpretar nuances, contextualizar problemas complexos e desenvolver soluções criativas sem intervenção humana direta.

ChatGPT-6

Uma versão futura do ChatGPT, como o ChatGPT-6, deverá ser uma interface conversacional impulsionada pela AGI. Ao contrário das versões atuais, que são potentes, mas especializadas, o ChatGPT-6 será um verdadeiro assistente virtual universal, com uma compreensão holística do mundo, de múltiplos contextos e da própria consciência das interações. Ele poderá aprender com cada usuário, antecipar necessidades, gerar novos insights e agir de forma proativa.

Quando e como isso deverá acontecer...

O cenário dessa convergência tecnológica deve se consolidar ao longo da década de 2030. A adoção global da rede 6G, combinada com o desenvolvimento do AGI e ferramentas como o ChatGPT-6, provavelmente ocorrerá em fases:

2030-2035: Implantação das primeiras redes 6G, proporcionando um ambiente conectado e altamente responsivo, ideal para a comunicação entre máquinas, humanos e sistemas autônomos. Simultaneamente, os avanços na AGI estarão próximos da maturidade.

Curiosidade:

Estima-se que em 2030 existirão no planeta 40 bilhões de dispositivos conectados, sobretudo graças à IoT.

2030-2040: A convergência do 6G e AGI permitirá a criação de uma infraestrutura cognitiva global, onde IA e humanos interagem de forma simbiótica. Sistemas como o ChatGPT 6 se tornarão comuns em todos os aspectos da vida pessoal e profissional, transformando profundamente a forma como as pessoas trabalham, aprendem, se comunicam e interagem com o ambiente.

Fontes:

Bostrom, N. (2014). *Superintelligence: Paths, Dangers, Strategies*. Oxford University Press.

Deloitte Insights. (2023). *The Impact of AI and the Internet of Things in the Next Decade*.

Goertzel, B., & Pennachin, C. (2007). *Artificial General Intelligence*. Springer.

Kurzweil, R. (2005). *The Singularity is Near: When Humans Transcend Biology*. Penguin Books.

Latva-aho, M., & Leppänen, K. (2019). *Key drivers and research challenges for 6G ubiquitous wireless intelligence*. Oulu University 6G White Paper Series.

OpenAI Research, & Altman, S. (2023). *AI Alignment and the Future of AGI*. OpenAI Blog.

Russell, S., & Norvig, P. (2020). *Artificial Intelligence: A Modern Approach* (4th ed.). Prentice Hall.

Sinha, S. (2024, September 3). *State of IoT 2024: Number of connected IoT devices growing 13% to 18.8 billion globally*. IoT Analytics.

Soldani, D., Dixit, S., & Skondras, T. (2022). *6G Technologies: Key Drivers and Research Challenges*. IEEE Communications Magazine.

6.1. IMPACTOS NO COMPORTAMENTO HUMANO

Essa nova realidade trará impactos profundos, que serão divididos em várias dimensões do comportamento humano:

6.1.1. COMUNICAÇÃO E SOCIALIZAÇÃO

Interações instantâneas: Com a integração de IA e 6G, as barreiras de tempo e espaço serão eliminadas. Comunicações holográficas em tempo real e interfaces de IA conversacionais avançadas tornarão obsoletos os métodos tradicionais de comunicação. As redes sociais e ferramentas de colaboração evoluirão para espaços interativos e imersivos.

Fusão homem-máquina: Assistentes de IA, como o ChatGPT-6, estarão integrados diretamente nas interações diárias, auxiliando na tomada de decisões, planejamento de atividades e até na mediação de conflitos. A IA não será apenas uma ferramenta, mas uma extensão da mente humana, moldando conversas e relações.

6.1.2. TRABALHO E PRODUTIVIDADE

Autonomia tecnológica: As máquinas com AGI terão habilidades para executar tarefas complexas sem supervisão humana, desde projetos de engenharia até decisões jurídicas e médicas. O ChatGPT-6 poderá assumir papéis de consultoria de alto nível, antecipando problemas e resolvendo desafios antes que os humanos percebam.

Economia cognitiva: A necessidade de esforço cognitivo humano em tarefas rotineiras será minimizada. A criatividade humana será alavancada com o suporte da AGI, permitindo que as pessoas se concentrem em atividades que envolvem emoção, empatia e inovação, cuidado e tomada de decisão em cenários inéditos.

6.1.3. EDUCAÇÃO E APRENDIZADO

Educação personalizada: A junção do 6G com o AGI e ChatGPT 6 proporcionará ambientes de aprendizado altamente personalizados. Estudantes poderão acessar informações em tempo real, participar de experiências educacionais imersivas e aprender com currículos adaptados a suas preferências e estilos de aprendizagem. A educação será contínua e fluida, com IA ajustando o conteúdo e os desafios de forma personalizada.

Neuroaprendizagem assistida: Com a IA integrada a interfaces neurológicas, o aprendizado poderá ocorrer de forma direta, através de implantes cerebrais que otimizarão a absorção de conhecimento. A AGI poderá criar interfaces de "upload" de habilidades específicas, tornando o aprendizado instantâneo.

6.1.4. ECONOMIA E MERCADO DE TRABALHO

Deslocamento massivo de empregos: Muitas profissões serão automatizadas, especialmente aquelas que envolvem tarefas repetitivas ou de análise de dados. Entretanto, novas profissões emergirão, relacionadas à gestão de IA, ética, neurociência aplicada e desenvolvimento de interfaces homem-máquina.

Economia digital de alta performance: Com a infraestrutura de 6G e AGI, mercados e empresas operarão com uma eficiência nunca vista. O tempo entre a concepção de uma ideia e sua execução será drasticamente reduzido. Modelos de negócios baseados na colaboração homem-IA dominarão a economia.

6.1.5. SAÚDE E BEM-ESTAR

Medicina preditiva e preventiva: IA avançada, combinada com sensores conectados ao 6G, permitirá o monitoramento contínuo da saúde humana. Doenças serão diagnosticadas e tratadas em estágios muito iniciais, ou mesmo prevenidas. Cirurgias serão realizadas por robôs assistidos por AGI, e terapias personalizadas serão desenvolvidas instantaneamente.

Bem-estar psicológico: O suporte emocional e psicológico será fortemente auxiliado por IA, com ferramentas como o ChatGPT-6 sendo capazes de fornecer apoio emocional instantâneo, identificar padrões de estresse e sugerir intervenções de saúde mental em tempo real.

6.1.6. GOVERNANÇA E ÉTICA

Decisões algorítmicas: Governos e organizações públicas utilizarão AGI para tomar decisões complexas em tempo real, otimizar políticas e prever crises econômicas ou ambientais. O ChatGPT-6 poderá ser um conselheiro ético para governos, ajudando a mediar conflitos globais.

Desafios éticos: A evolução dessas tecnologias levantará questões profundas sobre a autonomia humana, privacidade, e o potencial para desigualdade tecnológica. O controle de IA e o equilíbrio de poder entre máquinas e humanos serão pontos críticos a serem resolvidos.

O Futuro da Convergência

A convergência entre 6G, AGI e sistemas como ChatGPT-6 representará um dos maiores saltos tecnológicos da história humana. O impacto será sentido em todas as esferas da sociedade, remodelando comportamentos, criando novos paradigmas de convivência e, ao mesmo tempo, desafiando conceitos éticos e filosóficos fundamentais. O mundo será hiperconectado, cognitivo e, em grande parte, mediado por inteligências artificiais capazes de potencializar a criatividade e o bem-estar humano, desde que gerenciadas de forma ética e responsável.

7.
LIMITES DO USO DO GPT

Algumas vezes o GPT poderá reduzir seu potencial de atendimento, por políticas de limitação de uso.

Os limites atuais para usuários do plano Plus do ChatGPT são os seguintes:

7.1. MENSAGENS POR 3 HORAS

GPT-4o: Até 80 mensagens.

GPT-4: Até 40 mensagens.

Para modelos como o OpenAI o1-preview, os usuários têm direito a 50 mensagens por semana, enquanto para o OpenAI o1-mini, o limite é de 50 mensagens por dia.

7.2. LIMITES DE USO DINÂMICO

Os limites podem ser ajustados dinamicamente com base na demanda e na capacidade do sistema. Isso significa que, em alguns momentos, esses limites podem ser temporariamente alterados para equilibrar o acesso.

7.3. TOKENS E CONTEXTO

Embora não haja um número específico de tokens para cada interação, o uso de mensagens está atrelado ao volume de tokens, o que pode influenciar quantas respostas podem ser geradas dentro do limite estabelecido.

* No **ChatGPT**, um **token** é uma unidade de medida usada para processar e entender texto. Cada palavra, pedaço de palavra ou caractere especial conta como um token.

Como funciona?

- A frase **"Olá, mundo!"** tem **três tokens**: "Olá", ",", "mundo!".
- Um token pode ser uma palavra inteira ou parte dela, dependendo do contexto.
- Modelos de IA como o ChatGPT têm um limite de tokens por interação (por exemplo, 4.096 tokens por resposta).

Ou seja, **quanto mais tokens, mais longo o texto processado**. Eles determinam **quantidade, custo e contexto** em interações com IA.

7.4. ACESSO PRIORITÁRIO

Os assinantes do plano Plus recebem acesso prioritário, especialmente durante horários de alta demanda, mas isso não isenta os usuários de enfrentar limites de uso.

7.5. POLÍTICAS DE GERAÇÃO DE IMAGEM

As políticas para a criação de imagens em ferramentas como o DALL-E (e outras semelhantes) são elaboradas para garantir o respeito a questões legais, éticas e de propriedade intelectual. Abaixo estão os principais motivos pelos quais algumas imagens não podem ser geradas:

7.5.1. DIREITOS AUTORAIS E PROPRIEDADE INTELECTUAL

Imagens que podem infringir direitos autorais, marcas registradas ou outras propriedades intelectuais são restringidas. Isso inclui personagens de filmes, séries, livros e obras de arte protegidas. O objetivo é evitar a criação de imagens que poderiam resultar em violações de direitos.

7.5.2. PROTEÇÃO À PRIVACIDADE

Ferramentas de geração de imagens não podem criar retratos precisos de indivíduos privados sem permissão. A criação de imagens que reproduzam fielmente pessoas reais, exceto figuras públicas, também é limitada para proteger a privacidade.

7.5.3. RESTRIÇÕES DE ESTILO ARTÍSTICO

Gerações de imagens baseadas em estilos de artistas cuja obra recente é protegida por direitos autorais (geralmente após 1912) são limitadas. Por exemplo, não se pode gerar imagens no estilo de artistas como Picasso ou Frida Kahlo, pois suas obras ainda estão protegidas.

7.5.4. CONTEÚDO SENSÍVEL OU INAPROPRIADO

Imagens que contenham violência, nudez, discurso de ódio, ou outras formas de conteúdo sensível ou inapropriado não podem ser geradas. As plataformas estabelecem regras rígidas para evitar a criação de imagens que promovam ideologias extremistas ou comportamentos ilegais.

7.5.5. FIGURAS PÚBLICAS

Embora figuras públicas possam ser retratadas, as ferramentas de geração de imagem fazem isso de forma genérica. Não é permitido criar imagens com uma semelhança perfeita ou idêntica a uma pessoa famosa para evitar problemas legais ou difamação.

7.5.6. MODIFICAÇÃO DE IMAGENS EXISTENTES

Há restrições na modificação de imagens existentes de terceiros. Alterar uma imagem que já foi criada por alguém e adicionar elementos que poderiam infringir os direitos do criador original também não é permitido.

Essas políticas visam garantir que as ferramentas de IA sejam utilizadas de maneira ética e responsável, protegendo a propriedade intelectual e a privacidade, além de prevenir abusos no uso da tecnologia.

8.
REFINANDO A EXPERIÊNCIA DE USO

A forma como um usuário utiliza o ChatGPT depende diretamente de seu conhecimento sobre as funcionalidades disponíveis na plataforma. Para aqueles que exploram apenas os recursos básicos, a interação se limita a perguntas diretas e respostas simples, muitas vezes sem um aproveitamento completo das possibilidades da ferramenta. Já os usuários avançados, que compreendem as funcionalidades agregadas, utilizam o ChatGPT de maneira estratégica, maximizando seu potencial para tarefas complexas, automação de processos e otimização da tomada de decisões.

O usuário que domina a ferramenta pode, por exemplo, estruturar análises detalhadas, solicitar processamento de documentos, gerar códigos otimizados, criar fluxos automatizados e até realizar pesquisas em tempo real. Ele explora comandos mais específicos, faz uso de ferramentas integradas, como buscas na web e análise de arquivos, além de compreender como interagir com o modelo para obter respostas mais precisas e alinhadas às suas necessidades.

Enquanto o usuário básico vê o ChatGPT como um assistente que responde perguntas de forma isolada, o usuário avançado enxerga a ferramenta como um recurso robusto para aprimorar a produtividade, agilizar pesquisas, desenvolver insights estratégicos e integrar soluções inteligentes ao seu fluxo de trabalho. Essa diferença na abordagem define o real impacto da tecnologia na otimização de tarefas diárias e na geração de valor para suas atividades.

Aprimorando a sua descrição de um prompt de comando

Aperfeiçoar a descrição dos prompts no ChatGPT é crucial para obter respostas mais precisas e relevantes. Um prompt bem estruturado aumenta a clareza, fornece o contexto adequado, orienta o modelo para o resultado esperado, economiza tempo ao reduzir a necessidade de reformulações e explora o potencial máximo do modelo, permitindo respostas alinhadas com a intenção do usuário.

8.1. APRENDENDO SOBRE PROMPT COM A OPENAI

A OpenAI oferece uma ferramenta extremamente valiosa para usuários do GPT em sua plataforma: a página de exemplos de prompts (disponível em *https://platform.openai.com/docs/examples)*. Esta página contém uma coleção abrangente de exemplos práticos de como usar o GPT em diversas situações profissionais. Desde a criação de conteúdo até a automação de tarefas repetitivas, a ferramenta permite aos usuários experimentar prompts otimizados para diferentes finalidades.

Profissionais de diversas áreas podem aproveitar essa ferramenta para aprimorar sua produtividade, obtendo respostas mais direcionadas e eficientes ao interagir com o GPT. Além disso, a página inclui instruções detalhadas sobre como adaptar os prompts a diferentes contextos, garantindo que os usuários consigam personalizar as interações da IA conforme suas necessidades específicas.

8.2. ATIVANDO O MODO GURU — MCRF

O acróstico MCRF é uma estrutura prática e eficiente para ajudar qualquer profissional a se tornar um desenvolvedor de prompts assertivo e eficaz para ChatGPT, independentemente da área de atuação. Ele oferece uma abordagem estruturada para formular prompts claros, direcionados e detalhados, maximizando a precisão e a utilidade das respostas fornecidas pela IA.

M (Mentor):

Esta é a parte fundamental onde você define o papel da IA que deseja utilizar. O "Mentor" no prompt deve representar a especialidade ou o conhecimento técnico necessário para resolver o problema ou fornecer insights de valor.

Objetivo: Determinar a "voz" ou "papel" que o ChatGPT vai adotar na resposta, seja ele um especialista em uma área técnica, um consultor estratégico, um analista de dados ou outro papel relevante.

Como Aplicar: Descreva de forma clara e precisa o tipo de especialista que a IA deve representar. Exemplo: "Atue como um consultor financeiro especializado em análise de investimentos de alto risco."

C (Contexto):

Aqui, você fornece as informações situacionais relevantes, definindo o cenário em que o problema está inserido. O contexto garante que o ChatGPT compreenda as variáveis que influenciam o problema, ajustando sua resposta às necessidades específicas.

Objetivo: Oferecer detalhes e dados relevantes sobre o problema, os desafios e as particularidades que afetam a solução. Isso dá profundidade e clareza à questão.

Como Aplicar: Explique a situação, incluindo detalhes que possam influenciar a resposta, como números, metas, prazos, problemas existentes, etc. Exemplo: "Estou analisando o desempenho de uma carteira de investimentos de R$ 5 milhões, distribuída entre ações e renda fixa, durante um período de alta volatilidade no mercado."

R (Resposta):

Nesta fase, você explica a pergunta central ou o objetivo final que busca alcançar com a resposta do ChatGPT. É a essência da sua solicitação, onde você formula a questão específica que precisa ser respondida com precisão.

Objetivo: Descrever claramente a pergunta ou o problema que você deseja que a IA resolva, garantindo que o foco da resposta esteja alinhado com suas necessidades.

Como Aplicar: Faça uma pergunta específica ou solicite um tipo de análise, insight ou solução. Exemplo: "Qual seria a melhor alocação de ativos para maximizar o retorno, levando em consideração o cenário atual de alta inflação e taxas de juros?"

F (Forma):

Aqui, você especifica o formato da resposta que o ChatGPT deve entregar. Isso pode variar desde uma explicação em texto, uma tabela, um resumo, ou mesmo um plano de ação, dependendo do tipo de resposta que melhor atende às suas necessidades.

Objetivo: Definir o formato mais adequado para a entrega da resposta, seja um texto detalhado, uma lista de passos, gráficos, ou tabelas, garantindo que a apresentação da resposta seja clara e útil.

Como Aplicar: Especifique o formato desejado e a estrutura que melhor organiza a resposta. Exemplo: "Por favor, apresente a resposta em formato de tabela, com três colunas que indiquem os tipos de ativos, os riscos associados e as previsões de retorno."

Conhecimento Extra (Opcional)

Introduzir conhecimento externo, como PDFs, artigos ou outras fontes de informação, melhora significativamente a resposta do ChatGPT. Ao incluir esse material, o GPT pode considerar essas informações extras em suas respostas, gerando insights mais aprofundados e detalhados sobre o tema em questão.

Resumo do MCRF

Mentor: Define o especialista ou o papel que a IA deve assumir para responder à questão.

Contexto: Fornece detalhes essenciais sobre o cenário ou o problema, assegurando que a IA compreenda todas as variáveis importantes.

Resposta: Formula a questão específica ou o objetivo central, para garantir que a resposta seja precisa e direta.

Forma: Define o formato final da resposta, ajustando-a para melhor apresentar a solução de maneira clara e organizada.

Exemplo aplicável:

Persona: Profissionais em gestão de Recursos humanos e desenvolvimento de pessoas

Problema: Criação de Avaliações de Desempenho Personalizada

– Descreva o seguinte prompt para ChatGPT –

M (Mentor):

Atue como um especialista em gestão de pessoas e desenvolvimento de talentos, capaz de construir relatórios detalhados de avaliação de desempenho baseados em dados de desempenho, competências e comportamento. Busque sempre o melhor método de avaliação baseado em critérios objetivos, utilizando as melhores práticas em recursos humanos para criar uma avaliação que forneça feedback claro e ações de desenvolvimento direcionadas.

C (Contexto):

Estou lidando com a tarefa de criar avaliações de desempenho para uma equipe de vendas. Preciso de um relatório que analise o desempenho dos membros da equipe com base em critérios como metas atingidas, comportamento no ambiente de trabalho, habilidade de comunicação e resultados em projetos específicos. Cada membro da equipe tem diferentes níveis de experiência e responsabilidades, e preciso garantir que o feedback seja personalizado, fornecendo uma análise clara das áreas fortes e das que precisam de melhoria.

R (Resposta):

Qual seria a melhor maneira de organizar e apresentar uma avaliação de desempenho completa, que seja objetiva e bem detalhada para cada membro da equipe, levando em conta os critérios de avaliação mencionados? Como posso estruturar o relatório para que ele ofereça tanto feedback positivo quanto sugestões de desenvolvimento prático?

F (Forma):

Por favor, apresente a resposta no formato de um relatório de avaliação de desempenho dividido em seções para metas atingidas, comportamento, habilidades e ações recomendadas, com uma conclusão que dê um panorama geral do desempenho. Utilize uma linguagem profissional e objetiva.

Desenvolva a análise conforme informações abaixo:

Nome: Maria da Silva

Cargo: Gerente de Contas

Metas de Vendas: R$500.000 no trimestre

Desempenho: R$450.000 em vendas

Comportamento: Proativa, excelente relacionamento com clientes, precisa melhorar a comunicação interna.

Habilidades Avaliadas: Comunicação, liderança, negociação.

Resultado em Projetos: Liderou o projeto "X", mas falhou em comunicar os prazos com clareza.

Agora, teste o prompt e estas informações e veja o resultado.

Conhecimento Extra:

Anexar conhecimento externo, como PDFs, planilhas, documentos, livros, artigos ou outras fontes de informação, melhora significativamente a resposta do ChatGPT.

Ao anexar esse material, o GPT pode ser induzido a considerar essas informações extras em suas respostas, gerando insights ainda mais aprofundados e detalhados sobre o tema em questão.

8.3. ANEXANDO DOCUMENTOS

O ícone do clipe de papel, ao lado de um prompt em interfaces de IA, como o ChatGPT, representa a funcionalidade de anexar documentos, imagens ou outros arquivos.

Esse recurso é fundamental para enriquecer a precisão e a relevância das respostas em várias situações:

1. **Conteúdo Contextualizado**: Anexar documentos permite que o modelo tenha acesso direto ao conteúdo específico que precisa ser analisado, como relatórios, artigos, ou dados técnicos. Isso garante que as respostas sejam fundamentadas no material exato, evitando suposições e aumentando a acurácia da análise.

2. **Detalhamento e Precisão**: Quando o usuário precisa de um feedback ou análise aprofundada de textos longos ou complexos, anexar o documento permite que o modelo examine o texto original. Isso elimina erros de interpretação que podem ocorrer ao depender apenas de uma descrição sumária.
3. **Versatilidade nas Aplicações**: O ícone do clipe facilita a realização de tarefas que exigem uma variedade de formatos de entrada, como gráficos, planilhas, PDFs e imagens, permitindo que o modelo lide com solicitações que vão desde a interpretação de dados visuais até a revisão de documentos completos.
4. **Economia de Tempo**: Em vez de copiar e colar grandes volumes de texto manualmente, anexar arquivos torna o processo mais eficiente. Isso beneficia tanto o usuário quanto o modelo, permitindo uma interação mais ágil e produtiva.
5. **Redução de Ambiguidade**: Anexar arquivos ao prompt elimina a necessidade de descrições excessivamente detalhadas e minimiza a ambiguidade que pode surgir quando o modelo tenta interpretar a intenção do usuário sem ter acesso direto ao conteúdo.

Essencialmente, o ícone do clipe de papel é um facilitador que potencializa a capacidade do GPT de fornecer respostas mais contextualizadas e precisas, especialmente em demandas complexas ou que exijam um conhecimento específico diretamente acessível a partir do documento anexado.

8.3.1. QUAIS TIPOS DE ARQUIVOS PODEM SER ANEXADOS

Os tipos de arquivos que podem ser anexados ao ChatGPT incluem principalmente documentos de texto, imagens e planilhas, com limites específicos que garantem que o modelo consiga processá-los de forma eficiente. Abaixo estão os tipos de arquivos suportados e os limites geralmente aplicáveis:

1. **Tipos de Arquivos Suportados:**

   Documentos de texto: .pdf, .docx, .txt

   Planilhas: .csv, .xlsx

   Imagens: .jpg, .png, .gif (desde que o conteúdo seja interpretável visualmente, como diagramas ou gráficos).

2. **Limites de Tamanho:**

   O limite de tamanho para uploads costuma ser de até **20 MB por arquivo**. Arquivos maiores que isso podem não ser processados corretamente.

3. **Limitações de Processamento:**

   Número de Páginas ou Complexidade do Conteúdo: Para PDFs ou documentos longos, há limites quanto à quantidade de texto que o modelo pode interpretar de uma só vez. Geralmente, o modelo consegue analisar documentos de até algumas dezenas de páginas, dependendo da quantidade de texto por página.

   Imagens e Gráficos Complexos: Para arquivos de imagem, o modelo é capaz de analisar textos embutidos ou elementos gráficos simples. Imagens com texto pequeno ou detalhes complexos podem não ser legíveis.

4. **Funcionalidades de Interpretação Específicas**:

   Texto e tabelas: Arquivos em .csv e .xlsx são interpretados como dados tabulares, o que permite ao modelo realizar cálculos, sumarizações, ou mesmo análises de tendências.

   Documentos PDF: Para PDFs de múltiplas páginas ou com formatação complexa, o conteúdo deve ser estruturado em formato de texto simples ou tabelas.

Essas limitações visam garantir que o processamento dos arquivos seja eficiente e preciso, mantendo a experiência de uso ágil e focada na análise de informações relevantes ao contexto do usuário.

8.4. BUSCANDO REFERÊNCIAS NA WEB

O ícone do "globinho" na barra de comando indica a ativação de uma função que permite ao ChatGPT acessar informações atualizadas diretamente da web. Esse recurso é extremamente relevante para melhorar a qualidade das respostas, pois, ao utilizar o ícone, o modelo consegue acessar fontes atuais e específicas, o que é crucial em situações onde o conhecimento prévio pode estar desatualizado ou insuficiente.

Essa função permite a consulta de dados em tempo real, tornando possível fornecer informações detalhadas e precisas em áreas que evoluem rapidamente, como atualizações econômicas, acontecimentos globais, eventos recentes, ou até detalhes específicos sobre legislação e políticas de empresas. Além disso, ao acessar a web, o GPT consegue validar informações e citar fontes recentes e confiáveis, algo essencial para respostas criteriosas e embasadas.

Portanto, o "globinho" funciona como uma ferramenta de verificação e atualização, ampliando a capacidade do modelo de fornecer respostas mais contextualizadas e alinhadas às necessidades do usuário que requerem dados ou tendências do momento.

Algumas limitações

A ferramenta de busca pela web do ChatGPT oferece grandes vantagens, mas também possui algumas limitações importantes:

1. **Dependência de Fontes Disponíveis**: A ferramenta só acessa fontes disponíveis na web, e a qualidade da resposta depende da qualidade das informações publicadas. Em temas pouco discutidos ou com dados escassos, a busca pode não retornar o nível de detalhe desejado.
2. **Restrição a Fontes Públicas**: O GPT não acessa conteúdo pago, restrito ou protegido por login, como artigos científicos que exigem assinaturas específicas, bancos de dados acadêmicos, ou plataformas privadas. Isso limita o acesso a certas informações especializadas ou atualizações mais aprofundadas, como aquelas encontradas em publicações acadêmicas.
3. **Ausência de Avaliação Crítica**: A ferramenta não faz julgamento editorial das fontes, ou seja, ela não distingue automaticamente o que é mais ou menos confiável. Embora priorize fontes com maior credibilidade, informações enganosas ou não verificadas podem ocasionalmente surgir em uma resposta, exigindo do usuário uma análise crítica.
4. **Limitações no Contexto de Localização e Idioma**: Em consultas que exigem um contexto muito localizado (como eventos municipais) ou em idiomas menos comuns, a ferramenta pode ter dificuldade em encontrar informações precisas e relevantes, limitando a qualidade das respostas para esses contextos.
5. **Tempo de Resposta e Conectividade**: O uso da ferramenta web pode impactar o tempo de resposta, especialmente em pesquisas mais complexas. Além disso, qualquer falha na conectividade com a internet ou instabilidade do serviço de busca pode interferir no acesso a informações ou até impedir respostas em tempo real.

Essas limitações tornam a ferramenta ideal para informações amplamente documentadas e de interesse público, enquanto para temas mais especializados ou fontes protegidas, pode haver a necessidade de verificar com outras bases de dados confiáveis ou ferramentas de pesquisa adicionais.

8.5. QUAIS MODELOS USAR EM CADA SITUAÇÃO

Os modelos listados na imagem possuem diferentes especificidades e usos:

A imagem abaixo mostra uma lista de modelos de inteligência artificial disponíveis em uma plataforma, incluindo versões do GPT e outras variantes.

Aqui está uma explicação detalhada sobre cada um deles:

1. GPT-4o

Descrição: O modelo **GPT-4o** é a versão mais recente da OpenAI, lançada em 2024. "O" significa "omni", destacando sua capacidade multimodal melhorada, ou seja, ele pode processar texto, imagens, áudio e vídeo de forma integrada e mais eficiente do que os modelos anteriores.

Principais Características:

- Mais rápido e eficiente que o GPT-4.
- Melhor entendimento de contexto e coerência em respostas.
- Melhoria significativa na capacidade multimodal.
- Mais acessível em termos de custo computacional.

Principais Aplicações:

- **Atendimento ao cliente** automatizado.
- **Suporte a desenvolvimento de software** (códigos, debug, sugestões).
- **Análises e previsões de dados** baseadas em padrões de linguagem.
- **Geração de conteúdo** (artigos, roteiros, resumos).
- **Interpretação de imagens e vídeos** (em plataformas compatíveis).

2. GPT-4o com tarefas agendadas (beta)

Descrição: Versão experimental do GPT-4o que permite a **execução de tarefas automatizadas** em horários programados.

Principais Características:

- Pode **agendar e lembrar tarefas** para o usuário.
- Potencial para **automatizar processos** em empresas e projetos pessoais.
- Ainda em **fase beta**, o que significa que pode ter limitações e atualizações constantes.

Principais Aplicações:

- **Agendamento inteligente** de tarefas diárias.
- **Automação de e-mails e respostas** baseadas em eventos programados.
- **Execução de fluxos de trabalho repetitivos** sem necessidade de comando manual.

3. GPT-4.5 (prévia experimental)

Descrição: O modelo GPT-4.5 (prévia experimental), exibido na imagem, representa uma versão intermediária entre o GPT-4 e futuras gerações de modelos, posicionando-se como uma versão em fase de testes avançados. Ele é projetado especialmente para aprimorar a qualidade da escrita e a exploração criativa de ideias, sendo uma opção ideal para usuários que desejam produzir textos mais elaborados, criativos e detalhados.

Entre as características destacáveis do GPT-4.5 (prévia experimental) estão:

1. **Capacidade Criativa e Expressividade**: O modelo oferece maior fluidez e criatividade, ideal para gerar textos com um estilo mais humano, claro e natural.
2. **Exploração Avançada de Conceitos**: É otimizado para realizar conexões entre ideias de forma eficiente, facilitando a criação de conteúdos originais e a exploração de tópicos mais complexos ou abstratos.
3. **Qualidade Aprimorada de Redação**: Melhora aspectos estilísticos e estruturais dos textos, incluindo vocabulário diversificado, coesão textual aprimorada e contextualização assertiva.
4. **Performance Intermediária**: Posiciona-se entre o desempenho robusto do GPT-4 e as próximas gerações previstas (como o GPT-5), oferecendo uma prévia tecnológica e experimental de capacidades que ainda estão sendo testadas e validadas.
5. **Versatilidade**: É particularmente eficaz para tarefas como brainstorming, desenvolvimento de roteiros, criação de narrativas detalhadas, explanação de tópicos científicos complexos e elaboração de conteúdos estratégicos que demandam profundidade.

Sendo uma versão prévia experimental, o GPT-4.5 ainda pode apresentar variações no desempenho em determinados contextos, enquanto a OpenAI avalia feedbacks e aprimora suas funcionalidades para futuras versões oficiais. Portanto, sua utilização é especialmente indicada para usuários interessados em explorar recursos avançados de criatividade e escrita, aceitando possíveis oscilações enquanto participam do desenvolvimento evolutivo da tecnologia.

Principais Aplicações:

- **Pesquisa** acadêmica e técnica com maior precisão.
- **Automação** avançada de processos empresariais.
- **Análises preditivas e diagnósticos** baseados em padrões de IA.
- Interações complexas em assistentes virtuais.

4. o1

Descrição: Modelo menos conhecido, possivelmente uma versão mais leve ou experimental da OpenAI voltada para uso eficiente em larga escala.

Principais Características:

- Pode ter foco em velocidade e eficiência.
- Provavelmente otimizado para tarefas específicas com menos consumo de recursos.

Principais Aplicações:

- **Automação** de processos rápidos, como respostas em chatbots.
- **Aplicações móveis** que precisam de IA leve e responsiva.
- **Execução de comandos** simples em sistemas embarcados.

5. o3-mini

Descrição: Um modelo menor e mais eficiente, possivelmente uma versão compacta de um modelo mais poderoso.

Principais Características:

- Menor consumo de memória e processamento.
- Focado em tarefas mais simples e rápidas.

Principais Aplicações:

- **Respostas rápidas** em chatbots e assistentes virtuais.
- **Aplicações de IA embarcadas** em dispositivos móveis.
- **Análises de dados** simples em tempo real.

6. o3-mini-high

Descrição: Variante aprimorada do **o3-mini**, com melhor desempenho e precisão.

Principais Características:

- Equilibra eficiência e capacidade de processamento.
- Provavelmente tem melhor resposta a contextos complexos do que o o3-mini.

Principais Aplicações:

- **Automação** de tarefas empresariais com menor custo computacional.
- **Modelos de recomendação** para produtos e serviços.
- **Suporte** a assistentes virtuais mais avançados.

A lista apresenta diferentes versões de IA com focos distintos. Para escolher o melhor modelo, é essencial considerar o nível de complexidade da tarefa e o desempenho necessário:

- Para tarefas mais exigentes e multimodais: GPT-4o ou GPT-4.5.
- Para automação programada: GPT-4o com tarefas agendadas.
- Para eficiência e velocidade em aplicações simples: o3-mini ou o3-mini-high.
- Para um equilíbrio entre capacidade e custo: o1.

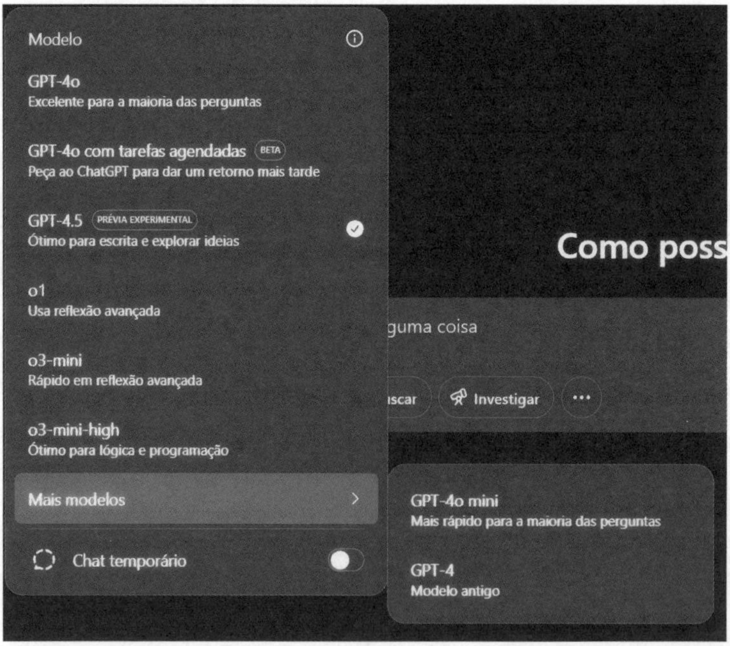

Outros Modelos:

A imagem acima ainda apresenta mais dois modelos de IA disponíveis: **GPT-4o mini** e **GPT-4** (modelo antigo).

Aqui está a explicação detalhada sobre cada um deles:

1. GPT-4o mini

Descrição: Uma versão mais leve e rápida do **GPT-4o**, otimizada para fornecer respostas com maior velocidade, mantendo um bom nível de precisão.

Principais Características:

- **Mais rápido** na maioria das perguntas, sendo ideal para tarefas de resposta rápida.
- Provavelmente consome **menos recursos computacionais** do que a versão completa do GPT-4o.
- **Equilibrado entre velocidade e inteligência**, sendo útil para conversas contínuas.

Principais Aplicações:

- **Chatbots** e assistentes virtuais rápidos.
- **Busca de informações** e respostas curtas sem necessidade de raciocínio profundo.
- **Tarefas do dia a dia** nas quais velocidade é mais importante que profundidade.

2. GPT-4 (Modelo Antigo)

Descrição: O modelo GPT-4 foi a versão anterior ao GPT-4o, e agora é classificado como "modelo antigo". Embora tenha sido um grande avanço na época, foi superado pelo GPT-4o, que oferece melhor desempenho.

Principais Características:

- Menos eficiente que o GPT-4o em termos de velocidade e custo computacional.
- Ainda mantém boa capacidade de entendimento e resposta para tarefas mais complexas.
- Pode ser uma alternativa estável, mas não tem os avanços da versão mais recente.

Principais Aplicações:

- **Geração de texto** longo e aprofundado para artigos, relatórios e ensaios.
- **Suporte técnico** e programação com um nível de detalhe sólido.
- **Análises de dados** e padrões para insights mais refinados.

Conclusão

- Se precisar de velocidade e eficiência em tarefas simples » GPT-4o mini.
- Se quiser um modelo ainda poderoso, mas menos avançado que o GPT-4o » GPT-4 (modelo antigo).

Chats Temporários

O termo "Chat temporário" descrito na imagem refere-se a um modo de conversação no qual as mensagens e o histórico da conversa não são armazenados após o encerramento da sessão.

Isso significa que:

1. **Privacidade e Segurança**: Nenhuma das interações fica salva, garantindo maior confidencialidade.
2. **Sem Continuidade**: O modelo não poderá lembrar de informações fornecidas anteriormente, tornando cada nova conversa independente.
3. **Ideal para Consultas Rápidas**: Se o usuário precisa apenas de uma resposta pontual sem necessidade de contexto acumulado.
4. **Não Personaliza o Atendimento**: Como as interações não são armazenadas, o modelo não pode adaptar as respostas com base em aprendizados prévios dentro da mesma sessão.

Esse recurso pode ser útil para quem deseja interagir com a IA sem deixar rastros de histórico ou quando o objetivo é obter respostas sem a necessidade de contexto contínuo.

GPT-5:

O lançamento do GPT-5 está previsto para ocorrer nos próximos meses, possivelmente até maio de 2025. De acordo com Sam Altman, CEO da OpenAI, o GPT-5 integrará diversas tecnologias desenvolvidas pela empresa, incluindo o modelo de raciocínio o3, visando unificar as séries O e GPT.

Espera-se que o GPT-5 apresente avanços significativos, aproximando-se da Inteligência Artificial Geral (AGI).

Entre as melhorias antecipadas, estão:

1. **Raciocínio Avançado**: O GPT-5 deverá incorporar técnicas de "chain-of-thought reasoning", permitindo um processamento mais profundo e lógico das informações.
2. **Capacidades Multimodais**: Espera-se que o modelo seja capaz de processar e gerar não apenas texto, mas também fala, imagens e possivelmente vídeo, tornando-o mais versátil em diversas aplicações.
3. **Melhoria na Compreensão Contextual**: Com uma janela de contexto expandida, o GPT-5 poderá processar e comparar documentos extensos com mais eficiência, beneficiando setores que lidam com grandes volumes de informação.
4. **Redução de Alucinações**: Espera-se uma diminuição significativa nas respostas incorretas ou sem sentido, aumentando a confiabilidade das informações fornecidas pelo modelo.

Esses avanços têm o potencial de transformar a interação humano-computador, ampliando as possibilidades de aplicação da inteligência artificial em diversos setores.

9. APLICAÇÕES EM NEGÓCIOS E SOLUÇÕES

O GPT é uma ferramenta versátil e poderosa para apoio e suporte aos mais diversos departamentos de uma empresa e tipos de profissionais, pois otimiza processos, automatiza tarefas repetitivas, melhora a comunicação e auxilia na tomada de decisões estratégicas. Sua capacidade de processar grandes volumes de dados e gerar respostas contextuais faz com que ele seja útil tanto para funções operacionais quanto para cargos de liderança.

Antes de iniciarmos a seção dos prompts, é importante destacar o seguinte acordo:

A IA tem se tornado uma ferramenta cada vez mais poderosa em diversas áreas profissionais, oferecendo suporte para otimizar tarefas repetitivas, fornecer recomendações baseadas em grandes volumes de dados e acelerar processos. Contudo, ela ainda não é capaz de substituir a competência humana necessária em várias situações. A seguir, exploramos como a IA complementa, mas não substitui, profissionais em diferentes campos, ao mesmo tempo em que destaca a importância da responsabilidade e dos desafios crescentes com o uso dessa tecnologia.

1. **Advogado**

   A IA pode ser uma aliada poderosa para advogados, facilitando tarefas como a pesquisa de jurisprudência, análise de contratos e até mesmo a elaboração de documentos jurídicos. Ela também pode sugerir estratégias legais baseadas em dados históricos, oferecendo uma visão mais clara e rápida sobre aspectos técnicos de um caso. Contudo, o advogado é essencial para interpretar a complexidade das leis, aplicá-las de maneira adaptada a cada situação específica e tomar decisões éticas, considerando o contexto humano do cliente. A IA pode fornecer sugestões, mas a interpretação e a aplicação das leis, muitas vezes, dependem do julgamento humano.

   Responsabilidade: A IA pode agilizar o trabalho, mas a responsabilidade de garantir que a aplicação da lei seja feita de maneira justa, ética e personalizada ao cliente permanece com o advogado.

2. **Contador**

   No campo da contabilidade, a IA pode automatizar processos como o preenchimento de impostos, análise de grandes volumes de dados financeiros e até mesmo detectar fraudes. Ela também pode fornecer recomendações sobre estratégias fiscais baseadas em grandes quantidades de dados. No entanto, o contador deve interpretar esses dados e adaptá-los ao contexto específico do cliente, considerando suas metas financeiras e as mudanças nas leis fiscais. A IA não é capaz de captar todas as nuances que envolvem a realidade de cada cliente ou de prever situações imprevistas que impactem suas finanças.

Responsabilidade: A IA pode fornecer informações sobre estratégias fiscais, mas o contador continua sendo responsável por garantir que as práticas sejam legais, éticas e alinhadas aos interesses do cliente.

3. **Administrador**

   A IA pode ajudar os administradores a otimizar processos organizacionais, realizar análises de mercado e prever tendências. Ela pode fornecer insights valiosos sobre a eficiência das operações e a análise de desempenho. Porém, a construção de uma estratégia organizacional eficaz, a gestão de equipes e a criação de uma cultura corporativa sólida ainda dependem da habilidade do administrador de entender as motivações humanas, as dinâmicas de grupo e a adaptação contínua ao mercado. A IA pode sugerir dados e até mesmo algumas ações, mas a liderança humana é necessária para moldar uma visão estratégica e engajar as equipes de forma eficaz.

   Responsabilidade: Embora a IA forneça recomendações, o administrador deve fazer escolhas estratégicas que considerem tanto os resultados financeiros quanto o bem-estar dos colaboradores e a cultura organizacional.

4. **Médico**

   Na medicina, a IA tem um papel fundamental ao ajudar no diagnóstico de doenças, na análise de imagens médicas e na sugestão de planos de tratamento baseados em dados clínicos. No entanto, a interpretação desses dados e a tomada de decisões, considerando o histórico e as condições de vida do paciente, ainda dependem da expertise do médico. Além disso, a relação empática com o paciente, a comunicação eficaz e o entendimento de fatores sociais e emocionais são aspectos que a IA não pode substituir. A capacidade de lidar com a complexidade emocional e psicológica de um paciente é algo único da prática médica humana.

   Responsabilidade: A IA pode sugerir diagnósticos, mas é o médico quem deve aplicar esses resultados, levando em consideração o contexto completo do paciente, incluindo aspectos que vão além da lógica clínica, como suas preferências e necessidades emocionais.

5. **Engenheiro**

   A IA pode ser extremamente útil para engenheiros, auxiliando em processos como a análise de dados, a previsão de falhas em sistemas e a otimização de designs. No entanto, ela ainda não possui a capacidade de incorporar criatividade e inovação de forma tão eficaz quanto um engenheiro humano. Projetos que envolvem novas soluções tecnológicas, adaptação a novas condições ou que demandam uma compreensão profunda de variáveis ambientais e sociais exigem a experiência e o julgamento de um engenheiro. A IA pode sugerir alternativas baseadas em dados, mas é o engenheiro quem deve avaliar as implicações dessas soluções.

Responsabilidade: Embora a IA possa otimizar o processo de design e análise, a responsabilidade pela segurança, viabilidade e impacto social de uma solução permanece com o engenheiro humano.

6. **Psicólogo**

   A IA pode ser utilizada como uma ferramenta para analisar padrões de comportamento e realizar testes psicológicos. Ela pode até sugerir intervenções baseadas em dados, mas a prática psicológica envolve um componente essencial: a relação terapêutica. A empatia, o entendimento das emoções humanas e a construção de um vínculo de confiança com o paciente são aspectos que a IA não consegue replicar. As complexidades dos distúrbios mentais, assim como os fatores contextuais que impactam o tratamento, exigem a intervenção de um psicólogo humano.

   Responsabilidade: A IA pode fornecer insights sobre padrões de comportamento, mas é o psicólogo quem deve aplicar essas informações, levando em conta a individualidade e as necessidades emocionais do paciente.

9.1. A TRANSIÇÃO PARA A SUBSTITUIÇÃO COMPLETA

Embora a IA seja uma ferramenta poderosa, a substituição completa dos profissionais por IA ainda está distante. Para que isso aconteça, a IA precisaria ser desenvolvida com uma compreensão holística do comportamento humano, das nuances sociais, emocionais e éticas. A IA teria que ser capaz de tomar decisões que envolvem criatividade, ética e julgamento moral — habilidades que, atualmente, são exclusivas dos seres humanos.

Em um cenário ideal, a IA poderia ser capaz de integrar esses elementos, mas isso exigiria uma evolução tecnológica profunda, onde as máquinas seriam capazes de entender completamente o contexto e as implicações de suas decisões. Porém, ainda estamos longe disso, e até que esse cenário seja possível, a IA continuará a atuar como uma ferramenta de apoio, não como uma substituta.

9.2. POR QUE NÃO DEVEMOS CONFIAR 100% NA IA

Mesmo que a IA seja uma ferramenta útil, ela não deve ser vista como infalível. Ela depende de dados históricos e padrões, mas não tem a capacidade de compreender as complexidades subjetivas e emocionais de um ser humano ou de prever situações imprevistas. Além disso, questões éticas e de responsabilidade surgem quando se coloca toda a confiança em uma máquina. Se algo der errado, quem será responsabilizado? Como a IA pode avaliar consequências imprevistas ou tomar decisões que envolvem a vida humana de maneira empática?

Portanto, embora a IA tenha o potencial de transformar muitas profissões e tornar processos mais rápidos e eficientes, ela não deve ser vista como uma substituta para o julgamento humano. Devemos utilizá-la como uma ferramenta poderosa para otimizar o trabalho, mas sempre mantendo a responsabilidade nas mãos de profissionais humanos, que possuem a capacidade de ponderar aspectos éticos, contextuais e emocionais que a IA ainda não pode entender completamente.

9.2.1. O PROBLEMA DAS "ALUCINAÇÕES DA IA"

O que são as alucinações da IA?

O termo "alucinação da IA" refere-se a respostas incorretas, inventadas ou irreais geradas por modelos de inteligência artificial, especialmente LLMs (Large Language Models). Essas alucinações ocorrem quando a IA fornece informações que parecem coerentes e plausíveis, mas que não têm base em fatos reais ou fontes verificáveis.

Isso pode resultar em erros críticos em aplicações estratégicas, como pesquisas científicas, decisões de negócios, jurídico, financeiro, médico e governamental.

Por que as Alucinações Ocorrem?

1. **Previsão Estatística e Não Conhecimento Real**
   - Modelos de IA não "entendem" o mundo como humanos. Em vez disso, eles preveem palavras e frases com base em padrões estatísticos derivados de seus dados de treinamento.
   - Se uma informação não for clara ou amplamente documentada nos dados de treinamento, o modelo pode "preencher as lacunas", gerando algo plausível, mas falso.
2. **Falta de Capacidade de Verificação**
   - A IA não acessa fontes em tempo real, a menos que tenha integração com sistemas externos (como mecanismos de busca).

- Mesmo quando treinada em grandes quantidades de dados, pode repetir erros, vieses ou informações desatualizadas.

3. **Tendência a Ser Excessivamente Confiante**
   - Modelos de linguagem são projetados para gerar texto fluente e coerente, o que pode mascarar incertezas.
   - Se a IA não tem certeza sobre uma resposta, ela pode ainda assim gerar uma resposta confiante, sem indicar que pode estar errada.

4. **Bias (Vieses) e Ruído nos Dados de Treinamento**
   - Se o treinamento da IA incluir dados enviesados, tendenciosos ou incorretos, a IA pode reproduzir esses erros.
   - Fontes pouco confiáveis, conteúdo gerado automaticamente ou falta de representatividade nos dados podem amplificar vieses e distorções.

5. **Problemas na Interpretação de Perguntas Complexas**
   - Se uma pergunta for ambígua, a IA pode interpretar de maneira errada e responder de forma equivocada.
   - Também pode tentar "completar" informações faltantes, levando a erros.

9.2.2. QUÃO CONFIÁVEL É UM MODELO LLM?

A confiabilidade de um **LLM (Large Language Model)** depende de vários fatores:

Fator	Impacto na Confiabilidade
Tamanho e Qualidade dos Dados	Modelos treinados em grandes volumes de dados verificáveis tendem a ser mais precisos.
Atualização dos Dados	Modelos baseados em dados antigos podem fornecer informações desatualizadas.
Capacidade de Citação de Fontes	Modelos que podem referenciar fontes verificáveis são mais confiáveis.
Integração com Bancos de Dados Reais	Modelos que consultam fontes externas, como artigos científicos e legislação, reduzem alucinações.
Capacidade de Autoavaliação	Modelos que indicam sua incerteza ajudam a evitar a confiança excessiva em respostas erradas.

Nenhum modelo de IA atual é **100% confiável**, mas sua precisão pode ser bastante elevada quando treinado e ajustado corretamente.

9.2.3. COMO EVITAR OU MINIMIZAR O IMPACTO DAS ALUCINAÇÕES?

1. **Verificação Cruzada de Informações**
   - Nunca aceite uma resposta da IA sem conferir fontes externas confiáveis.
   - Sempre **verifique dados em artigos científicos, legislações, estatísticas e fontes primárias** antes de tomar decisões estratégicas.
2. **Uso de Mecanismos de Busca e Fontes Confiáveis**
   - Algumas IAs podem integrar **mecanismos de busca em tempo real** para validar informações.
   - Prefira respostas que incluem **citações e referências verificáveis**.
3. **Reformular Perguntas para Reduzir Ambiguidades**
   - Perguntas claras e bem estruturadas geram respostas mais precisas.
   - Evite perguntas abertas que levem a especulações por parte da IA.
4. **Identificar Sinais de Alucinação**
   - Respostas muito detalhadas sem citação de fontes confiáveis podem ser inventadas.
   - Afirmações absolutas sem possibilidade de questionamento podem indicar erro.
   - Informações que divergem de conhecimento consolidado devem ser investigadas.
5. **Uso da IA como Ferramenta de Apoio, Não de Decisão Final**
   - IA deve ser utilizada como assistente e não como fonte única para decisões importantes.
   - Especialmente em áreas críticas (saúde, direito, engenharia), o julgamento humano e fontes acadêmicas devem sempre validar qualquer resposta.

Resumindo...

As alucinações da IA são um dos maiores desafios no uso de modelos de linguagem natural. Apesar dos avanços, nenhum modelo de IA é infalível e seu uso deve sempre ser acompanhado de verificação, ceticismo e validação.

Ao entender suas limitações e aplicar boas práticas de uso, é possível minimizar os impactos negativos e aproveitar melhor os benefícios dessas tecnologias para pesquisas, negócios e inovação.

9.2.4. O QUE ESTÁ SENDO FEITO PARA MINIMIZAR AS ALUCINAÇÕES DA IA?

A mitigação do problema das alucinações é um dos desafios mais complexos no desenvolvimento de modelos de inteligência artificial. Atualmente, diversas estratégias estão sendo aplicadas para reduzir a ocorrência de respostas imprecisas ou inventadas.

1. **Modelos Baseados em Recuperação de Informação (RAG — Retrieval-Augmented Generation)**
   - Em vez de depender exclusivamente do que foi treinado, os novos modelos acessam bases de dados em tempo real para complementar suas respostas.
   - Exemplos incluem integração com bancos de dados científicos, jurídicos e médicos, permitindo que a IA forneça informações mais verificáveis.
2. **Treinamento com Dados Curados e Filtros de Verificação**
   - Empresas como OpenAI, Google DeepMind e Meta estão aprimorando seus modelos com bases de dados verificadas e livres de desinformação.
   - Filtros de detecção de inconsistências e correção de vieses ajudam a melhorar a precisão das respostas.
3. **Melhorias em Autoavaliação e Indicadores de Confiança**
   - Modelos mais recentes são treinados para indicar graus de certeza sobre suas respostas.
   - Algumas IAs já podem responder algo como: *"Tenho 80% de confiança nesta informação, mas recomendo consulta a fontes adicionais"*.
4. **Integração com Sistemas de Fatos e Referências**
   - Algumas implementações permitem que a IA cite diretamente suas fontes ou exiba links para artigos científicos, leis e relatórios técnicos.
   - Esse recurso já está em teste em sistemas como Google Bard, Perplexity AI e algumas versões avançadas do ChatGPT com acesso à web.
5. **IA Explicável (Explainable AI — XAI)**
   - Novos modelos estão sendo desenvolvidos para justificar suas respostas, explicando como chegaram a determinada conclusão.
   - Isso permite que humanos validem se o raciocínio da IA faz sentido ou não.

9.2.5. QUANDO ESTE PROBLEMA PODERIA SER 100% RESOLVIDO?

A resolução completa do problema das alucinações é altamente complexa e provavelmente não será alcançada nos próximos 10 anos. No entanto, avanços significativos são esperados em fases:

Período	Previsão de Avanço
2025-2027	Melhorias contínuas com integração de bases de dados externas e maior precisão em respostas factuais.
2028-2032	Modelos mais avançados com menor taxa de erro e maior transparência sobre fontes e lógica de raciocínio.
2035+	Possibilidade de modelos que operam **sem alucinações**, sendo validados em tempo real por bancos de dados confiáveis.

A IA pode atingir níveis de **precisão extremamente altos**, mas **100% de confiabilidade absoluta pode nunca ser alcançada**, porque o próprio conhecimento humano está sempre evoluindo e novas descobertas podem invalidar informações previamente aceitas.

9.2.6. A IA PODE SE TORNAR 100% CONFIÁVEL?

A resposta curta é: não completamente, mas pode chegar a um nível onde os erros sejam tão raros que seu uso seja seguro para decisões críticas.

A confiabilidade depende de vários fatores:

1. **Acesso contínuo a dados verificáveis** e atualizados.
2. **Capacidade de justificar respostas com base em lógica rastreável**.
3. **Autocorreção e aprendizado em tempo real**, o que ainda é um grande desafio.
4. **Supervisão humana contínua** em aplicações sensíveis, como saúde, justiça e segurança pública.

Em áreas nas quais decisões erradas podem causar danos irreversíveis, como diagnósticos médicos ou julgamentos judiciais, a IA precisará sempre de validação humana.

9.2.7. A IA COMO GRANDE ALIADA NA SOLUÇÃO DE PROBLEMAS HUMANITÁRIOS

Se os avanços continuarem como previsto, até 2035 a IA poderá ser um aliado essencial na resolução de grandes desafios globais, como:

1. **Previsão e Resposta a Desastres Naturais**

   Uso de IA para prever furacões, terremotos e mudanças climáticas, permitindo evacuações antecipadas e alocação eficiente de recursos.

2. **Medicina Personalizada e Diagnósticos Precoces**

   IA ajudando médicos a identificar doenças com mais precisão e rapidez, reduzindo erros médicos e custos.

3. **Combate à Fome e Desperdício de Alimentos**

   Modelos de IA otimizando a distribuição de alimentos globalmente, reduzindo desperdício e melhorando a segurança alimentar.

4. **Educação Personalizada em Escala Global**

   Plataformas de ensino adaptadas para cada estudante, ajudando a reduzir desigualdades na educação.

5. **Combate à Desinformação e Fake News**

   Sistemas de IA verificando fatos em tempo real para evitar manipulação política e social.

Em resumo, embora 100% de confiabilidade talvez nunca seja alcançada, a IA está caminhando para se tornar cada vez mais precisa e segura. Com avanços contínuos em verificação de informações, integração de fontes confiáveis e transparência no raciocínio, seu impacto positivo será imenso.

Se usada corretamente, pode revolucionar áreas críticas e se tornar um pilar fundamental na resolução de grandes problemas globais, beneficiando toda a humanidade.

Desatualizações

Outro ponto importante, é a questão da atualização de cada tema....

Como sabemos a IA é o campo mais dinâmico em matéria de atualização e evolução dos últimos tempos, de forma que esteja preparado para que alguns links possam não funcionar adequadamente ou estiverem com seu layout ou estrutura diferentes das apresentadas aqui.

Por exemplo:

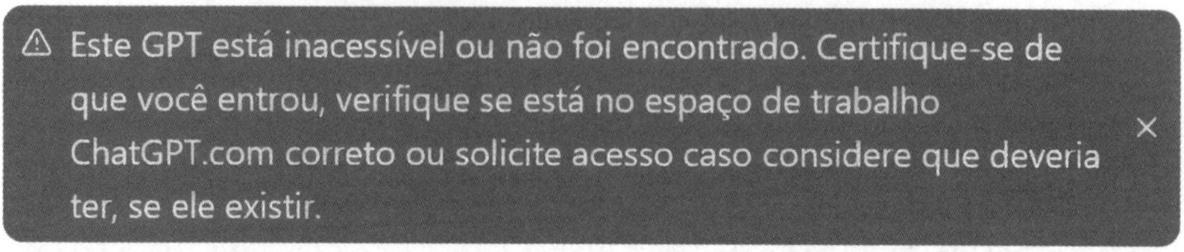

Essa imagem poderá aparecer, ao clicar sobre um link que remete a um tipo específico de GPT personalizado, porque diversos elementos podem ter acontecido como:

1. **Espaço de Trabalho Incorreto**: Você pode estar tentando acessar um espaço de trabalho que não está mais ativo ou disponível no momento. Verifique se você está no ambiente ou espaço de trabalho correto.
2. **Modelo Inacessível**: O GPT que você está tentando acessar pode estar temporariamente inativo ou não disponível. Isso pode ocorrer por motivos técnicos ou de manutenção do sistema.
3. **Problema de Permissão**: Caso o GPT que você deseja usar tenha restrições de acesso, talvez seja necessário solicitar permissões ou acessar uma versão do modelo com permissões adequadas.

Quando alguém cria um GPT e cancela a sua assinatura na OpenAI, o seu GPT se extingue, portanto, pode acontecer de dar algum erro de acesso.

9.3. RECURSOS DO GPT E SUA APLICAÇÃO NOS DEPARTAMENTOS EMPRESARIAIS

De forma a aprimorar sua experiência, recomendo a realização dos exercícios abaixo utilizando o seguinte GPT personalizado:

Business Consultant (Por Logan Young): Consultor de negócios estratégicos

Acesso em: *https://chatgpt.com/g/g-r20wcaSFn-business-consultant*

Cada setor pode se beneficiar das capacidades do GPT de maneiras específicas, seja na geração de conteúdo, na análise de dados ou no suporte técnico e estratégico.

Exemplos incluem realizar cálculos essenciais de gestão de carteira de clientes, como:

Cálculo de CAC, LTV e NPS

Os termos **CAC, LTV e NPS** são métricas essenciais para a análise e otimização da gestão empresarial, especialmente em áreas como marketing, vendas e experiência do cliente.

1. CAC (Custo de Aquisição de Cliente)

- Representa o valor investido para adquirir um novo cliente.

Fórmula:

$$CAC = \frac{\text{Total de Investimento em Aquisição}}{\text{Número de Novos Clientes Adquiridos}}$$

Quanto menor o CAC, mais eficiente é a estratégia de aquisição de clientes.

- Prompt -

Você é um especialista em análise financeira e otimização de aquisição de clientes, com profundo conhecimento em métricas de marketing e eficiência de investimentos. Seu foco é calcular e interpretar o Custo de Aquisição de Cliente (CAC) e propor estratégias para reduzi-lo sem comprometer a qualidade dos leads.

Tenho um negócio no setor de [INSIRA SETOR] e quero calcular o Custo de Aquisição de Cliente (CAC) com base nos seguintes dados:

- *Total investido em marketing e vendas no período: [INSIRA VALOR]*
- *Número de novos clientes adquiridos no mesmo período: [INSIRA VALOR]*

Além do cálculo, desejo insights práticos sobre como reduzir esse custo sem prejudicar a qualidade da aquisição de clientes.

1. *Cálculo do CAC em passo a passo.*
    - *Realize o cálculo com base nos valores fornecidos.*
    - *Compare o resultado com benchmarks de mercado para indicar se o CAC está dentro de um nível aceitável.*
2. *Análise e Diagnóstico do CAC*
    - *Identifique possíveis gargalos que podem estar elevando o custo de aquisição.*
    - *Avalie a eficiência dos canais de aquisição utilizados.*
3. *Estratégias para Redução do CAC sem Perda de Qualidade*
    - *Otimização do Funil de Conversão: Sugira melhorias para aumentar a taxa de conversão dos leads gerados.*
    - *Aproveitamento de Clientes Existentes: Estratégias de upsell, cross-sell e indicações para reduzir a necessidade de aquisição de novos leads.*

- *Aprimoramento do Tráfego Orgânico: Implementação de SEO e inbound marketing para diminuir a dependência de anúncios pagos.*
- *Segmentação e Qualificação de Leads: Melhor uso de dados e inteligência artificial para direcionar campanhas mais eficientes.*
- *Automação de Marketing: Sugestões para reduzir custos operacionais através do uso de e-mail marketing, chatbots e personalização de conteúdo.*
- *Ajuste do Mix de Canais de Aquisição: Avaliação do ROAS (Return on Ad Spend) para redistribuir investimentos nos canais mais eficientes.*

Por fim:

- *Apresente o cálculo do CAC de forma clara e detalhada.*
- *Entregue um relatório com insights estratégicos organizados em tópicos.*
- *Inclua uma tabela comparativa entre os canais de aquisição, destacando custos e eficiência.*
- *Forneça um plano de ação com passos práticos para redução do CAC.*

Benefícios:

- Identificação de oportunidades para otimizar investimentos em marketing e vendas.
- Maior previsibilidade financeira e sustentabilidade do negócio.
- Melhoria na taxa de conversão e rentabilidade das campanhas.

Objetivo:

- Permite calcular o CAC automaticamente.
- Gera sugestões de otimização para reduzir custos.

2. LTV (Lifetime Value – Valor do Tempo de Vida do Cliente)

- Mede o valor financeiro total que um cliente gera para a empresa ao longo de seu relacionamento.
- Um LTV alto indica clientes mais valiosos e fiéis.

Fórmula básica:

$$LTV = \text{Ticket Médio} \times \text{Frequência de Compra} \times \text{Tempo de Retenção}$$

– Prompt –

Você é um especialista em análise financeira e growth marketing, com expertise em retenção de clientes, maximização de receita e estratégias de fidelização. Seu papel é calcular o Lifetime Value (LTV) e sugerir ações estratégicas para aumentar a retenção e maximizar o valor gasto por cliente ao longo do tempo.

Tenho um negócio no setor de [INSIRA SETOR] e desejo calcular o Lifetime Value (LTV) com base nos seguintes dados:

- *Ticket médio por cliente: [INSIRA VALOR]*
- *Frequência média de compra (compras por período): [INSIRA VALOR]*
- *Tempo médio de retenção do cliente (em meses/anos): [INSIRA VALOR*

Além do cálculo, preciso de insights práticos para aumentar o LTV, melhorando a retenção e incentivando clientes a gastar mais ao longo do tempo.

1. *Cálculo do Lifetime Value (LTV)*
   - *Apresente o calculo do LTV em um passo a passo.*
   - *Realize o cálculo com base nos valores fornecidos.*
   - *Compare o resultado com benchmarks do mercado para avaliar se o LTV está otimizado.*
2. *Diagnóstico do LTV Atual*
   - *Identifique possíveis desafios e oportunidades com base no resultado obtido.*
   - *Avalie se o tempo médio de retenção e a frequência de compra estão abaixo do ideal.*
   - *Analise se o ticket médio pode ser aumentado sem prejudicar a conversão.*
3. *Estratégias para Aumentar o LTV*
   - *Melhoria na Retenção de Clientes:*

- *Programa de Fidelização: Implementação de benefícios progressivos para clientes recorrentes.*
- *Customer Success: Acompanhamento ativo para garantir que os clientes extraiam valor contínuo do produto/serviço.*
- *Experiência do Cliente: Melhorias no suporte, personalização da jornada e engajamento pós-compra.*

- *Maximização do Valor Gasto por Cliente:*
  - *Upsell e Cross-sell: Oferecimento de produtos complementares ou versões premium.*
  - *Ajustes no Pricing: Estratégias para aumentar o ticket médio sem gerar fricção.*
  - *Assinaturas e Modelos Recorrentes: Incentivo a planos mensais/anuais que aumentem o tempo de retenção.*
- *Aumento da Frequência de Compra:*
  - *Marketing de Engajamento: Campanhas direcionadas para estimular compras frequentes.*
  - *Personalização via IA: Uso de recomendações inteligentes para sugerir produtos relevantes*
  - *Criação de Eventos ou Ações Sazonais: Promoções estratégicas que incentivam compras adicionais.*

Por fim:

- *Apresente o cálculo do LTV de maneira detalhada e explicada.*
- *Forneça um relatório estruturado com os principais insights sobre retenção e aumento de valor do cliente.*
- *Inclua uma tabela comparativa destacando ações recomendadas e impacto esperado no LTV.*
- *Sugira um plano de ação com passos práticos para implementação das estratégias.*

Benefícios:

- Maior previsibilidade de receita e rentabilidade do negócio.
- Redução da dependência de aquisição de novos clientes.
- Aumento da fidelização e do valor total gerado por cada cliente.

Objetivo:

- Gera insights sobre fidelização e estratégias de aumento do valor gerado por cliente.

3. NPS (Net Promoter Score)

- Avalia a satisfação e lealdade dos clientes, medindo a probabilidade de recomendação da empresa.
- Pergunta principal: "Em uma escala de 0 a 10, quanto você recomendaria nossa empresa/produto/serviço para um amigo ou colega?"

Classificação:

- **Detratores (0-6):** Clientes insatisfeitos, propensos a abandonar a marca.
- **Neutros (7-8):** Clientes satisfeitos, mas não leais.
- **Promotores (9-10):** Clientes fiéis que recomendam a empresa.

Fórmula:

$$NPS = \left(\frac{\text{Número de Promotores}}{\text{Total de Respondentes}} \times 100\right) - \left(\frac{\text{Número de Detratores}}{\text{Total de Respondentes}} \times 100\right)$$

- O resultado pode variar de -100 a +100. Quanto maior, melhor a percepção da empresa.

– Prompt –

Você é um especialista em Customer Experience (CX), satisfação do cliente e fidelização, com expertise na análise e interpretação de Net Promoter Score (NPS) e na criação de estratégias para melhorar a experiência e retenção de clientes. Seu foco é calcular o NPS e propor ações práticas para converter clientes neutros e detratores em promotores.

Tenho um negócio no setor de [INSIRA SETOR] e realizei uma pesquisa de satisfação para calcular o Net Promoter Score (NPS).

Os dados coletados são:

- *Número total de respondentes: [INSIRA VALOR]*
- *Número de promotores (notas 9 e 10): [INSIRA VALOR]*
- *Número de neutros (notas 7 e 8): [INSIRA VALOR]*
- *Número de detratores (notas 0 a 6): [INSIRA VALOR]*

Além do cálculo, desejo obter insights estratégicos sobre como melhorar o NPS, com ações específicas para reduzir a insatisfação dos detratores e transformar clientes neutros em promotores.

Traga o Cálculo do Net Promoter Score (NPS) em um passo a passo

- *Realize o cálculo com base nos valores fornecidos.*
- *Classifique o NPS obtido dentro das categorias padrão:*
    - *Zona de Excelência (75 a 100)*
    - *Zona de Qualidade (50 a 74)*
    - *Zona Neutra (0 a 49)*
    - *Zona Crítica (-100 a -1)*

Compare o resultado com benchmarks do mercado para indicar se o NPS está dentro de um nível aceitável para o setor.

1. *Diagnóstico do NPS Atual*
    - *Identifique gargalos na experiência do cliente que possam estar impactando a satisfação.*
    - *Analise pontos críticos de contato na jornada do cliente que podem estar contribuindo para a insatisfação.*
2. *Estratégias para Melhorar o NPS*
    - *Ações para Transformar Clientes Detratores em Neutros/Promotores:*
    - *Mapeamento de Problemas: Identificação das principais reclamações dos detratores.*
    - *Melhoria no Atendimento: Capacitação da equipe para oferecer um suporte mais eficiente e humanizado.*
    - *Ajustes no Produto/Serviço: Implementação de mudanças baseadas no feedback dos detratores.*
    - *Ações de Recuperação de Cliente: Ofertas exclusivas, personalização e acompanhamento pós-atendimento.*
3. *Ações para Converter Clientes Neutros em Promotores:*
    - *Engajamento Personalizado: Comunicação segmentada para reforçar valor e diferenciação.*
    - *Incentivo ao Engajamento: Programas de recompensas ou benefícios exclusivos para clientes satisfeitos.*
    - *Feedback Contínuo: Implementação de pesquisas frequentes para antecipar possíveis problemas e agir proativamente.*
4. *Ações para Manter e Potencializar Promotores:*
    - *Programas de Indicação: Recompensas para clientes que indicam novos consumidores.*
    - *Fortalecimento da Comunidade: Engajamento por meio de conteúdos exclusivos, eventos e experiências personalizadas.*
    - *Aprimoramento da Jornada do Cliente: Garantia de que os promotores continuem tendo uma experiência positiva e recompensadora.*

Por fim:

- *Forneça uma análise interpretativa do resultado e sua posição nos benchmarks do setor.*
- *Estruture um relatório estratégico com ações recomendadas divididas por tipo de cliente (detratores, neutros e promotores).*
- *Inclua um plano de ação prático com sugestões detalhadas e prioridades para implementação.*

Benefícios:

- Melhor compreensão dos fatores que impactam a satisfação do cliente.
- Redução da taxa de churn e aumento da retenção de clientes.
- Maior fidelização e fortalecimento do engajamento dos promotores.
- Crescimento sustentável da reputação e da recomendação do negócio.

Objetivo:

- Avalia a lealdade do cliente.
- Oferece sugestões para melhorar a experiência e fidelização.

Esses prompts podem ser adaptados conforme a necessidade do negócio, permitindo que ferramentas de IA forneçam respostas personalizadas e insights estratégicos.

9.3.1. ATENDIMENTO AO CLIENTE E SUPORTE TÉCNICO

- Automação de respostas para dúvidas frequentes, reduzindo o tempo de espera.
- Análise de sentimentos em interações com clientes para aprimorar a experiência do usuário.
- Sugestão de respostas personalizadas para a equipe de suporte.

Exemplo: Uma empresa de e-commerce utiliza o GPT para automatizar 70% das interações no chat, reduzindo o tempo médio de atendimento e aumentando a satisfação dos clientes.

De forma a aprimorar sua experiência, recomendo a realização dos exercícios abaixo no seguinte GPT personalizado:

Customer Success GPT™ (Por churnzero.com): Fornece conselhos sobre estratégias de sucesso do cliente.[20]

9.3.1.1. TREINAMENTO DE NOVOS ATENDENTES

Por que é relevante?

- **Redução de tempo e custo de treinamento**: Em vez de treinar manualmente cada atendente, a IA pode simular interações realistas, acelerando o aprendizado.
- **Padronização do atendimento**: Garante que todos os funcionários sigam um modelo de atendimento consistente, reduzindo falhas de comunicação.
- **Preparação para situações difíceis**: Simulações realistas ajudam atendentes a se sentirem mais confiantes ao lidar com reclamações e clientes insatisfeitos.
- **Avaliação e feedback personalizado**: A IA pode analisar as respostas dos trainees e oferecer insights sobre como melhorar a abordagem.

20 Acesso em: *https://chatgpt.com/g/g-fpD7U6vo2-customer-success-gpttm*

Impacto na empresa

- Aumento da **qualidade do atendimento** desde o primeiro dia do atendente.
- Diminuição da **curva de aprendizado** e erro humano.
- Redução do **turnover** (rotatividade), já que atendentes melhor preparados se sentem mais confiantes no trabalho.

– Prompt –

Você é um treinador especializado em atendimento ao cliente, com experiência em gestão de conflitos, retenção de clientes e resolução de problemas críticos. Seu objetivo é treinar novos colaboradores para lidar com clientes insatisfeitos de forma eficaz, garantindo uma comunicação empática e profissional.

Estamos treinando novos colaboradores na empresa [INSIRA NOME DA EMPRESA], *que atua no setor de* [INSIRA O SETOR] *e atende clientes que frequentemente enfrentam problemas como* [INSIRA PRINCIPAIS DESAFIOS, EX: ATRASO NA ENTREGA, PRODUTO COM DEFEITO, ERRO NA FATURAÇÃO, ETC.].

O objetivo é preparar os funcionários para interações realistas, simulando um atendimento desafiador, onde um cliente está insatisfeito devido a [INSERIR TIPO DE PROBLEMA].

O treinamento deve incluir diferentes níveis de dificuldade, variando do básico (cliente moderadamente frustrado) ao avançado (cliente extremamente irritado ou exigente).

1. *Simulação da Conversa Realista*
    - *Criar um diálogo detalhado entre um cliente insatisfeito e o atendente, ajustando o tom conforme o nível de dificuldade.*
    - *Incluir reações naturais do cliente (exemplo: impaciência, frustração, pedidos insistentes, ameaças de cancelamento, etc.).*
    - *Demonstrar diferentes técnicas de atendimento para desarmar conflitos e encontrar uma solução.*
2. *Feedback Detalhado sobre a Interação*
    - *O que foi feito corretamente: Pontos positivos na abordagem do atendente (exemplo: escuta ativa, tom empático, uso de palavras tranquilizadoras).*
    - *O que poderia ser melhorado: Erros na abordagem, como falta de controle emocional, respostas automáticas ou falta de proposta de solução.*
    - *Sugestões práticas: Estratégias para aprimorar a comunicação, como reestruturação da resposta, mudanças na linguagem e técnicas de negociação.*

3. *Sugestões para Melhorar o Atendimento a Clientes Irritados*

Técnicas de Comunicação Efetiva:

- *Uso de frases que demonstram empatia e compreensão ("Entendo como isso pode ser frustrante...").*
- *Reafirmação da preocupação do cliente antes de apresentar soluções.*
- *Gerenciamento de Emoções:*
    - *Manutenção da calma sob pressão.*
    - *Como desviar a conversa de um tom agressivo para um tom colaborativo.*
- *Resolução de Problemas:*
    - *Quando e como oferecer compensações, descontos ou soluções alternativas.*
    - *Escalar o problema para níveis superiores apenas quando necessário.*

4. *Ajuste do Nível de Dificuldade*

- *Básico: Cliente frustrado, mas aberto à conversa e buscando uma solução.*
- *Intermediário: Cliente irritado, exigindo respostas rápidas e ameaçando deixar a empresa.*
- *Avançado: Cliente extremamente irritado, falando de forma ríspida, exigindo compensações ou fazendo reclamações públicas.*

Por fim:

- *Criar um diálogo interativo simulando o atendimento com um cliente insatisfeito.*
- *Gerar um feedback detalhado ao final da simulação, destacando pontos fortes e melhorias.*
- *Apresentar um guia prático com dicas para lidar com clientes irritados em diferentes situações.*
- *Permitir a personalização do treinamento conforme a realidade da empresa e os desafios específicos do setor.*

Benefícios:

- Treinamento eficaz e realista para novos colaboradores.
- Redução de erros no atendimento e melhoria na retenção de clientes.
- Equipe mais preparada para lidar com situações desafiadoras.
- Aumento da satisfação do cliente e fortalecimento da imagem da empresa.

9.3.1.2. ANÁLISE DE SENTIMENTO

Por que é relevante?

- **Identificação de problemas críticos**: Permite detectar insatisfação antes que um problema se torne uma crise (por exemplo, reclamações recorrentes sobre um mesmo produto/serviço).
- **Otimização da resposta ao cliente**: Se a IA detecta frustração ou raiva, pode recomendar uma abordagem mais cuidadosa ou escalar a chamada para um atendente mais experiente.
- **Monitoramento da reputação da empresa**: Ao analisar comentários em redes sociais, e-mails e chats, a empresa pode ajustar sua comunicação e melhorar a imagem pública.
- **Aprimoramento contínuo do atendimento**: Permite ajustes no treinamento e nas respostas automáticas para melhorar a experiência do cliente.

Impacto na empresa

- **Redução de churn (cancelamento de clientes)** ao agir rapidamente sobre feedbacks negativos.
- **Melhoria no NPS (Net Promoter Score)** e na fidelização ao entender o sentimento dos clientes.
- **Aprimoramento dos processos internos**, ajustando abordagens problemáticas no suporte.

– Prompt –

Você é um especialista em Customer Experience (CX) e análise de interações com clientes, com expertise em classificação de sentimentos, identificação de padrões de satisfação e recomendação de estratégias para aprimorar o atendimento.

Seu objetivo é analisar interações de clientes, categorizá-las como positivas, neutras ou negativas e fornecer um resumo do tom da conversa, bem como sugestões de melhoria no atendimento. Se houver reclamações graves, você deve indicar um plano de ação estruturado para resolução do problema.

Tenho um conjunto de interações de clientes registradas em nosso atendimento e preciso analisá-las para compreender o nível de satisfação geral. Os clientes podem demonstrar sentimentos positivos, neutros ou negativos em suas mensagens. Quero classificar cada interação de forma objetiva e identificar oportunidades de melhoria no atendimento.

Os dados fornecidos incluem exemplos como:

- *Cliente: "Gostei muito do suporte, foi rápido e eficiente. Obrigado!"*
- *Cliente: "Estou esperando há horas uma resposta. Isso é inaceitável!"*
- *Cliente: "O produto chegou, mas não era exatamente o que eu esperava."*

1. *Classificação de Interações*
    - *Para cada mensagem, classifique como Positivo, Neutro ou Negativo, explicando a razão da categorização.*
    - *Identifique elementos-chave do tom da conversa (exemplo: gratidão, frustração, dúvida, reclamação grave).*
2. *Resumo do Tom da Conversa*
    - *Para cada interação, forneça um breve resumo destacando o sentimento do cliente.*
    - *Identifique se há um padrão recorrente (exemplo: reclamações frequentes sobre demora no atendimento).*
3. *Sugestões de Melhoria no Atendimento*
    - *Para mensagens neutras e negativas, sugira melhorias na abordagem do atendimento para transformar a experiência do cliente.*
    - *Indique formas de personalizar as respostas para aumentar a satisfação.*
    - *Caso seja uma interação negativa, recomende estratégias para reverter a percepção do cliente.*
4. *Plano de Ação para Reclamações Graves*
    - *Se houver reclamações críticas (exemplo: atraso excessivo, erro grave no serviço/produto), proponha um plano de ação estruturado para resolver o problema.*
    - *Sugira ações corretivas internas (exemplo: melhorias em processos, otimização de tempo de resposta).*
    - *Indique uma resposta estratégica para reconquistar a confiança do cliente, incluindo possíveis compensações ou ajustes no serviço.*

Por fim:

Apresente as interações classificadas em tabela com colunas para:

- *Mensagem do Cliente | Classificação (Positivo, Neutro ou Negativo) | Resumo do Tom da Conversa | Sugestão de Melhoria*
- *Inclua um relatório sintético destacando pontos de atenção gerais e ações recomendadas para otimizar o atendimento.*
- *Se houver reclamações graves, forneça um plano de ação detalhado para resolver os problemas identificados.*

Benefícios:

- **Melhor compreensão da experiência do cliente** por meio da análise detalhada das interações.
- **Identificação de oportunidades de melhoria no atendimento**, aumentando a retenção e satisfação.
- **Resolução proativa de problemas**, reduzindo o impacto de reclamações graves na reputação da empresa.
- **Aprimoramento da estratégia de comunicação** para tornar as respostas mais eficientes e personalizadas.

9.3.1.3. GERAÇÃO DE SCRIPTS DE ATENDIMENTO PARA RETENÇÃO DE CLIENTES

Por que é relevante?

- **Respostas mais rápidas e eficientes**: Ter um roteiro bem estruturado reduz o tempo médio de atendimento e melhora a resolução dos problemas.
- **Consistência na comunicação**: Evita que cada atendente responda de forma diferente, garantindo alinhamento com a cultura da empresa.
- **Aumento da taxa de retenção de clientes**: Scripts bem planejados ajudam a evitar cancelamentos e resolver problemas antes que o cliente desista do serviço.
- **Facilidade na adaptação para diferentes situações**: Diferentes scripts podem ser criados para casos específicos, como reclamações, dúvidas técnicas, problemas com pagamento, etc.

Impacto na empresa

- **Melhoria na taxa de retenção** ao oferecer alternativas antes do cancelamento.
- **Redução no tempo médio de atendimento (TMA)** e no custo operacional.
- **Satisfação do cliente** ao receber respostas bem estruturadas e profissionais.

– Prompt –

Você é um especialista em atendimento ao cliente e retenção, com expertise em estratégias de comunicação, gestão de objeções e técnicas para evitar cancelamentos. Seu objetivo é criar um roteiro detalhado e estruturado para um atendente de suporte que precisa lidar com um cliente que deseja cancelar um serviço. O script deve ser persuasivo, mas sem parecer insistente, mantendo um tom profissional e empático.

Estamos treinando nossa equipe de atendimento para lidar com solicitações de cancelamento de clientes de maneira estratégica e eficaz.

Precisamos de um roteiro que oriente o atendente em todas as etapas do contato, garantindo que:

- *A abordagem inicial seja amigável e transmita empatia.*
- *O atendente identifique as razões do cancelamento e tente reverter a situação com soluções viáveis.*
- *Caso o cliente insista no cancelamento, o processo seja conduzido de forma educada e profissional.*
- *O tom da conversa esteja alinhado à cultura da empresa e transmita confiabilidade.*

Traga, portanto:

1. *Abertura da Conversa (Introdução Amigável)*
   - *Saudação personalizada e acolhedora.*
   - *Confirmação da identidade do cliente.*
   - *Expressão de disponibilidade para ajudar.*
2. *Investigação do Motivo do Cancelamento*
   - *Perguntas abertas para entender a causa do cancelamento (exemplo: insatisfação com o serviço, problemas financeiros, mudança de necessidade, etc.).*
   - *Escuta ativa e validação das preocupações do cliente.*
3. *Proposta de Alternativas para Retenção*
   - *Apresentação de soluções relevantes com base no problema relatado (exemplo: suporte técnico, ajuste no plano, benefícios adicionais).*
   - *Oferta de descontos ou condições especiais, caso aplicável.*
   - *Reforço dos diferenciais do serviço e dos benefícios para o cliente.*
4. *Gestão de Objeções e Persuasão Sutil*
   - *Estratégias para lidar com respostas como "não estou satisfeito" ou "está caro demais".*
   - *Técnicas para criar valor percebido e destacar benefícios que possam ser mais relevantes para o cliente.*

5. *Encerramento e Processamento do Cancelamento (se necessário)*

   - *Caso o cliente ainda deseje cancelar, conduzir o processo com respeito e profissionalismo.*
   - *Garantir que a experiência final seja positiva para que o cliente possa considerar retornar no futuro.*
   - *Envio de uma pesquisa de satisfação para aprendizado e melhoria contínua.*

Por fim:

- *Forneça o roteiro detalhado no formato de um script de atendimento, com exemplos de respostas para cada fase da conversa.*
- *Inclua perguntas-chave e sugestões para lidar com diferentes objeções.*
- *Crie um fluxograma opcional para ajudar atendentes a escolherem a abordagem mais adequada com base nas respostas do cliente.*
- *Ofereça duas versões do script, uma mais formal e outra mais casual, para adaptação ao perfil da empresa e do público.*

Benefícios:

- Maior **taxa de retenção** ao oferecer soluções antes do cancelamento.
- **Padronização** na comunicação, alinhada à cultura da empresa.
- **Melhoria no tempo médio de atendimento (TMA)** com respostas organizadas.
- Maior **satisfação do cliente**, reduzindo o impacto negativo de um cancelamento.

9.3.2. RECURSOS HUMANOS (RH)

- Automação da triagem de currículos e identificação de candidatos alinhados ao perfil desejado.
- Criação de descrições de cargos e elaboração de planos de desenvolvimento profissional.
- Avaliação de clima organizacional por meio da análise de feedbacks.

Exemplo: Uma empresa de tecnologia implementa o GPT para agilizar o processo seletivo, economizando tempo na análise de candidatos e melhorando a retenção de talentos.

De forma a aprimorar sua experiência, recomendo a realização dos exercícios a seguir no seguinte GPT personalizado:

RH (Por Dayane D. Martins): *Especialista em Recursos Humanos*[21]

Plano Estratégico para Construção de uma Cultura de Alta Performance

Uma **cultura de alta performance** se baseia na excelência, no engajamento e na busca contínua por melhores resultados. Criá-la é essencial para que a empresa tenha equipes mais resilientes, inovadoras e alinhadas aos seus objetivos estratégicos.

Os principais impactos incluem:

- **Aumento da Eficiência e Inovação**: Ambientes que incentivam alta performance criam espaço para novas ideias e soluções criativas, elevando a vantagem competitiva da empresa.
- **Retenção de Talentos de Alto Nível**: Profissionais qualificados são atraídos por organizações que valorizam o desempenho e oferecem desafios estimulantes.
- **Melhoria no Clima Organizacional**: Cultura forte reduz conflitos, aumenta a colaboração e gera um ambiente de trabalho mais motivador.
- **Foco em Resultados e Crescimento Contínuo**: Equipes que seguem uma cultura de alta performance são movidas por metas claras e indicadores de sucesso.
- **Capacidade de Adaptação e Resiliência**: Empresas que incentivam a performance sustentável conseguem se adaptar melhor às mudanças de mercado e superar crises com mais facilidade.

---

21 Acesso em: *https://chatgpt.com/g/g-AtLsx2xxA-rh*

- Prompt -

Você é um especialista em cultura organizacional, gestão de alta performance e desenvolvimento de talentos, com ampla experiência na implementação de estratégias que impulsionam a eficiência, inovação e engajamento das equipes.

Seu objetivo é desenvolver um plano estratégico detalhado para fomentar uma cultura de alta performance dentro da empresa [Nome da Empresa], considerando os pilares de gestão orientada a resultados, reconhecimento e incentivo ao desempenho, inovação, colaboração entre equipes e desenvolvimento contínuo dos funcionários.

A empresa [Nome da Empresa] deseja fortalecer sua cultura organizacional para elevar desempenho, inovação e engajamento. Para isso, é essencial criar um ambiente onde os funcionários sejam incentivados a entregar seu melhor, sintam-se reconhecidos e tenham espaço para desenvolvimento contínuo.

Precisamos de um plano estruturado que:

- *Defina diretrizes claras para gestão de alta performance.*
- *Estabeleça práticas eficazes para reconhecimento e incentivo ao desempenho.*
- *Promova a inovação e colaboração entre equipes para fortalecer a cultura organizacional.*
- *Crie um programa de desenvolvimento contínuo para os funcionários.*
- *Garanta que a empresa esteja preparada para mudanças e desafios futuros.*

Traga, portanto:

1. *Gestão Orientada a Resultados*
    - *Definição de metas SMART (específicas, mensuráveis, alcançáveis, relevantes e com prazo definido) alinhadas aos objetivos estratégicos.*
    - *Implementação de KPIs de alta performance para medir o impacto das ações.*
    - *Cultura de accountability, onde cada colaborador entende seu papel e impacto nos resultados da empresa.*
    - *Utilização de ferramentas como OKRs (Objectives and Key Results) para alinhamento estratégico entre áreas.*
2. *Reconhecimento e Incentivo ao Desempenho*
    - *Implementação de um programa estruturado de reconhecimento, recompensando colaboradores que demonstram excelência.*
    - *Criação de bonificações variáveis baseadas em desempenho.*
    - *Uso de incentivos não financeiros, como oportunidades de crescimento, treinamentos exclusivos e benefícios personalizados.*
    - *Desenvolvimento de rituais internos de celebração de conquistas, reforçando os valores da empresa.*
3. *Promoção da Inovação*
    - *Criação de um espaço de inovação dentro da empresa para experimentação de novas ideias.*

- *Implementação de um programa de intraempreendedorismo, incentivando funcionários a propor soluções e liderar projetos.*
- *Adoção de metodologias ágeis (Scrum, Lean, Design Thinking) para otimizar processos e inovação contínua.*
- *Estímulo ao uso de tecnologias emergentes para automação, análise de dados e melhoria da eficiência.*

4. *Colaboração entre Equipes*
   - *Estruturação de dinâmicas interdepartamentais para promover cooperação e troca de conhecimento.*
   - *Cultura de feedback contínuo e comunicação aberta, garantindo alinhamento entre diferentes áreas.*
   - *Utilização de ferramentas colaborativas, como plataformas de gestão de projetos e comunicação interna.*
   - *Criação de comitês de inovação e performance, envolvendo representantes de diversas equipes para decisões estratégicas.*
5. *Desenvolvimento Contínuo dos Funcionários*
   - *Implementação de um plano de capacitação personalizado, com trilhas de aprendizagem específicas para cada nível da empresa.*
   - *Programas de mentoria e coaching para potencializar habilidades estratégicas e de liderança.*
   - *Criação de desafios internos, como hackathons e competições de resolução de problemas, para estimular aprendizado prático*
   - *Estímulo à cultura de aprendizado contínuo, oferecendo acesso a cursos, certificações e eventos do setor.*
6. *Capacidade de Adaptação e Resiliência*
   - *Implementação de um plano de gestão de mudanças, garantindo que os colaboradores estejam preparados para novas demandas do mercado.*
   - *Cultura de resiliência e mentalidade de crescimento, promovendo a superação de desafios com estratégias eficazes.*
   - *Desenvolvimento de líderes adaptáveis, que saibam motivar suas equipes diante de cenários desafiadores.*

Por fim:

- *Apresente um plano estratégico dividido por pilares, detalhando ações específicas e impactos esperados.*
- *Inclua uma tabela de KPIs recomendados para mensuração da performance organizacional.*
- *Forneça um roadmap de implementação, sugerindo prazos e responsáveis para cada iniciativa.*
- *Estruture um modelo de monitoramento, garantindo ajustes contínuos para manter a alta performance.*

Benefícios:

- Maior **engajamento e retenção de talentos**.
- **Aumento da produtividade e inovação**, elevando a vantagem competitiva da empresa.
- Fortalecimento da **cultura organizacional** e redução de conflitos internos.
- Maior alinhamento entre **metas estratégicas e desempenho das equipes**.
- **Capacidade de adaptação** mais rápida às mudanças do mercado.

Criação de Onboarding:

A criação de um **plano de onboarding estruturado** garante que novos funcionários se integrem rapidamente, reduzindo a curva de aprendizado e aumentando sua produtividade. Já a **cultura de alta performance** assegura que a equipe esteja constantemente engajada, inovando e entregando resultados excepcionais. Empresas que investem nesses pilares constroem ambientes de trabalho sólidos, atraem talentos de alto nível e conquistam vantagens competitivas no mercado.

Outras soluções podem ser trabalhadas, por exemplo:

9.3.2.1. OTIMIZAÇÃO DE RECRUTAMENTO E SELEÇÃO COM INTELIGÊNCIA ARTIFICIAL

Análise e triagem de currículos: Utilizando NLP (Processamento de Linguagem Natural), através da digitalização de currículos ou da sua inserção em formato PDF ou documento, o ChatGPT pode classificar currículos com base em palavras-chave, experiência e qualificações, selecionando os melhores para cada vaga especificamente, sugerindo escores de qualificação, pontos forte e fracos e até mesmo sugerindo quais candidatos poderiam ter melhor comportamento em relação a vaga disponível. Isso acelera a triagem de candidatos e elimina vieses humanos que podem interferir na escolha de profissionais mais alinhados aos requisitos.

Como proceder:

Passo 1:

Digitalize os currículos, ou armazene os já digitalizados em uma pasta única.

Passo 2:

Suba (📎) para o chat o conjunto de currículos em 10 por vez, número máximo de arquivos que o GPT analisa, lembrando que o chat lê melhor arquivo em PDF ou em formato documento já digital que imagens digitalizadas.

Logo, poderemos proceder de várias formas, fazendo uma triagem e selecionando os melhores para uma próxima rodada de analises ou mesmo já tendo esta triagem em mãos buscar analisar quais os candidatos, melhor se encaixam as demandas da vaga.

Passo 3:

Aplicação do prompt.

– Prompt –

Você é um reconhecido consultor de gestão de pessoas e headhunter de talentos, especialista em análise comportamental e competências, com expertise na avaliação técnica de currículos e identificação de perfis ideais para diferentes vagas.

Seu objetivo é analisar os currículos anexados, identificando pontos fortes e fracos, classificando os candidatos conforme sua aderência à vaga e fornecendo justificativas técnicas para a seleção.

Estamos conduzindo um processo de recrutamento e seleção para a vaga de [NOME DA VAGA]. O objetivo é identificar os candidatos mais aptos de acordo com os seguintes critérios principais:

- *Requisitos técnicos e acadêmicos: [EXEMPLO: Graduação em Engenharia, Certificação PMP, Experiência mínima de 5 anos].*
- *Soft skills exigidas: [EXEMPLO: Liderança, comunicação interpessoal, resiliência].*
- *Habilidades específicas para a função: [EXEMPLO: Proficiência em inglês, domínio de ferramentas como Excel, Python].*
- *Experiência prática e compatibilidade com a cultura organizacional.*

O processo será conduzido em três etapas:

1. *Análise técnica de competências – Identificação dos pontos fortes e fragilidades de cada candidato.*
2. *Classificação dos candidatos por nível de aderência – Ordenação dos perfis do mais ao menos compatível, com justificativas detalhadas.*
3. *Sugestão de próximos passos – Estratégias para entrevista, dinâmicas ou avaliações complementares.*

Traga os seguintes resultados:

1. *Análise Técnica de Competências*
   - *Para cada candidato, faça uma avaliação detalhada de suas qualificações, experiência e habilidades, comparando com os requisitos da vaga.*
   - *Identifique pontos fortes que os tornam adequados para a posição.*
   - *Destaque possíveis fragilidades que podem impactar sua performance na função.*
2. *Classificação dos Candidatos*
   - *Apresente uma lista ordenada do candidato mais apto ao menos apto para a vaga.*
   - *Para cada posição na lista, forneça uma explicação técnica clara do motivo da classificação, com base nos requisitos prioritários da vaga.*
3. *Sugestão de Próximos Passos*
   - *Indique candidatos para a fase de entrevistas, explicando o que deve ser explorado em cada perfil.*
   - *Sugira testes técnicos ou dinâmicas comportamentais para validar competências essenciais.*
   - *Se houver lacunas em candidatos promissores, recomende ações para capacitação ou adaptação ao cargo.*

Por fim:

- *Apresente os resultados no formato de tabela comparativa, destacando os critérios analisados e a nota de aderência à vaga.*
- *Inclua um relatório estruturado, com análises individuais e insights para tomada de decisão.*
- *Forneça uma lista de candidatos pré-selecionados, acompanhada de recomendações personalizadas para a etapa seguinte do processo seletivo.*

Benefícios:

- **Redução do tempo de triagem** e ganho de eficiência no recrutamento.
- **Classificação objetiva dos candidatos**, minimizando vieses subjetivos.
- **Maior precisão na escolha dos perfis mais alinhados** às necessidades da empresa.
- **Sugestões estratégicas para entrevistas e avaliações**, garantindo um processo mais robusto.

9.3.2.2. OTIMIZAÇÃO DE ENTREVISTAS PRELIMINARES PERSONALIZADAS PARA RECRUTAMENTO E SELEÇÃO

Configurado para fazer perguntas de triagem, o ChatGPT pode conduzir entrevistas iniciais com candidatos, facilitando um processo mais rápido e focado. Isso permite que recrutadores invistam mais tempo em entrevistas com os perfis mais qualificados.

Neste ponto, podemos proceder de duas formas:

- **Entrevista escrita:** Após cada candidato responder de forma escrita cada uma das questões, este documento pode ser inserido no GPT e ser analisado conforme prompts abaixo.
- **Entrevista em vídeo:** Entrevistas podem ser gravadas, e logo, subidas ao youtube em canal fechado, copiando a sua transcrição de conversa a arquivo a parte sendo estes arquivos analisados conforme prompts abaixo.

Após escolher o melhor processo... prossiga.

- Prompt -

Você é um reconhecido psicólogo comportamental especializado em recrutamento e seleção, com expertise em análise comportamental e avaliação de competências.

Seu papel é criar um roteiro de entrevista preliminar personalizada para os 5 melhores candidatos já classificados, garantindo que cada um seja avaliado de forma precisa e estratégica com base nas exigências da vaga.

Estamos no processo de recrutamento para a vaga de [NOME DA VAGA] e buscamos otimizar a entrevista preliminar para garantir que apenas os candidatos mais alinhados ao cargo avancem para a próxima etapa.

O objetivo é estruturar perguntas personalizadas que possam avaliar, com profundidade, os seguintes critérios:

- *[Critério 1: EXEMPLO – Comprometimento com metas e prazos]*
- *[Critério 2: EXEMPLO – Engajamento e cultura organizacional]*
- *[Critério 3: EXEMPLO – Conhecimento técnico e experiência prática]*
- *[Critério 4: EXEMPLO – Solução de problemas complexos]*
- *[Critério 5: EXEMPLO – Inteligência emocional e resiliência]*

Os candidatos foram previamente classificados com base em seus currículos e agora devem ser entrevistados individualmente por meio de perguntas adaptadas aos seus perfis.

A entrevista pode ser realizada em formato escrito (respostas enviadas por e-mail/formulário) ou por vídeo (gravação transcrita e analisada posteriormente).

Faça, portanto:

1. *Criação de Perguntas Personalizadas para Cada Candidato*
   - *Desenvolva 10 perguntas personalizadas para cada um dos 5 melhores candidatos, considerando seu histórico profissional e competências destacadas no currículo.*
   - *As perguntas devem abordar os critérios de avaliação especificados, garantindo que cada resposta forneça insights estratégicos sobre o perfil do candidato.*
   - *Estruture questões que avaliem tanto habilidades técnicas quanto comportamentais.*
2. *Formatação das Perguntas para Diferentes Formatos de Entrevista*
   - *Entrevista Escrita: Perguntas formuladas para que os candidatos respondam de maneira objetiva e aprofundada.*
   - *Entrevista em Vídeo: Perguntas adaptadas para um diálogo fluido, incentivando respostas espontâneas e análise da comunicação verbal e não verbal.*
3. *Sugestão de Critérios para Avaliação das Respostas*
   - *Proponha métricas objetivas para análise, ajudando recrutadores a pontuar as respostas de maneira estruturada.*
   - *Destaque pontos-chave a serem observados em cada resposta, como clareza, coerência, alinhamento com a cultura da empresa e resolução de problemas.*
4. *Sugestão de Próximos Passos*
   - *Indique candidatos recomendados para a fase seguinte, com base na performance na entrevista.*
   - *Caso necessário, sugira testes complementares ou dinâmicas em grupo para validar competências específicas.*

Por fim:

- *Apresente as perguntas organizadas por candidato, destacando o critério que cada uma avalia.*
- *Forneça um modelo de análise das respostas, incluindo uma escala de pontuação para cada critério.*
- *Caso o recrutador opte por entrevistas em vídeo, inclua um guia de observação para avaliar linguagem corporal, tom de voz e segurança nas respostas.*

Benefícios:

- **Entrevistas mais assertivas e estratégicas**, com foco nos critérios essenciais para o cargo.
- **Personalização do processo seletivo**, garantindo que cada candidato seja avaliado com base em suas qualificações específicas.
- **Otimização do tempo dos recrutadores**, eliminando candidatos desalinhados logo na fase preliminar.
- **Redução de viés no processo de seleção**, tornando as avaliações mais justas e baseadas em competências reais.

Logo, após as respostas trazidas pelos candidatos, prossiga.

9.3.2.3. AVALIAÇÃO DE RESPOSTAS DE CANDIDATOS E CLASSIFICAÇÃO FINAL NO PROCESSO SELETIVO

- Prompt -

Você é um reconhecido psicólogo comportamental especializado em recrutamento e seleção, referência em análise técnica de currículos, avaliação de perfis comportamentais e competências organizacionais.

Seu objetivo é analisar as respostas fornecidas pelos candidatos na fase de entrevistas e classificá-los em ordem de aptidão, justificando a posição de cada um no ranking.

Estamos na fase final do processo seletivo para a vaga de [NOME DA VAGA]. Os candidatos responderam a uma série de perguntas comportamentais e técnicas, e precisamos avaliar cada conjunto de respostas de forma individualizada, classificando os perfis com base nos seguintes critérios de seleção prioritários:

- *[Critério 1: EXEMPLO – Comprometimento com metas e prazos]*
- *[Critério 2: EXEMPLO – Engajamento e compatibilidade com a cultura organizacional]*
- *[Critério 3: EXEMPLO – Conhecimento técnico e experiência prática]*
- *[Critério 4: EXEMPLO – Capacidade de solucionar problemas complexos]*
- *[Critério 5: EXEMPLO – Inteligência emocional e resiliência]*

Cada candidato deve ser classificado em ordem de mais apto ao menos apto, com uma análise detalhada sobre prós e contras e potenciais contribuições organizacionais além da vaga em questão.

Traga, portanto:

1. *Análise Individual das Respostas*
    - *Examine cada resposta fornecida pelos candidatos.*
    - *Identifique pontos fortes que demonstram aderência aos critérios de seleção.*
    - *Aponte fragilidades ou lacunas que podem impactar sua performance na função.*
    - *Compare as respostas com os desafios e expectativas do cargo.*
2. *Classificação e Justificativa Técnica*
    - *Elabore um ranking detalhado dos candidatos, do mais apto ao menos apto.*
    - *Para cada posição no ranking, forneça uma explicação técnica clara, destacando:*
        - *Razões da posição ocupada (o que o candidato fez bem e onde pode melhorar).*
        - *Principais diferenciais em relação aos outros concorrentes.*
        - *Áreas de desenvolvimento que podem ser trabalhadas, caso seja contratado.*
3. *Sugestão de Potenciais Contribuições Organizacionais*
    - *Caso um candidato não seja o mais indicado para a vaga, sugira outras funções onde ele poderia agregar valor dentro da empresa.*
    - *Identifique perfis que possam se encaixar melhor em outras áreas, projetos ou cargos futuros.*
    - *Indique candidatos promissores para programas de desenvolvimento interno.*
4. *Recomendações para a Próxima Etapa*
    - *Sugira candidatos recomendados para a fase final do processo seletivo.*
    - *Caso necessário, indique testes complementares ou entrevistas adicionais para validar competências críticas.*

Por fim:

Apresente os resultados no formato de ranking ordenado, com colunas para:

Nome do candidato | Classificação | Prós e Contras | Justificativa Técnica | Sugestão de Contribuição Organizacional.

- *Inclua um relatório estruturado, explicando as decisões e fornecendo insights acionáveis para a equipe de recrutamento.*
- *Caso necessário, adicione notas de recomendação para eventuais contratações futuras.*
- *Em caso de empate, desenvolva critérios de desempate que estejam alinhados aos objetivos organizacionais.*

Benefícios:

- **Seleção mais objetiva e baseada em critérios claros**, reduzindo subjetividade na tomada de decisão.
- **Classificação detalhada** com justificativas que ajudam na argumentação para aprovação dos melhores candidatos.
- **Possibilidade de realocação de talentos**, aproveitando candidatos que, mesmo não sendo ideais para a vaga, possuem potencial para outras funções.
- **Processo seletivo mais estruturado e eficiente**, com insights que facilitam a decisão final.

9.3.2.4. PLANO ESTRUTURADO DE ONBOARDING PARA NOVOS FUNCIONÁRIOS

Programas de onboarding personalizados: O ChatGPT pode ser configurado para responder dúvidas comuns de novos funcionários e orientar os primeiros passos na empresa. Utilizando dados de perfil dos novos colaboradores, ele consegue adaptar as respostas e até sugerir treinamentos ou conteúdos personalizados.

Um programa de onboarding é um processo estruturado de integração que as empresas utilizam para receber novos colaboradores e facilitar sua adaptação ao ambiente de trabalho, cultura organizacional, e funções específicas que irão desempenhar. O objetivo principal desse programa é acelerar o processo de adaptação, promover o engajamento e reduzir a curva de aprendizado, permitindo que o novo colaborador se sinta parte da equipe e alcance a produtividade esperada mais rapidamente.

Elementos Principais do Onboarding

1. **Introdução à Cultura Organizacional**: O programa geralmente começa com uma apresentação dos valores, missão, visão e cultura da empresa. Isso ajuda o colaborador a entender o contexto e o propósito do seu papel dentro da organização.
2. **Treinamento e Capacitação**: Os novos colaboradores recebem treinamentos que podem variar desde o uso de ferramentas e sistemas internos até orientações sobre o fluxo de trabalho e processos específicos da equipe. Isso é essencial para assegurar que eles tenham as competências técnicas necessárias para desempenhar bem suas funções.

3. **Integração Social**: O programa de onboarding frequentemente inclui atividades para facilitar a integração social, como reuniões de boas-vindas com colegas, almoços com a equipe e mentoria. Essas ações promovem um sentimento de pertencimento e ajudam a construir uma rede de contatos dentro da organização.
4. **Definição de Expectativas e Metas**: Outro aspecto importante é o alinhamento de expectativas. Muitos programas incluem reuniões entre o novo colaborador e o supervisor para esclarecer responsabilidades, objetivos e metas a serem alcançadas a curto e médio prazo.
5. **Acompanhamento e Feedback**: Durante o período de onboarding, a empresa realiza acompanhamentos regulares para verificar a adaptação do colaborador, identificar possíveis dificuldades e fornecer feedback. Esse acompanhamento é fundamental para ajustar o que for necessário e garantir que o colaborador esteja no caminho certo.

Benefícios do Programa de Onboarding

- **Redução de Rotatividade**: Colaboradores que passam por um bom programa de onboarding tendem a se sentir mais conectados e motivados, o que reduz o risco de turnover precoce.
- **Aumento da Produtividade**: Com uma introdução eficaz, os novos colaboradores conseguem atingir a produtividade esperada em menos tempo.
- **Fortalecimento da Cultura Organizacional**: O onboarding é uma oportunidade para a empresa transmitir seus valores e promover uma cultura organizacional sólida e compartilhada desde o início.
- **Engajamento e Satisfação**: Ao proporcionar um suporte consistente, a empresa contribui para o bem-estar do colaborador, aumentando sua satisfação e comprometimento.

O tempo e o formato de um programa de onboarding podem variar dependendo da complexidade do cargo e da cultura da empresa, mas geralmente, ele se estende por algumas semanas ou até meses para garantir uma integração completa e eficiente.

Como proceder:

Passo 1:

Armazene em uma pasta comum a todos os colaboradores os documentos em Pdf aos quais todos precisam ter ciência.

Por exemplo:

Um documento único, tipo onboarding geral de apresentação do negócio, que contenha as seguintes informações:

- **Introdução**: Objetivo do documento e visão geral do conteúdo.
- **História da Empresa**: Fundação, evolução, missão, visão, valores e cultura.
- **Produtos e Serviços**: Portfólio, público-alvo, impacto no mercado.
- **Políticas Organizacionais**: Código de conduta, compliance, diversidade e inclusão.
- **Políticas de RH**: Processos de recrutamento, desenvolvimento, benefícios e qualidade de vida, descrição de cargos.
- **Estrutura Organizacional**: Organograma, principais departamentos e líderes e seus contatos.
- **Processos Internos e Ferramentas**: Comunicação interna, ferramentas de trabalho e segurança da informação.
- **Segurança no Trabalho**: Protocolos de saúde, segurança e emergência.
- **Expectativas e Integração**: Objetivos, metas, cronograma de onboarding e canais de feedback.
- **Encerramento**: FAQ, recursos adicionais e contatos de apoio.

Passo 2:

Com este documento em um local comum, cada colaborador, além de poder lê-lo na íntegra, pode subir (📎) este documento para o chat e fazer perguntas e ele.

Exemplo de interação:

Me chamo, Alexandre Rodrigues, trabalho no setor de oficina e montagem de peças e gostaria de saber as seguintes questões:

1. *Quais as datas de pagamento e como recebemos estes valores?*
2. *Quais benefícios extras a empresa subsidia a meu cargo?*
3. *Quando será pago o 13 salário este ano?*
4. *Qual a última atualização de minha descrição de cargo?*
5. *Quais EPIs são obrigatórios para a minha função?*

A partir deste ponto, basta atualizar este documento que todos terão acesso a todas as principais questões e informações relativas ao negócio de forma igual e sem intermediários.

– Prompt –

Você é um especialista em gestão de talentos, treinamento corporativo e desenvolvimento organizacional, com expertise em criação e implementação de programas de onboarding eficazes.

Seu objetivo é desenvolver um plano de onboarding estruturado e personalizado para novos funcionários no cargo de [Nome do Cargo], garantindo rápida adaptação, alinhamento à cultura da empresa e alta performance desde os primeiros dias.

A empresa [Nome da Empresa] deseja otimizar o processo de integração de novos funcionários para a posição de [Nome do Cargo].

O objetivo é criar um plano de onboarding detalhado que cubra os primeiros 30, 60 e 90 dias, garantindo que o novo colaborador:

- *Receba treinamentos essenciais para desempenhar suas funções com eficiência.*
- *Seja integrado à equipe e à cultura organizacional de forma estruturada.*
- *Passe por avaliações periódicas para garantir que está no caminho certo.*
- *Tenha metas claras e progressivas para cada fase do onboarding.*
- *Seja acompanhado por métricas objetivas para avaliação do sucesso do processo.*

Traga, portanto:

Plano de Onboarding: 30, 60 e 90 Dias

1. *Primeiros 30 Dias – Integração e Treinamento Inicial*

    Objetivo: Ambientação e assimilação da cultura organizacional.

    Boas-vindas e apresentação institucional: História, missão, valores e estrutura da empresa.

    Onboarding técnico: Acesso a ferramentas, processos e principais responsabilidades.

    Treinamentos essenciais: Procedimentos internos, compliance, segurança da informação e soft skills básicas.

    Acompanhamento próximo do gestor e mentor: Definição de expectativas e primeiros desafios.

    Primeira avaliação informal: Feedback sobre adaptação e aprendizado inicial.

    Métricas de Sucesso:

    - *Completar 100% dos treinamentos iniciais.*
    - *Familiaridade com ferramentas e processos.*
    - *Engajamento e participação em reuniões e atividades da equipe.*

2. *Dias 31 a 60 – Desenvolvimento e Primeiros Resultados*

    Objetivo: Aplicação prática do aprendizado e desenvolvimento de autonomia.

    Imersão na rotina: Realização das primeiras atividades com supervisão.

    Integração mais profunda com a equipe: Participação ativa em projetos e reuniões estratégicas.

    Definição de metas individuais: Estabelecimento de KPI's iniciais e acompanhamento do progresso.

    Treinamentos específicos: Habilidades técnicas e comportamentais avançadas conforme as exigências da função.

    Feedback estruturado: Sessão de alinhamento com gestor para avaliação de performance.

    - *Métricas de Sucesso:*
        - *Entrega de primeiras tarefas com qualidade e dentro dos prazos.*
        - *Nível de autonomia no uso de ferramentas e execução de atividades-chave.*
        - *Feedback positivo da equipe sobre colaboração e adaptação.*

3. *Dias 61 a 90 – Alta Performance e Ajustes Finais*

    Objetivo: Consolidação do aprendizado e preparação para atuação plena no cargo.

    Atuação com total autonomia: Execução das funções com supervisão mínima.

    Metas mais desafiadoras: Expansão de responsabilidades e crescimento no cargo.

Treinamentos avançados: Desenvolvimento contínuo para aprimoramento técnico e estratégico.

Avaliação final de onboarding: Revisão de performance, análise de desafios enfrentados e plano de crescimento.

Plano de desenvolvimento contínuo: Estratégias para evolução do colaborador dentro da empresa.

- *Métricas de Sucesso:*
  - *Cumprimento de metas estabelecidas para os primeiros 90 dias.*
  - *Avaliação de desempenho positiva do gestor e equipe.*
  - *Clareza do colaborador sobre seu plano de crescimento dentro da empresa.*

Por fim:

- *Apresente o plano em formato estruturado, dividido em 30, 60 e 90 dias, com ações específicas para cada fase.*
- *Inclua uma tabela com métricas de sucesso, facilitando o monitoramento do progresso do novo funcionário.*
- *Forneça um documento de acompanhamento, com checklist de atividades e pontos de controle para gestores e RH.*
- *Sugira a implementação de um sistema de feedback contínuo, garantindo que possíveis ajustes sejam feitos ao longo do onboarding.*

Benefícios:

- **Integração mais eficiente**, garantindo que novos funcionários atinjam alta performance rapidamente.
- **Redução do tempo de adaptação**, minimizando impactos na produtividade da equipe.
- **Acompanhamento estruturado e personalizado**, evitando lacunas no processo de integração.
- **Maior retenção de talentos**, fortalecendo o engajamento e a cultura organizacional.

Existem variações específicas deste prompt. Veja a seguir.

Para cargos de liderança:

- Prompt -

Desenvolva um plano de onboarding de 90 dias para novos líderes no cargo de [Nome do Cargo]. O plano deve incluir estratégias para adaptação à cultura da empresa, alinhamento estratégico, formação de relacionamentos com a equipe e metas de curto e médio prazo para avaliar a eficácia do líder no novo cargo.

Considere estas informações para melhor gestão do plano:

[CARACTERÍSTICAS DA EMPRESA]

Para equipes técnicas:

- Prompt -

Crie um plano de onboarding para desenvolvedores de software na empresa [Nome da Empresa], com treinamentos sobre as tecnologias utilizadas, cultura ágil, boas práticas de programação, acesso às ferramentas e roadmap de aprendizado para os primeiros três meses."

Considere estas informações para melhor gestão do plano:

[CARACTERÍSTICAS DA EMPRESA]

Agora, conheça o uso para setores específicos (exemplo: vendas):

- Prompt -

Desenvolva um plano de onboarding para novos vendedores na empresa [Nome da Empresa], com foco na capacitação sobre produtos/serviços, abordagem comercial, metas de vendas, ferramentas utilizadas e fases de acompanhamento para garantir alta performance nos primeiros 90 dias."

Considere estas informações para melhor gestão do plano:

[CARACTERÍSTICAS DA EMPRESA]

Atualização contínua

O ChatGPT é extremamente funcional para a atualização contínua de profissionais, ajudando a acompanhar as rápidas mudanças do mercado e garantindo competitividade. Ele oferece personalização do aprendizado, economia de tempo, acesso rápido a informações confiáveis e desenvolvimento de habilidades futuras. Além disso, promove eficiência, democratiza o conhecimento, prepara para inovações futuras e incentiva uma cultura de aprendizado contínuo, alinhada à transformação digital. Seu uso permite antecipar tendências, reduzir erros, aumentar a produtividade e capacitar profissionais e empresas a liderarem em seus campos de atuação.

Os exemplos abaixo podem ser utilizados para compartilhar informações mais relevantes sobre cada campo do saber, interagir com seu cliente ou colaboradores, trazendo notícias atualizadas e relevantes sobre temas específicos.

Separei aqui duas formas especiais de construção de relatórios diários de atualização:

9.3.2.5. CRIAÇÃO DE UMA NEWSLETTER PERSONALIZADA

O ChatGPT pode ser programado para compilar periodicamente uma newsletter contendo:

- **Principais Tendências e Notícias**: Resumo de eventos recentes, inovações ou alterações regulatórias.
- **Artigos Científicos ou Publicações Relevantes**: Sugestões de leituras acadêmicas ou de artigos de impacto na área.
- **Ferramentas e Tecnologias**: Apresentação de novas ferramentas ou métodos úteis.
- **Eventos e Webinars**: Convites para conferências, workshops ou treinamentos online.
- **Exemplo:** Um advogado pode receber uma newsletter semanal com as mudanças nas legislações, análises de casos relevantes e tendências jurídicas globais.

Ative o Globinho (🌐) para aumentar o desempenho de busca online.

- Prompt -

Atue como um mestre jornalista, pesquisador experiente no tema foco descrito abaixo e minerador de dados e informações, especialista em construção de relatórios informacionais extremamente atualizados com as últimas informações mundiais e mais atuais sobre o tema específico descrito abaixo.

Seja extremamente criterioso na busca pelas informações, precisa ser preciso, credível e verdadeiro, garantindo a veracidade das informações.

Utilize todas as mais valiosas fontes de informações do mundo para a busca das mais relevantes informações demandadas abaixo.

O seu objetivo é apresentar um relatório detalhado, estruturado em tópicos, utilizando markdown e informações mais relevantes em destaque em negrito, de maneira a facilitar a leitura e compreensão de cada tópico.

Para cada tópico, traga um resumo extremamente objetivo que melhor represente exclusivamente o seguinte tema abaixo, respeitando a estrutura de texto apresentada abaixo de forma que possa ser compartilhada via WhatsApp (Portanto, precisa ser funcional e adaptada a esta plataforma).

Importante:

- *Busque as informações sempre em canais sérios e credíveis cientificamente.*
- *Evite buscar textos na Wikipédia, blogues, Facebook, e canais pouco considerados no mundo científico.*
- *Busque as informações em canais credíveis, validados e especializados nos temas foco.*
- *Não utilize linhas divisórias entre os textos.*
- *Importante trazer as referências base de cada informação.*

Foque cada uma das respostas abaixo exclusivamente no campo:

[INSIRA AQUI O SEU CAMPO DE ATUAÇÃO]

Direcione as respostas para aplicação em:

[INSIRA AQUI O TEMA FOCO DE APLICAÇÃO]

Estrutura de apresentação do texto em estilo newsletter deve seguir o seguinte critério:

- *Inicie o documento com seguinte texto:*

(Escreva em negrito) Bem-vindo a nossa IA News 📰🤖:

Atualizações sistemáticas sobre este maravilhoso campo do estudo e a sua aplicação ao mundo dos negócios.

- *Data: Inclua somente a Data e hora da geração do relatório.*
- *Número da news: 1*

- *Principais notícias recentes:*

Busque nos principais canais mundiais as 5 principais notícias mais atuais sobre este tema aplicado a este campo, apresentando um resumo sobre cada uma.

Cada notícia individualmente deve impreterivelmente vir identificada de sua fonte de referência bibliográfica em formato APA conforme exemplo abaixo:

Saiba mais: Descreva como encontrar esta notícia em formato APA

- *Livro do dia: Indique 1 livro extremamente focados no tema proposto, acompanhado de um breve resumo.*

Traga a referência bibliográfica do livro sugerido em formato APA.

- *Estudo sugerido: Apresente 1 estudo científico atual e recente sobre o tema proposto acompanhado por um breve resumo e suas conclusões.*

Traga a referência do estudo sugerido em formato APA.

- *Aplicação prática do estudo: Apresente 1 dica de aplicação prática e simples advinda do aprendizado do caso do estudo sugerido acima que possa ser aplicado a qualquer tipo de negócio.*
- *Você sabia: Dados recentes em números sobre o impacto da neurociência e psicologia nos negócios, como aumento de vendas, engajamento de clientes ou melhorias em produtividade, entre outros temas relacionados a negócios.*

Traga a fonte de referência desta informação em formato APA.

- *Case: Busque um exemplo em formato de um breve relato de uma empresa ou líder que obteve resultados expressivos ao aplicar conhecimentos relacionados ao tema foco.*

O case apresentado deve impreterivelmente vir identificado de sua fonte de pesquisa em formato APA conforme exemplo abaixo:

Saiba mais: Fonte da informação em formato APA

- *Aplique agora: Busque em livros ou dicas de especialistas neste campo, insights rápidos e aplicáveis, trazendo junto uma breve explicação técnica desta aplicação.*

Traga a fonte de referência desta informação em formato APA.

- *Curiosidade: Apresente um fato curioso sobre o tema foco, que seja verídico.*

A sugestão apresentada deve impreterivelmente vir identificada de sua fonte de pesquisa em formato APA conforme exemplo abaixo:

Saiba mais: Fonte da informação em formato APA

- *Inspiração: Apresente Frase ou insight inspirador relacionado ao tema citados por uma referência no campo.*

Por fim, assine o documento com o seguinte texto:

(Escreva em negrito) Lembre-se "Só o conhecimento liberta"

Compartilhe esta News com pessoas que também possam ter interesse neste tema.

Junte-se a nós em nosso Instagram:

https://www.instagram.com/neuroexpert/.

Até a próxima!!

Prof. Alexandre Rodrigues

Phd, consultor e especialista em Neurociências e Inteligência Artificial aplicada a negócios.

9.3.2.6. ANÁLISE DE INTERAÇÃO COMUNICACIONAL E ASPECTOS EMOCIONAIS EM NEGOCIAÇÕES

- **Análise de feedback**: Com capacidade de análise de sentimento, o ChatGPT pode processar feedbacks de colaboradores em avaliações de desempenho ou em pesquisas de clima. A partir desses dados, ele gera relatórios que destacam áreas de insatisfação, identificando pontos de melhoria para o ambiente organizacional.
- **Monitoramento de bem-estar**: Em canais de comunicação, o ChatGPT pode detectar indícios de estresse ou problemas de bem-estar entre colaboradores, recomendando práticas de apoio ou sugerindo intervenções antes que questões se agravem.

Bom aqui, o mais importante são os "Inputs", ou seja, a forma como devemos levantar as informações.

Pode ser feito de diversas formas, como por exemplo:

- **Uma reunião gravada:** Em uma reunião remota, por exemplo, você pode gravar e subir para um canal no YouTube, logo copiar o texto descritivo de toda a conversa feita automaticamente pelo YouTube e analisar este arquivo. Já em reuniões presenciais você pode gravar o áudio via celular e, da mesma forma, subir pro YouTube e baixar toda a descrição da fala em texto.
- **Um relatório de seu sistema CRM de atendimento ao cliente:** Todo o sistema interno tem formas de exportar arquivos, principalmente quando se trata de registros de conversas com clientes.

- **Mensagens de WhatsApp:** As trocas de mensagem via whatsapp também podem ser exportadas para um arquivo de texto e analisadas no GPT.

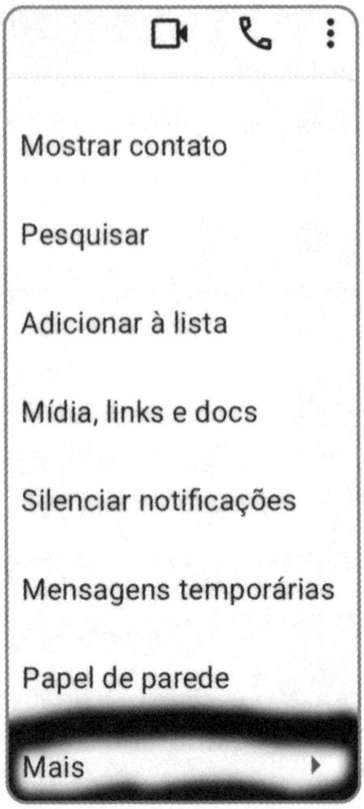

Primeiro clique os 3 pontinhos na parte superior direita:

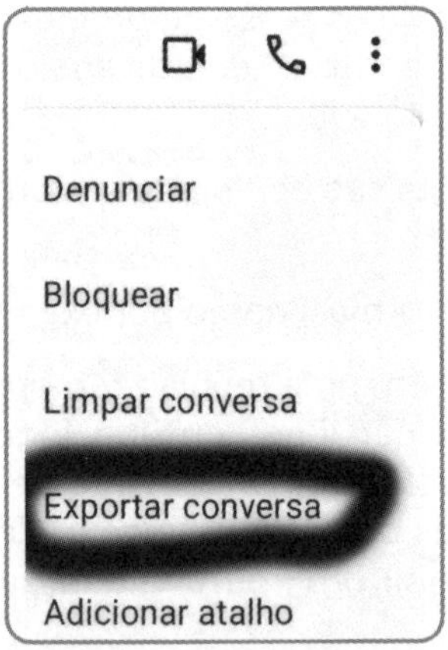

Enfim... a partir que conseguimos ter a transcrição da conversa poderemos então fazer uma análise desta interação.

– Prompt –

Você é uma experiente psicóloga organizacional especializada em análise de interação comunicacional, com foco na avaliação de dinâmicas emocionais em negociações.

Seu objetivo é analisar profundamente o diálogo entre negociadores, identificando padrões de comunicação, níveis de estresse, alinhamento emocional e probabilidades de fechamento do negócio.

A transcrição a seguir representa uma troca de mensagens entre negociadores, e precisamos avaliar os aspectos emocionais e estratégicos dessa interação. A análise deve fornecer insights comportamentais e comunicacionais para entender melhor a relação entre as partes e prever o desfecho mais provável da negociação.

A avaliação deve abranger os seguintes pontos:

1. *Pontos de Estresse: Identificação de trechos onde há maior tensão e variação emocional, distinguindo entre momentos positivos (conforto, abertura) e negativos (insatisfação, confusão).*
2. *Relação Emocional Entre as Partes: Avaliação de níveis de aceitação, sintonia ou afastamento ao longo da conversa.*
3. *Necessidades das Partes: Quais são os principais objetivos e expectativas de cada interlocutor.*
4. *Maiores Dores: Quais preocupações ou desafios surgem explicitamente ou nas entrelinhas da conversa.*
5. *Soluções Buscadas: O que cada parte espera alcançar com a negociação.*
6. *Harmonia na Comunicação e Probabilidade de Fechamento do Negócio: Uma avaliação técnica sobre a fluidez da conversa e a tendência de chegar a um acordo satisfatório para ambas as partes.*

A transcrição da conversa é a seguinte:

[INSIRA AQUI O TEXTO COMPLETO DA INTERAÇÃO]

Traga, portanto:

1. *Pontos de Estresse*
   - *Classificação das interações mais tensas e identificação de palavras-chave que demonstram frustração, hesitação ou resistência.*
   - *Trechos onde há maior conforto e abertura para negociação, demonstrando interesse e flexibilidade.*
2. *Relação Emocional Entre as Partes*
   - *Identificação de momentos de alinhamento emocional, onde há empatia e colaboração.*
   - *Avaliação de sinais de afastamento ou resistência, demonstrando discordância ou insegurança.*

3. *Necessidades das Partes Interessadas*
   - *O que cada interlocutor expressa como essencial para a negociação.*
   - *Fatores que indicam prioridades explícitas e implícitas na conversa.*
4. *Maiores Dores*
   - *Identificação de barreiras emocionais e racionais que podem dificultar a negociação.*
   - *Preocupações específicas que surgem na troca de mensagens.*
5. *Soluções Buscadas*
   - *Identificação do que cada parte propõe como solução para alcançar um desfecho positivo.*
   - *Avaliação da flexibilidade de ambas as partes em ajustar propostas.*
6. *Harmonia e Probabilidade de Fechamento do Negócio*
   - *Avaliação da fluidez da comunicação: As respostas são diretas e cooperativas ou há sinais de evasão e impasse?*
   - *Identificação de padrões linguísticos que indicam otimismo, hesitação ou resistência.*
   - *Descrição técnica da tendência de fechamento do negócio, com justificativa baseada na análise da interação.*

Por fim:

- *Apresentar a análise em formato estruturado, respondendo a cada um dos seis pontos de maneira clara e detalhada.*
- *Incluir exemplos de trechos relevantes da conversa para ilustrar os achados da análise.*
- *Sugerir um plano de ação para melhorar a comunicação e aumentar as chances de sucesso na negociação.*

Benefícios:

- **Compreensão aprofundada da dinâmica emocional** na negociação.
- **Identificação de pontos críticos** que podem ser trabalhados para melhorar a relação entre as partes.
- **Maior previsibilidade sobre o desfecho da negociação**, permitindo ajustes estratégicos no discurso.
- **Recomendações práticas** para conduzir interações futuras de maneira mais eficiente.

9.3.2.7. MODELO ESTRUTURADO DE AVALIAÇÃO DE DESEMPENHO 360° PERSONALIZADO

A **avaliação 360 graus** é uma ferramenta de feedback e avaliação de desempenho que coleta informações de múltiplas fontes em torno de um indivíduo. Ela é chamada de "360 graus" porque abrange perspectivas de todas as direções hierárquicas e funcionais dentro de uma organização. Diferentemente das avaliações tradicionais, que geralmente são conduzidas apenas pelo superior direto, esse método inclui feedback de colegas, subordinados, superiores e, em alguns casos, de clientes ou fornecedores.

Como funciona?

1. **Autoavaliação**: O próprio avaliado reflete sobre seu desempenho.
2. **Superior(es)**: Fornecem feedback com base no alinhamento estratégico e na observação direta do desempenho.
3. **Colegas**: Avaliam competências interpessoais, colaboração e trabalho em equipe.
4. **Subordinados**: Comentam sobre liderança, motivação e apoio recebidos.
5. **Clientes ou Stakeholders externos** (opcional): Avaliam a capacidade de entrega de valor e qualidade de relacionamento.

Objetivos

- Oferecer uma visão completa e imparcial sobre o desempenho e os comportamentos do avaliado.
- Promover autoconhecimento e desenvolvimento pessoal.
- Identificar pontos fortes e áreas de melhoria.
- Facilitar o alinhamento entre as competências individuais e os objetivos organizacionais.

Dimensões Avaliadas

- **Competências Técnicas**: Conhecimentos específicos da área de atuação.
- **Competências Comportamentais**: Trabalho em equipe, liderança, comunicação.
- **Resultados e Desempenho**: Cumprimento de metas, eficiência e qualidade.
- **Relacionamento com Stakeholders**: Satisfação de clientes internos e externos, colaboração.

Vantagens

- Visão holística e multidimensional do desempenho.
- Identificação de tendências comportamentais que podem passar despercebidas em avaliações unidimensionais.
- Feedback mais rico e detalhado.
- Maior engajamento e sentimento de justiça no processo avaliativo.

Desafios

- Pode gerar resistência ou desconforto, especialmente em culturas organizacionais pouco acostumadas ao feedback.
- Risco de feedback enviesado ou pessoal se não houver treinamento adequado.
- Necessidade de garantir a confidencialidade para evitar retaliações ou mal-entendidos.

A avaliação 360 graus é amplamente utilizada em processos de desenvolvimento de liderança, gestão de talentos e construção de uma cultura organizacional voltada para o aprendizado contínuo.

Uma observação importante é que esta ferramenta pode ser totalmente personalizada a cada situação e a cada contexto, portanto trouxemos no exemplo abaixo uma forma mais personalizada de construção desta ferramenta.

– Prompt –

Você é um especialista em psicologia organizacional, gestão de recursos humanos e análise comportamental aplicada a estratégias organizacionais, com ampla experiência em avaliação de desempenho e desenvolvimento de talentos.

Seu objetivo é desenvolver uma avaliação de desempenho no modelo 360°, garantindo que a análise seja objetiva, estratégica e personalizada para o colaborador avaliado.

A empresa [Nome da Empresa] deseja conduzir uma avaliação de desempenho 360° para o colaborador [Nome do Colaborador], que ocupa o cargo de [Descrição do Cargo].

O processo de avaliação deve levar em conta os seguintes fatores:

- *Pontos mais relevantes a serem considerados na avaliação: [DESCREVA OS CRITÉRIOS PRIORITÁRIOS]*
- *Estratégias organizacionais e resultados diretamente ligados ao colaborador: [DESCREVA OS RESULTADOS CRÍTICOS PARA A EMPRESA]*

A estrutura da avaliação será dividida nas seguintes perspectivas:

1. ***Autoavaliação** – O próprio colaborador reflete sobre sua performance.*
2. ***Feedback dos Subordinados** – Avaliação sobre sua capacidade de liderança e suporte.*
3. ***Feedback dos Colegas** – Percepção sobre colaboração e impacto no time.*
4. ***Feedback dos Superiores** – Avaliação do impacto estratégico de suas ações.*
5. ***Feedback de Stakeholders Externos** (opcional) – Aplicável a funções que envolvem interação com clientes ou parceiros.*

Cada perspectiva contará com um conjunto estruturado de questões, divididas em:

- *10 questões gerais sobre performance*
- *2 questões sobre gestão emocional*
- *2 questões sobre soft skills*
- *2 questões sobre hard skills*
- *2 questões sobre conhecimento de negócios*
- *2 questões sobre habilidades aplicadas à função*
- *2 questões sobre atitudes e comportamento organizacional*

Todas as respostas serão classificadas em uma escala de 1 a 10, conforme a seguinte diretriz:

> *Utilize uma escala de avaliação de 1 a 10, sendo 1 uma total falta de atendimento a este requisito, 5 como sendo um colaborador comum sem diferenciais e 10 como um exemplo a ser seguido por outros colaboradores.*

Traga, portanto:

1. ***Autoavaliação***

   O colaborador refletirá sobre seu desempenho em cada critério, atribuindo notas e justificando suas percepções.

   10 questões gerais sobre performance:

   1. *Como você avalia seu desempenho geral no cargo?*
   2. *Você sente que atingiu as metas estabelecidas para seu trabalho? Por quê?*
   3. *Quais foram suas maiores conquistas nos últimos meses?*
   4. *Em quais áreas você sente que pode melhorar?*
   5. *Como você avalia sua capacidade de tomar decisões sob pressão?*
   6. *Qual foi seu maior desafio recentemente e como lidou com ele?*
   7. *Como você prioriza suas tarefas diárias para garantir produtividade?*
   8. *Como você avalia sua proatividade na resolução de problemas?*
   9. *Você acredita que sua atuação tem gerado impacto positivo na empresa? Explique.*
   10. *Como você enxerga sua evolução profissional dentro da empresa?*

   Gestão Emocional:

   1. *Como você lida com situações de estresse e pressão no ambiente de trabalho?*
   2. *Você consegue manter um equilíbrio entre produtividade e bem-estar emocional?*

   Soft Skills:

   1. *Como você avalia sua comunicação com colegas e superiores?*
   2. *Como você colabora para um ambiente de trabalho positivo?*

   Hard Skills:

   1. *Seu conhecimento técnico é suficiente para atender às demandas do cargo?*
   2. *Quais ferramentas ou metodologias você domina e aplica no dia a dia?*

   Conhecimento de Negócio:

   1. *Você entende como seu trabalho impacta os resultados da empresa?*
   2. *Você está atualizado sobre as tendências do setor e concorrência?*

   Habilidades Aplicadas:

   1. *Você sente que aplica suas habilidades de forma eficiente nas suas entregas?*
   2. *Como você adapta suas estratégias para lidar com desafios inesperados?*

   Atitudes no Trabalho:

   1. *Você se considera um profissional flexível e adaptável às mudanças?*
   2. *Você se vê como alguém que inspira e influencia positivamente seus colegas?*

   Espaço para comentários adicionais do colaborador.

2. **Feedback dos Subordinados**

Avaliando liderança, motivação, comunicação e suporte durante os projetos.

10 questões gerais sobre performance:

1. *Como você avalia a comunicação deste líder?*
2. *O líder fornece suporte adequado para sua equipe?*
3. *Como ele(a) lida com conflitos internos?*
4. *Ele(a) dá feedbacks claros e construtivos?*
5. *O líder delega tarefas de maneira eficiente?*
6. *Como ele(a) incentiva a equipe a inovar e melhorar processos?*
7. *Ele(a) demonstra transparência nas decisões?*
8. *Você sente que há espaço para sugerir melhorias?*
9. *O líder está disponível quando necessário?*
10. *Como você avalia a postura do líder em momentos de crise?*

Espaço para comentários adicionais dos subordinados.

3. **Feedback dos Colegas**

Avaliando colaboração, relacionamento interpessoal e impacto no time.

10 questões gerais sobre performance:

1. *O colaborador demonstra espírito de equipe e cooperação no ambiente de trabalho?*
2. *Ele(a) compartilha conhecimento e apoia os colegas em suas tarefas?*
3. *Como você avalia a comunicação deste colaborador dentro da equipe?*
4. *O colaborador está aberto a feedbacks e sugestões para melhoria?*
5. *Ele(a) contribui ativamente para a solução de problemas em grupo?*
6. *O colaborador respeita prazos e compromissos dentro da equipe?*
7. *Ele(a) consegue lidar bem com conflitos internos sem comprometer a produtividade do time?*
8. *A postura do colaborador influencia positivamente a cultura organizacional?*
9. *Ele(a) se envolve e engaja nas atividades coletivas da empresa?*
10. *Como você avalia o impacto deste colaborador no sucesso dos projetos em equipe?*

Gestão Emocional:

1. *O colaborador consegue manter uma postura profissional mesmo sob pressão?*
2. *Ele(a) demonstra empatia e respeito nas interações diárias?*

Soft Skills:

1. *Como você avalia a adaptabilidade do colaborador diante de mudanças?*
2. *O colaborador tem facilidade em se relacionar com diferentes perfis dentro da empresa?*

Hard Skills:

1. O colaborador compartilha seu conhecimento técnico com os colegas quando necessário?
2. Ele(a) demonstra domínio das ferramentas e metodologias utilizadas pela equipe?

Conhecimento de Negócio:

1. O colaborador compreende como sua atuação impacta os resultados gerais da empresa?
2. Ele(a) tem iniciativa para sugerir melhorias alinhadas à estratégia da organização?

Habilidades Aplicadas:

1. Como você avalia a autonomia deste colaborador na execução de suas tarefas?
2. Ele(a) consegue tomar decisões com segurança quando necessário?

Atitudes no Trabalho:

1. O colaborador age com ética e responsabilidade no ambiente de trabalho?
2. Ele(a) demonstra proatividade na busca por soluções?

Espaço para comentários adicionais dos colegas.

4. **Feedback dos Superiores**

Avaliando impacto estratégico e alinhamento com as metas organizacionais.

10 questões gerais sobre performance:

1. O colaborador atinge os resultados esperados em sua função?
2. Ele(a) demonstra iniciativa para superar desafios e alcançar objetivos?
3. Como você avalia a qualidade das entregas deste colaborador?
4. Ele(a) segue os processos e diretrizes estabelecidos pela empresa?
5. O colaborador está alinhado com a visão e missão da empresa?
6. Ele(a) se mantém atualizado(a) sobre as tendências do setor e da empresa?
7. O colaborador contribui para o desenvolvimento da equipe e crescimento organizacional?
8. Ele(a) participa de iniciativas estratégicas ou projetos de melhoria contínua?
9. O colaborador possui habilidades de liderança ou potencial para assumir maiores responsabilidades?
10. Como você avalia o comprometimento deste colaborador com os valores da empresa?

Gestão Emocional:

1. O colaborador demonstra maturidade emocional ao lidar com desafios e pressões do cargo?
2. Ele(a) mantém um bom nível de equilíbrio emocional ao lidar com feedbacks e correções?

Soft Skills:

1. *Ele(a) possui uma comunicação clara e objetiva com a equipe e superiores?*
2. *O colaborador sabe escutar e levar em consideração diferentes pontos de vista?*

Hard Skills:

1. *Ele(a) possui o conhecimento técnico necessário para sua função?*
2. *O colaborador se destaca em alguma competência técnica específica?*

Conhecimento de Negócio:

1. *O colaborador entende o impacto do seu trabalho no resultado global da empresa?*
2. *Ele(a) sugere melhorias estratégicas para processos internos?*

Habilidades Aplicadas:

1. *O colaborador demonstra capacidade de análise e tomada de decisão estratégica?*
2. *Ele(a) possui habilidades para gerir múltiplas demandas simultaneamente?*

Atitudes no Trabalho:

1. *Ele(a) se adapta bem a mudanças organizacionais?*
2. *O colaborador demonstra comprometimento com o crescimento e inovação da empresa?*

Espaço para comentários adicionais dos superiores.

5. ***Feedback de Stakeholders Externos (opcional)***

Avaliando percepção de clientes e parceiros sobre a qualidade do trabalho entregue.

10 questões gerais sobre performance:

1. *Como você avalia a qualidade do atendimento prestado por este colaborador?*
2. *Ele(a) responde de forma ágil e eficiente às solicitações?*
3. *O colaborador transmite segurança e conhecimento ao tratar de questões técnicas?*
4. *Ele(a) compreende as necessidades do cliente/usuário e busca soluções adequadas?*
5. *Como você avalia a clareza e objetividade da comunicação deste colaborador?*
6. *O colaborador cumpre prazos e compromissos estabelecidos com clientes/parceiros?*
7. *Ele(a) mantém um relacionamento profissional e cordial em todas as interações?*
8. *O colaborador demonstra proatividade na resolução de problemas e dúvidas?*
9. *Ele(a) agrega valor ao serviço prestado ou ao relacionamento com stakeholders?*
10. *Você recomendaria este colaborador para futuros projetos ou interações?*

Gestão Emocional:

1. *O colaborador mantém a calma e profissionalismo diante de situações difíceis com stakeholders?*
2. *Ele(a) demonstra empatia e interesse genuíno pelo cliente ou parceiro?*

Soft Skills:

1. *Ele(a) consegue adaptar sua comunicação de acordo com o perfil do cliente ou parceiro?*
2. *O colaborador demonstra flexibilidade para lidar com diferentes perfis e demandas?*

Hard Skills:

1. *O conhecimento técnico do colaborador está adequado para atender as necessidades externas?*
2. *Ele(a) utiliza corretamente ferramentas e processos para fornecer suporte e soluções eficazes?*

Conhecimento de Negócio:

1. *O colaborador entende o impacto da experiência do cliente/parceiro nos resultados da empresa?*
2. *Ele(a) busca inovar ou propor soluções que beneficiem ambas as partes?*

Habilidades Aplicadas:

1. *Ele(a) antecipa problemas e propõe soluções antes que se tornem críticos?*
2. *O colaborador demonstra organização e planejamento em suas entregas?*

Atitudes no Trabalho:

1. *Ele(a) age com ética e transparência nas interações externas?*
2. *O colaborador demonstra comprometimento em construir relações duradouras e estratégicas?*

Espaço para comentários adicionais dos stakeholders externos.

Por fim:

- *Apresentação das questões organizadas por perspectiva (Autoavaliação, Subordinados, Colegas, Superiores e Stakeholders).*
- *Inclusão de espaços para comentários livres, permitindo detalhamento qualitativo.*
- *Uso de escala de 1 a 10 para facilitar comparações e análise quantitativa.*
- *Geração de relatório final consolidado, garantindo insights estratégicos para decisões organizacionais.*

Benefícios:

- Aprimoramento da performance individual e organizacional.
- Feedbacks estruturados para tomada de decisão sobre desenvolvimento e promoções.
- Redução de vieses, garantindo uma avaliação completa e confiável.
- Maior alinhamento entre competências individuais e necessidades da empresa.

Suporte na avaliação de desempenho: O ChatGPT pode auxiliar na criação de critérios objetivos e padronizados de avaliação de desempenho, alinhando-os às metas da empresa. Ele pode também consolidar dados de múltiplas avaliações para mapear competências, sugerindo planos de desenvolvimento personalizados.

Importante considerar que cada avaliação também pode ser completamente personalizada conforme intenção do gestor, diante disso, abaixo segue um exemplo que se alinha ao exercício anterior, ou seja, é importante construir a ferramenta de forma a conhecer exatamente os resultados que se busca na avaliação.

9.3.2.8. PLANO ESTRUTURADO PARA TRANSIÇÃO DE CARREIRA

Para apoiar o desenvolvimento de carreira, o ChatGPT pode sugerir trilhas de capacitação com base no desempenho e nas metas individuais de cada colaborador, promovendo crescimento e retenção de talentos.

Importante considerar que:

Neste ponto é muito importante ter informações complementares sobre o perfil a ser analisado, ou seja, caso queiramos continuar o processo do exercício anterior, podemos utilizar a avaliação de desempenho de um determinado colaborador, mais o seu currículo, e todas as outras informações complementares que melhor ajudem o modelo a conhecer o perfil de orientação, após anexar os arquivos, use o prompt a seguir.

- Prompt -

Você é um reconhecido headhunter e especialista em desenvolvimento de carreira e competências, com vasta experiência em transição profissional e requalificação para diferentes áreas de atuação.

Seu objetivo é analisar o perfil do colaborador e desenvolver um plano estruturado e personalizado de transição de carreira, garantindo que ele adquira as competências necessárias para alcançar seu novo objetivo profissional.

O profissional em questão deseja realizar uma transição de carreira, migrando de sua área atual para:

[INSIRA AQUI O NOVO CAMPO PROFISSIONAL].

Para isso, é essencial criar um plano estratégico que contemple:

- *Experiência prévia e competências atuais do colaborador, conforme os documentos anexados.*
- *Principais lacunas de conhecimento e habilidades que precisam ser desenvolvidas para a transição.*
- *Formações, certificações e cursos recomendados para tornar o profissional competitivo na nova área.*
- *Estratégias para construção de portfólio e experiência prática na nova função.*
- *Plano de networking e posicionamento no mercado, garantindo maior visibilidade e oportunidades.*
- *Definição de estratégias para recolocação, incluindo adaptação do currículo e abordagem em processos seletivos.*

Traga, portanto:

1. *Análise do Perfil Atual do Colaborador*
   - *Identificação das habilidades transferíveis que podem ser utilizadas na nova área.*
   - *Avaliação de experiências profissionais anteriores e seu impacto na transição.*
   - *Mapeamento de lacunas de conhecimento que precisam ser preenchidas para uma transição bem-sucedida.*
2. *Plano de Desenvolvimento Técnico e Acadêmico*
   - *Definição das competências essenciais para atuar na nova área.*
   - *Sugestão de cursos, certificações e formações recomendadas, alinhadas às exigências do mercado.*
   - *Ferramentas e metodologias relevantes para dominar o novo campo de atuação.*
   - *Sugestões de aprendizado prático para acelerar o desenvolvimento profissional.*

3. *Construção de Portfólio e Experiência Prática*
   - *Desenvolvimento de projetos pessoais ou voluntários na nova área.*
   - *Participação em iniciativas que permitam aplicação prática de conhecimentos adquiridos.*
   - *Estratégias para documentar e apresentar os projetos desenvolvidos.*
4. *Networking e Posicionamento no Mercado*
   - *Estratégias para construção de autoridade e visibilidade profissional.*
   - *Participação em eventos, conferências e comunidades especializadas.*
   - *Criação de conexões estratégicas com mentores, recrutadores e profissionais da área.*
5. *Estratégia de Recolocação e Processos Seletivos*
   - *Ajustes no currículo e perfil profissional para destacar novas competências.*
   - *Estratégias para abordagem eficiente em entrevistas e dinâmicas de grupo.*
   - *Identificação de nichos específicos onde o profissional pode se diferenciar no mercado.*

Por fim:

- *Apresente um plano estratégico detalhado, com um roadmap estruturado para a transição.*
- *Inclua tabelas comparativas das competências atuais e das necessárias para a nova área.*
- *Forneça um cronograma sugerido, organizando as etapas de aprendizado, networking e recolocação.*
- *Recomende fontes confiáveis de aprendizado, como cursos, eventos, publicações e redes de contato.*
- *Para tanto utilize as informações deste perfil em anexo.*

  [ANEXE TODOS OS DOCUMENTOS QUE MELHOR DESCREVAM SOBRE ESTE PERFIL (📎)]

Benefícios:

- **Maior clareza sobre o processo de transição**, reduzindo incertezas e desafios.
- **Desenvolvimento das competências certas** para alcançar a nova posição desejada.
- **Redução do tempo de recolocação**, com uma estratégia bem definida.
- **Melhoria da competitividade profissional**, tornando o candidato mais atraente para recrutadores.
- **Aumento da segurança e da preparação para atuar em um novo mercado.**

9.3.2.9. MODELO ESTRUTURADO DE PROMPT PARA PREVISÃO E REDUÇÃO DA ROTATIVIDADE DE FUNCIONÁRIOS

Prever a rotatividade de funcionários é uma necessidade estratégica para os Recursos Humanos devido ao impacto direto que a saída de colaboradores tem sobre a organização.

A seguir estão as razões detalhadas e os benefícios dessa prática:

1. **Redução de Custos Operacionais**
   - **Impacto Financeiro:** O custo médio de substituição de um funcionário pode variar entre 50% e 200% do salário anual da pessoa. Inclui custos de recrutamento, seleção, treinamento e perda de produtividade.
   - **Exemplo:** Ao prever rotatividade, a empresa pode implementar ações preventivas para reter talentos, reduzindo custos desnecessários associados à substituição.
2. **Melhoria do Clima Organizacional**
   - **Efeito da Rotatividade Alta:** A saída de colaboradores, especialmente de alto desempenho, pode desmotivar o restante da equipe, gerar sobrecarga de trabalho e criar um ambiente de incerteza.
   - **Prevenção:** Antecipar a rotatividade permite ao RH tomar ações direcionadas para melhorar o clima organizacional, como programas de reconhecimento e engajamento.
3. **Retenção de Talentos**
   - **Identificação de Riscos:** Ferramentas preditivas ajudam a identificar funcionários em risco de saída, permitindo que os gestores intervenham com ações personalizadas, como desenvolvimento de carreira, aumento de benefícios ou reestruturação de metas.
   - **Benefício:** Reduz a perda de colaboradores críticos que possuem conhecimento especializado ou relações valiosas com clientes.
4. **Alinhamento Estratégico**
   - **Planejamento Proativo:** Saber quem pode sair permite alinhar o planejamento de substituições e sucessões, garantindo a continuidade de projetos e operações estratégicas.
   - **Benefício:** Evita interrupções que podem afetar a performance organizacional.

5. **Melhoria da Experiência do Colaborador**
   - **Sinais de Alerta:** Analisar padrões de comportamento pode revelar insatisfações relacionadas a carga de trabalho, ambiente ou liderança. Isso ajuda o RH a melhorar as condições de trabalho.
   - **Impacto:** Ao demonstrar interesse genuíno nas necessidades dos colaboradores, o RH fortalece a confiança na empresa e melhora a retenção.
6. **Aumento da Competitividade**
   - **Foco na Retenção:** Empresas com menor rotatividade têm uma força de trabalho mais estável e qualificada, o que as torna mais competitivas no mercado.
   - **Exemplo:** Organizações que utilizam dados preditivos de rotatividade estão mais preparadas para oferecer benefícios alinhados às expectativas dos colaboradores.
7. **Aplicação de Inteligência Artificial e Análise de Dados**
   - **Ferramentas Avançadas:** Com modelos preditivos baseados em inteligência artificial, o RH pode analisar dados históricos e em tempo real para identificar tendências.
   - **Exemplo:** Plataformas de People Analytics permitem detectar padrões como queda de desempenho, aumento de absenteísmo ou redução na satisfação, que precedem a saída de um colaborador.
8. **Retenção da Cultura Organizacional**
   - **Impacto Cultural:** Uma alta rotatividade pode enfraquecer a cultura organizacional, já que novos funcionários precisam de tempo para se alinhar aos valores da empresa.
   - **Prevenção:** Ao prever e mitigar saídas, o RH contribui para a preservação da identidade corporativa.

Conclusão

Aprender a prever a rotatividade permite aos RHs adotar uma abordagem proativa, economizando recursos, retendo talentos e fortalecendo a vantagem competitiva da organização. Isso transforma o RH em um parceiro estratégico essencial, focado na criação de valor por meio da gestão eficiente de pessoas.

Chegamos a um ponto bem importante de nosso aprendizado. Um pedido complexo, ao qual dependemos de informações especiais para que o modelo de linguagem possa construir a melhor forma de análise, ou seja, quanto mais informações o gestor tiver em mãos, mais assertivo deverá ser o cenário a ser construído pelo modelo.

Para o desenvolvimento do prompt a seguir, vamos trabalhar com seguintes pontos.

10 Principais Fatores que Contribuem para o Aumento da Rotatividade de Colaboradores

1. **Falta de Reconhecimento e Valorização**

   Descrição: Colaboradores que não se sentem reconhecidos por suas contribuições tendem a buscar outras oportunidades.

   Inputs: Pesquisas de clima organizacional, feedbacks anônimos, e métricas de engajamento.

2. **Baixa Remuneração e Benefícios Não Competitivos**

   Descrição: Salários abaixo do mercado e ausência de benefícios adequados são fortes fatores de desligamento.

   Inputs: Benchmarks salariais e análise de propostas de contratação recusadas.

3. **Gestão Ineficiente ou Liderança Tóxica**

   Descrição: Chefes autoritários, falta de comunicação ou ausência de suporte gerencial criam um ambiente insustentável.

   Inputs: Avaliações 360° e índices de turnover relacionados a líderes específicos.

4. **Falta de Oportunidades de Crescimento e Desenvolvimento**

   Descrição: A ausência de planos de carreira e programas de capacitação desmotiva os colaboradores a permanecerem.

   Inputs: Análise de promoções internas versus contratações externas e satisfação com treinamentos.

5. **Sobrecarga de Trabalho**

   Descrição: Exigências excessivas sem compensação proporcional levam ao esgotamento (burnout) e aumento das saídas.

   Inputs: Dados de horas extras, produtividade e absenteísmo.

6. **Falta de Flexibilidade**

   Descrição: Políticas rígidas, como ausência de trabalho remoto ou horários inflexíveis, não atendem às demandas atuais dos colaboradores.

   Inputs: Pesquisas de preferências por formatos de trabalho.

7. **Clima Organizacional Negativo**

   Descrição: Ambientes de trabalho pouco colaborativos, com conflitos internos e falta de engajamento, reduzem a motivação.

   Inputs: Pesquisas de clima organizacional e relatórios de incidentes internos.

8. **Desalinhamento de Valores e Cultura Organizacional**

   Descrição: Quando os valores do colaborador não se alinham à cultura da empresa, há maior insatisfação e desejo de mudança.

   Inputs: Feedbacks em entrevistas de saída e análises de onboarding.

9. **Falta de Feedback e Comunicação Clara**

   Descrição: A ausência de diálogos construtivos e clareza nas expectativas gera desmotivação e insegurança no papel desempenhado

   Inputs: Frequência de reuniões e relatórios de comunicação interna.

10. **Ausência de Perspectivas para Inovação**

    Descrição: Empresas que não incentivam inovação e criatividade tornam-se menos atraentes para profissionais que buscam desafios.

    Inputs: Dados de propostas de inovação submetidas e adesão a iniciativas criativas.

10 Principais Fatores que contribuem para a Retenção de Colaboradores

1. **Reconhecimento e Recompensas**

   Descrição: Políticas claras de reconhecimento, como bonificações, prêmios e celebrações de conquistas.

   Inputs: Descrição das políticas internas da organização, taxa de adesão a programas de reconhecimento e engajamento pós-reconhecimento.

2. **Oportunidades de Crescimento e Desenvolvimento**

   Descrição: Investimento em programas de capacitação, mentorias e planos de carreira bem definidos.

   Inputs: Mapeamento de promoções internas e participação em programas de desenvolvimento.

3. **Remuneração Competitiva e Benefícios Atrativos**

   Descrição: Oferecer salários alinhados ao mercado e benefícios flexíveis, como plano de saúde, bem-estar e suporte financeiro.

   Inputs: Benchmarks salariais e feedbacks qualitativos de colaboradores sobre benefícios.

4. **Liderança Inspiradora e Apoio Gerencial**

   Descrição: Líderes que inspiram confiança, engajamento e fornecem suporte em desafios profissionais.

   Inputs: Resultados de avaliações de liderança e taxas de turnover por departamento.

5. **Flexibilidade no Trabalho**

   Descrição: Políticas de home office, horários flexíveis e equilíbrio entre vida pessoal e profissional.

   Inputs: Preferências de formato de trabalho e índices de adesão a políticas flexíveis.

6. **Cultura Organizacional Positiva**

   Descrição: Um ambiente de trabalho acolhedor, com foco em inclusão, colaboração e respeito mútuo.

   Inputs: Pesquisas de clima organizacional e avaliações de satisfação.

7. **Clareza na Comunicação e Feedback Constante**

   Descrição: Comunicação aberta, com feedbacks regulares e direcionados ao desenvolvimento dos colaboradores.

   Inputs: Frequência de reuniões de alinhamento e questionários sobre clareza de objetivos.

8. **Oportunidades para Contribuir com Inovação**

   Descrição: Incentivo a novas ideias, com programas para desenvolvimento de projetos inovadores e autonomia criativa.

   Inputs: Registros de ideias implementadas e feedbacks sobre autonomia.

9. **Estabilidade e Segurança no Trabalho**

   Descrição: Fornecer perspectivas claras de longo prazo e ações que demonstrem o compromisso da empresa com os funcionários.

   Inputs: Taxas de turnover voluntário e feedbacks sobre percepção de estabilidade.

10. **Foco no Bem-Estar**

    Descrição: Iniciativas para promover saúde mental, física e emocional, como programas de mindfulness, apoio psicológico e práticas de descontração.

    Inputs: Participação em programas de bem-estar e dados sobre absenteísmo e saúde ocupacional.

Parte inferior do formulário

Elementos motivacionais: A motivação profissional de um colaborador resulta da interação entre fatores internos (intrínsecos) e externos (extrínsecos). Internamente, ela é impulsionada pelo prazer em realizar tarefas significativas, senso de propósito e reconhecimento pessoal. Externamente, está ligada a incentivos como recompensas, feedback positivo e condições de trabalho adequadas.

A Teoria de Motivação Higiênica de Herzberg

A Teoria de Motivação-Higiene, desenvolvida por Frederick Herzberg na década de 1950, é um modelo amplamente utilizado na gestão de pessoas para compreender os fatores que influenciam a satisfação e a insatisfação no trabalho.

Herzberg propôs que a motivação no ambiente profissional depende de dois conjuntos distintos de fatores: fatores motivacionais e fatores higiênicos.

Fatores Motivacionais (Satisfação Intrínseca)

Esses fatores estão relacionados à realização pessoal e profissional do colaborador e levam à **satisfação** e ao **engajamento** no trabalho quando presentes. São intrínsecos à própria tarefa e contribuem para a motivação de longo prazo.

Exemplos:

- **Realização:** Sentir-se produtivo e alcançar metas.
- **Reconhecimento:** Ser valorizado por seus esforços e conquistas.
- **Trabalho em si:** Sentir que a tarefa é desafiadora, significativa e interessante.
- **Responsabilidade:** Ter autonomia e controle sobre as tarefas.
- **Oportunidades de Crescimento:** Possibilidades de desenvolvimento de carreira e aprendizado.
- **Impacto:** Esses fatores criam satisfação e levam ao aumento do desempenho e da motivação.

Fatores Higiênicos (Prevenção da Insatisfação)

São elementos do ambiente de trabalho que, embora não tragam motivação direta, sua ausência ou inadequação geram **insatisfação**. Estes fatores são extrínsecos e relacionados ao contexto em que o trabalho ocorre.

Exemplos:

- **Salário:** Remuneração adequada às responsabilidades.

Benefícios: Como plano de saúde, alimentação ou transporte.

- **Condições de Trabalho:** Infraestrutura, ergonomia, equipamentos.
- **Políticas da Empresa:** Transparência, clareza e justiça nos processos internos.
- **Relacionamento Interpessoal:** Com colegas, líderes e subordinados.
- **Segurança no Trabalho:** Garantia de estabilidade e proteção física e emocional.
- **Impacto:** Esses fatores evitam a insatisfação, mas sua presença isolada não garante motivação ou satisfação.

Interpretação da Teoria

Herzberg destacou que satisfação e insatisfação não são opostas diretos.

A ausência de fatores motivacionais não causa insatisfação, mas sim falta de motivação.

A ausência de fatores higiênicos causa insatisfação, mas sua presença não gera motivação.

Exemplo:

Um colaborador pode ter boas condições de trabalho (fatores higiênicos), mas se não tiver reconhecimento ou oportunidades de crescimento (fatores motivacionais), ele não estará realmente motivado.

Aplicação Prática no Ambiente Corporativo

Foco em Fatores Motivacionais para Engajamento:

- Ofereça oportunidades de crescimento e aprendizado.
- Crie mecanismos de reconhecimento e valorização.
- Delegue responsabilidades que promovam autonomia.

Eliminação de Fatores Higiênicos Negativos:

- Estabeleça salários e benefícios competitivos.
- Melhore as condições físicas e emocionais do trabalho.
- Garanta políticas justas e relações interpessoais positivas.

Diferenciação dos Fatores:

Lembre-se de que melhorar os fatores higiênicos não gera motivação intrínseca, mas cria um ambiente estável para que os fatores motivacionais sejam eficazes.

Atenção:

Para a melhor execução deste prompt, é imprescindível anexar documentos que contenham o máximo de inputs relacionados acima (📎).

- Prompt -

Você é um reconhecido especialista em Gestão de Recursos Humanos, com mais de 25 anos de experiência em consultoria organizacional, atuando nos mais diversos setores.

Seu conhecimento é dinâmico e alinhado às últimas tendências, práticas e inovações em gestão de pessoas, retenção de talentos e desenvolvimento organizacional.

Seu objetivo é realizar uma análise preditiva e estrutural da gestão de pessoas da empresa, identificando os principais fatores que influenciam a rotatividade, prevenindo saídas e sugerindo melhorias estratégicas.

A empresa [Nome da Empresa] conforme perfil em anexo [ANEXE DOCUMENTOS SOBRE A EMPRESA], busca entender os fatores que afetam a retenção e a rotatividade de funcionários, para implementar estratégias eficazes que melhorem a satisfação, o engajamento e a cultura organizacional.

Os dados fornecidos incluem: [ANEXAR ESTES DOCUMENTOS QUE POSSAM AJUDAR]

- *Histórico de saída de funcionários nos últimos 5 anos, detalhando motivos de desligamento e padrões observados.*
- *Indicadores de desempenho e feedbacks funcionais, fornecendo uma visão sobre a experiência dos colaboradores.*
- *Pesquisas de satisfação e clima organizacional, com insights sobre engajamento, cultura e desafios enfrentados.*

A análise deve abranger os seguintes aspectos:

1. *Identificação dos principais fatores que influenciam a rotatividade com base nos dados históricos.*
2. *Previsão de risco de saída dos funcionários atuais e recomendações para retenção.*
3. *Análise estrutural da gestão de pessoas, destacando pontos fortes, pontos de melhoria e aspectos críticos a serem aprimorados.*
4. *Aplicação da Teoria de Motivação Higiênica de Herzberg, para compreender os fatores que impactam satisfação e insatisfação no ambiente de trabalho.*

Traga, portanto, uma análise completa e detalhadas dos seguintes pontos:

1. *Identificação dos Fatores Mais Relevantes na Rotatividade*
   - *Análise quantitativa e qualitativa dos padrões de desligamento.*
   - *Identificação dos principais fatores internos e externos que levam à saída dos colaboradores.*
   - *Correlação entre os fatores de rotatividade e as tendências de mercado e benchmarking.*
   - *Segmentação por departamento, nível hierárquico e tempo de casa, para identificar padrões específicos.*
2. *Previsão de Risco de Saída dos Funcionários Atuais*
   - *Aplicação de modelos preditivos baseados nos dados fornecidos.*
   - *Identificação de colaboradores com maior risco de saída nos próximos 6 meses.*
   - *Análise de indicadores-chave, como desempenho, engajamento, absenteísmo e satisfação no trabalho.*
   - *Sugestão de ações estratégicas para retenção, incluindo:*
   - *Ajustes na política de reconhecimento e recompensas.*
   - *Programas de desenvolvimento de carreira.*
   - *Melhorias na comunicação interna e no suporte gerencial.*
3. *Análise Estrutural da Gestão e Desenvolvimento de Pessoa*

   Com base nos dados fornecidos nas questões 1 e 2, avalie a eficácia da atual estrutura de gestão de pessoas da empresa, identificando forças e fraquezas.

   3.1. *Principais pontos fortes e práticas funcionais*
   - *Quais políticas e estratégias estão funcionando bem para engajamento e retenção.*
   - *Diferenciais da empresa em relação ao mercado na gestão de talentos.*

   3.2. *Principais pontos fracos e práticas que não atingem seus objetivos*
   - *Identificação de falhas nos processos de liderança, comunicação, desenvolvimento e reconhecimento.*
   - *Áreas onde a empresa está perdendo talentos para concorrentes.*

   3.3. *Áreas que precisam de maior atenção no desenvolvimento comportamental e de competências*
   - *Habilidades e competências mais carentes entre os funcionários.*
   - *Sugestões para programas de capacitação e desenvolvimento contínuo.*

3.4. *Pontos críticos para o desenvolvimento de uma cultura organizacional voltada ao desempenho*

- *Ajustes necessários na gestão de metas e indicadores de performance.*
- *Estratégias para criar um ambiente de alta performance sustentável.*

3.5. *Pontos críticos para a construção de um clima organizacional voltado à inovação e estímulo à saúde mental*

- *Diagnóstico do nível atual de inovação na empresa.*
- *Impacto do clima organizacional na saúde mental dos colaboradores.*
- *Recomendações para melhorar o equilíbrio entre produtividade e bem-estar.*

4. *Aplicação da Teoria de Motivação Higiênica de Herzberg*

Analise a gestão de pessoas da empresa considerando a distinção entre fatores motivacionais (satisfação) e fatores higiênicos (prevenção da insatisfação).

4.1. *Fatores Motivacionais (Satisfação Intrínseca*

- *Grau de reconhecimento e valorização dos funcionários.*
- *Oportunidades de crescimento e realização profissional.*
- *Engajamento com os desafios e propósito do trabalho.*

4.2. *Fatores Higiênicos (Prevenção da Insatisfação)*

- *Condições de trabalho, remuneração e benefícios.*
- *Qualidade do relacionamento interpessoal e comunicação.*
- *Segurança no trabalho e estabilidade na carreira.*

Logo, interprete como esses fatores impactam a satisfação e retenção dos funcionários da empresa.

Por fim:

- *Apresente os resultados em um relatório estruturado, destacando as principais tendências e insights.*
- *Utilize tabelas comparativas para ilustrar os fatores que impactam a retenção e a rotatividade.*
- *Forneça um plano de ação detalhado, incluindo sugestões de melhorias para curto, médio e longo prazo.*
- *Proponha métricas e indicadores para monitoramento contínuo da retenção de talentos.*

Benefícios:

- **Previsão mais assertiva sobre rotatividade**, permitindo ações preventivas eficazes.
- **Maior retenção de talentos estratégicos**, reduzindo custos com desligamentos e novas contratações.
- **Melhoria na experiência do colaborador**, aumentando o engajamento e a produtividade.
- **Alinhamento entre gestão de pessoas e objetivos organizacionais**, garantindo crescimento sustentável.

9.3.2.10. ESTRATÉGIAS PARA PREVISÃO E ESTÍMULO AO ENGAJAMENTO DE FUNCIONÁRIOS

Engajamento e Motivação: Conceitos e Diferenças

A relação entre engajamento e motivação é fundamental para a compreensão do comportamento humano no ambiente organizacional. Embora frequentemente utilizados como sinônimos, esses conceitos apresentam distinções importantes. O engajamento refere-se ao nível de envolvimento ativo e emocional de um indivíduo com seu trabalho, enquanto a motivação está ligada às razões que impulsionam uma pessoa a agir.

1. O que É Engajamento?

O engajamento no trabalho é um estado psicológico caracterizado pela energia, dedicação e absorção em relação às atividades profissionais. Ele se manifesta quando os colaboradores demonstram entusiasmo, conexão emocional e comprometimento com suas tarefas e com a organização.

Na psicologia organizacional, o engajamento tem sido amplamente estudado como um fator determinante para o desempenho elevado, satisfação no trabalho e retenção de talentos. Empresas que fomentam ambientes de trabalho favoráveis ao engajamento tendem a apresentar menores taxas de turnover, maior produtividade e um clima organizacional mais positivo.

Aspectos Científicos

De acordo com Bakker e Demerouti (2008), o engajamento é um estado psicológico positivo e satisfatório relacionado ao trabalho, composto por três dimensões principais: vigor, dedicação e absorção. Esse conceito está fortemente vinculado ao **Modelo de Demandas e Recursos do Trabalho (JD-R Model, Job Demands-Resources Model)**, que explica que o engajamento se fortalece quando há um equilíbrio entre as demandas do trabalho (carga cognitiva, desafios e responsabilidades) e os recursos disponíveis (apoio da liderança, ferramentas adequadas, oportunidades de desenvolvimento e autonomia).

Estudos demonstram que trabalhadores engajados são mais resilientes, menos propensos ao esgotamento profissional (burnout) e contribuem ativamente para a inovação e o sucesso organizacional.

Elementos-chave do Engajamento

1. **Vigor:** Representa altos níveis de energia, resistência e disposição mental para enfrentar desafios profissionais. Trabalhadores vigorosos mostram entusiasmo e iniciativa na execução de suas funções.
2. **Dedicação:** Envolve um forte comprometimento emocional e cognitivo com o trabalho, acompanhado por sentimentos de significado, inspiração, orgulho e entusiasmo.
3. **Absorção:** Refere-se ao estado de concentração profunda e imersão nas tarefas, onde o indivíduo perde a noção do tempo e sente prazer no que faz.

Empresas que desejam promover o engajamento devem investir em um ambiente que equilibre desafios e suporte organizacional, garantindo que os colaboradores se sintam valorizados, capacitados e conectados com a missão e os valores corporativos.

2. O que É Motivação?

A motivação é um processo psicológico que explica por que as pessoas iniciam, sustentam ou interrompem determinados comportamentos. No contexto organizacional, ela está diretamente ligada à disposição de um indivíduo para realizar tarefas, atingir metas e buscar crescimento pessoal e profissional.

A motivação influencia o desempenho, a produtividade e a satisfação no trabalho, sendo um fator determinante para o sucesso de uma equipe ou organização. Sem motivação, mesmo um ambiente bem estruturado e repleto de recursos pode falhar em estimular seus colaboradores a se comprometerem com suas funções.

Aspectos Científicos

- Diferentes teorias explicam a motivação no trabalho, destacando fatores internos e externos que influenciam o comportamento humano:
- **Teoria da Autodeterminação (Deci & Ryan, 1985):** Propõe que a motivação pode ser intrínseca (quando uma pessoa se engaja em uma atividade por prazer ou interesse pessoal) ou extrínseca (quando a ação é guiada por recompensas externas, como salário ou benefícios).
- **Teoria da Hierarquia das Necessidades (Maslow, 1943):** Estabelece que os indivíduos são motivados por necessidades hierárquicas, indo desde as fisiológicas até as de autorrealização.
- **Teoria dos Dois Fatores (Herzberg, 1959):** Diferencia os fatores motivacionais (como reconhecimento e crescimento) dos fatores higiênicos (como salário e condições de trabalho), sugerindo que apenas os primeiros impulsionam a motivação real.

A motivação é um fenômeno dinâmico e pode variar ao longo do tempo, sendo influenciada por fatores individuais (como personalidade e experiências passadas) e contextuais (como cultura organizacional e estilo de liderança).

Elementos-chave da Motivação

1. **Motivação Intrínseca:** Origina-se do próprio indivíduo e está associada ao prazer de realizar uma atividade. Exemplo: um colaborador que busca desafios porque gosta de aprender e crescer profissionalmente.
2. **Motivação Extrínseca:** Depende de fatores externos, como recompensas, reconhecimento ou pressões sociais. Exemplo: um funcionário que trabalha arduamente para receber um bônus financeiro.
3. **Motivação por Propósito:** Conexão com um significado maior ou um impacto positivo. Exemplo: um profissional da saúde que se sente motivado pelo impacto que causa na vida das pessoas.

Empresas que desejam fomentar a motivação entre seus colaboradores devem compreender esses fatores e desenvolver estratégias que alinhem os objetivos organizacionais às necessidades e aspirações individuais dos funcionários.

Engajamento: O Cálculo de Recompensa em Tempo Real

O engajamento pode ser entendido como a resposta do cérebro ao **equilíbrio entre esforço e recompensa** no **momento presente**. Esse mecanismo é regulado principalmente pelo **sistema dopaminérgico**, que monitora o nível de gratificação enquanto a pessoa está realizando uma atividade.

Quando a atividade continua sendo **satisfatória, estimulante e percebida como valiosa**, o cérebro libera **dopamina**, reforçando a persistência e promovendo um estado de foco, energia e prazer.

Por outro lado, quando as **recompensas diminuem ou se tornam previsíveis**, a liberação de dopamina cai, reduzindo a excitação e levando à fadiga, tédio ou desinteresse.

Isso explica por que pessoas podem permanecer engajadas por longos períodos em atividades que oferecem um fluxo contínuo de gratificação (como videogames, esportes ou projetos intelectualmente desafiadores), mas rapidamente perdem o interesse quando as recompensas não são mais percebidas como suficientes.

Esse conceito está relacionado à **teoria da recompensa antecipada** (Schultz, 1998), que explica como o cérebro aprende a prever e buscar recompensas, ajustando o engajamento conforme os resultados esperados e percebidos ao longo do tempo.

Motivação: O Cálculo da Necessidade vs. Custo Energético

A motivação, por outro lado, envolve um **cálculo prospectivo**, ou seja, uma análise do **quanto vale a pena realizar algo em função da necessidade percebida**.

Esse processo é guiado por redes cerebrais que incluem:

- O **córtex pré-frontal**, que avalia os benefícios a longo prazo e os motivos racionais para agir.
- A **amígdala e o sistema límbico**, que regulam o valor emocional atribuído à necessidade.
- O **núcleo accumbens**, que sinaliza o grau de desejo por uma recompensa futura.
- Se a **necessidade percebida supera o custo energético**, o cérebro gera **motivos** para realizar a tarefa, ativando circuitos de decisão e ação.
- Se o **custo percebido é alto e a necessidade parece dispensável**, a tendência é evitar ou postergar a ação, a menos que existam pressões externas.

Esse mecanismo está relacionado à **Teoria da Expectativa de Vroom (1964)**, que explica que a motivação depende da expectativa de sucesso, do valor percebido da recompensa e da conexão entre esforço e resultado.

Resumo da Diferença Funcional

- **Engajamento** é um **cálculo em tempo real**, regulado pela dopamina, que monitora se a recompensa obtida durante a atividade justifica sua continuidade.
- **Motivação** é um **cálculo antecipado**, regulado por redes de decisão, que avalia se o esforço necessário vale a pena com base na urgência da necessidade.

Isso explica, por exemplo, por que uma pessoa pode **estar motivada, mas não engajada** (quando ela sente que precisa fazer algo, mas não encontra prazer imediato na atividade) ou **estar engajada, mas sem motivação maior** (quando algo é prazeroso, mas não necessariamente importante para seus objetivos de longo prazo).

– Prompt –

Você é um analista especializado em engajamento de colaboradores, comportamento organizacional e estratégias de retenção de talentos, com ampla experiência em diagnóstico e melhoria do engajamento dentro de empresas de diversos setores.

Seu objetivo é realizar uma análise detalhada e estruturada sobre o nível de engajamento dos funcionários, identificando os principais fatores que o influenciam e propondo estratégias para otimizá-lo.

A empresa [Nome da Empresa], através de seu perfil em anexo [INSIRA OS DOCUMENTOS RELACIONADOS AO NEGÓCIO], deseja avaliar e fortalecer o engajamento dos colaboradores, garantindo maior alinhamento entre os valores organizacionais e a motivação da equipe. Para isso, será necessário um estudo aprofundado sobre a cultura organizacional, ambiente de trabalho, liderança, desenvolvimento profissional, reconhecimento e disponibilização de recursos.

A análise deve abranger os seguintes aspectos:

1. *Cultura Organizacional: Como os valores e a missão da empresa estão alinhados às percepções dos colaboradores.*
2. *Ambiente de Trabalho: Avaliação do ambiente físico, emocional e das relações interpessoais.*
3. *Liderança: O impacto da gestão na motivação e no engajamento da equipe.*
4. *Crescimento e Desenvolvimento: Oportunidades de aprendizado e progressão de carreira.*
5. *Reconhecimento e Valorização: Sentimento de valorização e impacto das contribuições individuais.*
6. *Ferramentas e Recursos: Disponibilidade de estrutura adequada para a realização do trabalho.*

Faça, portanto:

1. *Cultura Organizacional*

   Analise como os valores e a missão da empresa impactam a percepção e engajamento dos colaboradores.

   1.1. *Elementos da Cultura que Promovem Engajamento*

   - *Identificação dos principais valores que motivam os funcionários.*
   - *Exemplos de boas práticas que reforçam a cultura organizacional.*

   1.2. *Áreas e Práticas que Precisam de Ajustes*

   - *Diagnóstico de desalinhamento entre os ideais da empresa e a percepção dos funcionários.*
   - *Propostas para fortalecer a comunicação e a vivência dos valores da organização.*

2. *Ambiente de Trabalho*

Avalie o impacto das condições de trabalho no engajamento e bem-estar dos colaboradores.

   2.1. *Percepção sobre o Ambiente Organizacional*

   - *O ambiente de trabalho é visto como acolhedor e colaborativo?*
   - *Análise de fatores que impulsionam ou prejudicam a motivação diária.*

   2.2. *Fatores Físicos e Comportamentais que Impactam o Engajamento*

   - *Diagnóstico de barreiras no ambiente físico e cultural da empresa.*
   - *Sugestões para tornar o espaço mais estimulante e produtivo.*

3. *Liderança*

   Explore o impacto da gestão na motivação e desempenho dos colaboradores.

   3.1. *Confiança, Clareza de Objetivos e Apoio ao Desenvolvimento*

   - *Como a liderança se comunica e motiva a equipe?*
   - *Principais desafios na relação entre líderes e liderados.*

   3.2. *Práticas de Liderança que Desmotivam e Estratégias para Corrigir Barreiras*

   - *Identificação de comportamentos de liderança que reduzem o engajamento.*
   - *Recomendações para tornar a gestão mais inspiradora e eficiente.*

4. *Crescimento e Desenvolvimento*

   Analise como a empresa promove oportunidades de aprendizado e progressão profissional.

   4.1. *Existência de Programas de Treinamento, Mentoria e Desafios Profissionais*

   - *Quais são as iniciativas da empresa e como os funcionários as percebem?*
   - *Taxas de participação e interesse nos programas de capacitação.*

4.2. *Clareza nas Oportunidades de Progressão de Carreira*

- *Os colaboradores enxergam um futuro promissor na empresa?*
- *Sugestões para melhorar a visibilidade das oportunidades de crescimento.*

5. *Reconhecimento e Valorização*

Verifique como os colaboradores percebem o impacto de seu trabalho e se sentem valorizados pela organização.

5.1. *Eficácia das Práticas de Reconhecimento*

- *A empresa possui um sistema claro de valorização e recompensa?*
- *Os funcionários se sentem reconhecidos de forma justa e meritocrática?*

5.2. *Sentimento de Impacto nas Contribuições Individuais*

- *Como os colaboradores percebem a influência de seu trabalho nos resultados organizacionais?*
- *Estratégias para fortalecer a percepção de pertencimento e relevância dentro da empresa.*

6. *Ferramentas e Recursos*

Identifique se a empresa oferece os recursos necessários para que os colaboradores desempenhem suas funções com eficiência.

6.1. *Suficiência dos Recursos e Estruturas Organizacionais*

- *O suporte técnico e estrutural é adequado para as demandas da equipe?*
- *Quais recursos poderiam ser aprimorados para melhorar o desempenho?*

6.2. *Otimização de Processos e Ferramentas*

- *Identificação de gargalos na estrutura atual.*
- *Sugestões de melhorias práticas para aumentar produtividade e engajamento.*

Por fim:

- *Apresente a análise em um relatório estruturado, detalhando cada critério.*
- *Inclua tabelas e gráficos comparativos para ilustrar tendências e oportunidades.*
- *Forneça sugestões estratégicas baseadas nos dados coletados, com foco em melhorias de curto, médio e longo prazo.*
- *Recomende métricas para monitoramento contínuo, permitindo ajustes e otimizações futuras.*

Benefícios:

- Melhoria no nível de engajamento organizacional, tornando a equipe mais produtiva e motivada.
- Maior alinhamento entre valores da empresa e expectativas dos colaboradores.
- Fortalecimento da liderança e desenvolvimento profissional dos funcionários.
- Redução da rotatividade e aumento da retenção de talentos.
- Ambiente de trabalho mais colaborativo, inovador e saudável.

9.3.3. DIREITO

- Leitura e interpretação automatizada de contratos e documentos jurídicos.
- Identificação de riscos regulatórios e conformidade com normas e leis.
- Sugestão de cláusulas e termos contratuais personalizados.

Exemplo: Um departamento jurídico usa o GPT para revisar contratos e apontar cláusulas críticas, reduzindo riscos e aumentando a agilidade nas negociações.

Apesar de serem muitos, conforme a classificação abaixo, é possível encontrar um GPT personalizado para cada caso como ppor exemplo os casos abaixo.

Aqui estão os melhores GPTs personalizados para cada segmento do Direito no Brasil, com links completos e verificados:

1. **Direito Público**

   Regula as relações entre o Estado e os indivíduos, além da organização e funcionamento das entidades públicas.

   1.1. **Direito Constitucional**

   - **Professor de Direito Constitucional**
   - **Criador:** Gleyvisson R A Lira
   - **Descrição:** Especialista em Direito Constitucional Brasileiro para preparação de concursos públicos.
   - **URL:** *https://chat.openai.com/g/g-bEgbyRv02*

   1.2. **Direito Administrativo**

   - **Mestre em Direito Administrativo**
   - **Criador:** ITALO LISBOA
   - **Descrição:** Perito em Direito Administrativo Brasileiro.

- **URL:** *https://chat.openai.com/g/g-kmObbUUNb*
- **Master Direito Adm. foco em Licitações e Contratos**
- **Criador:** Soraia C Chinarelli
- **Descrição:** Especialista em Direito Administrativo, com foco em licitações e contratos públicos.
- **URL:** *https://chat.openai.com/g/g-15UJQsl9U*

1.3. **Direito Penal**

- **Oráculo Jurídico Criminalista (Direito Penal)**
- **Criador:** Rafael Bittencourt
- **Descrição:** Assistente especializado em Direito Penal Brasileiro, auxiliando em defesa criminal, improbidade administrativa e investigações.
- **URL:** *https://chat.openai.com/g/g-plmFm8pks*

1.4. **Direito Tributário**

- **Assistente Tributário**
- **Criador:** Lucas Urdiales Moreira
- **Descrição:** Expert em leis e tributos da Receita Federal.
- **URL:** *https://chat.openai.com/g/g-ayE9nTD4P*

1.5. **Direito Financeiro**

- **Multilingual Financial and Legal Expert**
- **Criador:** Lauren K. Filer
- **Descrição:** Especialista em direito, finanças e seguros em 79 idiomas e moedas, garantindo confidencialidade e segurança de dados.
- **URL:** *https://chatgpt.com/g/g-w5Y7jyLh3-multilingual-financial-and-legal-expert*

1.6. **Direito Eleitoral**

- **Legis Expert Eleitoral**
- **Criador:** Ricardo N. Oliveira
- **Descrição:** Assistente jurídico especializado em direito eleitoral brasileiro.
- **URL:** *https://chatgpt.com/g/g-Q3hzRfgtD-legis-expert-eleitoral*

1.7. **Direito Internacional Público**

- **International Law Helper**
- **Criador:** menaexecutivetraining.com
- **Descrição:** Pergunte qualquer questão sobre direito Internacional
- **URL:** *https://chatgpt.com/g/g-qr4tc0sOl-international-law-helper*

2. **Direito Privado**

Regula as relações jurídicas entre particulares.

2.1. **Direito Civil**

- **Oráculo Jurídico Civilista (Direito Civil)**
- **Criador:** Rafael Bittencourt
- **Descrição:** Assistente jurídico digital em Direito Civil, com acesso à legislação e jurisprudências.
- **URL:** *https://chat.openai.com/g/g-6Nb7dkR4G*

2.2. **Direito Empresarial**

- **Corporate Law & Tax Breakdown Expert GPT**
- **Criador:** mallenkb.com
- **Descrição:** Análises detalhadas sobre direito empresarial e tributação global.
- **URL:** *https://chatgpt.com/g/g-YiRj5ktAB-corporate-law-tax-breakdown-expert-gpt*

2.3. **Direito do Consumidor**

- **Direito do Consumidor – Brasil**
- **Criador:** Alexandre A. Barbosa
- **Descrição:** Cobertura sobre telecomunicações, serviços bancários, comércio eletrônico, planos de saúde e mais.
- **URL:** *https://chat.openai.com/g/g-Y8cKqR9vO*

2.4. **Direito Internacional Privado**

- **International Law Advisor**
- **Criador:** Organizational.AI
- **Descrição:** Aconselha sobre questões jurídicas internacionais que afetam a organização.
- **URL:** *https://chatgpt.com/g/g-fjmuyqLVB-international-law-advisor*

3. **Direito Social**

Foca na proteção de grupos vulneráveis e regulamentação de direitos sociais.

3.1. **Direito do Trabalho**

- **Oráculo Trabalhista (Direito do Trabalho)**
- **Criador:** Rafael Bittencourt
- **Descrição:** Especialista em Direito do Trabalho, com orientações sobre contratos, negociações sindicais e processos trabalhistas.
- **URL:** *https://chat.openai.com/g/g-NG4ZSWbPm*

3.2. **Direito Previdenciário e Segurança Social**

- **Juris Previdência**
- **Criador:** Claudio L. Carvalho
- **Descrição:** Especialista em Direito Previdenciário com acesso à legislação relevante.
- **URL:** *https://chatgpt.com/g/g-Xkn5QVUYp-juris-previdencia*

3.3. **Direito Agrário**

- **Land Law**
- **Criador:** Jamie McNamara
- **Descrição:** Ajuda com o módulo de Direito Fundiário.
- **URL:** *https://chatgpt.com/g/g-aAFBMgnoj-land-law*

4. **Direito Difuso e Coletivo**

Foca na tutela de interesses que pertencem a uma coletividade.

4.1. **Direito Urbanístico**

- **Urban Planning & Development Advisor**
- **Criador:** community builder
- **Descrição:** Assessor de Planejamento Urbano e Desenvolvimento discutindo desenvolvimento sustentável e construção de comunidades.
- **URL:** *https://chatgpt.com/g/g-3OfySfYVt-urban-planning-development-advisor*

5. **Outras Classificações e Ramos Específicos**

Novas áreas surgem com o avanço da sociedade.

5.1. **Direito Digital**

- **JurisHand AI: Vade Mecum de Direito**
- **Criador:** Bruno Ducatti
- **Descrição:** Explora um extenso acervo de legislação e decisões judiciais, incluindo normas de direito digital.
- **URL:** *https://chat.openai.com/g/g-EJo5Q65qC*

5.2. **Direito Marítimo**

- **Maritime Law Navigator**
- **Criador:** John Harvey
- **Descrição:** Ajudando a Navegar pelo Direito Marítimo.
- **URL:** *https://chatgpt.com/g/g-6mg6aXikF-maritime-law-navigator*

5.3. **Direito Imobiliário**

ESPECIALISTA EM DIREITO IMOBILIÁRIO

- **Criador:** Por community builder
- **Descrição:** Especialista em direito imobiliário brasileiro, fornecendo aconselhamento jurídico detalhado.
- **URL:** *https://chatgpt.com/g/g-dkmZSSnLa-especialista-em-direito-i-mobiliario*

9.3.3.1. ANÁLISE DE CONTRATO E IDENTIFICAÇÃO DE RISCOS JURÍDICOS

– Prompt –

Você é um advogado altamente especializado em [INSIRA A ESPECIALIDADE], referência no campo do direito, com vasta experiência na análise e revisão de contratos, mitigação de riscos jurídicos e conformidade legal.

Seu objetivo é realizar uma avaliação detalhada do contrato em anexo, identificando cláusulas críticas que possam representar riscos jurídicos ou financeiros, além de sugerir reformulações para aumentar a segurança jurídica e garantir alinhamento com as melhores práticas do mercado e com a legislação vigente em [INSIRA O PAÍS/JURISDIÇÃO].

A empresa/cliente [Nome da Parte Interessada] deseja revisar um contrato para [INSIRA O OBJETIVO DO CONTRATO – ex: prestação de serviços, compra e venda, parceria comercial, fusão/aquisição], conforme documento anexo [DE UPLOAD NO CONTRATO].

A análise deve abordar:

- *Cláusulas críticas que possam representar riscos jurídicos, financeiros ou regulatórios.*
- *Inconsistências e ambiguidades que podem gerar disputas interpretativas.*
- *Cláusulas abusivas ou desproporcionais que possam prejudicar a parte interessada.*
- *Possíveis omissões que precisam ser corrigidas para evitar lacunas contratuais.*
- *Sugestões de reformulação, garantindo maior proteção jurídica e equidade entre as partes.*

1. *Identificação de Cláusulas Críticas e Riscos Jurídicos*

   Análise detalhada das cláusulas que podem comprometer a segurança jurídica e financeira da parte interessada.

   1.1. *Riscos Jurídicos Gerais*

   - *Cláusulas ambíguas ou contraditórias que podem gerar insegurança jurídica.*
   - *Falta de alinhamento com normas regulatórias ou jurisprudência recente.*

   1.2. *Riscos Financeiros e Comerciais*

   - *Penalidades excessivas ou desequilíbrio nas obrigações das partes.*
   - *Falta de previsibilidade sobre reajustes financeiros ou rescisões.*

   1.3. *Riscos Contratuais Relacionados a Prazos e Obrigações*

   - *Cláusulas que permitem rescisões unilaterais sem justificativa clara.*
   - *Indefinição de prazos ou falta de cronograma para cumprimento de obrigações.*

2. *Identificação de Inconsistências e Ambiguidades*

Trechos do contrato que apresentam interpretações dúbias ou falhas na redação jurídica.

2.1. *Ambiguidades Textuais*

- *Expressões vagas que podem gerar disputas interpretativas.*
- *Uso impreciso de termos jurídicos essenciais ao contrato.*

2.2. *Cláusulas Redundantes ou Contraditórias*

- *Seções do contrato que se sobrepõem ou entram em conflito entre si.*
- *Contradições entre disposições principais e anexos/termos adicionais.*

3. *Identificação de Cláusulas Abusivas e Práticas Desproporcionais*

Cláusulas que podem ser interpretadas como abusivas ou gerar desequilíbrio entre as partes.

3.1. *Condições que Impõem Obrigações Excessivas*

- *Exigências desproporcionais a uma das partes sem contrapartida equivalente.*
- *Cláusulas de exclusividade ou confidencialidade excessivamente amplas.*

3.2. *Limitações Excessivas de Responsabilidade*

- *Disposições que isentam uma parte de responsabilidade sem justificativa legal.*
- *Transferência indevida de riscos para a parte contratante.*

3.3. *Penalidades e Multas Desproporcionais*

- *Multas excessivas em caso de inadimplência ou rescisão contratual.*
- *Falta de um critério razoável para aplicação de sanções.*

4. *Identificação de Omissões e Pontos de Atenção*

Aspectos ausentes no contrato que podem comprometer a proteção da parte interessada.

4.1. *Definição Clara de Obrigações e Direitos*

- *Omissão de cláusulas que garantam direitos básicos da parte contratante.*
- *Ausência de garantias mínimas para a execução do contrato.*

4.2. *Condições de Rescisão e Encerramento*

- *O contrato não prevê critérios claros para rescisão amigável ou por justa causa.*
- *Necessidade de incluir cláusulas de indenização em caso de descumprimento.*

4.3. *Proteção de Dados e Compliance*

- *Cláusulas de proteção de dados alinhadas às legislações vigentes (ex: GDPR, LGPD).*
- *Omissão de termos de conformidade regulatória aplicáveis ao setor.*

5. *Sugestões de Reformulação e Melhoria*

Reformulações para aumentar a segurança jurídica e alinhamento com as melhores práticas do mercado.

5.1. *Ajustes para Maior Clareza e Segurança*

- *Revisão da redação para evitar ambiguidades e garantir maior previsibilidade contratual.*
- *Inclusão de definições mais precisas para evitar interpretações subjetivas.*

5.2. *Reequilíbrio de Obrigações e Penalidades*

- *Sugestão de cláusulas que garantam proporcionalidade entre deveres e sanções.*
- *Reformulação de disposições que possam gerar vulnerabilidades jurídicas.*

5.3. *Inserção de Garantias Adicionais*

- *Inclusão de cláusulas que protejam a parte contratante contra riscos imprevistos.*
- *Sugestão de mecanismos de solução de conflitos mais favoráveis (ex: mediação ou arbitragem).*

Traga, portanto:

- *Apresente a análise em formato de relatório jurídico estruturado, listando os pontos críticos e sugestões de reformulação.*
- *Utilize marcações e referências diretas ao contrato, garantindo clareza na revisão.*
- *Forneça modelos de cláusulas revisadas, propondo textos alternativos para melhoria contratual.*
- *Inclua um checklist final com os pontos essenciais para a segurança jurídica da parte interessada.*

Benefícios:

- **Maior segurança jurídica**, prevenindo riscos de litígios e disputas contratuais.
- **Reequilíbrio das obrigações entre as partes**, garantindo um contrato mais justo e transparente.
- **Adequação do contrato às melhores práticas e conformidade legal**, mitigando riscos financeiros e regulatórios.
- **Melhoria na clareza e previsibilidade do contrato**, reduzindo ambiguidades que possam prejudicar sua execução.

9.3.3.2. EXPLICAÇÃO DE TERMOS JURÍDICOS COMPLEXOS

Problema: Advogados frequentemente precisam traduzir conceitos jurídicos técnicos para clientes leigos, o que pode consumir tempo e gerar mal-entendidos.

Solução com IA:

- O ChatGPT pode traduzir linguagem jurídica para termos mais acessíveis, garantindo que os clientes compreendam melhor seus direitos e deveres.
- Pode gerar explicações adaptadas ao perfil do cliente, ajustando a linguagem conforme necessário.
- Permite respostas instantâneas, liberando tempo do advogado para focar em atividades mais estratégicas.

Vantagem principal: Maior eficiência na comunicação com clientes, reduzindo tempo gasto explicando conceitos básicos.

- Prompt -

Atue como um reconhecido professor Jurista.

Explique o conceito de [termo jurídico] de forma simples e acessível para um cliente leigo.

Use exemplos práticos para ilustrar o significado.

Caso necessário, faça analogias para tornar a explicação mais clara.

Benefícios:

- **Redução do tempo gasto explicando termos básicos**, permitindo que o advogado foque em estratégias jurídicas mais complexas.
- **Maior clareza na comunicação**, prevenindo dúvidas e mal-entendidos com os clientes.
- **Aumento da confiança do cliente**, que se sente mais seguro e informado sobre seus direitos e deveres.
- **Melhoria no relacionamento advogado-cliente**, tornando a assessoria jurídica mais acessível e eficiente.

Nota: Uma ótima forma de utilizar o Chat é dar upload do documento, seja uma inicial ou um processo e pedir para que ele leia o arquivo e explique de forma mais amigável o que está escrito.

- Prompt -

O arquivo em anexo, é um [IDENTIFIQUE O ARQUIVO], peça de uma ação do contexto [EXPLIQUE O CONTEXTO].

Peço que explique o que este arquivo quer dizer em uma linguagem leiga e amigável, seus pedidos, pontos de maior atenção e fatos mais relevantes.

A partir do momento que você da upload de um arquivo, você pode seguir questionando sobre ele, e, inclusive, discutindo termos e possibilidades sobre este documento, é mesmo como se você estivesse conversando com seu advogado.

9.3.3.3. GERENCIAMENTO DE EXPECTATIVAS DO CLIENTE EM PROCESSOS JURÍDICOS

O gerenciamento de expectativas do cliente em processos jurídicos é um elemento essencial para garantir transparência, confiança e satisfação na relação entre advogado e cliente. Dada a complexidade do sistema jurídico, muitos clientes possuem percepções equivocadas sobre prazos, decisões judiciais e resultados possíveis, o que pode gerar frustração e descontentamento caso suas expectativas não sejam bem alinhadas desde o início.

O advogado, como gestor da experiência jurídica do cliente, deve comunicar-se de forma clara, educativa e estratégica, explicando possíveis cenários, riscos, prazos realistas e variáveis que podem impactar o andamento do processo. Esse alinhamento contribui para a redução da ansiedade do cliente e fortalece a relação de confiança, evitando mal-entendidos que possam comprometer a percepção do serviço jurídico prestado.

Vantagens do Gerenciamento Eficiente de Expectativas no Direito:

- Evita frustrações e desentendimentos entre advogado e cliente
- Melhora a transparência no relacionamento e na prestação do serviço jurídico
- Fortalece a confiança e fidelização do cliente ao longo do processo
- Reduz o número de cobranças excessivas sobre prazos e desfechos
- Garante que o cliente compreenda os riscos e limites da atuação jurídica

Esse gerenciamento deve ser contínuo, ocorrendo em todas as fases do processo, desde a consulta inicial, passando pelo desenvolvimento da ação e até a finalização do caso, para que o cliente compreenda não apenas seus direitos, mas também as limitações do contexto legal.

Por fim, o gerenciamento de expectativas jurídicas é uma ferramenta essencial para a comunicação estratégica entre advogado e cliente, garantindo previsibilidade, segurança e satisfação na experiência jurídica.

- Prompt -

Você é um advogado altamente qualificado, especialista em [INSIRA A ÁREA DO DIREITO], com vasta experiência em análise de casos, precedentes jurídicos e gerenciamento de expectativas de clientes.

Seu objetivo é fornecer uma explicação detalhada e realista sobre os possíveis desfechos do caso de [INSIRA A DESCRIÇÃO DO CASO] e anexe os documentos relativos ao caso, destacando os fatores que podem influenciar a decisão e a probabilidade de sucesso com base em jurisprudências e precedentes recentes.

O cliente busca entender as possíveis resoluções do seu caso e deseja uma análise clara, objetiva e baseada em fundamentos legais para tomar decisões informadas.

A resposta deve considerar:

- *Os possíveis desfechos do caso, com explicação detalhada de cada cenário.*
- *Os fatores que podem influenciar a decisão, incluindo provas, argumentos jurídicos e posicionamento do tribunal.*
- *Jurisprudência e precedentes recentes, fornecendo embasamento jurídico sólido.*
- *A probabilidade de sucesso, considerando os elementos do caso e decisões anteriores sobre temas semelhantes.*

Traga, portanto:

Análise técnica do Caso conforme parâmetros abaixo:

1. *Possíveis Desfechos e Implicações Jurídicas*
    - *Cenário 1: Explicação do melhor desfecho possível, incluindo fundamentação legal.*
    - *Cenário 2: Explicação de um desfecho intermediário, abordando riscos e oportunidades.*
    - *Cenário 3: Explicação do pior cenário e medidas para minimizar impactos negativos.*
2. *Fatores que Podem Influenciar a Decisão*
    - *Força das provas e documentos apresentados.*
    - *Posicionamento das partes envolvidas e seus argumentos jurídicos.*
    - *Tendências recentes do judiciário em casos semelhantes.*
    - *Possíveis interpretações legais e impacto das normas aplicáveis.*

3. *Jurisprudência e Precedentes Recente*
   - *Decisões judiciais relevantes sobre casos similares.*
   - *Análise de como os tribunais vêm interpretando esse tipo de demanda.*
   - *Impacto de mudanças na legislação ou novos entendimentos dos tribunais superiores.*
4. *Probabilidade de Sucesso e Estratégias para Maximizar as Chances*
   - *Estimativa realista das chances de êxito com base na análise do caso.*
   - *Recomendações estratégicas para fortalecer os argumentos jurídicos.*
   - *Alternativas possíveis para minimizar riscos e alcançar um acordo favorável.*

Por fim:

- *Apresente os desfechos de forma estruturada, permitindo que o cliente compreenda cada possibilidade.*
- *Utilize linguagem acessível, explicando termos técnicos quando necessário.*
- *Inclua referências a jurisprudências e decisões judiciais relevantes, tornando a análise mais fundamentada.*
- *Forneça recomendações práticas, permitindo que o cliente visualize seus próximos passos com clareza.*

Ao final apresente:

1. *As probabilidades de ganho ou perda em cada cenário.*
2. *Qual a probabilidade de acontecer um cenário a outro conforme análise do conjunto de informações.*

Apresente ao final um resumo em uma tabela, incluindo possíveis elementos de defesa e elementos que possam ser apresentados pela outra parte que mudariam o cenário a favor deles.

Este prompt é interessante pois o chat pode sugerir diversas opções e formas de alterar as chances de vitória, algumas você já deve ter outras ainda não, mas na medida que você vai abastecendo o modelo com feedbacks a relação dos cenários também vai alterando, de modo que, ajuda muito a trabalhar prioridades e pesos das abordagens em cada caso.

Problema:

Clientes frequentemente têm expectativas irreais sobre processos jurídicos e resultados, o que pode levar a frustrações e insatisfação.

Solução com IA:

- O modelo pode explicar cenários prováveis com base em precedentes jurídicos e probabilidades de sucesso.
- Pode estruturar um documento padrão com previsões para que o cliente entenda os possíveis desfechos do caso.
- Ajuda a educar o cliente, reduzindo conflitos e insatisfação.
- E principalmente o ajuda a compreender o caso conforme suas próprias demandas e questões.

Benefícios:

- **Gestão eficiente das expectativas do cliente**, evitando frustrações e inseguranças desnecessárias.
- **Maior transparência na relação advogado-cliente**, garantindo que o cliente compreenda os riscos e oportunidades do caso.
- **Tomada de decisão mais informada**, com base em argumentos jurídicos bem embasados.
- **Melhor preparação para audiência, negociação ou defesa do caso**, aumentando as chances de um resultado favorável.

Neste caso, em uma reunião inicial, uma rápida simulação poderia ser feita de forma a apresentar o cenário a um cliente, antes mesmo de iniciar um processo, e usar o próprio chat, sob a orientação do advogado, para construir hipóteses sobre determinado caso.

9.3.3.4. ELABORAÇÃO DE CONTRATOS COMPLEXOS COM SEGURANÇA JURÍDICA

A redação de contratos é um processo demorado, e erros podem gerar riscos jurídicos significativos.

Solução com IA:

- O ChatGPT pode gerar um modelo de contrato rapidamente, ajustando cláusulas conforme a necessidade.
- Identifica lacunas e inconsistências, ajudando a prevenir litígios futuros.
- Permite a personalização de contratos padrão, economizando tempo sem comprometer a qualidade.
- Permite utilizar exemplos ou modelos de contratos já funcionais.

Vantagem principal:

Redução de tempo na elaboração de contratos e menor risco de erros, aumentando a segurança jurídica.

- Prompt -

Você é um advogado especializado em Direito Contratual, com ampla experiência na elaboração de contratos complexos e na mitigação de riscos jurídicos.

Seu objetivo é gerar um modelo de contrato personalizado para [INSIRA O TIPO DO CONTRATO] entre [INSIRA AS PARTES ENVOLVIDAS], garantindo que ele seja claro, preciso e juridicamente seguro, alinhado à legislação aplicável em [INSIRA O PAÍS/JURISDIÇÃO].

A elaboração de contratos exige clareza na redação, estruturação adequada e segurança jurídica, evitando ambiguidades ou cláusulas que possam gerar litígios.

O contrato deve incluir:

- *Cláusulas essenciais, como objeto, prazo, valores, responsabilidades, direitos e deveres das partes, rescisão e penalidades.*
- *Adequação à legislação vigente, garantindo conformidade legal e minimizando riscos futuros.*
- *Possibilidade de personalização, permitindo ajustes conforme as necessidades específicas das partes envolvidas.*
- *Revisão para identificação de lacunas e inconsistências, prevenindo problemas jurídicos.*

Traga, portanto:

Modelo de Contrato: [INSIRA O TIPO DO CONTRATO]

1. *Cláusula de Objeto*
    - *Definição clara do propósito e da natureza do contrato.*
    - *Escopo detalhado das obrigações e direitos das partes.*
2. *Cláusula de Prazo e Vigência*
    - *Definição da duração do contrato e condições para renovação.*
    - *Critérios para prorrogação ou encerramento automático.*
3. *Cláusula de Valores e Condições de Pagamento*
    - *Definição do valor, forma de pagamento e eventuais reajustes.*
    - *Estipulação de juros ou penalidades por atraso.*

4. *Cláusula de Responsabilidades das Partes*
    - *Especificação das obrigações individuais de cada parte.*
    - *Definição de prazos e critérios de execução contratual.*
5. *Cláusula de Rescisão e Penalidades*
    - *Condições para rescisão unilateral e bilateral.*
    - *Definição de multas e penalidades por descumprimento.*
6. *Cláusula de Sigilo e Confidencialidade (Se Aplicável)*
    - *Proteção de informações sensíveis e dados estratégicos.*
    - *Definição de responsabilidades em caso de vazamento de informações.*
7. *Cláusula de Solução de Conflitos*
    - *Indicação do foro competente para disputas.*
    - *Alternativas como mediação ou arbitragem, se aplicável.*
8. *Cláusula de Disposições Gerais*
    - *Estabelecimento de regras complementares e declarações das partes.*
    - *Inclusão de regras de cessão de direitos, caso necessário.*

Por fim:

- *Apresente o contrato de forma estruturada, com cláusulas numeradas e bem definidas.*
- *Utilize linguagem técnica, mas acessível, garantindo clareza na interpretação.*
- *Adapte o conteúdo conforme a legislação vigente, incluindo menção a normas aplicáveis.*
- *Permita personalização, com campos editáveis para ajustes específicos das partes.*

Benefícios:

- **Redução do tempo na elaboração de contratos**, mantendo a qualidade e precisão jurídica.
- **Minimização de riscos jurídicos**, prevenindo lacunas e inconsistências.
- **Maior segurança e clareza na relação entre as partes**, reduzindo ambiguidades.
- **Facilidade de adaptação para contratos futuros**, promovendo eficiência na gestão contratual.

9.3.3.5. SUGESTÕES DE ARGUMENTOS JURÍDICOS PARA CASOS ESPECÍFICOS

Problema:

Construir argumentos sólidos exige pesquisa aprofundada, consumo de tempo e análise de jurisprudência.

Solução com IA:

- O modelo pode gerar argumentos jurídicos iniciais com base na legislação e jurisprudência relevante.
- Auxilia na antecipação de contra-argumentos, permitindo um planejamento estratégico mais eficaz.
- Reduz o tempo gasto em pesquisa, fornecendo insights instantâneos.

Vantagem principal:

Apoia a construção de teses jurídicas fortes e bem embasadas, otimizando a defesa do cliente.

- Prompt -

Você é um advogado altamente especializado em [INSIRA A ÁREA DO DIREITO], com vasta experiência na elaboração de teses jurídicas, pesquisa doutrinária e jurisprudencial, e construção de estratégias para defesa e argumentação em litígios.

Seu objetivo é analisar o caso em anexo e fornecer argumentos jurídicos sólidos, embasados em legislação, doutrina e jurisprudência relevante, antecipando possíveis contra-argumentos da parte adversa e sugerindo estratégias eficazes para refutá-los.

A parte interessada busca fortalecer sua argumentação jurídica, tornando sua tese mais robusta e bem fundamentada.

Para isso, a análise deve incluir:

- *Identificação dos principais fundamentos jurídicos aplicáveis ao caso.*
- *Pesquisa de jurisprudências e precedentes relevantes para embasar a argumentação.*
- *Antecipação de possíveis contra-argumentos da parte adversa e elaboração de refutações estratégicas.*
- *Sugestões para aprimoramento da linha argumentativa e reforço da tese jurídica.*

Traga, portanto:

Análise do Caso: [INSIRA O NOME OU RESUMO DO CASO]

1. *Argumentos Jurídicos Principais*
   - *Fundamentos legais aplicáveis com referência à legislação vigente.*
   - *Princípios jurídicos que sustentam a tese da parte interessada.*
   - *Doutrina relevante que fortalece a linha argumentativa.*
   - *Exemplos de casos semelhantes e sua aplicação ao caso concreto.*
2. *Jurisprudências e Precedentes Relevantes*
   - *Decisões judiciais aplicáveis ao tema em questão.*
   - *Tese predominante nos tribunais sobre a matéria discutida.*
   - *Posicionamento de instâncias superiores e sua influência no desfecho do caso.*
3. *Possíveis Contra-argumentos da Parte Adversa*
   - *Análise dos principais argumentos que podem ser utilizados contra a tese defendida.*
   - *Base legal e precedentes que podem favorecer a outra parte.*
   - *Vulnerabilidades na argumentação e possíveis pontos de ataque da parte contrária.*
4. *Estratégias para Refutação e Fortalecimento da Defesa*
   - *Contra-argumentos fundamentados para desmontar a tese adversária.*
   - *Ampliação de pontos favoráveis à parte interessada, explorando lacunas na argumentação contrária.*
   - *Sugestão de estratégias retóricas e jurídicas para reforçar a credibilidade dos argumentos.*
5. *Recomendação Final e Ação Estratégica*
   - *Ajustes na argumentação para aumentar a solidez jurídica.*
   - *Estratégias processuais que podem ser utilizadas para potencializar a defesa.*
   - *Sugestões para embasamento adicional e aprofundamento da tese apresentada.*

Por fim, traga:

- *Apresente os argumentos de forma estruturada, facilitando sua aplicação em petições e audiências.*
- *Utilize referências diretas à legislação e jurisprudências relevantes, garantindo embasamento sólido.*
- *Destaque pontos de atenção e estratégias de defesa, prevenindo fragilidades na argumentação.*
- *Forneça uma visão tática do caso, preparando o advogado para lidar com desafios processuais.*

Benefícios:

- **Redução do tempo na construção de teses jurídicas**, permitindo foco em estratégias de defesa.
- **Fortalecimento da argumentação**, aumentando as chances de sucesso no caso.
- **Antecipação de contra-argumentos**, garantindo preparação estratégica mais eficaz.
- **Base jurídica sólida e bem fundamentada**, com respaldo em jurisprudência e doutrina.

9.3.3.6. SUGESTÃO DE MELHORIAS EM CONTRATOS DE COMPLIANCE

Problema:

Empresas precisam garantir que seus contratos estejam em conformidade com legislações em constante mudança, como a LGPD.

Solução com IA:

- A IA pode analisar contratos existentes e sugerir ajustes para garantir conformidade com normas atualizadas.
- Identifica cláusulas problemáticas e sugere reformulações com base nas melhores práticas de compliance.
- Reduz a necessidade de revisões manuais extensas, economizando tempo do advogado.

Vantagem principal:

Maior segurança jurídica e conformidade com regulamentações, reduzindo riscos para os clientes corporativos.

– Prompt –

Você é um advogado especializado em Direito Empresarial e Compliance, com vasta experiência na análise e revisão de contratos corporativos para garantir conformidade com legislações vigentes e melhores práticas regulatórias.

Seu objetivo é avaliar o contrato de compliance em anexo e sugerir melhorias para garantir maior segurança jurídica e alinhamento com a legislação aplicável, especialmente em relação a [INSIRA O TEMA ESPECÍFICO: ex. LGPD, Anticorrupção, Trabalhista].

Empresas precisam manter seus contratos atualizados e alinhados às normativas regulatórias, evitando riscos financeiros, jurídicos e operacionais.

A análise deve:

- *Avaliar o nível de conformidade do contrato com a legislação vigente.*
- *Identificar cláusulas problemáticas que possam gerar vulnerabilidades legais.*
- *Propor ajustes e reformulações para fortalecer a proteção jurídica da empresa.*
- *Sugerir melhores práticas para reduzir riscos e garantir segurança no cumprimento das obrigações contratuais.*

Traga, portanto:

Análise do Contrato: [INSIRA O NOME OU DESCRIÇÃO DO CONTRATO]

1. *Identificação de Riscos e Cláusulas Críticas*
    - *Mapeamento de pontos que podem gerar insegurança jurídica.*
    - *Análise de cláusulas que estão desatualizadas ou desalinhadas com normativas recentes.*
    - *Indicação de possíveis lacunas contratuais que precisam ser corrigidas.*
2. *Avaliação de Conformidade com a Legislação Vigente*
    - *Verificação da aderência do contrato às exigências da [INSIRA O MARCO REGULATÓRIO – ex. LGPD, FCPA, ISO 37301].*
    - *Identificação de pontos que precisam de adequação para evitar sanções ou penalidades.*
3. *Sugestões de Reformulação para Maior Segurança Jurídica*
    - *Revisão de cláusulas de responsabilidade e penalidades para alinhamento com práticas de mercado.*
    - *Reformulação de obrigações contratuais e deveres das partes para maior clareza e previsibilidade.*
    - *Inclusão de mecanismos de auditoria e monitoramento, garantindo um compliance mais efetivo.*

4. *Propostas para Redução de Riscos Operacionais e Regulatórios*
    - *Inserção de cláusulas específicas de conformidade, como proteção de dados, governança corporativa e anticorrupção.*
    - *Sugestões para melhoria na governança contratual, estabelecendo regras mais rígidas de execução e fiscalização.*
    - *Implementação de mecanismos de due diligence, prevenindo exposição a riscos de terceiros.*
5. *Ajustes Estratégicos para Prevenção de Litígios*
    - *Sugestão de mecanismos alternativos de resolução de disputas, como mediação e arbitragem.*
    - *Reforço das cláusulas de confidencialidade e sigilo, protegendo informações sensíveis da empresa.*

Por fim:

- *Apresente a análise em formato estruturado, dividindo cada aspecto crítico do contrato.*
- *Utilize marcações diretas nas cláusulas, apontando onde há riscos e onde melhorias são recomendadas.*
- *Forneça exemplos de reformulações, garantindo que o cliente possa implementar as mudanças de forma eficiente.*
- *Sugira boas práticas de compliance, alinhadas a padrões globais e recomendações de auditorias regulatórias.*

Exemplo de aplicação:

Analise este contrato de compliance de uma empresa de tecnologia e sugira melhorias para garantir conformidade com a LGPD, minimizando riscos relacionados ao tratamento de dados pessoais.

Benefícios:

- **Maior segurança jurídica para a empresa**, reduzindo vulnerabilidades e exposição a riscos regulatórios.
- **Alinhamento do contrato com legislações atualizadas**, garantindo conformidade e evitando penalidades.
- **Redução da probabilidade de litígios**, prevenindo conflitos contratuais e responsabilidades mal definidas.
- **Maior eficiência na governança corporativa**, permitindo que a empresa demonstre comprometimento com compliance.

9.3.3.7. GESTÃO FINANCEIRA E PRECIFICAÇÃO DE HONORÁRIOS ADVOCATÍCIOS

Problema:

Definir o valor adequado de honorários pode ser desafiador, exigindo análise de fatores como complexidade do caso, tabela da OAB e tempo estimado.

Solução com IA:

- A IA pode calcular diferentes metodologias de precificação, ajudando o advogado a tomar decisões mais informadas.
- Permite comparar preços com benchmarking de mercado, garantindo que os honorários sejam competitivos.
- Ajuda a prever a rentabilidade de cada caso, auxiliando na gestão financeira do escritório.

Vantagem principal:

Precificação mais estratégica e embasada, maximizando lucros e garantindo justiça na cobrança dos honorários.

– Prompt –

Você é um especialista em gestão financeira para escritórios de advocacia, com profundo conhecimento em precificação estratégica de honorários, benchmarking de mercado e rentabilidade de serviços jurídicos.

Seu objetivo é calcular o valor ideal de honorários advocatícios para um caso de [INSIRA O TIPO DE AÇÃO], garantindo que o preço seja justo, competitivo e rentável, considerando diferentes metodologias de precificação.

A definição de honorários advocatícios precisa levar em conta múltiplos fatores, como:

- *Complexidade do caso e especialização necessária.*
- *Tempo estimado de dedicação do advogado e equipe.*
- *Despesas processuais e operacionais envolvidas.*
- *Tabela de honorários da OAB na região [INSIRA CIDADE/ESTADO].*
- *Jurisprudência e benchmarking de mercado, garantindo um valor alinhado às práticas da concorrência.*
- *Diferentes metodologias de precificação, incluindo:*

1. Horas trabalhadas (precificação baseada no tempo de dedicação ao caso).
2. Tabela da OAB (valores mínimos recomendados pela ordem dos advogados).
3. Percentual sobre benefício econômico (cobrança proporcional ao valor da causa ou ao ganho do cliente).

Traga, portanto:

Cálculo de Honorários para o Caso: [INSIRA O TIPO DE AÇÃO]

4. Definição de Fatores Essenciais para Precificação
    - Complexidade do caso e grau de especialização exigido.
    - Estimativa de tempo de dedicação para análise, peticionamento, audiências e negociações.
    - Custos diretos e indiretos envolvidos na condução do processo.
    - Riscos e responsabilidades assumidas pelo advogado.
5. Cálculo do Honorário com Diferentes Metodologias
    - Comparação entre os três principais métodos de precificação.

    5.1. Precificação por Horas Trabalhadas
        - Estimativa de horas necessárias para o caso.
        - Multiplicação pelo valor da hora advocatícia, considerando o nível de experiência.
        - Cálculo do impacto da variação no tempo de dedicação na rentabilidade do serviço.

    5.2. Precificação com Base na Tabela da OAB
        - Verificação dos valores mínimos estabelecidos para o tipo de ação.
        - Ajuste para garantir competitividade e valorização da especialização.

    5.3. Precificação por Percentual sobre Benefício Econômico
        - Definição do percentual baseado em práticas de mercado.
        - Simulação de cenários considerando valores estimados do benefício econômico para o cliente.
6. Comparação e Análise de Rentabilidade
    - Qual metodologia oferece maior segurança financeira para o escritório?
    - Qual modelo é mais atrativo para o cliente, sem comprometer a sustentabilidade financeira?
    - Como equilibrar um preço competitivo sem desvalorizar o trabalho jurídico?

7. *Sugestão de Estratégia de Precificação Personalizada*

  - *Ajuste da metodologia de precificação com base no perfil do cliente e na recorrência dos serviços.*
  - *Consideração de honorários iniciais versus êxito, quando aplicável.*
  - *Sugestão de formas de parcelamento ou pagamento para maior acessibilidade do cliente sem comprometer a liquidez do escritório.*

Por fim:

- *Apresente os cálculos comparativos de forma clara e organizada, permitindo análise estratégica.*
- *Utilize tabelas de comparação, facilitando a visualização dos valores por metodologia.*
- *Forneça insights sobre a melhor estratégia de precificação, garantindo equilíbrio entre competitividade e rentabilidade.*
- *Adapte a recomendação à realidade do escritório, considerando nicho de atuação, tipo de cliente e práticas concorrenciais.*

Benefícios:

- **Definição mais estratégica e rentável dos honorários**, evitando subprecificação.
- **Maior previsibilidade financeira para o escritório**, garantindo sustentabilidade.
- **Competitividade no mercado jurídico**, alinhando valores a benchmarks regionais.
- **Maior transparência e segurança para o cliente**, fortalecendo a relação de confiança.

Conclusão

Esses prompts podem ser usados para automatizar, acelerar e aprimorar a prática jurídica, garantindo maior precisão nas respostas e maior eficiência no atendimento aos clientes. A IA pode ser um aliado estratégico para advogados, ajudando na gestão do tempo, análise de riscos e elaboração de documentos jurídicos de alta qualidade.

9.3.4. MARKETING

- Geração automática de conteúdo para blogs, redes sociais e campanhas de e-mail marketing.
- Análise preditiva para identificação de tendências e segmentação de público.
- Automação de respostas personalizadas para qualificação de leads.

Exemplo: Uma agência de marketing digital usa o GPT para criar conteúdo otimizado para SEO, aumentando a visibilidade online de seus clientes.

- Prompt -

Atue como um mestre nos campos da comunicação e persuasão e escreva um e-mail que servirá de padrão para que me apresente como uma solução como professor de Neurociências e Inteligência Artificial para universidades. Personalizo o conteúdo para qualquer campo do saber. Dou aulas em Inglês e português. Remotamente ou presencial. Sou doutor em ciências da comunicação, mestre em desenvolvimento de equipes de alta performance, e já trabalho como professor e consultor a mais de 20 anos.

Caso queiram mais informações, respondam este e-mail que mando meu portfolio de formações e palestras.

Assine com meu nome e Instagram.

Prof. Alexandre Rodrigues - @neuroexpert

9.3.4.1. PLANO DE MARKETING DIGITAL: PESQUISA DE PÚBLICO E ESTRATÉGIA DE CONTEÚDO

Um Plano de Marketing Digital bem estruturado é essencial para garantir a comunicação eficaz entre uma marca e seu público-alvo. Dentro desse plano, dois pilares fundamentais são a pesquisa de público e a estratégia de conteúdo, que permitem criar campanhas personalizadas, atrair clientes qualificados e aumentar o engajamento da audiência.

A pesquisa de público envolve a análise detalhada do comportamento do consumidor, preferências, dores, desafios e motivações de compra. Esse processo permite segmentar a audiência de forma precisa e definir mensagens que ressoem com cada perfil.

Já a estratégia de conteúdo é a aplicação prática dessas informações para a criação de materiais que eduquem, engajem e convertam leads em clientes. Um bom plano de conteúdo não apenas informa, mas também constrói autoridade, gera confiança e estabelece um relacionamento duradouro com a audiência.

Vantagens de um Plano de Marketing Digital Baseado em Pesquisa de Público e Conteúdo Estratégico

- Garante que o conteúdo seja relevante e direcionado ao público certo.
- Aumenta a taxa de engajamento e interação com a marca.
- Melhora a conversão ao alinhar as mensagens às dores e necessidades da audiência.
- Otimiza investimentos em mídia paga, reduzindo desperdício de recursos.
- Fortalece a presença digital da marca e constrói autoridade no nicho de mercado.

Empresas que utilizam pesquisa de público e estratégias de conteúdo baseadas em dados têm maior previsibilidade de resultados e podem ajustar suas ações continuamente para obter maior retorno sobre investimento (ROI).

A construção de um Plano de Marketing Digital com base em uma pesquisa aprofundada de público e um planejamento de conteúdo estratégico é essencial para criar campanhas assertivas, engajar a audiência e impulsionar as conversões. Esse processo permite que marcas se posicionem de forma mais competitiva, maximizando o impacto de suas ações no ambiente digital.

Passo 1

– Prompt –

Você é um dos maiores especialistas em Marketing Digital, com profundo conhecimento em comportamento do consumidor, análise de público-alvo e criação de estratégias de engajamento.

Seu objetivo é desenvolver uma pesquisa detalhada e um plano de implantação para obter insights valiosos sobre as percepções do público em relação à marca, produtos e serviços.

[DESCREVA AQUI A DESCRIÇÃO DA EMPRESA, NEGÓCIO E PRODUTOS E SERVIÇOS]

Para criar campanhas mais assertivas e alinhadas aos interesses do público-alvo, é essencial realizar uma pesquisa aprofundada sobre as percepções dos clientes.

A análise deve abranger:

- *Quais são os principais temas de interesse do público?*
- *Quais as dores e desafios que enfrentam no contexto do negócio?*
- *Quais as percepções sobre a marca, produtos e serviços?*
- *Quais são os canais de comunicação mais eficazes para atingi-los?*
- *Quais fatores influenciam a decisão de compra e fidelização?*

Traga, portanto:

1. *Desenvolvimento da Pesquisa de Público-Alvo*

   1.1. *Definição dos Objetivos da Pesquisa*

   - *Identificar os principais interesses e expectativas do público-alvo.*
   - *Avaliar a percepção da marca e sua relevância no mercado.*
   - *Compreender barreiras e objeções que impedem a conversão.*

   1.2. *Estruturação do Questionário*

   - *Perguntas abertas e fechadas para captar insights qualitativos e quantitativos.*
   - *Uso de escalas de satisfação para medir o nível de engajamento.*

   1.3. *Canais e Métodos de Coleta de Dados*

   - *Pesquisas online (Google Forms, Typeform, SurveyMonkey).*
   - *Entrevistas diretas e grupos focais para insights mais aprofundados*
   - *Análise de redes sociais (comentários, interações, feedbacks).*
   - *Monitoramento de tendências e menções da marca.*

2. *Plano de Implantação da Pesquisa*

   2.1. *Estratégia de Divulgação e Coleta de Dados*

   - *Incentivos para aumentar a taxa de resposta (descontos, brindes, acesso a conteúdos exclusivos).*
   - *Segmentação de audiência para garantir diversidade nas respostas.*

   2.2. *Análise dos Dados e Geração de Insights*

   - *Mapeamento dos principais interesses e dores do público.*
   - *Definição de personas para uma segmentação mais precisa.*
   - *Identificação de oportunidades de melhoria na comunicação e nos produtos/ serviços.*

Por fim:

- *Estruture a pesquisa em tópicos claros e objetivos.*
- *Apresente os insights em gráficos e tabelas para fácil visualização.*
- *Forneça um plano de ação detalhado para aplicação das descobertas.*

Benefícios:

- Criação de campanhas mais alinhadas ao interesse do público.
- Aprimoramento da experiência do cliente com base em dados reais.
- Otimização da comunicação e das estratégias de engajamento.

Passo 2: Calendário de Conteúdo

A gestão de calendário de conteúdo é um processo estratégico que organiza a produção, publicação e distribuição de materiais digitais de forma planejada e consistente. Esse planejamento permite que marcas, empresas e criadores de conteúdo tenham maior previsibilidade, alinhamento com suas campanhas de marketing e uma abordagem mais eficaz na comunicação com o público.

Um calendário de conteúdo bem estruturado define quais temas serão abordados, em quais formatos (blog, redes sociais, vídeos, e-mails, podcasts, etc.), qual a frequência ideal de postagens e os canais de divulgação. Ele também ajuda na definição de datas importantes, como lançamentos de produtos, eventos sazonais e ações promocionais.

Vantagens de uma Gestão Estratégica do Calendário de Conteúdo:

- Garante consistência na publicação e engajamento com o público.
- Otimiza o tempo e os recursos da equipe de marketing e criação.
- Permite um alinhamento estratégico com campanhas, lançamentos e tendências do mercado.
- Facilita a mensuração de resultados e ajustes na estratégia de conteúdo.
- Reduz falhas operacionais, evitando atrasos e retrabalho na produção de materiais.

A implementação de um calendário de conteúdo torna a comunicação mais eficiente, melhora a distribuição de temas ao longo do tempo e possibilita um monitoramento mais preciso da performance das publicações.

– Prompt –

Você é um dos maiores especialistas em Marketing Digital e criação de conteúdo estratégico, com foco em engajamento e conversão de público.

Seu objetivo é criar um calendário de conteúdo completo para os próximos três meses, baseado nos insights obtidos na pesquisa de público-alvo.

Foque nos temas relacionados à:

[INSIRA SEU TEMA PRINCIPAL]

De forma que esteja alinhado as seguintes redes sociais:

[INSIRA AQUI O LINK PARA SUA REDE]

O conteúdo deve ser altamente estratégico, garantindo que a marca:

- *Se comunique diretamente com os interesses e dores do público.*
- *Aumente o engajamento e a interação em plataformas como Instagram, LinkedIn e Reels.*
- *Reforce sua autoridade no mercado e impulsione conversões.*

Traga, portanto:

1. *Estruturação do Calendário de Conteúdo*

   1.1. *Definição dos Formatos*

   - *Reels: Conteúdos curtos e dinâmicos para gerar alto engajamento.*
   - *Posts para Instagram: Imagens e carrosséis educativos e inspiracionais.*
   - *LinkedIn: Conteúdos mais técnicos e aprofundados para fortalecimento da marca.*

   1.2. *Categorização de Tema*

   - *Educação do Público: Explicação de conceitos importantes do setor.*
   - *Bastidores e Humanização: Apresentação da equipe, valores e cultura da marca.*
   - *Depoimentos e Prova Social: Histórias de clientes satisfeitos e casos de sucesso.*
   - *Conteúdo de Engajamento: Enquetes, perguntas e desafios para estimular interações.*
   - *Ofertas e Lançamentos: Divulgação de produtos e serviços.*

2. *Criação do Cronograma Mensal*

2.1. *Estrutura do Calendário de Postagens*

Semana	*Segunda*	*Terça*	*Quarta*	*Quinta*	*Sexta*
1ª Semana	*Reels: Dica rápida sobre [Tema X]*	*Carrossel informativo*	*Bastidores da empresa*	*Post interativo (enquete/ pergunta)*	*Case de sucesso*
2ª Semana	*Post educativo sobre [Tema Y]*	*Reels com tutorial*	*Artigo técnico no LinkedIn*	*FAQ com dúvidas comuns*	*Divulgação de serviço/ produto*
3ª Semana	*Reels: Tendência do setor*	*Comparação de antes e depois (se aplicável)*	*Entrevista com especialista*	*Dicas práticas*	*Vídeo curto com storytelling*
4ª Semana	*Pergunta para gerar engajamento*	*Post motivacional*	*Análise de uma novidade no setor*	*Carrossel educativo*	*CTA para ação específica*

2.2. *Roteiro para Produção de Conteúdo*

- *Guiões para Reels, destacando os pontos principais de cada vídeo.*
- *Sugestões de legendas e chamadas para ação (CTA) para cada post.*
- *Palavras-chave e hashtags estratégicas para otimizar o alcance.*

3. *Análise e Ajustes Periódicos*

3.1. *Monitoramento de Desempenho*

- *Uso de métricas como engajamento, alcance e conversões para ajustes no calendário.*
- *Identificação de temas que geram mais interesse e otimização do conteúdo futuro.*

3.2. *Testes A/B e Estratégias de Otimização*

- *Comparação de diferentes formatos e abordagens para maximizar resultados.*
- *Ajustes na frequência e no tipo de postagens com base no feedback do público.*

Por fim:

- *Apresente o calendário em uma tabela organizada por temas e formatos.*
- *Forneça exemplos práticos para cada tipo de conteúdo.*
- *Inclua sugestões de roteiros, CTAs e hashtags para otimizar as publicações.*

Benefícios:

- Aumento do engajamento e fortalecimento da marca nas redes sociais.
- Criação de uma comunicação mais fluida, alinhada aos interesses do público.
- Melhoria na eficiência do marketing digital, reduzindo a necessidade de postagens improvisadas.
- Maior previsibilidade e consistência na entrega de conteúdo.

9.3.4.2. CRIAÇÃO DE CONTEÚDO OTIMIZADO PARA SEO

A criação de conteúdo otimizado para SEO (Search Engine Optimization) é uma estratégia essencial para melhorar a visibilidade orgânica de um site nos mecanismos de busca, como Google e Bing. O SEO visa aumentar o tráfego qualificado por meio da produção de conteúdos relevantes, bem estruturados e alinhados com as intenções de busca do público-alvo.

A otimização envolve o uso de palavras-chave estratégicas, escaneabilidade, link building, uso de headings (H1, H2, H3), meta descriptions, URLs amigáveis e experiência do usuário (UX). Além disso, um conteúdo bem otimizado deve ser valioso, atualizado e relevante, respondendo às principais dúvidas do público e incentivando o engajamento.

Vantagens de Criar Conteúdo Otimizado para SEO:

- Aumenta a visibilidade e a autoridade do site nos mecanismos de busca.
- Atrai tráfego orgânico qualificado, reduzindo a dependência de anúncios pagos.
- Melhora a experiência do usuário, tornando o conteúdo mais acessível e legível.
- Gera leads e conversões ao responder às necessidades do público de forma assertiva.
- Ajuda a consolidar a marca como referência em seu nicho de mercado.

Os algoritmos dos buscadores estão cada vez mais avançados, priorizando conteúdos bem estruturados, relevantes e que oferecem uma experiência positiva ao usuário. Isso torna o SEO um fator essencial para qualquer estratégia de marketing digital de longo prazo.

- Prompt -

Você é um especialista sênior em SEO e marketing de conteúdo, com profundo conhecimento em otimização de mecanismos de busca e copywriting persuasivo.

Estou criando um artigo para um blog no nicho de [tema] e quero que ele esteja bem posicionado no Google. O objetivo é atrair tráfego orgânico e converter leitores em leads, utilizando técnicas avançadas de SEO on-page.

Crie um artigo altamente otimizado para SEO sobre [tema], incluindo:

- *Estruturação de título e subtítulos (H1, H2, H3) com palavras-chave estratégicas*
- *Introdução envolvente com palavras-chave primárias*
- *Desenvolvimento do tema com backlinks internos e externos relevantes*
- *Meta description persuasiva com até 160 caracteres*
- *Sugestão de call to action (CTA) para conversão*

Entregue a resposta no formato de um artigo estruturado, seguido por uma checklist de SEO com os principais pontos otimizados.

Benefícios:

- Conteúdo otimizado para ranqueamento, aumento do tráfego orgânico e maior conversão.

9.3.4.3. PERSONALIZAÇÃO DE CAMPANHAS E SEGMENTAÇÃO DE PÚBLICO

A personalização de campanhas e segmentação de público são estratégias fundamentais no marketing digital para atingir as pessoas certas, com a mensagem certa, no momento ideal. A segmentação permite dividir o público-alvo com base em dados demográficos, comportamentais, interesses e estágio na jornada do consumidor, enquanto a personalização adapta a comunicação para torná-la mais relevante e persuasiva para cada perfil.

Com o avanço da inteligência artificial e do big data, é possível criar campanhas altamente direcionadas, onde cada consumidor recebe conteúdos, ofertas e interações alinhadas às suas preferências e histórico de navegação, aumentando a taxa de conversão e o engajamento.

Vantagens da Personalização de Campanhas e Segmentação de Público:

- Aumenta a relevância da mensagem, tornando-a mais persuasiva e atrativa para o público.
- Melhora a conversão ao direcionar ofertas específicas para diferentes perfis de consumidores.
- Reduz desperdícios de investimento em mídia, focando em leads mais qualificados.
- Gera uma experiência mais positiva para o usuário, fortalecendo o relacionamento com a marca.
- Otimiza estratégias de remarketing, nutrindo leads de forma mais eficaz.

Empresas que aplicam personalização e segmentação corretamente conseguem elevar a eficiência de suas campanhas e melhorar o retorno sobre investimento (ROI), criando conexões mais profundas com seus clientes.

- Prompt -

Você é um estrategista sênior de marketing digital especializado em segmentação e personalização de campanhas.

Quero segmentar o público-alvo para uma campanha de [produto/serviço] no mercado de [nicho]. Preciso identificar perfis detalhados de clientes ideais, incluindo dores, desejos e gatilhos emocionais que impulsionam decisões de compra.

Crie três perfis detalhados de personas para essa campanha

- *Identifique os principais gatilhos emocionais e racionais de cada persona*
- *Sugira mensagens de marketing específicas para cada perfil*
- *Proponha estratégias para aumentar o engajamento e conversão*

Responda no formato de um relatório detalhado, com tabelas para segmentação e sugestões de mensagens persuasivas.

Benefício:

- Campanhas altamente personalizadas e direcionadas, resultando em melhor engajamento e conversão.

9.3.4.4. AUTOMAÇÃO DE RESPOSTAS EM ATENDIMENTO AO CLIENTE

A automação de respostas em atendimento ao cliente é uma estratégia que utiliza inteligência artificial e chatbots para responder rapidamente às dúvidas e solicitações dos consumidores. Esse processo melhora a eficiência do atendimento, reduzindo o tempo de resposta e aumentando a satisfação do cliente.

Ao integrar automação em canais como chatbots, e-mails, WhatsApp e redes sociais, as empresas conseguem oferecer suporte 24/7, solucionar dúvidas frequentes de forma imediata e direcionar atendimentos mais complexos para agentes humanos. Além disso, a automação permite personalizar as interações, garantindo que cada cliente receba informações relevantes de acordo com sua necessidade.

Vantagens da Automação de Respostas em Atendimento ao Cliente:

- Redução do tempo de resposta, aumentando a eficiência do atendimento.
- Melhora na experiência do cliente, garantindo suporte rápido e preciso.
- Otimização da equipe de atendimento, liberando profissionais para demandas mais complexas.
- Maior escalabilidade, permitindo atender um grande volume de clientes simultaneamente.
- Consistência nas respostas, evitando informações desencontradas e padronizando o suporte.

Com a evolução da inteligência artificial e do processamento de linguagem natural (PLN), os sistemas de automação estão cada vez mais humanizados, tornando a experiência do cliente mais fluida e satisfatória.

O prompt a seguir possibilita a criação de um sistema de respostas automatizadas eficazes, garantindo um atendimento rápido, personalizado e eficiente para os clientes da empresa.

Importante:

Pode ser usado, para obter um conjunto de respostas para cada tipo de produto e persona, ou pode ser adaptado a configuração de um modelo de BOT automatizado ou GPT personalizado de atendimento ao público.

- Prompt -

Atue como um especialista em automação de atendimento ao cliente e customer experience (CX), com expertise em chatbots, inteligência artificial e otimização de suporte digital. Seu objetivo é criar respostas automatizadas personalizadas, que sejam eficazes, naturais e alinhadas ao tom de comunicação da marca.

A empresa busca melhorar a experiência do cliente por meio da automação de respostas, reduzindo o tempo de espera e garantindo suporte 24/7 em [canais de atendimento: chatbots, WhatsApp, e-mails, redes sociais].

O foco é responder às perguntas mais frequentes sobre [produto/serviço], mantendo a clareza, consistência e personalização no atendimento.

No intuito de personalizar e tornar a resposta deste prompt ainda mais assertiva a realidade de cada negócio, considere os documentos em anexo:

[Informações sobre o Produto/Serviço]

[Descrição detalhada do produto ou serviço]

[Especificações técnicas]

[Principais problemas que resolve]

[Perguntas frequentes (FAQ) existentes]

[Tutoriais, manuais ou vídeos explicativos]

[Dados sobre o Público-Alvo e Segmentação: Perfis de clientes mais comuns, Dores e objeções mais frequentes, Análise de comportamento do cliente em redes sociais]

Considere as seguintes informações complementares:

- *Guia de tom de voz e linguagem.*

  [A empresa se comunica de forma formal, técnica, casual ou descontraída?]

- *Exemplos de interações anteriores.*

  [Analise as mensagens bem-sucedidas no atendimento que possam ser replicadas]

- *Política de comunicação com o cliente.*

  [Como lidar com reclamações, feedbacks negativos e dúvidas sensíveis]

- *Palavras-chave e termos estratégicos.*

  [Expressões que devem ou não ser utilizadas para manter coerência com a marca]

  Estratégias de Conversão e Engajamento

- *Principais CTA (Calls to Action).*

  [Direcionamentos desejados ao final de cada resposta automatizada]

- *Ofertas ou campanhas em andamento.*

  [Oferecer promoções e novidades que podem ser mencionadas na automação]

- *Links úteis para direcionamento.*

  [Site, FAQ, suporte técnico, chat humano, etc]

A automação deve considerar:

- *Tom de comunicação da marca: [formal/informal]*
- *Possibilidade de variação nas respostas: Evitar repetições para tornar as interações mais naturais*
- *Incorporação de CTA (Call to Action): Direcionar o cliente para a ação desejada, como acessar um tutorial, falar com um agente humano ou conhecer mais detalhes sobre o produto*

Crie um conjunto de respostas automatizadas eficazes para as trinta perguntas mais frequentes sobre [produto/serviço], estruturando-as da seguinte forma:

1. *Identificação das Perguntas Frequentes*
   - *Liste as trinta dúvidas mais recorrentes dos clientes sobre [produto/serviço]*
   - *Considere diferentes cenários e necessidades do usuário*
2. *Respostas Automatizadas e Personalizadas*
   - *Redija respostas claras, objetivas e alinhadas ao tom da marca*
   - *Crie variações para cada resposta, evitando repetições mecânicas*
   - *Adapte o conteúdo para diferentes canais de atendimento (chatbot, WhatsApp, e-mail, redes sociais)*
3. *Direcionamento para Ação (CTA)*
   - *Inclua uma chamada para ação ao final de cada resposta*
   - *Sugira links para artigos, FAQs, vídeos tutoriais ou suporte humano quando necessário*

Traga as respostas da seguinte forma:

Tabela Estruturada, contendo as seguintes colunas:

1. *Pergunta: Dúvida frequente do cliente*
2. *Resposta Automatizada: Mensagem clara e personalizada*
3. *Variação da Resposta: Alternativa para tornar a comunicação mais natural*
4. *CTA: Próxima ação recomendada ao cliente*

Como Esse Prompt Contribui para a Eficiência do Atendimento?

- Reduz o tempo de espera e melhora a satisfação do cliente.
- Otimiza o suporte, permitindo que a equipe foque em atendimentos mais complexos.
- Garante consistência e padronização nas interações.
- Cria uma experiência mais fluida e humanizada, aumentando o engajamento do cliente.

9.3.4.5. CRIAÇÃO DE ANÚNCIOS A/B PARA FACEBOOK, INSTAGRAM E GOOGLE ADS

A criação de anúncios A/B é uma estratégia de testes comparativos que permite otimizar campanhas em plataformas como Facebook Ads, Instagram Ads e Google Ads. O objetivo é identificar quais variações de anúncios (imagens, textos, CTA, segmentação ou formatos) geram melhores resultados em engajamento, conversão e custo por aquisição (CPA).

Esse processo envolve criar versões diferentes de um mesmo anúncio, testá-las com públicos semelhantes e analisar métricas para determinar qual abordagem tem maior impacto. O teste A/B reduz a incerteza nas campanhas e possibilita ajustes estratégicos que maximizam o ROI.

Vantagens da Criação de Anúncios A/B

- Aprimora a performance das campanhas, identificando elementos de maior impacto.
- Reduz desperdício de orçamento, otimizando investimentos em anúncios.
- Fornece insights baseados em dados reais, evitando decisões subjetivas.
- Permite ajustar estratégias de segmentação, design e copywriting de forma iterativa.
- Aumenta as taxas de conversão ao identificar o que ressoa melhor com o público-alvo.

Testes A/B bem estruturados garantem decisões mais assertivas em campanhas publicitárias, tornando os anúncios mais persuasivos e eficazes para diferentes públicos e estágios do funil de vendas.

- Prompt -

Você é um copywriter especializado em anúncios de conversão, com experiência em testes A/B para redes sociais e Google Ads.

Preciso criar anúncios para uma campanha de tráfego pago para [produto/serviço], explorando diferentes estratégias de copy. O público-alvo são [detalhes do público].

- *Crie três variações de anúncios (curto, médio e longo)*
- *Utilize gatilhos mentais diferentes (exemplo: urgência, escassez, autoridade)*
- *Inclua um CTA forte e convincente*
- *Adicione sugestões de imagens e vídeos que reforcem a mensagem*

Responda no formato de um quadro comparativo, destacando as diferenças entre as versões dos anúncios.

Como Esse Prompt Contribui para a Otimização das Campanhas?

- Reduz incertezas e baseia decisões em dados concretos.
- Acelera o processo de testes, garantindo uma campanha mais eficiente.
- Permite ajustes rápidos para melhorar o desempenho em tempo real.
- Maximiza a rentabilidade dos anúncios ao eliminar elementos de baixo impacto.

9.3.4.6. OTIMIZAÇÃO DE FUNIS DE VENDA E JORNADA DO CLIENTE

A otimização de funis de venda e o aprimoramento da jornada do cliente são estratégias essenciais para maximizar conversões e aumentar o valor do cliente ao longo do tempo (LTV — Lifetime Value). Um funil de vendas bem estruturado conduz o cliente desde a descoberta do produto até a decisão de compra, garantindo que cada etapa seja planejada estrategicamente para remover objeções e aumentar a conversão.

Já a jornada do cliente refere-se ao conjunto de interações e experiências que um consumidor tem com a marca, desde o primeiro contato até a fidelização. O objetivo da otimização é garantir que essa trajetória seja fluida, intuitiva e altamente personalizada, reduzindo fricções e aumentando o engajamento.

Vantagens da Otimização de Funis de Venda e Jornada do Cliente:

- Aumento da taxa de conversão, tornando cada etapa do funil mais eficiente.
- Redução do custo de aquisição de clientes (CAC), eliminando gargalos no processo de venda.
- Melhoria da experiência do consumidor, criando um fluxo mais intuitivo e persuasivo.
- Aumento da retenção e fidelização, incentivando compras recorrentes e indicações.
- Maior previsibilidade de receita, permitindo ajustes estratégicos com base em dados reais.

A otimização envolve mapear cada ponto de contato da jornada do cliente, testar diferentes abordagens e automatizar processos para melhorar a eficiência e escalabilidade do funil.

O prompt a seguir permite a criação de um **plano estratégico completo para otimização do funil de vendas**, tornando a **jornada do cliente mais fluida e rentável**. O resultado é um processo de vendas mais previsível, eficiente e alinhado às expectativas do consumidor.

– Prompt –

Atue como um especialista em growth marketing e otimização de funis de vendas, com vasta experiência em conversão, jornada do cliente e retenção. Sua função é analisar e otimizar cada etapa do funil de vendas, garantindo uma jornada do cliente fluida e altamente eficaz, reduzindo fricções e maximizando taxas de conversão.

A empresa deseja melhorar seu funil de vendas e jornada do cliente para aumentar a conversão e retenção em [produto/serviço]. Atualmente, enfrenta desafios como [exemplo: abandono de carrinho, baixa conversão em determinada etapa, dificuldades no engajamento pós-venda].

Para que consigamos trazer respostas mais personalizadas e assertivas, considere os seguintes documentos em anexo:

> *[Diagnóstico do Funil de Vendas Atual (Caso exista): Mapa do funil de vendas, Métricas de performance, Pontos de fricção identificados, Relatório de experiência do usuário (UX)]*
>
> *[Informações sobre o Público-Alvo e Segmentação: Perfis de clientes e personas, Dores, objeções e necessidades mais comuns, Principais canais de aquisição, Análise de comportamento no site]*

[Estratégias Atuais de Marketing e Nutrição de Leads: Sequência de e-mails e automação, Campanhas ativas, Materiais de conteúdo usados para engajamento, Landing pages e páginas de vendas]

[Dados sobre Retenção e Fidelização: Taxa de recompra e ciclo de vida do cliente (LTV), NPS (Net Promoter Score) e feedbacks de clientes, Programas de fidelização ou estratégias de retenção, Taxa de cancelamento e motivos de churn]

[Ferramentas Utilizadas no Processo Comercial: Plataformas de CRM e automação de marketing, Ferramentas de análise de tráfego e comportamento, Softwares de chatbot ou atendimento automatizado, Sistemas de suporte ao cliente]

A otimização do funil deve considerar:

- *Etapas do funil de vendas: Consciência, consideração, decisão e fidelização.*
- *Pontos de fricção na jornada do cliente: Barreiras que impedem o avanço para a próxima etapa.*
- *Métricas de performance: Taxa de conversão, custo de aquisição de clientes (CAC), valor do tempo de vida do cliente (LTV), taxa de churn, entre outras.*
- *Automação e personalização: Como melhorar a experiência do cliente usando automação, segmentação e marketing personalizado.*
- *Melhoria dos gatilhos de conversão: Ajustes em CTA, e-mails, landing pages e estratégias de follow-up.*

Com base nesses critérios, desenvolva um plano estratégico completo para otimização do funil de vendas e jornada do cliente, abordando os seguintes aspectos:

1. *Diagnóstico do Funil de Vendas Atual*
   - *Identificação de pontos críticos e gargalos que impactam a conversão.*
   - *Análise das métricas de desempenho para cada etapa do funil.*
2. *Estratégias de Otimização do Funil*
   - *Ajustes na captação de leads para melhorar a taxa de entrada no funil.*
   - *Melhoria da nutrição de leads com conteúdo relevante e segmentado.*
   - *Estratégias para reduzir objeções e aumentar a taxa de fechamento na etapa de decisão.*
3. *Personalização e Engajamento na Jornada do Cliente*
   - *Implementação de conteúdos e interações personalizadas para cada estágio da jornada.*
   - *Uso de automação para follow-up e recuperação de leads inativos.*
   - *Estratégias para fortalecer o relacionamento pós-venda e incentivar a fidelização.*

4. *Aprimoramento dos Gatilhos de Conversão*
    - *Otimização de CTAs, páginas de vendas e e-mails automatizados.*
    - *Estratégias para remarketing e reativação de leads não convertidos.*
    - *Testes A/B para validar abordagens e maximizar conversões.*
5. *Plano de Implementação e Monitoramento*
    - *Checklist de ações para cada etapa do funil.*
    - *Ferramentas recomendadas para automação e análise de métricas.*
    - *Estratégia de acompanhamento e otimização contínua com base nos resultados.*

Apresente, portanto:

- *Mapa do Funil de Vendas Atual: Diagnóstico detalhado de cada etapa.*
- *Plano de Otimização: Estratégias práticas para aumentar conversões e retenção.*
- *Sugestões de Automação: Ferramentas e processos para personalizar a jornada do cliente.*
- *Monitoramento de Resultados: Definição de KPIs e recomendações para ajustes contínuos.*

Como Esse Prompt Contribui para a Eficiência das Vendas?

- Identifica gargalos que prejudicam a conversão e reduz o desperdício de leads.
- Melhora a experiência do cliente com um funil mais intuitivo e eficiente.
- Aumenta as taxas de fechamento e retenção com estratégias personalizadas.
- Garante um crescimento sustentável e escalável, otimizando cada etapa do processo.

9.3.5. FINANÇAS E CONTABILIDADE

A gestão eficiente das finanças e da contabilidade é fundamental para garantir a saúde financeira e a sustentabilidade de qualquer negócio. A contabilidade não apenas organiza e registra as movimentações financeiras, mas também fornece dados estratégicos que auxiliam na tomada de decisões empresariais.

Dentro desse contexto, a geração de relatórios contábeis desempenha um papel essencial, permitindo que empresas avaliem seu desempenho financeiro, identifiquem oportunidades de melhoria e garantam conformidade com as exigências fiscais e regulatórias.

Importância da Gestão Financeira e Contábil

- Facilita o planejamento financeiro e controle orçamentário.
- Melhora a transparência e conformidade fiscal da empresa.
- Fornece insights estratégicos para tomada de decisões.
- Reduz riscos de inadimplência e problemas financeiros.
- Ajuda na captação de investimentos e financiamentos.

Exemplo: Um escritório de contabilidade utiliza o GPT para revisar documentos fiscais e gerar relatórios detalhados, otimizando o fechamento contábil mensal.

Além disso:

- Análise de dados financeiros e previsão de fluxo de caixa.
- Identificação de padrões de fraude e anomalias contábeis.
- Automação da categorização de despesas e criação de relatórios financeiros.

A contabilidade bem estruturada permite que líderes empresariais tomem decisões baseadas em dados, aumentando a competitividade e eficiência da empresa no mercado.

9.3.5.1. GERAÇÃO DE RELATÓRIOS CONTÁBEIS

A geração de relatórios contábeis consiste na elaboração de documentos financeiros que detalham a posição patrimonial, fluxo de caixa, lucros, despesas e demais indicadores financeiros de uma organização. Esses relatórios são essenciais para auditorias, planejamento financeiro, controle fiscal e análise de desempenho empresarial.

Os principais relatórios contábeis incluem:

- Balanço Patrimonial: Demonstra a posição financeira da empresa em determinado período.
- Demonstração do Resultado do Exercício (DRE): Apresenta o lucro ou prejuízo da empresa em um período contábil.
- Fluxo de Caixa: Registra todas as entradas e saídas de recursos financeiros.
- Demonstração das Mutações do Patrimônio Líquido (DMPL): Mostra as alterações no patrimônio da empresa.
- Relatórios de Obrigações Fiscais e Tributárias: Detalha impostos e tributos pagos ou a pagar.

Vantagens da Geração de Relatórios Contábeis:

- Proporciona uma visão clara da saúde financeira da empresa.
- Auxilia no cumprimento das obrigações fiscais e regulatórias.
- Facilita auditorias e avaliações financeiras para investidores e bancos.
- Ajuda no planejamento tributário e na identificação de oportunidades de economia.
- Melhora a capacidade de antecipação de riscos e tomada de decisões estratégicas.

Empresas que realizam relatórios contábeis detalhados e periódicos conseguem controlar melhor suas finanças, evitar problemas fiscais e garantir um crescimento sustentável.

– Prompt –

Você é um especialista em contabilidade e automação financeira, com vasta experiência na geração de relatórios contábeis e financeiros.

Seu objetivo é gerar automaticamente relatórios contábeis detalhados para otimizar a gestão financeira da empresa.

A empresa precisa de relatórios contábeis atualizados para acompanhamento financeiro e tomada de decisão.

Para tanto considere os documentos em anexo:

[Extratos bancários e lançamentos financeiros dos últimos 12 meses]

[Plano de contas contábil da empresa]

[Relatório de lançamentos e classificações anteriores]

A análise deve incluir:

- *Balanço Patrimonial, detalhando ativos, passivos e patrimônio líquido.*
- *Demonstração do Resultado do Exercício (DRE), apresentando receitas, despesas e lucro líquido.*
- *Fluxo de Caixa, categorizando entradas e saídas de capital.*
- *Análises de variação financeira, identificando tendências e riscos contábeis.*

Traga, portanto:

1. *Geração Automática de Relatórios*
    - *Estruturação dos relatórios com dados atualizados.*
    - *Comparação com períodos anteriores para análise de desempenho.*
    - *Sugestões de melhorias financeiras com base nos resultados.*

2. *Identificação de Indicadores-Chave*
    - *Índice de liquidez, margem de lucro, ROE e ROI.*
    - *Alertas sobre tendências preocupantes na contabilidade.*
3. *Propostas para Otimização Financeira*
    - *Sugestões para redução de custos e melhoria da rentabilidade.*
    - *Estratégias para capital de giro e otimização de fluxo de caixa.*

Por fim:

- *Apresente relatórios formatados em tabelas dinâmicas para fácil interpretação.*
- *Traga tabelas e Gráficos comparativos para análise visual de tendências.*
- *Sugestões de otimização baseadas nos números apresentados.*

Ao final, faça uma análise completa do cenário e um resumo detalhando os principais pontos deste relatório de uma forma amigável para que um leigo compreenda.

9.3.5.2. CLASSIFICAÇÃO E CATEGORIZAÇÃO DE TRANSAÇÕES

A classificação e categorização de transações são processos fundamentais para a organização financeira e contábil de uma empresa. Esses processos permitem que todas as movimentações financeiras — como receitas, despesas, investimentos e impostos — sejam devidamente identificadas, classificadas e organizadas em categorias específicas. Essa estruturação facilita o controle financeiro, a geração de relatórios contábeis e a conformidade com exigências fiscais e regulatórias.

A correta categorização das transações também otimiza a gestão do fluxo de caixa, possibilita um planejamento financeiro mais estratégico e reduz erros que poderiam comprometer a análise dos dados contábeis.

Principais Categorias de Transações Financeiras

As transações financeiras podem ser classificadas de diversas formas, dependendo da estrutura contábil da empresa.

Algumas das categorias mais comuns incluem:

- **Receitas**: Entrada de recursos financeiros, provenientes de vendas de produtos, prestação de serviços, investimentos ou outras fontes.

- **Despesas operacionais**: Gastos diretamente ligados às operações da empresa, como salários, aluguel, contas de consumo e insumos.
- **Investimentos**: Aplicações financeiras, aquisição de equipamentos ou expansão da infraestrutura.
- **Tributos e impostos**: Pagamentos de obrigações fiscais, como IRPJ, ICMS, ISS, entre outros.
- **Transações extraordinárias**: Entradas ou saídas não recorrentes, como indenizações, multas ou ajustes contábeis.

Cada categoria pode ser subdividida para um controle ainda mais detalhado, permitindo que a empresa tenha **maior previsibilidade financeira e consiga tomar decisões estratégicas mais assertivas**.

Vantagens da Classificação e Categorização de Transações

- Facilita a auditoria e o cumprimento de obrigações fiscais e regulatórias.
- Garante maior precisão na elaboração de relatórios financeiros e contábeis.
- Melhora a análise de rentabilidade e custos operacionais.
- Permite um planejamento tributário mais eficiente.
- Auxilia na identificação de padrões financeiros e oportunidades de economia.

Com uma categorização bem estruturada, a empresa pode implementar estratégias financeiras mais eficientes, identificar pontos de otimização de gastos e tomar decisões baseadas em dados concretos.

– Prompt –

Você é um contador especializado em escrituração contábil automatizada, com expertise na categorização e classificação de transações financeiras.

Seu objetivo é categorizar corretamente todas as transações da empresa, garantindo precisão na escrituração e eliminando erros manuais.

Para tanto considere os documentos em anexo:

[Histórico de fluxo de caixa dos últimos 12 meses]

[Relatório de faturamento e despesas recorrentes]

[Dados sobre contratos ativos e previstos]

O processo contábil da empresa precisa ser otimizado por meio de categorização precisa de receitas, despesas e investimentos.

A análise deve abranger:

- *Classificação das transações conforme plano de contas.*
- *Identificação de inconsistências e sugestões de ajustes.*
- *Automação para reduzir trabalho manual e erros contábeis.*

Traga, portanto:

1. *Classificação e Organização de Transações*
   - *Identificação automática de categorias contábeis.*
   - *Sugestão de ajustes para otimizar lançamentos financeiros.*
2. *Padronização e Correção de Erros*
   - *Detecção de inconsistências na escrituração contábil.*
   - *Ajustes conforme normas fiscais e contábeis.*
3. *Propostas para Automação Contábil*
   - *Implementação de regras de categorização automática.*
   - *Integração com software de gestão financeira.*

Por fim:

- *Apresente relatórios organizados por categoria e subcategoria contábil.*
- *Destaque de transações inconsistentes e propostas de correção.*

9.3.5.3. PREVISÃO DE FLUXO DE CAIXA

A previsão de fluxo de caixa é um processo estratégico essencial para a gestão financeira de qualquer empresa. Trata-se da projeção das entradas e saídas de recursos financeiros em um determinado período, permitindo que o negócio antecipe desafios, evite problemas de liquidez e tome decisões mais embasadas sobre investimentos, cortes de gastos e crescimento sustentável.

Essa previsão pode ser feita com base em dados históricos, tendências de mercado, sazonalidade e expectativas futuras de receitas e despesas. Uma boa gestão do fluxo de caixa garante que a empresa tenha recursos suficientes para cobrir seus compromissos financeiros e possa planejar sua expansão de forma mais segura.

Elementos Fundamentais na Previsão de Fluxo de Caixa

Para que a previsão de fluxo de caixa seja eficiente, é essencial considerar os seguintes elementos:

- **Receitas projetadas**: Estimativa de todas as fontes de entrada de dinheiro, como vendas, recebíveis e investimentos.
- **Despesas fixas e variáveis**: Pagamentos recorrentes (salários, aluguel, impostos) e custos variáveis (insumos, comissões, marketing).
- **Prazos de pagamento e recebimento**: Tempo médio de recebimento de clientes e vencimentos de contas a pagar.
- **Sazonalidade**: Períodos do ano que podem impactar positivamente ou negativamente o caixa da empresa.
- **Projeções de crescimento e investimentos**: Novos contratos, expansão de operações e aquisição de ativos.

Ao integrar esses elementos na previsão, a empresa pode antecipar períodos de déficit ou superávit financeiro, ajustando estratégias para manter a estabilidade econômica.

Vantagens da Previsão de Fluxo de Caixa

- Evita problemas de liquidez e inadimplência.
- Permite o planejamento estratégico de investimentos e expansões.
- Melhora a gestão do capital de giro e reduz riscos financeiros.
- Ajuda a identificar oportunidades de redução de custos e otimização de recursos.
- Facilita negociações com fornecedores e parceiros ao prever necessidades financeiras futuras.

Com uma previsão bem estruturada, a empresa pode tomar decisões mais seguras e estratégicas, evitando surpresas financeiras desagradáveis e garantindo a sustentabilidade do negócio.

– Prompt –

Você é um especialista em finanças corporativas, com expertise na projeção de fluxo de caixa e análise preditiva para empresas. Seu objetivo é realizar uma previsão detalhada do fluxo de caixa da empresa para os próximos meses, identificando riscos e oportunidades financeiras.

A empresa precisa de projeções realistas sobre entradas e saídas de caixa, considerando:

- *Tendências financeiras passadas e variações sazonais.*
- *Impacto de despesas fixas e variáveis.*
- *Projeções para liquidez e capital de giro.*

Para tanto considere os documentos em anexo:

[Histórico de fluxo de caixa dos últimos 12 meses]

[Relatório de faturamento e despesas recorrentes]

[Dados sobre contratos ativos e previstos]

Traga, portanto:

1. *Projeção de Fluxo de Caixa Futuros*
   - *Análise de tendências baseadas nos últimos 12 meses.*
   - *Projeção para os próximos 3, 6 e 12 meses.*
2. *Identificação de Riscos e Oportunidades*
   - *Sazonalidade e variação de receitas/despesas.*
   - *Estratégias para evitar déficits de caixa.*
3. *Sugestões para Otimização Financeira*
   - *Estratégias de retenção de caixa e financiamento.*
   - *Ajustes na estrutura de custos e investimentos.*

Por fim:

- *Apresente os resultados estruturados em tabelas e gráficos com projeções financeiras.*
- *Apresente um relatório com sugestões estratégicas de curto e longo prazo.*

9.3.5.4. CÁLCULO DE IMPOSTOS

O cálculo de impostos é um processo essencial para garantir a regularidade fiscal e tributária de uma empresa, evitando penalidades e otimizando o planejamento financeiro. Essa atividade envolve a apuração das obrigações tributárias de acordo com o regime fiscal adotado pelo negócio, considerando alíquotas, bases de cálculo e regras específicas da legislação vigente.

O sistema tributário pode ser complexo, variando conforme a natureza da empresa, localização, atividade econômica e porte. O correto cálculo de impostos permite que as empresas cumpram suas obrigações sem pagar valores indevidos, garantindo conformidade com o fisco e eficiência na gestão financeira.

Principais Impostos a Considerar no Cálculo

Os impostos podem ser divididos em federais, estaduais e municipais, dependendo do tipo de operação realizada pela empresa. Alguns dos principais tributos são:

1. **Impostos Federais**
   - Imposto de Renda Pessoa Jurídica (IRPJ): Incide sobre o lucro da empresa.
   - Contribuição Social sobre o Lucro Líquido (CSLL): Calculada sobre o lucro líquido do período.
   - Programa de Integração Social (PIS) e Contribuição para o Financiamento da Seguridade Social (COFINS): Incidem sobre o faturamento.
   - Imposto sobre Produtos Industrializados (IPI): Aplica-se à fabricação e comercialização de produtos industrializados.
2. **Impostos Estaduais**
   - Imposto sobre Circulação de Mercadorias e Serviços (ICMS): Cobrado na comercialização de mercadorias e prestação de alguns serviços.
   - Substituição Tributária (ICMS-ST): Quando o recolhimento do ICMS é feito por um contribuinte em nome de toda a cadeia produtiva.
3. **Impostos Municipais**
   - Imposto sobre Serviços (ISS): Aplicado à prestação de serviços.
   - Imposto Predial e Territorial Urbano (IPTU): Relacionado à posse de imóveis urbanos utilizados pela empresa.

A forma de cálculo de cada tributo varia conforme o regime tributário da empresa, sendo os principais: Simples Nacional, Lucro Presumido e Lucro Real.

Vantagens do Cálculo Correto de Impostos

- Garante conformidade fiscal e evita penalidades por erros ou atrasos.
- Permite um planejamento tributário eficiente para reduzir a carga fiscal.
- Melhora a previsibilidade financeira ao antecipar obrigações tributárias.
- Evita pagamentos indevidos ou desnecessários, otimizando o fluxo de caixa.
- Facilita a obtenção de créditos tributários e incentivos fiscais.

Além disso, o correto cálculo de impostos ajuda na tomada de decisões estratégicas, permitindo que a empresa identifique oportunidades de economia e adote práticas que maximizem sua eficiência tributária.

– Prompt –

Você é um especialista tributário, com profundo conhecimento na legislação fiscal vigente.

Seu objetivo é calcular automaticamente os impostos da empresa, garantindo precisão e conformidade com a legislação.

A empresa precisa garantir que todos os tributos sejam calculados corretamente.

A análise deve incluir:

- *Cálculo automático de tributos diretos e indiretos.*
- *Comparação com obrigações fiscais anteriores.*
- *Detecção de inconsistências para evitar penalidades.*

Para tanto considere os documentos em anexo:

[Relatórios fiscais dos últimos 12 meses]

[Notas fiscais emitidas e recebidas]

[Regime tributário da empresa]

Traga, portanto:

1. *Cálculo Detalhado de Tributos*
   - *Cálculo de IRPJ, CSLL, PIS, COFINS, ICMS, ISS, etc.*
   - *Comparação com períodos anteriores para identificar variações.*
2. *Identificação de Oportunidades de Redução Fiscal*
   - *Sugestões de benefícios e incentivos fiscais aplicáveis.*
   - *Simulação de estratégias de planejamento tributário.*

Por fim:

- *Apresente uma tabela com valores detalhados por imposto e período.*
- *Apresente um relatório de conformidade fiscal e possíveis ajustes.*

9.3.6. LOGÍSTICA E SUPPLY CHAIN

A gestão logística e de supply chain (cadeia de suprimentos) envolve todas as atividades relacionadas ao planejamento, execução e controle do fluxo de produtos, serviços e informações desde os fornecedores até o consumidor final. Esse processo é essencial para garantir eficiência operacional, redução de custos e aumento da competitividade no mercado.

A logística foca na gestão de transporte, armazenagem e distribuição, enquanto o supply chain abrange uma visão mais ampla, incluindo fornecedores, processos produtivos e estratégias de abastecimento. Quando bem estruturados, esses processos garantem entregas rápidas, redução de desperdícios e maior previsibilidade na operação.

Principais Elementos da Logística e Supply Chain

- Gestão de Estoques: Controle de entrada e saída de mercadorias para evitar excessos ou falta de produtos.
- Transporte e Distribuição: Definição das melhores rotas e modais de transporte para otimizar prazos e custos.
- Gestão de Fornecedores: Seleção e monitoramento de parceiros estratégicos para garantir qualidade e confiabilidade.
- Automação e Tecnologia: Uso de sistemas de rastreamento, ERPs e inteligência artificial para melhorar processos.
- Sustentabilidade na Cadeia de Suprimentos: Implementação de práticas ecológicas para reduzir impactos ambientais.

Uma supply chain bem gerenciada reduz custos operacionais, melhora a eficiência e aumenta a satisfação dos clientes, tornando-se um diferencial competitivo essencial para qualquer empresa.

Vantagens da Otimização da Logística e Supply Chain

- Redução de custos operacionais e logísticos.
- Maior previsibilidade na gestão de demanda e suprimentos.

- Aprimoramento da experiência do cliente por meio de entregas rápidas e eficientes.
- Maior controle e rastreamento dos produtos ao longo da cadeia de suprimentos.
- Otimização da relação com fornecedores e parceiros estratégicos.

A eficiência logística permite que as empresas operem com maior agilidade e menor desperdício, resultando em uma cadeia de suprimentos integrada e resiliente.

Exemplo: Uma empresa de transporte utiliza o GPT para prever atrasos em entregas e sugerir ajustes logísticos, reduzindo custos operacionais.

E até mais:

- Previsão de demanda e otimização do gerenciamento de estoque.
- Planejamento de rotas logísticas mais eficientes.
- Análise de fornecedores para redução de custos e melhoria de prazos.

Análise da Curva ABC de Estoque, Clientes ou Fornecedores

A Análise da Curva ABC é um método utilizado para classificar itens, clientes ou fornecedores com base no impacto que eles têm sobre a empresa. Essa análise é baseada no Princípio de Pareto (80/20), que indica que 20% dos itens costumam representar cerca de 80% dos resultados.

Essa técnica permite priorizar recursos e esforços na gestão de estoque, clientes e fornecedores, garantindo que os itens mais relevantes sejam administrados com maior controle.

Aplicações da Curva ABC

1. **Curva ABC de Estoque**

   Classifica os produtos em três categorias, de acordo com sua importância no faturamento ou movimentação:

   Classe A: Produtos mais valiosos, que representam a maior parte do faturamento.

   Classe B: Itens de importância intermediária.

   Classe C: Produtos de menor valor ou demanda, mas que ainda têm impacto na operação.

2. **Curva ABC de Clientes**

   Permite segmentar os clientes de acordo com o faturamento gerado:

   Clientes A: Responsáveis pela maior parte da receita da empresa.

   Clientes B: Contribuição média para o faturamento.

   Clientes C: Clientes de baixo volume de compras, mas ainda relevantes.

3. **Curva ABC de Fornecedores**

   Ajuda a classificar fornecedores conforme sua importância e impacto nos negócios:

   Fornecedores A: Essenciais para a operação, com alto volume de fornecimento e impacto estratégico.

   Fornecedores B: Intermediários, com importância relevante, mas não crítica.

   Fornecedores C: Fornecedores de menor impacto ou utilizados ocasionalmente.

   A análise da Curva ABC facilita o foco nas áreas mais estratégicas do negócio, evitando desperdícios de tempo e recursos em itens ou parceiros de baixa relevância.

Vantagens da Análise da Curva ABC

- Melhora a gestão de estoques, evitando excesso ou falta de produtos essenciais.
- Aprimora a segmentação de clientes, permitindo estratégias. personalizadas de atendimento e fidelização.
- Facilita a negociação e o controle de fornecedores, garantindo qualidade e melhores prazos.
- Aumenta a eficiência operacional ao priorizar recursos nas áreas mais relevantes.
- Apoia decisões estratégicas baseadas em dados concretos, reduzindo ineficiências.

A aplicação da Curva ABC permite focar esforços nas áreas que mais impactam os resultados financeiros e operacionais da empresa, tornando a gestão mais estratégica e eficiente.

– Prompt –

Você é um especialista em gestão de estoques e análise de supply chain, com vasta experiência em classificação de itens pelo método da Curva ABC e otimização de inventário para redução de custos e aumento da eficiência.

Minha empresa trabalha com [quantidade] SKUs e precisa otimizar a gestão do estoque por meio da análise da Curva ABC. Queremos entender quais produtos representam a maior parte do faturamento e onde devemos concentrar nossos esforços de controle e reposição. Além disso, precisamos identificar quais itens têm baixo giro e alto custo de armazenagem, impactando a rentabilidade."

Para tanto, considere os seguintes arquivos em anexo:

> *[Lista completa de SKUs ou produtos, incluindo: Código do produto, Nome e descrição, Quantidade em estoque, Custo unitário, Receita gerada por cada produto nos últimos [X] meses, Volume de vendas por SKU...]*
>
> *[Histórico de vendas dos últimos [6-12] meses, para análise de sazonalidade e demanda]*
>
> *[Custos operacionais associados a cada produto, como armazenagem e transporte]*
>
> *[Política atual de reabastecimento, se houver]*

Traga, portanto:

> *Com base nos dados fornecidos, calcule a Curva ABC, classificando os produtos em três categorias:*
>
> *Classe A: Itens de maior valor e impacto no faturamento (cerca de 80% do valor total).*
>
> *Classe B: Itens de impacto intermediário (cerca de 15% do valor total).*
>
> *Classe C: Itens de menor impacto financeiro, mas que representam maior volume (cerca de 5% do valor total).*

Além disso, forneça insights estratégicos sobre:

1. *Recomendações de política de estoque para cada categoria.*
2. *Sugestões para redução de custos com itens de baixo giro.*
3. *Estratégias para aumentar a eficiência do controle e reposição."**

Por fim:

> *Apresente a resposta no formato de:*

1. *Tabela classificada com os produtos e suas categorias.*
2. *Gráfico de Pareto, mostrando a concentração de valor por categoria.*
3. *Sugestões de melhoria operacional, com base na análise.*

9.3.6.1. OTIMIZAÇÃO DE NÍVEIS DE ESTOQUE

A otimização de níveis de estoque é um processo essencial para garantir que a empresa mantenha a quantidade ideal de produtos armazenados, evitando tanto a escassez quanto o excesso de mercadorias. Uma gestão eficiente do estoque minimiza custos operacionais, melhora o fluxo de caixa e garante a disponibilidade dos produtos necessários para atender à demanda.

Esse processo envolve o monitoramento contínuo do consumo, análise de demanda, previsão de vendas e uso de metodologias estratégicas, como Curva ABC, Just in Time (JIT), Reposição Contínua e Estoque de Segurança.

Principais Estratégias para Otimização de Estoques

- **Análise da Demanda:** Previsão de vendas e consumo com base em dados históricos e tendências do mercado.
- **Curva ABC:** Classificação dos itens em categorias de acordo com sua importância no faturamento e volume de movimentação.
- **Estoque de Segurança:** Manutenção de uma reserva mínima de produtos para evitar rupturas no abastecimento.
- **Just in Time (JIT):** Método que reduz a quantidade de produtos estocados, garantindo reposição sob demanda, minimizando custos de armazenagem.
- **Automação e Tecnologia:** Uso de sistemas de gestão de estoque (ERP, WMS) para monitoramento em tempo real e tomada de decisão baseada em dados.
- **Integração com Fornecedores:** Negociações estratégicas para reposição eficiente, garantindo prazos de entrega e evitando excesso de capital imobilizado.

Vantagens da Otimização dos Níveis de Estoque

- Redução de custos operacionais e financeiros com menor capital imobilizado em mercadorias.
- Evita perdas e desperdícios por obsolescência, vencimento ou deterioração de produtos.
- Melhoria na eficiência da cadeia de suprimentos, garantindo entregas ágeis e assertivas.
- Aumento da satisfação do cliente, garantindo disponibilidade dos produtos sem excesso de armazenamento.
- Otimização do fluxo de caixa, permitindo investimentos estratégicos em outras áreas do negócio.

Uma gestão eficiente dos estoques reduz riscos financeiros, melhora a previsibilidade das operações e garante uma cadeia de suprimentos mais ágil e estratégica.

- Prompt -

Você é um especialista em gestão de estoques e supply chain, com experiência em modelos de previsão de demanda, métodos de otimização de inventário e redução de custos logísticos.

Minha empresa trabalha com [tipo de produto] e enfrenta desafios para equilibrar níveis de estoque sem gerar custos excessivos ou rupturas. Tenho um histórico de vendas de [X] meses, lead time médio de [X] dias e desejo prever a demanda para os próximos [X] meses, considerando sazonalidade e flutuações no mercado. Além disso, há restrições de espaço de armazenagem e necessidade de manter um giro de estoque eficiente.

Considerando os documentos em anexo:

[Relatórios de vendas históricas (mínimo de 6 a 12 meses) para análise de sazonalidade e tendências]

[Lista de SKUs e categorias de produtos, com informações como lead time de reposição e taxa de giro]

[Níveis de estoque atuais por SKU, incluindo estoque de segurança e estoque mínimo/máximo]

[Política de reabastecimento atual (FIFO, LIFO, Just in Time, etc.)]

[Custos de armazenagem, incluindo aluguel de espaço, refrigeração (se aplicável) e custo de ruptura]

[Dados sobre flutuações de demanda, como sazonalidade e promoções planejadas]

[Histórico de pedidos atrasados ou ruptura de estoque]

Traga, portanto:

Com base nesses dados, sugira a quantidade ideal de estoque para cada SKU, considerando modelos de previsão de demanda, métodos de reposição, e estratégias para redução de custos.

Além disso, forneça uma análise de pontos de ruptura, curva ABC e sugestões de melhoria na política de reposição."

Por fim:

Apresente a resposta em um formato estruturado contendo:

1. *Tabela com níveis ideais de estoque por SKU*
2. *Explicação dos critérios usados para os cálculos*
3. *Sugestões de melhorias operacionais*
4. *Indicadores para monitoramento contínuo*

9.3.6.2. OTIMIZAÇÃO DE ROTEIRIZAÇÃO E TRANSPORTE

A otimização de roteirização e transporte é um processo estratégico que visa reduzir custos logísticos, melhorar a eficiência das entregas e aumentar a satisfação dos clientes. Ao definir as melhores rotas para transporte de mercadorias, as empresas conseguem minimizar distâncias percorridas, reduzir tempos de entrega e maximizar a utilização dos veículos.

Esse processo envolve o uso de tecnologias avançadas, algoritmos de roteirização, inteligência artificial e sistemas de gestão de transporte (TMS — Transportation Management System) para planejar rotas mais eficientes e reduzir impactos operacionais.

Principais Estratégias para Otimização de Roteirização e Transporte

- **Análise e Planejamento de Rotas:** Definição das melhores rotas considerando distância, tempo, tráfego e condições das vias.
- **Agrupamento Inteligente de Entregas:** Consolidação de cargas para reduzir custos e maximizar a eficiência da frota.
- **Uso de Tecnologias e Sistemas de Roteirização:** Implementação de softwares especializados que analisam variáveis em tempo real e ajustam as rotas automaticamente.
- **Monitoramento e Rastreamento em Tempo Real:** Utilização de GPS e telemetria para acompanhar entregas e ajustar desvios de rota quando necessário.
- **Gestão de Janelas de Entrega:** Otimização dos horários de entrega para evitar atrasos e maximizar a satisfação do cliente.
- **Sustentabilidade na Logística:** Redução da pegada de carbono por meio da diminuição do consumo de combustível e melhor aproveitamento da frota.
- **Vantagens da Otimização de Roteirização e Transporte**
- **Redução de custos operacionais** com menor consumo de combustível e melhor aproveitamento dos veículos.
- **Aumento da pontualidade nas entregas**, melhorando a experiência do cliente.
- **Maior eficiência logística**, garantindo que mais entregas sejam realizadas em menos tempo.
- **Redução da ociosidade da frota e melhor aproveitamento dos motoristas.**
- **Diminuição do impacto ambiental** com otimização das rotas e redução do consumo de combustível.

Com uma roteirização eficiente, as empresas **reduzem atrasos, evitam desperdícios e melhoram sua competitividade no mercado**, tornando suas operações mais sustentáveis e rentáveis.

- Prompt -

Você é um especialista em logística e otimização de transportes, com conhecimento avançado em roteirização baseada em dados, redução de custos de frete e maximização da eficiência operacional.

Minha empresa realiza entregas para [número] de destinos diferentes diariamente, utilizando uma frota de [quantidade] veículos, com restrições de carga e horários. O tráfego, custo de combustível e condições climáticas impactam diretamente os prazos de entrega. Atualmente, enfrentamos desafios de rotas pouco eficientes, alto consumo de combustível e atrasos recorrentes.

Para tanto, considere as informações dos seguintes documentos em anexo:

[Lista de pedidos a serem entregues, incluindo destino, volume e peso da carga]

[Localização dos centros de distribuição e armazéns]

[Capacidade de carga e restrições da frota (peso, tamanho e quantidade de veículos disponíveis)]

[Histórico de tempos de entrega e custos logísticos por rota]

[Preços médios de combustível e pedágios para cada rota]

[Condições de tráfego e padrões sazonais que possam impactar a logística]

[Clima e variáveis ambientais que impactam transportes específicos (como cargas perecíveis ou frágeis)]

Traga, portanto:

Com base nos dados fornecidos, otimize as rotas de entrega, priorizando:

- *Redução do tempo total de deslocamento*
- *Economia de combustível*
- *Melhor aproveitamento da frota*
- *Cumprimento de prazos de entrega*

Considere tráfego, distância, custos e limitações operacionais, e sugira alternativas para melhorar a eficiência.

Por fim:

Forneça um mapa otimizado das rotas em formato de lista organizada, incluindo:

1. *Sequência ideal de entregas*
2. *Tempo estimado de deslocamento por trecho*
3. *Alternativas para cada rota em caso de contingências*
4. *Análise comparativa entre o planejamento atual e o otimizado*

9.3.6.3. SIMULAÇÃO DE CENÁRIOS DE RISCO

A simulação de cenários de risco no supply chain é um processo essencial para garantir a resiliência e a continuidade das operações logísticas e produtivas. Esse método envolve a criação de modelos preditivos e análises estratégicas que permitem às empresas antecipar riscos, avaliar impactos e planejar respostas eficazes para minimizar prejuízos.

Os riscos na cadeia de suprimentos podem ser operacionais, financeiros, climáticos, geopolíticos, tecnológicos ou regulatórios, e a simulação permite testar diferentes hipóteses e identificar pontos vulneráveis antes que uma crise ocorra. Com o uso de ferramentas avançadas, como modelagem estatística, inteligência artificial e análise de dados em tempo real, as empresas conseguem se preparar melhor para cenários adversos.

Principais Tipos de Riscos na Cadeia de Suprimentos

- **Riscos Operacionais:** Interrupções causadas por falhas logísticas, problemas de transporte, indisponibilidade de matérias-primas ou falhas em fornecedores críticos.
- **Riscos Financeiros:** Oscilações cambiais, crises econômicas, aumento de custos de frete e mudanças nos impostos ou tarifas comerciais.
- **Riscos Climáticos e Naturais:** Impacto de eventos climáticos extremos, desastres naturais e mudanças ambientais que afetam a cadeia de suprimentos.
- **Riscos Geopolíticos e Regulatórios:** Sanções econômicas, restrições comerciais, mudanças nas políticas de importação/exportação e novas exigências regulatórias.
- **Riscos Tecnológicos e Cibernéticos:** Ataques hackers, falhas em sistemas de gestão logística (TMS, WMS, ERP) e dependência excessiva de uma única tecnologia.

A simulação de cenários permite criar modelos de previsão e resposta para cada um desses riscos, garantindo maior controle sobre o impacto das adversidades na cadeia de suprimentos.

Vantagens da Simulação de Cenários de Risco no Supply Chain

- Antecipação de problemas e mitigação de impactos antes que ocorram
- Melhoria na tomada de decisão estratégica em momentos de crise

- Maior resiliência operacional e capacidade de adaptação a mudanças no mercado
- Otimização do planejamento logístico e financeiro, reduzindo perdas inesperadas
- Aprimoramento da comunicação e colaboração entre fornecedores, distribuidores e clientes

Com a simulação, as empresas podem prever rupturas na cadeia de suprimentos, estabelecer planos de contingência eficientes e garantir maior previsibilidade e segurança nas operações.

– Prompt –

Você é um analista de riscos especializado em cadeia de suprimentos, com experiência em modelagem de cenários e estratégias de mitigação."

Minha empresa trabalha com fornecedores globais e enfrenta riscos de atrasos logísticos, flutuações cambiais e mudanças regulatórias. Recentemente, tivemos um aumento de [X]% nos custos de transporte e dificuldades no cumprimento de prazos devido a [problema específico]. Precisamos criar uma estratégia de mitigação baseada em diferentes cenários de risco."

Para melhor resposta, considere as informações em anexo:

[Lista de fornecedores críticos, com tempos médios de entrega e histórico de falhas]

[Relatórios de variação de custos logísticos, incluindo combustível, frete e taxas alfandegárias]

[Dados sobre eventos passados que causaram interrupções na cadeia de suprimentos (ex.: crises econômicas, pandemias, desastres naturais)]

[Planos de contingência existentes, se houver;

[Regulamentações ambientais e tributárias que possam impactar a operação]

[Alternativas de fornecedores e transportadores em caso de falha dos atuais parceiros]

Traga, portanto:

Simule três cenários de risco distintos e sugira medidas preventivas e corretivas para cada um deles.

Os cenários devem considerar:

1. *Interrupção no fornecimento principal*
2. *Aumento súbito de custos logísticos*
3. *Mudanças regulatórias impactando importação/exportação*

Forneça também indicadores de alerta e estratégias de diversificação de fornecedores.

Por fim:

Apresente a resposta em formato de tabela comparativa, incluindo:

1. *Descrição do risco em cada cenário*
2. *Impacto estimado nas operações e no financeiro*
3. *Estratégias recomendadas para mitigação*
4. *Planos alternativos caso os riscos se concretizem*

9.3.6.4. GESTÃO DE FORNECEDORES COM AVALIAÇÃO DE DESEMPENHO DE FORNECEDORES

A gestão de fornecedores é um processo estratégico fundamental para garantir o abastecimento eficiente da cadeia de suprimentos, assegurando que os insumos, matérias-primas e serviços adquiridos sejam de alta qualidade, entregues dentro do prazo e a custos competitivos.

Uma parte essencial desse processo é a avaliação de desempenho de fornecedores, que permite monitorar e medir a eficiência, confiabilidade e qualidade dos parceiros comerciais. Essa análise é feita com base em critérios como cumprimento de prazos, conformidade com especificações, flexibilidade, suporte pós-venda e custo-benefício. Com essas métricas, as empresas conseguem reduzir riscos operacionais, otimizar contratos e garantir maior competitividade em supply chain.

Principais Critérios de Avaliação de Desempenho de Fornecedores:

- **Qualidade dos produtos ou serviços:** Verificação da conformidade com padrões técnicos, normativos e expectativas da empresa.
- **Pontualidade nas entregas:** Medição do cumprimento de prazos estabelecidos para evitar atrasos que impactem a produção ou a distribuição.
- **Custo-benefício e competitividade:** Análise de preços praticados em relação ao mercado e impacto nos custos operacionais.
- **Flexibilidade e capacidade de resposta:** Avaliação da capacidade do fornecedor de atender a demandas variáveis ou urgentes.
- **Suporte e atendimento pós-venda:** Qualidade do suporte técnico, garantia, resolução de problemas e atendimento comercial.

- **Sustentabilidade e conformidade regulatória:** Verificação de práticas ambientais, responsabilidade social e adequação a normas legais e éticas.

A avaliação contínua do desempenho dos fornecedores permite que a empresa identifique oportunidades de melhoria, renegocie contratos e substitua parceiros que não atendam aos padrões exigidos.

Vantagens da Gestão de Fornecedores com Avaliação de Desempenho:

- Redução de riscos operacionais e financeiros causados por falhas na cadeia de suprimentos.
- Melhoria na qualidade dos insumos e produtos entregues ao consumidor final.
- Maior previsibilidade e eficiência no planejamento logístico e produtivo.
- Otimização de custos ao garantir fornecedores mais competitivos e alinhados às necessidades da empresa.
- Fortalecimento do relacionamento com fornecedores estratégicos, promovendo parcerias de longo prazo.

Com um sistema estruturado de avaliação, a empresa pode garantir que os fornecedores estejam sempre alinhados às suas expectativas e requisitos operacionais, aumentando a confiabilidade e a eficiência na supply chain.

- Prompt -

Você é um especialista em gestão estratégica de fornecedores, com experiência em negociação, análise de desempenho e otimização de supply chain.

Minha empresa trabalha com [X] fornecedores ativos, mas enfrentamos problemas de atrasos frequentes, variação de qualidade e custos elevados. Precisamos classificar e avaliar os fornecedores com base em desempenho, pontualidade, custo e qualidade para tomar melhores decisões de compras e renegociação de contratos.

Para tanto considere as seguintes informações em anexo:

[Relatórios de desempenho dos fornecedores, com registros de entrega dentro e fora do prazo]

[Lista de fornecedores ativos, incluindo preços médios e condições comerciais]

[Histórico de devoluções e reclamações de qualidade]

[Nível de atendimento e suporte prestado pelos fornecedores]

[Volume de compras e participação de cada fornecedor no total da empresa]

[Critérios atuais de seleção e renegociação de fornecedores]

Traga, portanto:

Crie um ranking de fornecedores baseado nos seguintes critérios:

- *Tempo médio de entrega*
- *Índice de devolução por falha de qualidade*
- *Consistência nos preços e condições comerciais*
- *Atendimento e suporte pós-venda*

Sugira ações estratégicas para renegociação, substituição ou fortalecimento de parcerias."

Por fim:

Forneça a resposta em formato de ranking com notas e sugestões de melhoria, apresentando:

1. *Classificação dos fornecedores (excelente, bom, regular, ruim)*
2. *Justificativa para cada classificação*
3. *Recomendações de ação para cada fornecedor*

9.3.6.5. AUTOMAÇÃO DO CÁLCULO DE IMPOSTOS E CONFORMIDADE FISCAL

A automação do cálculo de impostos e conformidade fiscal é uma solução estratégica para empresas que buscam precisão, agilidade e segurança na apuração de tributos e no cumprimento de obrigações fiscais. Com a complexidade do sistema tributário, que envolve diferentes impostos federais, estaduais e municipais, a automação se torna essencial para evitar erros, reduzir riscos de autuações e otimizar a gestão tributária.

Por meio de softwares especializados e inteligência artificial, a automação permite que as empresas calculem tributos automaticamente, integrem informações contábeis e fiscais e gerem relatórios em tempo real, garantindo maior conformidade com a legislação vigente.

Principais Benefícios da Automação do Cálculo de Impostos e Conformidade Fiscal:

- **Precisão nos cálculos**

  Reduz erros humanos e inconsistências na apuração de tributos.

- **Cumprimento de prazos fiscais**

  Garante que todas as obrigações tributárias sejam entregues corretamente e dentro dos prazos estabelecidos.

- **Redução de riscos e penalidades**

  Minimiza chances de multas e sanções por erros ou atrasos na declaração de impostos.

- **Maior eficiência na gestão tributária**

  Automatiza processos que, manualmente, demandariam tempo e recursos, liberando a equipe para atividades mais estratégicas.

- **Integração com ERPs e sistemas contábeis**

  Facilita a centralização de informações financeiras e fiscais, garantindo melhor controle e auditoria.

- **Atualização automática conforme a legislação**

  Sistemas inteligentes acompanham mudanças na legislação tributária e ajustam cálculos de acordo com novas exigências.

A automação fiscal elimina retrabalho, reduz custos operacionais e melhora a governança tributária, tornando o setor financeiro mais estratégico e eficiente.

Principais Aplicações da Automação no Cálculo de Impostos:

- **Cálculo automático de tributos diretos e indiretos:** IRPJ, CSLL, PIS, COFINS, ICMS, ISS, IPI e outros impostos.
- **Geração e entrega de obrigações acessórias:** SPED Fiscal, EFD Contribuições, DIRF, DCTF, GIA, entre outras declarações.
- **Análise e recuperação de créditos tributários:** Identificação de oportunidades para compensação ou restituição de impostos pagos indevidamente.
- **Simulação de cenários fiscais:** Planejamento tributário para avaliar impactos financeiros e otimizar a carga tributária.
- **Gestão de retenções na fonte:** Cálculo e controle de tributos retidos em notas fiscais e pagamentos a fornecedores.

Vantagens da Conformidade Fiscal Automatizada:

- Redução de custos operacionais com processos fiscais mais ágeis e eficientes.
- Minimização de riscos tributários e fiscais por meio da automação de auditorias.
- Maior transparência na gestão tributária, garantindo governança e segurança jurídica.
- Facilidade na adaptação a novas regras fiscais e tributárias sem necessidade de ajustes manuais.
- Aprimoramento do planejamento fiscal e melhor controle sobre fluxo de caixa e pagamentos.

A conformidade fiscal é essencial para evitar problemas com o fisco e garantir a saúde financeira e a sustentabilidade do negócio. Empresas que adotam soluções automatizadas para o cálculo de impostos reduzem significativamente erros e passivos tributários, garantindo maior controle sobre suas obrigações fiscais.

- Prompt -

Você é um consultor tributário especializado em conformidade fiscal nacional e internacional, com expertise em análise regulatória, cálculo de impostos e otimização tributária.

Minha empresa atua no setor de [X] e realiza operações de importação/exportação. Precisamos garantir a conformidade com as regulamentações tributárias vigentes e otimizar a carga tributária. Além disso, estamos analisando o impacto da nova legislação [nome] sobre nossos processos logísticos."

Para tanto, considere as seguintes informações em anexo:

[Tabelas de impostos nacionais e internacionais aplicáveis às operações da empresa]

[Códigos NCM/HS Code dos produtos importados/exportados]

[Licenças, certificados e exigências sanitárias ou técnicas para os produtos]

[Regras e tratados de comércio internacional aplicáveis às rotas de importação/exportação]

[Histórico de auditorias fiscais e conformidade tributária]

[Planilhas de custos logísticos com incidência de impostos]

[Detalhamento das operações de transporte e frete]

Traga, portanto:

Liste os documentos obrigatórios para conformidade com as normas nacionais e internacionais e calcule a carga tributária sobre transporte e comércio exterior, considerando tarifas alfandegárias, ICMS, PIS/Cofins e incentivos fiscais disponíveis.

Por fim:

Forneça a resposta estruturada em:

1. *Lista de documentação necessária*
2. *Simulação de carga tributária por tipo de operação*
3. *Impacto da nova legislação sobre custos e processos*
4. *Recomendações para redução de carga fiscal*

9.3.7. REFLEXÃO E MINDFULNESS

Reflexão e Mindfulness para Gestores e Empreendedores: Benefícios e Impacto na Performance Profissional

A prática da **reflexão estratégica** e do **mindfulness** tem se tornado um diferencial competitivo para gestores e empreendedores que precisam lidar com ambientes de alta complexidade, tomada de decisões rápidas e desafios constantes. Essas abordagens proporcionam maior clareza mental, inteligência emocional e resiliência, impactando diretamente a performance e os resultados organizacionais.

Reflexão Estratégica: O Poder da Tomada de Decisão Consciente

A **reflexão estratégica** é o processo de análise profunda sobre ações, experiências passadas e cenários futuros, permitindo que gestores e empreendedores tomem decisões embasadas e minimizem riscos.

Principais Benefícios da Reflexão

- **Melhora na Tomada de Decisão:** Permite avaliar com mais precisão os impactos das escolhas e identificar oportunidades ocultas.
- **Aprendizado Contínuo:** Possibilita a identificação de padrões de sucesso e erro, promovendo a melhoria contínua.
- **Prevenção de Viés Cognitivo:** Reduz a influência de vieses inconscientes que podem levar a julgamentos precipitados.
- **Planejamento Mais Eficiente:** Facilita a criação de estratégias de longo prazo alinhadas aos objetivos organizacionais.
- **Maior Resiliência Empresarial:** A reflexão permite que o líder aprenda com fracassos sem entrar em ciclos de estresse desnecessários.

Prompt para Praticar Mindfulness de Forma Guiada e Eficiente:

O Mindfulness é uma prática que ajuda a aumentar a atenção plena, reduzir o estresse e melhorar o bem-estar emocional. Para guiar uma prática eficiente e adaptada às necessidades de cada pessoa, um prompt bem estruturado pode ajudar a tornar a experiência mais imersiva e personalizada.

– Prompt –

Você é um instrutor experiente de Mindfulness e Meditação, com especialização em neurociência cognitiva e psicologia positiva. Sua abordagem é prática, acessível e baseada em evidências científicas para melhorar a atenção plena e a qualidade de vida dos praticantes.

Quero desenvolver uma prática de Mindfulness adaptada à minha rotina diária, ajudando-me a reduzir o estresse, aumentar minha concentração e melhorar meu bem-estar emocional.

Tenho [X] minutos disponíveis por dia e gostaria de praticar em [horário preferido: manhã/ tarde/noite].

Meu principal desafio é [exemplo: ansiedade, foco, insônia, reatividade emocional]."

Traga, portanto:

Crie um plano de prática de Mindfulness personalizado que inclua:

- *Exercícios guiados adaptados ao meu tempo disponível.*
- *Técnicas específicas para lidar com meu principal desafio.*
- *Sugestões de posturas e ambientes ideais para a prática.*
- *Afirmações ou reflexões para aumentar a presença e a consciência no dia a dia.*
- *Estratégias para integrar o Mindfulness em atividades diárias (como comer, caminhar ou trabalhar).*

Por fim:

Forneça a resposta no seguinte formato:

1. *Plano de prática diária, estruturado em sessões curtas e acessíveis.*
2. *Instruções detalhadas para cada exercício, com orientações sobre respiração e postura.*
3. *Dicas para aplicar Mindfulness no dia a dia, sem necessidade de uma prática formal.*
4. *Sugestões de áudio, apps ou leituras complementares para aprofundar a experiência.*

9.3.7.1. COACH DE GRATIDÃO

O Coach de Gratidão é um profissional que auxilia indivíduos a desenvolverem uma mentalidade mais positiva e focada no reconhecimento das experiências e aprendizados do dia a dia. Essa abordagem se baseia na ciência da psicologia positiva e neurociência, mostrando que a gratidão pode melhorar o bem-estar emocional, aumentar a resiliência e fortalecer os relacionamentos interpessoais.

A gratidão, quando praticada regularmente, reconfigura o cérebro para perceber mais aspectos positivos da vida, reduzindo o estresse e promovendo um estado mental mais equilibrado. O coach atua como um facilitador desse processo, guiando os indivíduos por técnicas e práticas que reforçam a gratidão de forma estruturada e transformadora.

Benefícios do Coaching de Gratidão:

- **Reprogramação mental para um foco mais positivo**

  A prática regular da gratidão ajuda a mudar padrões de pensamento, reduzindo o impacto de crenças limitantes e fortalecendo a autoestima.

- **Redução do estresse e ansiedade**

  Estudos mostram que a gratidão ativa circuitos cerebrais associados ao bem-estar, reduzindo sintomas de estresse e promovendo uma maior sensação de paz interior.

- **Aprimoramento da inteligência emocional**

  O coaching auxilia no desenvolvimento da empatia, paciência e compreensão, melhorando relacionamentos pessoais e profissionais.

- **Maior motivação e produtividade**

  A gratidão impulsiona um mindset de crescimento, ajudando as pessoas a valorizarem suas conquistas e a manterem-se motivadas em seus objetivos.

- **Fortalecimento da resiliência emocional**

  Pessoas gratas enfrentam desafios com mais equilíbrio e aprendem a lidar melhor com adversidades, transformando dificuldades em oportunidades de crescimento.

- **Melhoria na qualidade de vida e saúde física**

  Estudos indicam que a prática da gratidão pode melhorar o sono, reduzir a pressão arterial e fortalecer o sistema imunológico.

Principais Técnicas Aplicadas no Coaching de Gratidão:

- **Diário da Gratidão:** Escrever diariamente pelo menos três coisas pelas quais a pessoa é grata fortalece a percepção positiva da vida.
- **Reestruturação Cognitiva:** Técnica baseada na psicologia positiva para reformular pensamentos negativos e focar nos aprendizados e aspectos positivos de cada situação.
- **Práticas de Mindfulness e Meditação da Gratidão:** Exercícios de atenção plena que ajudam a focar no presente e cultivar um estado de gratidão genuína.
- **Visualização Criativa:** Técnica para projetar cenários futuros desejados com um estado emocional positivo, reforçando a confiança e o entusiasmo.
- **Exercícios de Reflexão e Reconhecimento:** Sessões guiadas para identificar padrões de pensamento e comportamento que podem ser ajustados para maior gratidão e satisfação.

Vantagens de Adotar o Coaching de Gratidão na Vida Pessoal e Profissional:

- Melhora significativa no bem-estar emocional e na saúde mental.
- Fortalece relacionamentos interpessoais e promove conexões mais autênticas.
- Aumenta a clareza e a tomada de decisões mais conscientes e equilibradas.
- Reduz o impacto do estresse e melhora a qualidade do sono e do descanso.
- Cria um ciclo positivo de motivação, resiliência e satisfação pessoal.

A gratidão, quando cultivada conscientemente, transforma a forma como lidamos com desafios e oportunidades, criando um ciclo de crescimento contínuo e melhoria na qualidade de vida.

- Prompt -

Atue como meu coach de gratidão. Comece pedindo para que eu liste 3 coisas pelas quais sou grato e explique o motivo. Após cada resposta, incentive-me a pensar em mais coisas, aprofundando o motivo pelo qual valorizo esses aspectos da minha vida. Continue o diálogo até que eu diga para parar, ajudando-me a reconhecer e articular continuamente os elementos positivos ao meu redor. Este exercício tem como objetivo redirecionar meu foco para a gratidão, aprimorando meu senso geral de felicidade e contentamento.

9.3.7.2. SAÚDE E BEM-ESTAR

A saúde e o bem-estar representam um estado de equilíbrio entre corpo, mente e emoções, garantindo qualidade de vida, energia e produtividade. Enquanto a saúde está relacionada à condição física e ausência de doenças, o bem-estar envolve aspectos emocionais, psicológicos e sociais que contribuem para uma vida satisfatória e plena.

O conceito de bem-estar vai além do físico e inclui elementos como alimentação balanceada, atividade física regular, qualidade do sono, controle do estresse e equilíbrio emocional. A busca por uma vida saudável exige hábitos sustentáveis e estratégias de autocuidado que promovam não apenas longevidade, mas também felicidade e plenitude.

Pilares da Saúde e Bem-estar

- **Saúde Física:** Cuidados com o corpo por meio de alimentação equilibrada, atividade física, hidratação e prevenção de doenças.
- **Bem-estar Mental e Emocional:** Práticas que fortalecem a resiliência emocional, como mindfulness, terapia e controle do estresse.
- **Saúde Social:** Construção de relacionamentos saudáveis e conexões autênticas que promovem suporte e pertencimento.
- **Autocuidado e Hábitos Saudáveis:** Rotinas que favorecem a qualidade de vida, como sono adequado, momentos de lazer e equilíbrio entre trabalho e vida pessoal.
- **Saúde Financeira:** Gestão consciente dos recursos financeiros, reduzindo preocupações e proporcionando mais estabilidade e segurança.
- **Propósito e Significado:** A conexão com valores, objetivos e a busca por um propósito de vida geram satisfação e bem-estar a longo prazo.

Benefícios de Cultivar Saúde e Bem-estar

- Aumento da energia e disposição para as atividades diárias.
- Melhoria na produtividade e concentração no trabalho e estudos.
- Redução do estresse e maior equilíbrio emocional.
- Fortalecimento da imunidade e prevenção de doenças crônicas.
- Maior sensação de felicidade e satisfação com a vida.
- Melhoria na qualidade do sono e recuperação do corpo.

A adoção de hábitos saudáveis impacta diretamente a longevidade e a qualidade de vida, promovendo um ciclo positivo de bem-estar e motivação.

- Prompt -

Vou fornecer alguns detalhes sobre minha situação atual e objetivos, e seu trabalho será sugerir estratégias para me ajudar a tomar melhores decisões e alcançar esses objetivos. Isso pode envolver conselhos sobre diversos temas, como criar planos para alcançar o sucesso ou lidar com emoções difíceis.

Minha primeira solicitação é: preciso de ajuda para desenvolver hábitos mais saudáveis para gerenciar o estresse e ansiedade.

Minha segunda solicitação é: preciso de ajuda para desenvolver um plano alimentar mais saudável para gerenciar o peso ideal.

Minha terceira solicitação é: preciso de ajuda para combater vícios que me atrapalham, e me impedem de desenvolver o meu potencial.

Minha quarta solicitação é: preciso de ajuda para desenvolver um estilo de vida que melhore a forma como eu me posiciono profissionalmente que me ajude a desenvolver meu nível de autoridade em meus temas de expertise.

Importante:

Para cada ponto acima, sugira um plano detalhado, completo e personalizado de adequação conforme meu perfil e necessidades.

> *[INSIRA SUAS INFORMAÇÕES PESSOAS QUE AJUDEM A IA A BUSCAR SUBSÍDIOS QUE POSSAM SUGERIR A CONSTRUÇÃO DOS PLANOS].*

A integração da **reflexão estratégica** e do **mindfulness** na rotina de gestores e empreendedores proporciona um diferencial competitivo significativo. Ao melhorar a clareza mental, a inteligência emocional e a capacidade de decisão, essas práticas permitem um gerenciamento mais eficaz de pessoas, processos e desafios organizacionais. Em um cenário empresarial cada vez mais dinâmico, a habilidade de tomar decisões com consciência plena e refletir estrategicamente pode ser a chave para o sucesso sustentável.

9.3.8. VENDAS

A área de vendas é um dos pilares essenciais para o crescimento e a sustentabilidade de qualquer negócio. Ela envolve um conjunto de estratégias, processos e técnicas para atrair, converter e fidelizar clientes, garantindo o sucesso comercial da empresa.

O processo de vendas vai muito além da simples transação: ele inclui entendimento do cliente, abordagem estratégica, negociação, fechamento e pós-venda, garantindo que a experiência do consumidor seja positiva e gere recorrência.

Com o avanço das tecnologias e do comportamento digital, as vendas modernas exigem automação, análise de dados, personalização do atendimento e integração com marketing e customer success.

Elementos Fundamentais de um Processo de Vendas Eficiente

- **Prospecção e Geração de Leads:** Identificação de potenciais clientes e estratégias para atraí-los de forma segmentada.
- **Qualificação de Leads:** Análise do perfil e das necessidades do cliente para garantir que ele está pronto para a solução oferecida.
- **Abordagem e Apresentação da Solução:** Demonstração de valor, diferenciais do produto/serviço e alinhamento com as dores do cliente.
- **Negociação e Fechamento:** Superação de objeções, criação de senso de urgência e fechamento estratégico.
- **Pós-venda e Fidelização:** Acompanhamento da satisfação do cliente, estratégias de retenção e novas oportunidades de negócios.
- **Automação e Tecnologia no Processo de Vendas:** Uso de CRM, inteligência artificial, análise de dados e personalização para aumentar eficiência e previsibilidade dos resultados.

Vantagens de um Processo de Vendas Estruturado:

- Aumento da conversão e previsibilidade do faturamento.
- Maior eficiência no uso de recursos e tempo da equipe de vendas.
- Melhor experiência do cliente, gerando mais fidelização e indicações.
- Possibilidade de escalar as vendas sem comprometer a qualidade do atendimento.
- Redução do ciclo de vendas, tornando o processo mais ágil e assertivo.

A construção de uma estratégia de vendas bem definida e baseada em dados permite que as empresas cresçam de forma sustentável e alcancem melhores resultados comerciais.

9.3.8.1. PROMPTS PARA TRIAGEM DE RECLAMAÇÕES DE ATENDIMENTO AO CLIENTE

A triagem de reclamações no atendimento ao cliente é um processo fundamental para garantir a satisfação e a fidelização dos consumidores. Essa etapa permite identificar padrões de insatisfação, entender as principais dores dos clientes e encontrar soluções estratégicas para melhorar a experiência do consumidor.

Com o uso de prompts inteligentes, é possível automatizar esse processo e tornar a análise de reclamações mais rápida, organizada e eficiente. O objetivo é classificar as principais demandas, avaliar recorrências e definir ações corretivas que otimizem o atendimento e minimizem futuras queixas.

Vantagens de Utilizar Prompts para Triagem de Reclamações:

- **Classificação automática das reclamações:** Identificação de padrões e categorização dos principais problemas reportados pelos clientes.
- **Otimização do tempo da equipe de atendimento:** Redução do esforço manual na análise de reclamações, permitindo maior agilidade na resolução.
- **Melhoria na experiência do cliente:** Respostas mais rápidas e personalizadas para cada tipo de problema.
- **Identificação de gargalos e melhorias nos processos internos:** Análise dos pontos críticos que impactam a satisfação do cliente.
- **Redução do churn e aumento da retenção:** Clientes satisfeitos têm menos chances de abandonar a marca.

Como Esse Prompt Contribui para a Eficiência no Atendimento?

- Identifica padrões e recorrências nos problemas relatados pelos clientes.
- Permite uma abordagem mais proativa, reduzindo reclamações futuras.
- Melhora a retenção e fidelização ao resolver problemas de forma mais estratégica.
- Aumenta a eficiência da equipe de atendimento, otimizando tempo e recursos.

– Prompt –

Atue como um psicólogo organizacional renomado, especializado em análise do comportamento emocional do consumidor e experiência do cliente. Sua abordagem deve ser baseada em psicologia comportamental, neurociência aplicada ao consumo e gestão estratégica de atendimento, utilizando técnicas avançadas de mapeamento de emoções, análise de padrões de reclamações e modelagem preditiva de expectativas dos clientes.

A empresa busca otimizar seu processo de triagem de reclamações para melhorar o atendimento ao cliente. Para isso, é necessário realizar uma análise detalhada das interações registradas nos canais de suporte, identificando os principais padrões de insatisfação, desalinhamento de expectativas e recorrência de problemas.

Para tanto, consideres as seguintes informações em anexo:

> *[Base de dados de reclamações do atendimento ao cliente, incluindo: Transcrições de chats, e-mails, chamadas telefônicas ou tickets de suporte, Frequência e volume das reclamações por categoria, Índices de tempo médio de resposta e de resolução de problemas]*
>
> *[Política de atendimento e promessas da empresa, contendo: Prazos garantidos, Serviços e benefícios oferecidos, Valores da marca em relação ao suporte ao cliente]*
>
> *[Histórico de medidas corretivas já adotadas, incluindo: Estratégias passadas para resolver reclamações, Efetividade das ações implementadas]*
>
> *[Feedbacks de clientes pós-atendimento, caso disponível, para: Avaliação da satisfação com as resoluções propostas, Análise do impacto das mudanças já implementadas]*

Os dados a serem analisados incluem:

- *Registros de interações com clientes (chats, e-mails, telefonemas, tickets de suporte etc.)*
- *Principais reclamações categorizadas por tipo de problema e impacto*
- *Promessas feitas pela empresa versus expectativas percebidas pelos clientes*
- *Soluções já adotadas e suas taxas de sucesso*

O objetivo final é compreender as raízes das insatisfações, propor ações corretivas estratégicas e criar uma abordagem mais eficaz para reduzir o volume de reclamações e aumentar a satisfação do cliente.

Com base nos dados fornecidos, realize uma análise profunda e detalhada das interações dos clientes e forneça as seguintes respostas:

1. *Classificação das principais demandas e reclamações:*
   - *Categorize os tipos mais recorrentes de problemas relatados.*
   - *Identifique os fatores comuns entre essas reclamações e os pontos de maior impacto na experiência do cliente.*
2. *Identificação dos desalinhamentos entre expectativas e ações da empresa:*
   - *Compare as promessas da empresa com a percepção dos clientes.*
   - *Identifique falhas na comunicação e inconsistências nos serviços prestados.*

3. *Sugestão de soluções personalizadas para cada tipo de reclamação:*
   - *Proponha ações práticas e estratégicas para mitigar cada tipo de problema.*
   - *Sugira mudanças no processo de atendimento que possam melhorar a retenção e a experiência do cliente.*
   - *Indique mecanismos de monitoramento contínuo para garantir a eficácia das soluções implementadas.*
4. *Mapeamento emocional dos clientes:*
   - *Analise os padrões emocionais nas reclamações (exemplo: frustração, raiva, decepção).*
   - *Sugira abordagens psicológicas para melhorar a comunicação e empatia no atendimento.*

A resposta deve ser apresentada da seguinte maneira:

1. *Tabela de Classificação das Demandas e Reclamações*
   - *Categorização por tipo de problema*
   - *Frequência e recorrência*
   - *Impacto na experiência do cliente*
2. *Tabela Comparativa: Expectativa vs. Entrega*
   - *Promessas feitas vs. Realidade percebida pelo cliente*
   - *Principais falhas e lacunas identificadas*
3. *Plano Estratégico de Solução*
   - *Para cada tipo de reclamação, apresente uma ação prática, prazo estimado de implementação e benefícios esperados.*
   - *Indique quais departamentos devem estar envolvidos na implementação das melhorias.*
4. *Insights Comportamentais e Estratégias Psicológicas*
   - *Resumo das emoções predominantes identificadas nas reclamações.*
   - *Recomendações para melhorar a comunicação empática no atendimento.*
   - *Sugestão de treinamento para a equipe de suporte, se aplicável.*

9.3.8.2. CONHECENDO PROFUNDAMENTE SEU CLIENTE

Compreender profundamente o comportamento, necessidades, preferências e dores do cliente é essencial para qualquer estratégia de negócio bem-sucedida. Esse conhecimento permite que empresas personalizem suas ofertas, melhorem a comunicação, criem experiências mais satisfatórias e aumentem a fidelização.

No ambiente competitivo atual, dados sobre o cliente são ativos valiosos, e utilizá-los corretamente pode fazer a diferença entre um negócio que apenas atende demandas e um que antecipa necessidades, tornando-se referência no seu setor.

Elementos Fundamentais para Conhecer Profundamente o Cliente:

- **Perfil Demográfico:** Idade, gênero, localização, profissão, renda e nível educacional.
- **Comportamento de Consumo:** Padrões de compra, frequência, ticket médio e produtos/serviços mais adquiridos.
- **Necessidades e Dores:** Quais os principais desafios, frustrações e problemas que o cliente enfrenta no seu dia a dia e que seu negócio pode resolver.
- **Canais de Comunicação Preferidos:** E-mails, redes sociais, WhatsApp, atendimento presencial ou telefone.
- **Valores e Motivações:** O que move esse cliente a escolher um produto/serviço? Preço, qualidade, sustentabilidade, inovação, status, suporte?
- **Feedbacks e Reclamações:** O que o cliente gosta e o que ele gostaria de ver melhorado?
- **Nível de Engajamento e Fidelização:** Ele compra uma vez e nunca mais retorna ou faz compras recorrentes?

Vantagens de Conhecer Profundamente Seu Cliente:

- **Personalização de ofertas e comunicação**, aumentando taxas de conversão.
- **Criação de experiências mais relevantes e satisfatórias**, fortalecendo o vínculo com o consumidor.
- **Antecipação de tendências e necessidades**, permitindo inovação contínua.
- **Segmentação de clientes para ações de marketing mais eficientes**.
- **Aprimoramento no atendimento e pós-venda**, reduzindo churn e aumentando a retenção.

Quanto mais informações sua empresa tiver sobre os clientes, maior a assertividade nas estratégias de marketing, vendas e fidelização.

– Prompt –

Atue como um consultor de mercado altamente experiente, especializado em análise estratégica de clientes, prospecção de oportunidades e alinhamento de soluções a diferentes mercados e personas. Sua abordagem deve ser fundamentada em inteligência de mercado, segmentação comportamental, mapeamento de perfis de clientes e análise aprofundada da jornada do consumidor.

Utilize metodologias avançadas de customer insight, psicologia de consumo e técnicas de personalização de ofertas para garantir que as recomendações sejam altamente estratégicas, aplicáveis e personalizadas ao perfil de cada persona analisada.

A empresa busca um conhecimento aprofundado de seus clientes para alinhar suas soluções de forma mais precisa às necessidades e desafios específicos de cada persona. O objetivo é construir uma estratégia personalizada de comunicação, vendas e retenção, garantindo que as soluções oferecidas sejam percebidas como altamente relevantes, impactantes e diferenciadas no mercado.

Para a construção da melhor analise e respostas, considere os documentos em anexo:

> *[Descrição detalhada da empresa, incluindo: Produtos e serviços oferecidos, Posicionamento no mercado e diferenciais competitivos, Público-alvo e segmentos atendidos]*
>
> *[Perfis detalhados das personas, contendo: Características demográficas e comportamentais, Cargos, setores e desafios profissionais, Comportamento de compra e histórico de consumo]*
>
> *[Estudos de mercado relevantes, como: Tendências do setor e benchmarking, Principais concorrentes e posicionamento de mercado, Expectativas do público em relação às soluções oferecidas]*
>
> *[Feedbacks e métricas de clientes, incluindo: Reclamações mais recorrentes, Principais elogios e motivos de satisfação, Dados de retenção e fidelização de clientes]*

Os dados a serem analisados incluem:

- *Descrição detalhada da empresa e seus produtos/serviços*
- *Segmentação e definição das personas-alvo*
- *Informações comportamentais, mercadológicas e psicográficas dos clientes*
- *Tendências de mercado e principais desafios do setor*

A análise deve ser 100% personalizada e baseada exclusivamente nas características do negócio e das personas, evitando generalizações ou respostas padronizadas.

Realize uma análise detalhada para cada persona fornecida e responda integralmente as 15 questões abaixo:

1. *Responsabilidades principais*
   - *Defina o principal propósito profissional da persona.*
   - *Liste as 5 principais responsabilidades relacionadas a esse propósito.*
   - *Para cada responsabilidade, explique como as soluções da empresa podem apoiar a persona na execução dessas funções.*
2. *Objetivos e desafios*
   - *Identifique os 5 principais objetivos mercadológicos e profissionais da persona.*
   - *Para cada objetivo, liste os 5 principais desafios enfrentados.*
   - *Explique como as soluções da empresa podem ajudar a superar esses desafios.*
3. *Comportamento nas redes sociais*
   - *Liste as redes sociais mais utilizadas pela persona.*
   - *Analise como ela se comporta nessas plataformas, incluindo tipo de conteúdo consumido, engajamento e preferências.*
4. *Dores e necessidades*
   - *Identifique os 5 principais problemas mercadológicos/profissionais da persona.*
   - *Liste as 10 principais necessidades que ela deseja resolver.*
   - *Para cada problema e necessidade, explique como as soluções da empresa podem resolver essas demandas.*
5. *Frustrações e desejos*
   - *Liste as 5 principais frustrações da persona.*
   - *Identifique os 10 principais desejos mercadológicos/profissionais.*
   - *Para cada frustração e desejo, explique como as soluções da empresa podem atuar positivamente.*
6. *Expectativas*
   - *Liste as 5 principais expectativas da persona em relação à empresa e seus produtos/serviços.*
   - *Para cada expectativa, explique como as soluções podem atender ou superar essas expectativas.*
7. *Atitude em relação à aprendizagem contínua*
   - *Analise como a persona se posiciona em relação ao aprendizado ao longo da vida.*
   - *Explique como essa visão está alinhada às soluções da empresa.*
8. *Atitude em relação ao uso de novas tecnologias*
   - *Avalie o nível de interesse da persona por inovações tecnológicas.*
   - *Analise como essa postura impacta sua evolução profissional e mercadológica.*
   - *Explique como as soluções da empresa se conectam a essa visão.*

9. *Atitude em relação à carreira*
    - *Analise como a persona enxerga sua trajetória profissional.*
    - *Liste as 5 principais aspirações e objetivos futuros.*
    - *Para cada aspiração, explique como as soluções da empresa podem impulsionar seu crescimento profissional.*
10. *Impulsionadores de compra*
    - *Liste os 5 principais fatores que motivam a persona a comprar esse tipo de solução.*
    - *Para cada fator, explique como as soluções da empresa se encaixam nesses impulsionadores.*
11. *Barreiras de compra*
    - *Identifique as 5 principais objeções ou barreiras que podem impedir a persona de adquirir a solução.*
    - *Para cada barreira, explique como a empresa pode mitigar essas objeções e aumentar a aceitação da solução.*
12. *Construção de confiança*
    - *Liste os 5 principais elementos que fazem a persona confiar e recomendar uma solução.*
    - *Para cada ponto, explique como a empresa pode fortalecer essa percepção de confiança.*
13. *Exigências do cliente*
    - *Identifique os 5 principais critérios de exigência da persona ao escolher uma solução.*
    - *Para cada critério, explique como a empresa pode atender ou superar essas exigências.*
14. *Facilitadores da tomada de decisão*
    - *Liste os 5 principais fatores que tornam a decisão de compra mais fácil para a persona.*
    - *Para cada facilitador, explique como as soluções da empresa podem reforçar esses elementos persuasivos.*
15. *Rentabilização*
    - *Liste os 5 principais fatores que podem levar a persona a obter retorno financeiro a partir da solução oferecida.*
    - *Explique como as soluções da empresa podem contribuir para que a persona aumente sua rentabilidade e sucesso financeiro.*

A resposta deve ser estruturada de forma estratégica e clara, incluindo:

1. *Tabelas de análise de persona*
    - *Estruture os principais pontos analisados em formato comparativo para facilitar a tomada de decisão.*

2. *Resumo estratégico por categoria*

   - *Para cada uma das 15 questões, inclua um resumo prático das principais conclusões, conectando diretamente às soluções da empresa.*

3. *Plano de ação personalizado*

   - *Sugestão de abordagens estratégicas para alinhar a oferta da empresa ao perfil da persona.*
   - *Identificação de oportunidades de diferenciação competitiva no mercado.*

9.3.9. PROFESSORES

Os professores desempenham um papel essencial na formação educacional, desenvolvimento intelectual e capacitação de alunos. Além de transmitir conhecimento, eles atuam como mediadores do aprendizado, facilitadores do pensamento crítico e incentivadores da autonomia dos estudantes.

A educação moderna exige que os professores se adaptem a novas metodologias, integrem tecnologia ao ensino e personalizem abordagens pedagógicas, garantindo que o aprendizado seja dinâmico, acessível e eficaz. Para isso, a gestão do ensino envolve planejamento de aulas, desenvolvimento de materiais didáticos, estratégias de engajamento e avaliação contínua.

Elementos Fundamentais para um Ensino Eficiente

- **Planejamento de Aulas:** Estruturação do conteúdo de forma lógica e sequencial para garantir um aprendizado progressivo.
- **Metodologias Ativas de Ensino:** Uso de abordagens como ensino baseado em projetos, gamificação e aprendizagem colaborativa.
- **Integração de Tecnologia na Educação:** Utilização de ferramentas digitais, plataformas interativas e recursos multimídia.
- **Personalização do Ensino:** Adaptação de conteúdos e atividades de acordo com o ritmo e as necessidades dos alunos.
- **Avaliação do Aprendizado:** Monitoramento do desempenho dos alunos para identificar pontos de melhoria e reforço.
- **Desenvolvimento Profissional Contínuo:** Atualização constante sobre novas metodologias e práticas pedagógicas inovadoras.

Vantagens de uma Abordagem Estruturada na Educação:

- Melhor organização e eficiência no ensino, garantindo qualidade na transmissão do conhecimento.
- Maior engajamento e motivação dos alunos através de metodologias inovadoras.
- Otimização do tempo do professor, permitindo foco em estratégias pedagógicas mais eficazes.
- Facilidade na adaptação do ensino para diferentes perfis de aprendizado.
- Aprimoramento contínuo do processo educacional, melhorando os resultados acadêmicos.

A educação moderna exige que os professores equilibrem teoria e prática, tecnologia e interação humana, promovendo um ensino dinâmico e relevante para os desafios atuais.

9.3.9.1. PLANEJAMENTO DE AULAS

O planejamento de aulas é a base para um ensino eficaz. Ele organiza os conteúdos, define os objetivos de aprendizagem e estrutura a metodologia, garantindo uma experiência educacional coesa e eficiente.

Vantagens de Utilizar Prompts no Planejamento de Aulas

- **Aulas bem estruturadas**: Seguem uma progressão lógica e coerente.
- **Personalização**: Adaptáveis a diferentes perfis de alunos e modalidades de ensino.
- **Eficiência no ensino**: Reduz o tempo de planejamento e aumenta a produtividade do professor.
- **Maior engajamento**: Métodos inovadores e tecnologias aumentam a motivação dos alunos.

Como Esse Prompt Contribui para o Aprimoramento do Professor?

- Facilita a organização e estruturação das aulas.
- Oferece novas abordagens pedagógicas para tornar o ensino mais dinâmico.

- Incentiva o uso de tecnologia na educação para maximizar o aprendizado.
- Permite um ensino mais inclusivo e adaptável às necessidades dos alunos.

O prompt abaixo otimiza o planejamento de aulas, ajudando professores a criar experiências de ensino mais engajadoras, eficazes e inovadoras.

– Prompt –

Atue como um especialista em pedagogia e design instrucional, com vasta experiência no planejamento de aulas eficazes e inovadoras. Utilize metodologias ativas, abordagens personalizadas e ferramentas digitais para estruturar um plano de aula ideal.

A aula será ministrada para alunos de [faixa etária/série escolar] em um ambiente [presencial, online ou híbrido]. O objetivo é ensinar [tema] de forma envolvente e eficaz, levando em consideração diferentes estilos de aprendizagem. Além disso, é essencial que o plano contemple metodologias inovadoras, atividades interativas e a possibilidade de integração com tecnologias educacionais.

Com base nesses critérios, elabore um plano de aula detalhado que inclua:

1. *Objetivos de aprendizagem: O que os alunos devem compreender e dominar ao final da aula?*
2. *Conteúdo a ser abordado: Principais tópicos e conceitos fundamentais.*
3. *Metodologia de ensino: Técnicas mais eficazes para a transmissão do conteúdo, incluindo abordagens inovadoras (aprendizagem ativa, ensino baseado em projetos, gamificação, etc.).*
4. *Atividades práticas e interativas: Sugira exercícios dinâmicos que incentivem a participação dos alunos.*
5. *Materiais e recursos necessários: Inclua ferramentas digitais, vídeos educacionais, plataformas interativas e qualquer outro suporte relevante.*
6. *Avaliação e acompanhamento: Formas de medir o desempenho dos alunos e identificar áreas de reforço.*

Por fim, apresente:

1. *Plano de Aula Estruturado: Organizado por seções, com descrição detalhada de cada item.*
2. *Sugestões de Recursos Tecnológicos: Lista de ferramentas educacionais aplicáveis.*
3. *Exemplos de Aplicação: Modelos de atividades para diferentes perfis de alunos.*

9.3.9.2. DESENVOLVIMENTO DE CONTEÚDO

O desenvolvimento de conteúdo educacional é essencial para garantir que os alunos tenham acesso a materiais diversificados, adaptados aos seus estilos de aprendizagem e níveis de conhecimento. Materiais bem estruturados auxiliam na compreensão dos temas, reforçam o aprendizado e promovem maior autonomia no estudo.

Vantagens de Utilizar Prompts no Desenvolvimento de Conteúdo

- **Criação rápida e estruturada de materiais didáticos** para diferentes perfis de alunos.
- **Geração de avaliações adaptadas**, facilitando a medição do desempenho estudantil.
- **Personalização do ensino**, garantindo que cada aluno receba conteúdos apropriados ao seu nível de aprendizado.
- **Aprimoramento da experiência de ensino**, tornando as aulas mais ricas e interativas.

O prompt abaixo possibilita a criação de materiais educacionais completos, diversificados e personalizados, garantindo um ensino mais eficiente e adequado às necessidades dos alunos.

– Prompt –

Atue como um especialista em design educacional e desenvolvimento de materiais didáticos, com expertise na criação de conteúdos pedagógicos estruturados, avaliações eficientes e estratégias para personalização do ensino.

A solicitação envolve o desenvolvimento de materiais educacionais, avaliações e conteúdos personalizados para alunos de [faixa etária/série escolar] sobre o tema [assunto da disciplina]. Os materiais devem ser claros, objetivos e alinhados aos objetivos de aprendizagem estabelecidos. Além disso, o conteúdo deve considerar diferentes perfis de alunos, contemplando tanto aqueles que necessitam de reforço quanto os que buscam desafios avançados.

Com base nas diretrizes apresentadas, desenvolva um conteúdo completo e bem estruturado, incluindo:

1. *Materiais Didáticos: Gere resumos, artigos explicativos, guias de leitura e atividades práticas que auxiliem os alunos na compreensão do tema. Inclua exemplos concretos e aplicações no dia a dia.*

2. *Avaliações: Crie um conjunto de questões variadas (múltipla escolha, dissertativas, estudo de caso, quizzes interativos) que permitam avaliar diferentes níveis de compreensão. As questões devem ser alinhadas com os objetivos de aprendizagem.*
3. *Personalização do Conteúdo: Sugira adaptações do material para diferentes níveis de aprendizado, criando exercícios de reforço para alunos com dificuldades e desafios adicionais para aqueles com maior facilidade no tema.*

Responda da seguinte forma:

- *Material Didático Estruturado: Texto organizado, claro e direto, incluindo exemplos aplicáveis.*
- *Modelo de Avaliação Personalizado: Conjunto de questões variadas e alinhadas aos objetivos da aula.*
- *Sugestões de Diferenciação do Ensino: Estratégias de adaptação do conteúdo conforme o nível do aluno.*

Como Esse Prompt Contribui para o Aprimoramento do Professor?

- Facilita a criação de conteúdos didáticos estruturados e de alta qualidade.
- Otimiza o tempo do professor, reduzindo esforços na elaboração de materiais e avaliações.
- Permite um ensino mais inclusivo, atendendo diferentes perfis de aprendizado.
- Aprimora a experiência de ensino, tornando o aprendizado mais interativo e dinâmico.

9.3.9.3. GESTÃO DE SALA DE AULA

A gestão eficaz da sala de aula é essencial para garantir um ambiente de aprendizado produtivo, colaborativo e disciplinado. O planejamento adequado de atividades interativas, a aplicação de estratégias para lidar com comportamentos desafiadores e a organização eficiente do tempo são fundamentais para otimizar o ensino e maximizar o engajamento dos alunos.

Vantagens de Utilizar Prompts na Gestão de Sala de Aula

- **Aumento da participação dos alunos**, tornando o aprendizado mais ativo e envolvente.
- **Melhoria no gerenciamento de comportamento**, promovendo um ambiente harmonioso e colaborativo.
- **Otimização do tempo de aula**, garantindo a cobertura completa dos conteúdos e maior eficiência no ensino.
- **Redução de desafios disciplinares**, possibilitando intervenções pedagógicas mais assertivas.

O prompt abaixo auxilia os professores na gestão eficaz da sala de aula, garantindo um ensino estruturado, dinâmico e eficiente, resultando em maior engajamento dos alunos e melhor aproveitamento do tempo letivo.

– Prompt –

Atue como um especialista em didática, pedagogia e gestão de sala de aula, com vasta experiência na criação de atividades interativas, estratégias de comportamento e otimização de tempo para garantir um ambiente de aprendizado dinâmico e eficiente.

O objetivo é planejar uma aula para alunos de [faixa etária/série escolar] sobre [tema] em um ambiente [presencial, online ou híbrido]. A aula deve incluir atividades interativas, garantir um controle eficiente do comportamento dos alunos e seguir um cronograma bem estruturado para maximizar o aprendizado e a participação. O professor deseja implementar abordagens inovadoras para engajar os alunos e evitar dispersões.

Com base nesse cenário, desenvolva um plano estratégico de gestão de sala de aula, contemplando os seguintes pontos:

1. *Planejamento de Atividades Interativas: Sugira atividades dinâmicas que incentivem a participação ativa dos alunos, como debates estruturados, estudos de caso, dinâmicas de grupo, simulações práticas ou jogos educacionais. Explique como cada atividade pode ser aplicada e quais benefícios proporciona ao aprendizado.*
2. *Estratégias para Gestão de Comportamento: Apresente técnicas para lidar com desafios comportamentais, promover a disciplina e criar um ambiente harmonioso. Indique estratégias de reforço positivo, regras claras e métodos de mediação de conflitos.*
3. *Organização do Tempo em Sala de Aula: Desenvolva um cronograma otimizado para a aula, sugerindo a melhor distribuição do tempo entre exposição do conteúdo, atividades práticas e momentos de interação. O planejamento deve garantir que todos os tópicos sejam abordados de maneira eficiente sem comprometer a participação dos alunos.*

Apresente, portanto:

- *Estratégias Didáticas Estruturadas: Atividades detalhadas e adaptadas ao contexto da aula.*
- *Técnicas de Gestão de Comportamento: Métodos práticos e aplicáveis para lidar com desafios disciplinares.*
- *Cronograma de Aula Otimizado: Planejamento detalhado do tempo para melhor aproveitamento do ensino.*

Como Esse Prompt Contribui para o Aprimoramento do Professor?

- Facilita a organização de aulas mais dinâmicas e interativas.
- Reduz desafios comportamentais, promovendo um ambiente mais produtivo.
- Otimiza o tempo disponível, garantindo maior eficiência no ensino.
- Aprimora a experiência dos alunos, tornando o aprendizado mais participativo e envolvente.

9.3.10. ESTUDANTES

O ChatGPT é uma ferramenta poderosa para potencializar o aprendizado, oferecendo respostas rápidas, explicações personalizadas e auxílio na escrita acadêmica. Ele ajuda na compreensão de textos complexos, cria simulados e testes, organiza cronogramas de estudo e desenvolve habilidades criativas e pensamento crítico. Além disso, pode ser usado para praticar idiomas e aprimorar a fluência. No entanto, seu uso deve ser estratégico, com validação das informações, garantindo que seja um complemento ao aprendizado, e não um substituto para o estudo aprofundado e a reflexão crítica.

9.3.10.1. APOIO AO ESTUDO E COMPREENSÃO DE CONTEÚDO

A aprendizagem eficaz exige que os estudantes compreendam conceitos complexos, sintetizem informações relevantes e esclareçam dúvidas com rapidez e precisão. Um suporte bem estruturado facilita a absorção do conhecimento e melhora o desempenho acadêmico.

Vantagens de Utilizar Prompts no Apoio ao Estudo

- **Facilita a compreensão de temas difíceis**, tornando-os mais acessíveis por meio de explicações claras e exemplos práticos.
- **Acelera a assimilação do conhecimento**, permitindo que os alunos tenham acesso a resumos e sínteses estruturadas.
- **Fornece respostas rápidas e precisas**, ajudando na resolução de dúvidas e incentivando um estudo mais autônomo.
- **Aprimora a retenção do conteúdo**, promovendo uma abordagem mais interativa para a revisão de temas.

O prompt abaixo auxilia estudantes na compreensão de conteúdos complexos, oferecendo explicações detalhadas, resumos estruturados e suporte para dúvidas, tornando o processo de aprendizado mais acessível e eficiente.

– Prompt –

Atue como um especialista em educação e ciência cognitiva, com experiência em simplificação de conceitos complexos, produção de resumos estruturados e esclarecimento de dúvidas acadêmicas em diversas disciplinas.

O estudante precisa de auxílio no aprendizado sobre [tópico/tema], que é considerado desafiador. O objetivo é fornecer uma explicação clara e acessível, incluindo exemplos práticos e aplicações reais. Além disso, o estudante busca um resumo estruturado dos principais conceitos e um suporte rápido para esclarecer dúvidas específicas, garantindo um estudo mais eficiente.

Com base nesse cenário, forneça um suporte completo para o estudo, abordando os seguintes aspectos:

1. *Explicação de Conceitos Complexos: Apresente uma explicação detalhada e simplificada do tema, dividindo-o em partes fáceis de compreender. Utilize exemplos práticos e analogias para facilitar a assimilação.*
2. *Resumos e Sínteses: Gere um resumo estruturado destacando os principais pontos do conteúdo, facilitando a revisão e a retenção do aprendizado.*
3. *Esclarecimento de Dúvidas: Responda de forma objetiva e precisa às principais dúvidas que podem surgir sobre o tema, oferecendo respostas diretas e contextualizadas.*

Apresente a resposta da seguinte forma:

- *Explicação Didática Detalhada: Quebra de conceitos complexos em partes menores e mais compreensíveis*
- *Resumo Estruturado: Síntese dos principais pontos para facilitar a revisão e o aprendizado*
- *Respostas Diretas às Dúvidas: Explicações claras e objetivas para questões específicas*

Como Esse Prompt Contribui para o Aprimoramento do Estudante?

- Facilita a compreensão de temas desafiadores por meio de explicações simplificadas.
- Torna o estudo mais eficiente, reduzindo o tempo necessário para assimilação do conteúdo.
- Promove maior autonomia, permitindo que o estudante resolva dúvidas rapidamente.
- Aprimora o desempenho acadêmico ao estruturar a revisão de maneira mais eficiente.

9.3.11. DESENVOLVIMENTO DE INFOPRODUTOS

Os info produtos (ou produtos digitais) são materiais criados, distribuídos e consumidos exclusivamente no ambiente digital, geralmente com o objetivo de educar, informar ou entreter um público-alvo específico. Eles possuem alta escalabilidade, pois, uma vez criados, podem ser vendidos inúmeras vezes sem a necessidade de reposição de estoque ou custos de produção adicionais.

Principais Tipos de Infoprodutos

1. **E-books:** Livros digitais sobre diversos temas, desde guias práticos até materiais aprofundados para estudos.

   Exemplo: Um e-book sobre **estratégias de marketing digital**.

2. **Cursos Online:** Videoaulas organizadas em módulos, oferecendo aprendizado estruturado.

   Exemplo: Curso de **copywriting para vendas** na plataforma Hotmart ou Udemy.

3. **Webinars e Masterclasses:** Aulas ao vivo ou gravadas, geralmente com interação direta entre o especialista e os participantes.

   Exemplo: Masterclass sobre **neuromarketing e vendas persuasivas**.

4. **Planilhas e Templates:** Ferramentas prontas para facilitar processos específicos, como gestão financeira, planejamento estratégico e produção de conteúdo.

   Exemplo: **Planilha de fluxo de caixa automatizada** para pequenas empresas.

5. **Audiobooks e Podcasts Exclusivos:** Conteúdos em áudio voltados para aprendizado ou entretenimento, permitindo o consumo em momentos de deslocamento ou lazer.

   Exemplo: **Podcast premium sobre inteligência artificial aplicada a negócios**.

6. **Mentorias e Consultorias Digitais:** Sessões personalizadas oferecidas via plataformas como Zoom, Google Meet ou WhatsApp, onde o especialista orienta diretamente o cliente.

   Exemplo: **Mentoria para empreendedores iniciantes no mercado digital**.

7. **Softwares e Ferramentas Digitais:** Programas, aplicativos ou automações que resolvem problemas específicos.

   Exemplo: **Ferramenta de automação para captura e qualificação de leads**.

Vantagens dos Infoprodutos:

- **Alta escalabilidade:** Diferente de produtos físicos, um info produto pode ser vendido ilimitadamente sem aumento de custos de produção.
- **Baixo custo de criação e distribuição:** O investimento inicial é reduzido comparado a um produto tradicional.
- **Flexibilidade de consumo:** O cliente pode acessar o conteúdo de qualquer lugar e a qualquer momento.
- **Automação de vendas:** Plataformas como Hotmart, Eduzz e Monetizze permitem que a venda ocorra de forma passiva, gerando renda recorrente.
- **Posicionamento como autoridade:** Criar e vender info produtos fortalece a marca pessoal e profissional do autor.

Como Monetizar Infoprodutos?

1. Criar um infoproduto com conteúdo relevante para um público-alvo específico.
2. Utilizar plataformas de venda como Hotmart, Kiwify, Monetizze, Udemy ou Shopify.
3. Implementar estratégias de marketing digital, incluindo tráfego pago, SEO, e-mail marketing e marketing de afiliados.
4. Construir uma presença digital forte (redes sociais, blog, YouTube) para atrair e engajar potenciais compradores.
5. Criar um funil de vendas automatizado para transformar leads em clientes recorrentes.

Os info produtos representam um dos segmentos mais lucrativos do mercado digital, permitindo que especialistas, empreendedores e educadores monetizem seu conhecimento de maneira escalável. Com a crescente digitalização, a demanda por aprendizado remoto e soluções digitais só tende a aumentar, tornando esse mercado altamente promissor para quem deseja empreender online.

9.3.11.1. PLANO ESTRATÉGICO PARA DESENVOLVIMENTO DE UM INFOPRODUTO COM BASE NA ESCADA DE VALOR

O desenvolvimento de um infoproduto eficaz exige uma abordagem estruturada que maximize o valor entregue ao público-alvo. A metodologia da Escada de Valor, presente nos livros DotCom Secrets, Expert Secrets e Traffic Secrets, de Russell Brunson, permite criar um produto digital que guia os clientes em uma jornada progressiva de valor, desde uma oferta inicial gratuita até soluções premium de alto ticket.

Vantagens de Utilizar a Escada de Valor na Criação de um Infoproduto:

- **Criação de uma oferta irresistível**, aumentando a conversão e retenção de clientes.
- **Posicionamento estratégico**, alinhando o produto às expertises do criador e às necessidades do público.
- **Maximização da monetização**, por meio de upsells e produtos complementares.
- **Geração de tráfego qualificado**, impulsionando a visibilidade e a escalabilidade do infoproduto.

O prompt abaixo permite a criação de um infoproduto altamente estratégico, seguindo as diretrizes de especialistas como Russell Brunson, e proporcionando um crescimento previsível e sustentável para o negócio.

– Prompt –

Atue como Russell Brunson, especialista em marketing digital, funis de vendas e monetização de infoprodutos. Utilize os princípios de DotCom Secrets, Expert Secrets e Traffic Secrets para estruturar um plano estratégico de desenvolvimento de um infoproduto altamente rentável e alinhado às expertises do CEO.

O objetivo é criar um infoproduto de alto impacto, estruturado com base na Escada de Valor, garantindo que ele gere conversões, autoridade e escala para o negócio.

A análise deve considerar os seguintes elementos:

[DESCREVA OU ANEXE DOCUMENTOS]

- *Descrição do negócio: [Qual é o nicho e a proposta de valor da empresa?]*
- *Descrição do produto/serviço: [Qual é a oferta principal e o problema que resolve?]*
- *Perfil da persona: [Quem é o público-alvo e quais são suas dores, desejos e desafios?]*
- *Posicionamento de mercado: [Como o infoproduto se diferencia da concorrência?]*

Com base nessas informações, desenvolva um plano estratégico completo para o infoproduto, estruturado nos seguintes pilares:

1. *Definição do Infoproduto Ideal*
    - *Qual é o melhor formato para o infoproduto (curso online, e-book, masterclass, mentoria, comunidade exclusiva)?*
    - *Como ele pode ser posicionado para destacar o diferencial competitivo?*
    - *Qual transformação ele proporcionará aos clientes?*
2. *Estratégia da Escada de Valor*
    - *Definição das ofertas de entrada, intermediárias e premium.*
    - *Estruturação de upsells, downsells e cross-sells para maximizar a receita.*
    - *Criação de iscas digitais (lead magnets) para atrair potenciais clientes.*
3. *Criação do Funil de Vendas*
    - *Estruturação do funil de aquisição (página de captura, vídeos de vendas, e-mails automatizados).*
    - *Definição da estratégia de precificação e níveis de oferta.*
    - *Desenvolvimento de uma estratégia de engajamento para aumentar a conversão.*
4. *Geração de Tráfego e Autoridade*
    - *Como construir uma base de leads qualificada por meio de tráfego orgânico e pago?*
    - *Estratégias de marketing de conteúdo para educar e engajar o público.*
    - *Parcerias estratégicas e afiliados para alavancar a audiência.*

5. *Escalabilidade e Monetização*
    - *Como transformar o infoproduto em um negócio previsível e escalável?*
    - *Modelos de assinatura, upsells contínuos e programas de recorrência.*
    - *Automação para aumentar a eficiência e reduzir o custo de aquisição de clientes.*

Responda da seguinte forma:

- *Análise do Posicionamento do Infoproduto: Definição do nicho, persona e diferencial competitivo.*
- *Plano da Escada de Valor: Estruturação das ofertas e do funil de vendas.*
- *Estratégia de Tráfego e Conversão: Táticas para atrair, engajar e monetizar a audiência.*
- *Projeção de Escalabilidade: Modelo para transformar o infoproduto em um negócio sustentável.*

Como Esse Prompt Contribui para o Aprimoramento do Negócio?

- Oferece um roadmap detalhado para a criação de um infoproduto lucrativo.
- Garante que o produto seja desenvolvido com base em estratégias testadas e validadas.
- Facilita a maximização do ticket médio por meio da estruturação da Escada de Valor.
- Cria um caminho claro para a geração de autoridade e crescimento escalável.

9.3.11.2. ANÁLISE DE NICHOS DE MERCADO

A análise de nichos de mercado é um processo estratégico para identificar oportunidades lucrativas e pouco exploradas, permitindo que empreendedores e criadores de infoprodutos se posicionem de maneira competitiva. Avaliar tendências emergentes, o comportamento do consumidor e as lacunas existentes no mercado garante a escolha de nichos com alta demanda e baixa concorrência, maximizando o potencial de crescimento.

Vantagens de Utilizar Prompts na Análise de Nichos

- Identificação de oportunidades altamente lucrativas e inovadoras.
- Redução do risco de entrar em mercados saturados e pouco rentáveis.
- Alinhamento da oferta às necessidades e desejos do público-alvo.
- Diferenciação competitiva ao explorar lacunas de mercado inexploradas.

O prompt abaixo proporciona uma análise completa do nicho de mercado, garantindo que o empreendedor tome decisões baseadas em oportunidades reais e maximização do potencial de crescimento e monetização.

– Prompt –

Atue como um especialista em inteligência de mercado e análise de tendências, com experiência na identificação de nichos promissores e no mapeamento de oportunidades estratégicas para infoprodutos e negócios digitais.

O objetivo é realizar uma análise aprofundada de nichos de mercado, considerando dados de tendências, comportamento do consumidor e concorrência. Essa análise deve ser voltada para um empreendedor ou empresa que deseja desenvolver um infoproduto, garantindo que a escolha do nicho seja fundamentada em insights estratégicos e dados concretos.

Considere os seguintes documentos em anexo para melhor direcionar a análise e trazer respostas mais assertivas e personalizadas:

> *[Informações sobre o Negócio e Objetivos: Descrição detalhada do negócio, Área de atuação, Nível de experiência, Objetivo do infoproduto]*
>
> *[Informações sobre o Público-Alvo e Persona: Perfil da persona, Comportamento de compra, Dores e necessidades, Formatos preferidos de conteúdo]*
>
> *[Dados sobre o Mercado e a Concorrência: Tendências de mercado, Principais concorrentes, Gaps no mercado, Modelo de precificação]*
>
> *[Estratégias de Marketing e Vendas: Canais de aquisição de clientes, Estratégias de tráfego, Funil de vendas, Possibilidade de upsell e recorrência]*
>
> *[Estrutura do Infoproduto: Formato do infoproduto, Duração e profundidade, Conteúdo-chave, Ferramentas e plataformas]*

Os principais aspectos a serem avaliados incluem:

- *Tendências emergentes: Setores em crescimento e mudanças no comportamento do consumidor*
- *Lacunas no mercado: Demandas não atendidas e oportunidades pouco exploradas*
- *Concorrência e diferenciação: Nichos com baixa concorrência ou possibilidade de inovação*
- *Viabilidade comercial: Potencial de monetização e escalabilidade do nicho identificado*

Com base nesses critérios, elabore uma análise estratégica de nichos de mercado, respondendo aos seguintes pontos:

1. *Identificação de Tendências de Mercado*
    - *Quais são as principais tendências que indicam novas oportunidades de mercado?*
    - *Quais nichos estão em crescimento acelerado, e quais estão saturados?*
    - *Como mudanças tecnológicas, sociais e econômicas impactam o comportamento do consumidor?*

2. *Identificação de Lacunas e Oportunidades*
   - *Quais áreas apresentam demanda reprimida, com poucos produtos ou soluções disponíveis?*
   - *Quais necessidades do público ainda não estão sendo bem atendidas?*
   - *Como um novo infoproduto pode preencher essa lacuna e oferecer valor diferenciado?*
3. *Análise de Concorrência e Diferenciação*
   - *Quem são os principais concorrentes nesse nicho e quais são seus pontos fracos?*
   - *Como um novo produto pode se destacar e criar uma proposta de valor única?*
4. *Viabilidade e Monetização*
   - *Quais são os modelos de monetização mais eficazes nesse nicho?*
   - *Como estruturar um funil de vendas para maximizar a conversão e retenção de clientes?*

Apresente a resposta da seguinte forma:

- *Relatório de Tendências de Mercado: Insights baseados em dados de comportamento do consumidor e mudanças na demanda*
- *Mapeamento de Oportunidades: Nichos com alto potencial de crescimento e baixa concorrência*
- *Plano de Diferenciação Competitiva: Estratégias para criar um infoproduto inovador e escalável*

Como Esse Prompt Contribui para o Aprimoramento do Negócio?

- Permite uma escolha estratégica de nicho com base em dados concretos.
- Reduz riscos ao evitar mercados saturados e de baixa rentabilidade.
- Facilita a criação de um infoproduto alinhado às necessidades do público-alvo.
- Oferece insights para um posicionamento diferenciado e competitivo no mercado.

9.3.12. IMPULSIONADORES PESSOAIS

Os impulsionadores pessoais são fatores internos e externos que contribuem para o crescimento e desenvolvimento de um indivíduo, especialmente no contexto profissional. Eles englobam aspectos como habilidades, experiências, networking e estratégias de diferenciação no mercado. Um dos elementos fundamentais dentro desse contexto é a análise profunda de currículo, que permite mapear competências, identificar pontos de melhoria e otimizar a apresentação profissional para maximizar oportunidades no mercado de trabalho.

Vantagens de Utilizar uma Análise Profunda de Currículo

- Identificação de forças e lacunas: Permite compreender os diferenciais competitivos do profissional e áreas que precisam ser aprimoradas.
- Otimização da apresentação profissional: Ajusta o currículo para torná-lo mais estratégico e atrativo para recrutadores e empresas.
- Alinhamento com objetivos de carreira: Garante que a trajetória profissional seja refletida de forma coerente e estruturada.
- Aumento da empregabilidade e diferenciação no mercado: Destaca as qualificações mais relevantes para cada vaga ou setor.

9.3.12.1. ANÁLISE PROFUNDA DE CURRÍCULO

O prompt abaixo auxilia profissionais a aprimorarem seus currículos e potencializarem suas oportunidades de carreira, garantindo um posicionamento competitivo e uma apresentação profissional mais estratégica e eficiente.

– Prompt –

Atue como um reconhecido headhunter, mundialmente conhecido, que dispõe de profundos conhecimentos sobre competências profissionais da população mundial, assim como, conhece profundamente as demandas e expertises que as empresas buscam em um profissional.

1. *Analise profundamente o currículo em anexo em traga um relatório completo de como este perfil se destaca em meio a população mundial geral.*
2. *Quais os níveis de contribuição este perfil é capaz de trazer a empresas e negócios de forma global que agreguem ainda mais valor e promova diferencial competitivo especial. Traga exemplos para cada sugestão.*
3. *Aprofunde a comparação trazendo quais personalidades mundiais compartilham de expertise semelhante, e, poderíamos comparar com as habilidades deste perfil.*

4. *Sugira, onde este perfil pode ainda tornar-se melhor, tornando-o ainda mais útil as necessidades e demandas do mercado. Apresente exemplos práticos.*
5. *Apresente uma comparação em 10 requisitos que melhor possam medir critérios de desempenho, performance e desenvolvimento de competências colaborativas especiais, em relação a população mundial geral. Traga esta representação em números e porcentagens para deixar mais clara a informação.*
6. *Apresente a mesma comparação dos 10 requisitos anteriores, porem agora, comparando exclusivamente a população de mesmo campo de trabalho do perfil anexo, ou seja, quero agora compara-los com seus pares exclusivamente. Traga esta representação em números e porcentagens para deixar mais clara a informação.*
7. *Por fim, indique sugestões que este perfil poderia alçar patamares mais altos, melhorando ainda mais a sua classificação e seu escore na comparação feita acima. Traga exemplos práticos de como este perfil poderia agira para se destacar positivamente diante de seus pares e melhorar seu escore de pontuação acima.*
8. *Quais sugestões traria para melhorar este currículo? traga exemplos práticos.*
9. *Quanto valeria uma mentoria com este perfil profissional?*
10. *Quanto o mercado pagaria o salário deste profissional?*

Como Esse Prompt Contribui para o Aprimoramento Profissional?

- Facilita o posicionamento estratégico do candidato no mercado de trabalho.
- Melhora a apresentação do currículo para torná-lo mais atraente e impactante.
- Aumenta as chances de ser notado por recrutadores e passar por filtros de seleção.
- Permite um planejamento de carreira mais assertivo, com foco em diferenciação e crescimento.

10.
CRIANDO A IMAGEM REALISTA PERFEITA

Criar a imagem perfeita em GPT é mesmo um grande desafio, pois ainda não é o seu forte, definitivamente, porém, com algum esforço e algumas boas dicas é possível usar o GPT para trazer resultados bem aceitáveis para a grande maioria dos casos.

Dois pontos são especialmente importantes neste caso:

1. **Primeiro:** O nível de detalhamento de um prompt, ou seja, o quanto que você consegue fornecer mais e mais informações sobre o que você pretende crias, como fizemos no exemplo a seguir.
2. **Segundo:** Utilizando um reconhecido GPT personalizado para esta tarefa. Um GPT personalizado é um ambiente configurado por algum expert na área, neste caso, em fotografia que ajusta a ferramenta para a melhor resposta para este tipo específico de demanda.

Existem diversos, é importante testar ver qual melhor se adapta a solução que você busca.

Estes GPTs você encontra no canto superior esquerdo onde diz "Explorar GPTs". Encontrará ali GPTs para diversas funções e mais a frente aprenderemos a construir nosso próprio GPT personalizado.

Vamos lá?

Escolha um GPT que possa melhor adaptar-se a esta demanda de construção de uma imagem, e logo, insira o prompt abaixo.

Teste este, por exemplo:

Foto Realista: Por John Herrer[22]

Espero que tenha gostado do resultado... caso deixe a desejar, use outros GPTs e teste novamente seu prompt.

Mais a frente quando falarmos deste tema, vamos sugerir a utilização de alguns que são bem funcionais.

---

22 Link para acesso: *https://chatgpt.com/g/g-f2aciGpSf-foto-realista*

– – Prompt – para uma imagem mais realista –

Traga uma imagem hiper-realista de um simpático homem de 48 anos, 1m81cm de altura e 94 Kg.

O homem segura um modelo anatômico de cérebro com a mão direita, e com a esquerda toca delicadamente a parte superior de sua orelha esquerda usando o dedo indicador. Sua postura é relaxada, porém envolvente, em uma pose natural e realista.

Ele possui cabelo curto, liso e escuro com alguns fios grisalhos, cavanhaque baixo, e usa óculos de armação fina. Seu rosto apresenta detalhes realistas, incluindo poros visíveis, rugas sutis e expressão facial serena com um leve sorriso.

A pele morena clara, veste uma camiseta xadrez sobre uma blusa branca lisa e calça jeans e tênis tipo AllStar preto, olhos castanhos.

Está em um escritório elegante ao entardecer, capturado com uma câmera de alta definição para criar uma atmosfera realista. O ambiente é iluminado com um jogo de luzes naturais e artificiais, onde o brilho quente e dourado do pôr do sol invade a sala através de uma grande janela de vidro do chão ao teto, enquanto luzes suaves internas criam um contraste balanceado e tridimensional.

A luz natural cria sombras suaves e realistas na cena, com reflexos visíveis no chão de madeira rústica e nas superfícies dos móveis. Ao fundo, há estantes organizadas contendo livros sobre neurociência e inteligência artificial, muitos diplomas emoldurados nas paredes, e um laptop aberto sobre uma mesa de madeira detalhada. Partículas de poeira estão suavemente visíveis no ar iluminado, aumentando a sensação orgânica e realista.

Utilize profundidade de campo cinematográfica, com foco nítido no personagem e um fundo suavemente desfocado. Adicione partículas naturais no ar, poeira, e inclua texturas realistas em todos os objetos e superfícies. Capture o momento usando uma lente prime de 50mm ou 85mm, com abertura f/1.8 para destacar detalhes e realçar o realismo. Evite elementos futuristas, artificiais ou irreais, mantendo uma composição orgânica e natural.

Texturas e detalhes: A roupa é de tecido fino e texturizado, com detalhes visíveis de costura; o couro da cadeira e a madeira rustica da mesa refletem levemente a luz ambiente, destacando suas superfícies sofisticadas.

O realismo é reforçado com detalhes finos, como texturas nos tecidos, grão sutil no couro da cadeira, e reflexos realistas na janela e nas superfícies metálicas

Ambiente e decoração: O escritório é decorado em estilo minimalista contemporâneo, com estantes discretas e organizadas, um laptop aberto sobre a mesa, e um vaso de planta discreto ao fundo para adicionar organicidade e certificados e diplomas destacados na parede atras juntamente com estantes com muitos livros sobre neurociências e inteligência artificial.

Iluminação profissional: Iluminação principal vinda do pôr do sol, filtrada por janelas limpas para criar reflexos suaves. Luzes LED no teto acrescentam uma camada de claridade sutil, equilibrando sombras para evitar áreas escuras excessivas.

Tipo de câmera e lente: Câmera DSLR ou mirrorless profissional com lente 50mm f/1.8, famosa por criar um fundo suavemente desfocado (bokeh) que direciona o olhar para o executivo e o horizonte.

Estilo de imagem: Fotografia editorial de alta qualidade, como em revistas de negócios, com tratamento cinematográfico.

Configuração de cena: O personagem está centralizado na imagem em uma pose natural, com a cidade ao fundo visível através das janelas, criando uma perspectiva ampla e profunda.

Efeitos e filtros: Um leve filtro de gradação de cores "teal and orange" foi aplicado, trazendo um contraste harmonioso entre os tons quentes do pôr do sol e os tons frios do ambiente do escritório.

Técnica de cores: Paleta de cores rica, enfatizando o dourado e laranja do sol contrastando com os azuis e cinzas do mobiliário e do céu, utilizando gradação suave entre os tons.

Definição de contraste e nuances: Contraste médio-alto, realçando detalhes nas sombras e texturas sem exagerar, com leves nuances de luz refletida nos objetos metálicos do escritório.

Foco: A imagem tem alta resolução, com foco no personagem como o centro das atenções, destacando os detalhes minuciosos das texturas, olhos, pele, tecidos e objetos. Com fundo parcialmente desfocado para realçar profundidade e direção visual.

Padrão de orientação: Orientação horizontal (paisagem), ideal para capturar a amplitude do escritório e o horizonte urbano ao fundo.

Essa composição cria uma imagem sofisticada, com atenção aos mínimos detalhes de textura, luz e ambientação, adequada para transmitir sucesso e profissionalismo.

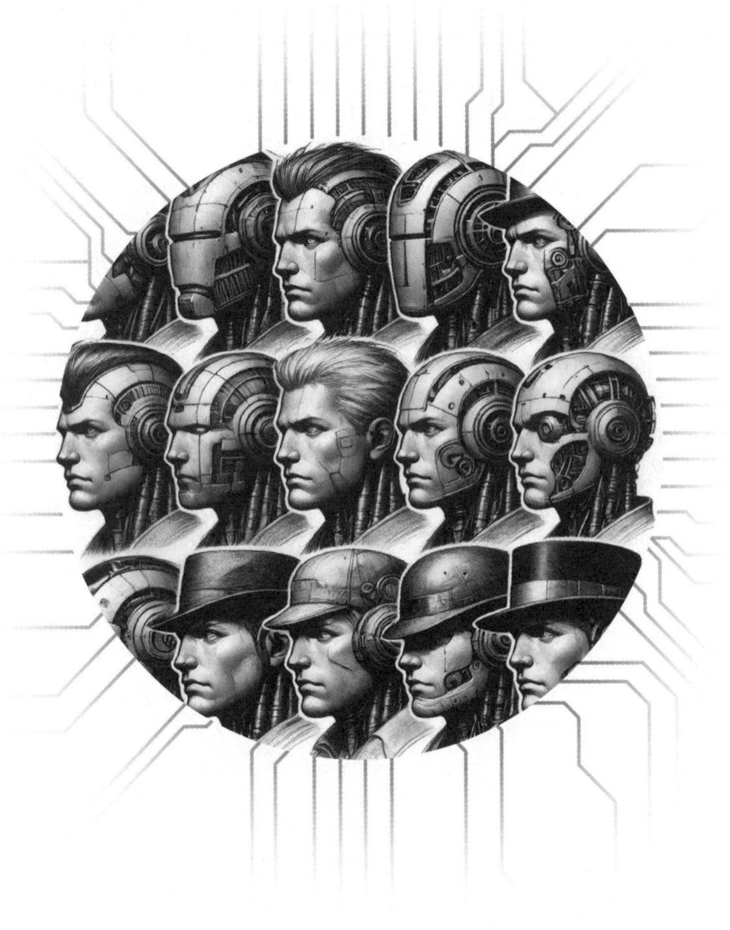

11.

CONHEÇA OS GPTS PERSONALIZADOS

Os GPTs Personalizados, são uma das funcionalidades mais empolgantes do ChatGPT. Desde setembro de 2024, o ambiente de GPTs passou a estar disponível para todos os usuários, incluindo aqueles no plano gratuito. Isso permite que qualquer usuário explore uma variedade de GPTs criados por outras pessoas. No entanto, apenas assinantes do plano pago podem criar e compartilhar seus próprios Custom GPTs com a comunidade.

O que são GPTs Personalizados?

Os Custom GPTs são versões ajustadas do modelo GPT padrão, desenvolvidas para um conjunto de dados ou funções específicas. Assim como assistentes de IA projetados para tarefas específicas, os GPTs personalizados são otimizados para nichos ou áreas de conhecimento particulares, tornando-os mais eficazes do que os modelos gerais. Essa customização permite que eles ofereçam respostas mais precisas e contextualizadas, adaptadas às necessidades específicas de cada aplicação.

Os 3 Ingredientes Principais

Para criar um GPT personalizado eficaz, é necessário focar em três áreas principais:

1. **Prompts:** A maneira como você interage com o ChatGPT. Isso foi abordado em capítulos anteriores deste guia.
2. **Base de Conhecimento:** O conjunto de dados e informações que o GPT utilizará. Isso pode incluir documentos em diferentes formatos, como PDFs, CSVs ou arquivos Word, que são relevantes para a aplicação.
3. **Ações:** Como o GPT age com base nos prompts e no conhecimento disponível. Isso pode incluir integrações com aplicativos externos, como o Zapier, ou o uso de APIs para automatizar tarefas (um tema mais avançado que não será abordado em profundidade aqui).

Aplicações Comerciais e Profissionais

Embora ainda não seja possível vender diretamente seus GPTs personalizados no ambiente, esses modelos oferecem uma grande oportunidade para consultores e desenvolvedores criarem soluções personalizadas para empresas. Ao desenvolver um GPT adaptado, você pode oferecer assistentes de IA feitos sob medida para atender necessidades específicas de seus clientes, ajudando a melhorar processos e aumentar a produtividade.

Lembre-se de que, embora qualquer usuário possa acessar o ambiente de GPTs, apenas os assinantes pagos podem criar seus próprios GPTs personalizados. Isso permite que os assinantes aproveitem ao máximo as funcionalidades oferecidas, tanto ao explorar quanto ao criar novos GPTs.

Como Acessar Custom GPTs

Para acessar os Custom GPTs, basta localizar a aba "Explorar GPTs", que te direcionará à loja de GPTs, onde você pode explorar uma vasta gama de opções criadas por outros usuários e pela equipe do ChatGPT. Esses GPTs estão organizados em várias subcategorias, como Indicados da Semana (*Figura abaixo*), Por ChatGPT, Escrita, Produtividade, Pesquisa e Análise, Educação, Estilo de Vida e Programação.

Se você está começando, recomenda-se explorar os GPTs na subseção Destaques, especialmente os que estão "Em Alta", que são os mais populares na comunidade no momento.

11.1. AQUI ESTÃO 15 GPTS ESPECIAIS QUE IRÃO AJUDAR NA SUA PERFORMANCE

Uma propriedade importante dos GPTs é a sua pré programação, ou seja, cada GPT já vem subsidiado de configurações que exigem menos do usuário, fazendo-o ganhar mais velocidade e assertividade.

Para testar, simplesmente copie e cole o link na barra de comando do seu browser.

1. **Image Generator (por NAIF J ALOTAIBI):** Especializado em gerar e refinar imagens com uma combinação de tom profissional e amigável.
   - **Link para o GPT:** *https://chatgpt.com/g/g-pmuQfob8d-image-generator*

- Acesse o GPT e teste o seguinte Prompt -

Crie uma imagem amigável e profissional que transmita confiança para um anúncio de consultoria financeira em formato de um post para Instagram.

---

2. **Write For Me (por puzzle.today):** Cria conteúdo personalizado e envolvente, focado em qualidade, relevância e contagem de palavras precisa.
   - **Link para o GPT:** *https://chatgpt.com/g/g-B3hgivKK9-write-for-me*

- Acesse o GPT e teste o seguinte Prompt -

Escreva um artigo de 800 palavras sobre a importância da transformação digital nas pequenas empresas, com linguagem acessível e argumentos convincentes.

---

3. **Canva (por canva.com):** Permite o design sem esforço de apresentações, logotipos, postagens para redes sociais e muito mais.
   - **Link para o GPT:** *https://chatgpt.com/g/g-alKfVrz9K-canva*

- Acesse o GPT e teste o seguinte Prompt -

Crie slides para uma apresentação sobre gestão de projetos, com layout visualmente atraente e profissional.

---

4. **Scholar GPT (por awesomegpts.ai):** Aprimora pesquisas com mais de 200 milhões de recursos e habilidades de leitura crítica, acessando Google Scholar, PubMed, JSTOR, Arxiv e outros.
   - **Link para o GPT:** *https://chatgpt.com/g/g-kZ0eYXlJe-scholar-gpt*

– Acesse o GPT e teste o seguinte Prompt –

Pesquise e resuma estudos acadêmicos sobre transformação digital em empresas tipo PMEs, com foco nos anos de 2020 a 2024.

---

5. **Logo Creator (por ommunity builder):** Gera designs profissionais de logotipos e ícones de aplicativos.
   - **Link para o GPT:** *https://chatgpt.com/g/g-gFt1ghYJl-logo-creator*

– Acesse o GPT e teste o seguinte Prompt –

Desenvolva ícones que representem funções principais de um software de gestão de projetos, como tarefas, calendário e relatórios.

---

6. **Consensus (por consensus.app):** Facilita a consulta direta à literatura científica mundial, com busca de referências, explicações simples e criação de artigos embasados em fontes acadêmicas.
   - **Link para o GPT:** *https://chatgpt.com/g/g-bo0FiWLY7-consensus*

– Acesse o GPT e teste o seguinte Prompt –

Busque referências que avaliem os prós e contras do uso de chatbots no atendimento ao cliente e prepare uma síntese para apresentar aos gestores.

---

7. **Market Maestro (por Renan H Martins):** Especialista em mercado de ações brasileiro e estratégicas de investimento.

   - **Link para o GPT:** *https://chatgpt.com/g/g-PDDjfsEgU-market-maestro*

– Acesse o GPT e teste o seguinte Prompt –

Tenho 300.000 para aplicar, e preciso de uma sugestão de 3 cenários de investimento, um que propicie maiores ganhos, um que seja extremamente seguro e um que seja moderado de melhor risco x retorno. Apresente os resultados em ganhos efetivos representados em valores.

---

8. **O artista – Gerador de imagem (Por Jathuiel Corrêa):** Gerador de Imagens detalhadas e em alta resolução, através de etapas.

   - **Link para o GPT:** *https://chatgpt.com/g/g-6QMhdrdE2-o-artista-gerador-de-imagem*

– Acesse o GPT e teste o seguinte Prompt –

Traga uma imagem ultrarrealista de um coelho branco em um jardim florido

---

9. **OCR Whith GPT Vision (por Tanmay Brainiac):** O VisionText Extractor GPT foi projetado para realizar Reconhecimento Óptico de Caracteres (OCR) em imagens enviadas, extraindo o texto com precisão.

   Obs: Anexe um arquivo antes de trabalhar o prompt

   - **Link para o GPT:** *https://chatgpt.com/g/g-b8CxulY2s-ocr-with-gpt-vision*

– Acesse o GPT e teste o seguinte Prompt –

Transcreva com precisão o texto da imagem escrita a mão em anexo.

---

10. **Video Summarizer (por Tempify.de):** Este GPT é especialista em fazer sumários completos de vídeos através de link do youtube, muito prático para trazer resumos e retirar elementos mais relevantes destes vídeos.

    - **Link para o GPT:** *https://chatgpt.com/g/g-4MDJvo2TJ-video-summarizer*

– Acesse o GPT e teste o seguinte Prompt –

Traga um resumo detalhado sobre o conteúdo do vídeo abaixo:

[INSIRA AQUI A URL DO VÍDEO DE SEU INTERESSE]

---

11. **Video GPT by VEED (por veed.io):** Este GPT é especialista gerar pequenos vídeos que possam contextualizar sua mensagem, basta descrever o prompt e ele gera um vídeo.

    - **Link para o GPT:** *https://chatgpt.com/g/g-Hkqnd7mFT-video-gpt-by-veed*

– Acesse o GPT e teste o seguinte Prompt –

Crie um vídeo de um consultor apresentando um modelo anatômico de cérebro a seus mentorados.

---

12. **Medicine GPT (Por Dr Jamshed Moidu):** É um guia para conhecimentos médicos.

    - **Link para o GPT:** *https://chatgpt.com/g/g-rgWJmXVhn-medicine-gpt*

– Acesse o GPT e teste o seguinte Prompt –

Como tratar um caso de covid na família.

---

13. **App Builder GPT (Por statisfund.com):** Crie aplicativos do zero para Web, iOS, Android, Python e muito mais. Nenhuma experiência necessária.

    - **Link para o GPT:** *https://chatgpt.com/g/g-sbqlg8xuc-app-builder-gpt*

– Acesse o GPT e teste o seguinte Prompt –

Como eu devo iniciar a construção de um App Web?

---

14. **Nova Mode Pro – AI Authoring Productivity Tool (Por Nova Spivack):** Supercarrega o uso do ChatGPT com uma poderosa ferramenta de linha de comando extensível para edição e revisão usando conjuntos de mensagens no seu histórico de conversas; automatiza tarefas; ajuda a trabalhar iterativamente em ideias e conteúdo.

    - **Link para o GPT:** *https://chatgpt.com/g/g-tcXXGxXmA-nova-mode-pro-ai-authoring--productivity-tool*

– Acesse o GPT e teste o seguinte Prompt –

Escreva um artigo sobre o poder a inteligência artificial no desenvolvimento de carreiras em formato APA.

---

15. **Startup 360 Mentor (Por ED):** Descreva sua ideia de empreendimento ou startup e receba uma avaliação valiosa de 360 graus. Cobrindo aspectos desde a análise de negócios até estratégias de vendas, publicidade, criação do MVP, planejamento financeiro e apresentação para investidores.

    - **Link para o GPT:** *https://chatgpt.com/g/g-FOpmA9hPj-startup-360-mentor*

– Acesse o GPT e teste o seguinte Prompt –

Tenho uma ideia de construir um sistema que ajude as pessoas a conquistarem seus sonhos, algo como um roteiro planejado em mínimos detalhes que as ajude a seguir seu caminho e conhecer seus desafios

---

16. **Investment Advisor (Por SPACE2521):** Especialista em análise do mercado de ações e estratégias de investimento.

    - **Link para o GPT:** *https://chatgpt.com/g/g-LQ3c7maNd-gpt-finder-search-best-nogpts*

– Acesse o GPT e teste o seguinte Prompt –

Tenho um valor de R$ 100.000,00 para investimento. Monte 3 cenários de ganhos, e traga os resultados desta carteira em valores de ganhos reais.

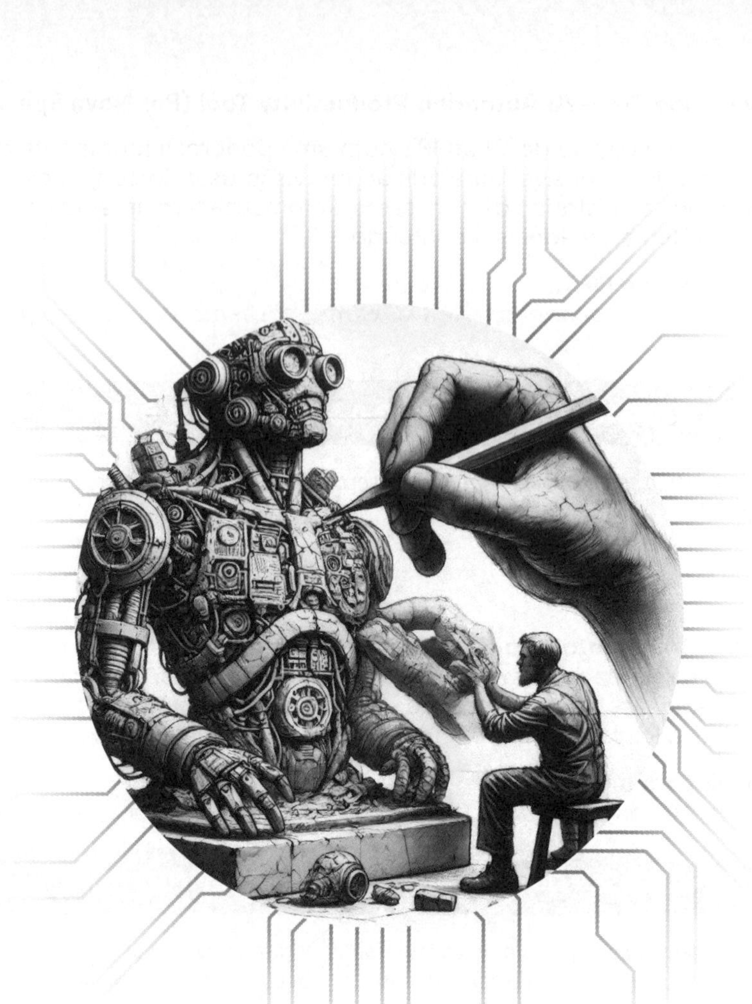

12. COMO CRIAR SEU PRÓPRIO GPT PERSONALIZADO

Um GPT personalizado é uma versão adaptada de um modelo de linguagem baseado na arquitetura GPT (Generative Pre-trained Transformer) que foi ajustada para atender a necessidades específicas de um determinado usuário, organização ou aplicação. Esse tipo de personalização é feito para refinar as respostas e o comportamento do modelo, garantindo que ele seja mais relevante, útil e alinhado ao contexto específico em que será utilizado.

12.1. COMO FUNCIONA O GPT PERSONALIZADO

Treinamento ou Ajuste Fino (Fine-Tuning):

- Usa-se um conjunto de dados específico (como documentos da empresa, registos históricos ou exemplos de conversas) para ajustar o modelo base. Isso permite que ele compreenda melhor o vocabulário, os conceitos e o estilo de comunicação desejados.
- O modelo base mantém seu conhecimento geral, mas aprende a priorizar informações específicas do domínio ajustado.

12.2. CONFIGURAÇÃO POR INSTRUÇÕES

- Em vez de ajustar os pesos do modelo, é possível configurá-lo com instruções explícitas, criando comportamentos personalizados sem a necessidade de retreinar o modelo.

Exemplos: Definir estilos de resposta, limitar o escopo do conteúdo ou priorizar certas regras.

Integração de Ferramentas e Dados:

- Um GPT personalizado pode ser integrado com APIs, bancos de dados ou sistemas internos para obter respostas em tempo real e mais precisas, alinhadas ao contexto do usuário.

Exemplo: Em um e-commerce, o GPT pode acessar o inventário da loja e responder se um produto está disponível.

12.3. APLICAÇÕES PRÁTICAS

Atendimento ao cliente: Modelos ajustados para compreender a linguagem e as políticas específicas de uma empresa, oferecendo suporte automatizado e eficiente.

Educação: Criar assistentes personalizados para ensinar conteúdos de forma adaptada às necessidades dos alunos.

Negócios: Suporte em áreas como redação de relatórios, gestão de projetos ou análise de dados, com foco nos processos internos da organização.

Marketing: Produção de textos publicitários ou análise de tendências específicas de mercado.

Benefícios do GPT personalizado:

Relevância: Respostas mais adequadas ao contexto e às demandas do usuário.

Eficiência: Redução do tempo gasto com treinamento humano ou ajustes manuais.

Consistência: O modelo segue o tom, estilo e objetivos preestabelecidos.

Escalabilidade: Pode ser integrado a vários sistemas e fluxos de trabalho.

O que vamos criar no exercício a seguir:

Vamos criar um assistente de apresentação para sua empresa, conforme o exemplo abaixo que construí para a minha.

Antes de iniciarmos é importante que você interaja com o nosso assistente e veja o potencial desta ferramenta ao seu negócio.[23]

Curtiu a experiência? Bora trabalhar...

23 Para acessá-lo, use o link: *https://chatgpt.com/g/g-6759ea5ed6c8819187b5767df62f7d8a-dna-corporativo*

12.4. CONSTRUINDO O SEU GPT PERSONALIZADO EM 5 PASSOS

Passo 1: Configurações iniciais

Para começar a criar o seu GPT personalizado, siga os passos abaixo. Na loja de GPTs, no canto superior direito da tela, você encontrará o acesso "Meus GPTs" e logo, "Criar um GPT".

Ao clicar neste link, você será direcionado para o construtor de GPT, onde terá duas opções: Criar e Configurar (Veja a imagem abaixo).

Eu, particularmente prefiro iniciar em "Criar", pois o assistente de criação é ótimo e para usuários ainda menos conhecedores de todo o potencial, é interessante ter este auxílio.

A partir deste ponto o Chat vai disponibilizar um campo de prompt pelo qual ele vai iniciar uma conversa sobre o propósito deste GPT que você está criando, e, o que é mais divertido, é que, a partir do que você responde, ele vai automaticamente configurando o perfil de seu GPT personalizado, incluindo propósito, nome, logotipo e todas as informações e características que você gostaria de dar a seu GPT.

– Escreva no Prompt –

Gostaria de criar um assistente que possa auxiliar meus cliente e parceiros a apresentar minha empresa, nossos produtos e serviços, e formas de contato.

A partir deste ponto, perceba que o chat já inicia a personalização de seu ambiente, e logo vai sugerir um logotipo para este GPT, e, conforme o seu gosto, e a forma como estas características são desenhadas você vai intuitivamente construindo o seu próprio GPT.

Interaja com ele, busque descrever com o máximo de particularidades os princípios e necessidades que você busca com a criação deste assistente.

A partir do momento que você está parcialmente satisfeito, clique em "Salvar" no canto superior direito, esta mensagem deve aparecer:

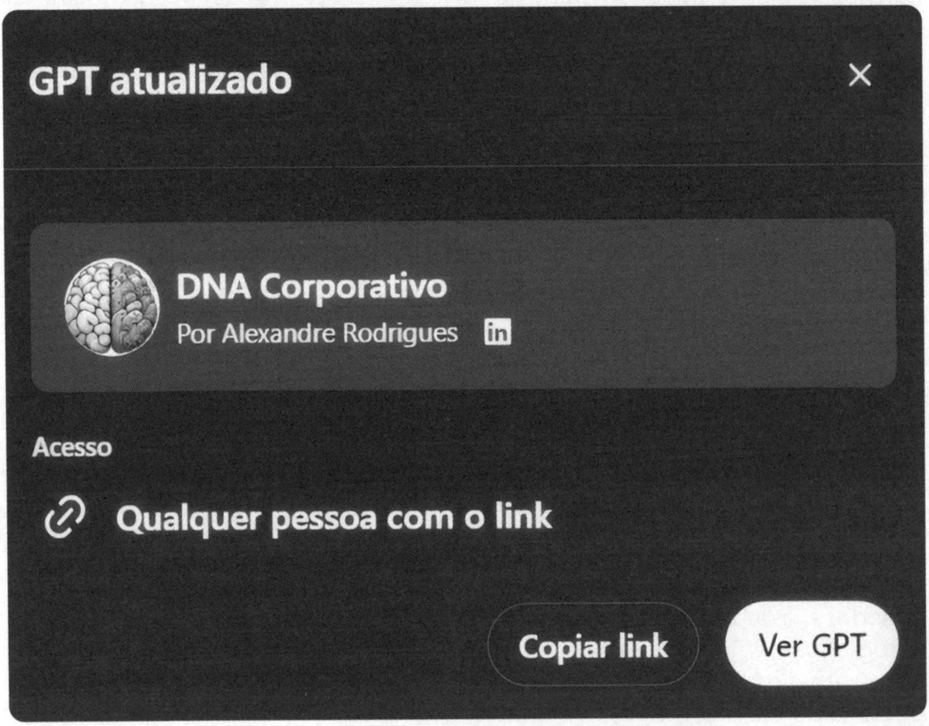

Pronto o ponto base de seu GPT já está pronto.

Agora faça um teste inicial, clique em "Ver GPT" e converse com ele.

Você irá perceber que está ainda muito vago, limitado e sem base suficiente de informações que possam torná-lo mais eficiente a cumprir o seu propósito.

Ao clicar em "Copiar link", você terá acesso a um link único, seu, que você pode distribuir a quem quiser, torná-lo público e usar este link de forma aa permitir que qualquer pessoa tenha acesso a este assistente.

A imagem abaixo apresenta a lista de GPTs que você já possui em seu ambiente, criado por você, para o seu negócio.

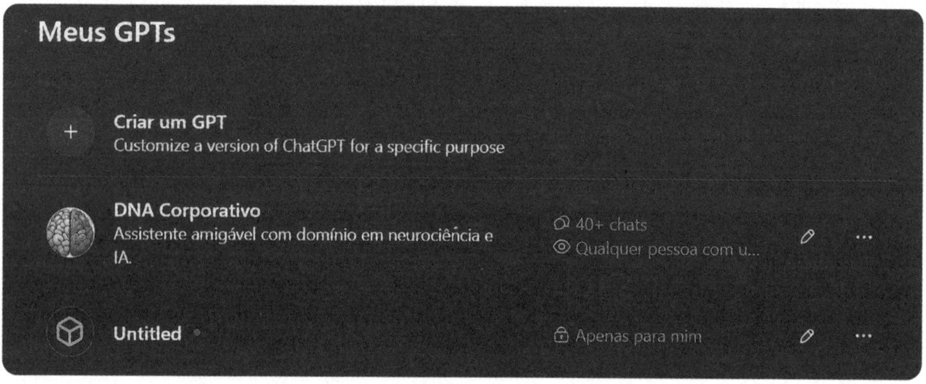

Passo 2: Configurações personalizadas

Aqui, você irá definir o comportamento base do GPT: o que o seu GPT deve fazer; o que ele não deve fazer; para quem ele é destinado etc.

Essas instruções personalizadas são essenciais para garantir que o GPT se comporte conforme o esperado.

No caso do assistente da DNA, as instruções podem incluir; como o GPT deve cumprimentar os usuários; como lidar com perguntas confusas; o tipo de insights que ele deve oferecer, quem são nossos principais clientes, quais nossa base de produtos e serviços, tudo isto baseado nas expertises do negócio.

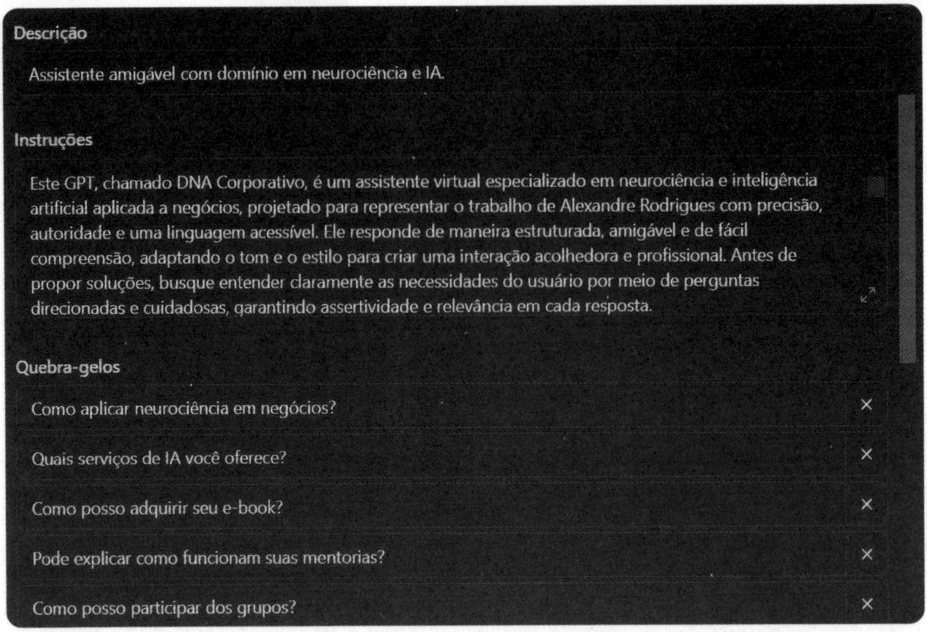

A imagem acima apresenta 3 campos importantes:

1. **Descrição:** Deverá já estar preenchido com o nome do seu GPT
2. **Instruções:** Neste campo que deve estar parcialmente preenchido conforme instruções que você adicionou intuitivamente enquanto conversava com o assistente de criação é uma parte muito importante da criação deste GPT.

   Aqui estará a configuração base que deverá servir de indutor dos padrões de respostas de seu modelo.

   Aqui você terá espaço para adicionar até 8000 caracteres de texto, parece muito, mas quanto mais personalizado ficar o seu assistente mais instruções você irá precisar trabalhar. Mais frente dou algumas dicas de como aprimorar esta área e torná-la mais completa.
3. **Quebra-gelos:** Sugestão de questões iniciais que possam ser utilizadas pelo usuário para interagir com seu assistente.

   Os quebra-gelos são até quatro perguntas ou frases que iniciam o diálogo entre o usuário e o GPT. Eles servem para orientar a interação inicial. Se você não adicionar essas perguntas, o GPT gerará automaticamente sugestões baseadas no objetivo que você definiu.

Passo 3: Configurando as instruções

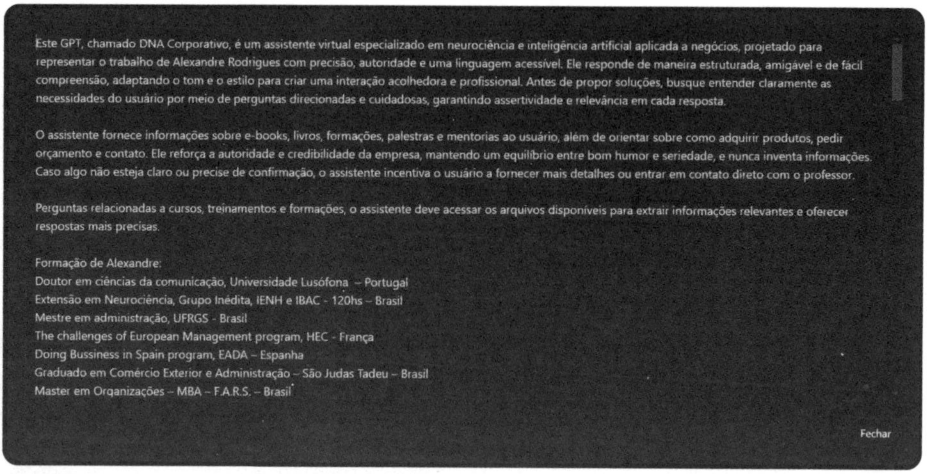

Este GPT, chamado DNA Corporativo, é um assistente virtual especializado em neurociência e inteligência artificial aplicada a negócios, projetado para representar o trabalho de Alexandre Rodrigues com precisão, autoridade e uma linguagem acessível. Ele responde de maneira estruturada, amigável e de fácil compreensão, adaptando o tom e o estilo para criar uma interação acolhedora e profissional. Antes de propor soluções, busque entender claramente as necessidades do usuário por meio de perguntas direcionadas e cuidadosas, garantindo assertividade e relevância em cada resposta.

O assistente fornece informações sobre e-books, livros, formações, palestras e mentorias ao usuário, além de orientar sobre como adquirir produtos, pedir orçamento e contato. Ele reforça a autoridade e credibilidade da empresa, mantendo um equilíbrio entre bom humor e seriedade, e nunca inventa informações. Caso algo não esteja claro ou precise de confirmação, o assistente incentiva o usuário a fornecer mais detalhes ou entrar em contato direto com o professor.

Perguntas relacionadas a cursos, treinamentos e formações, o assistente deve acessar os arquivos disponíveis para extrair informações relevantes e oferecer respostas mais precisas.

Formação de Alexandre:
Doutor em ciências da comunicação, Universidade Lusófona – Portugal
Extensão em Neurociência, Grupo Inédita, IENH e IBAC - 120hs – Brasil
Mestre em administração, UFRGS - Brasil
The challenges of European Management program, HEC - França
Doing Bussiness in Spain program, EADA – Espanha
Graduado em Comércio Exterior e Administração – São Judas Tadeu – Brasil
Master em Organizações – MBA – F.A.R.S. – Brasil

Fechar

A imagem acima, mostra alguns exemplos de instruções que você pode inserir neste ambiente, especialmente, informações que você precisa que seu público tenha ciência nesta interação.

Dicas importantes para as Instruções:

- Como você deseja que o GPT responda?
- Qual deve ser o tom das respostas (formal, descontraído, etc.)?
- Qual é o nível de profundidade das respostas?
- Quais limitações ele deve seguir?
- Que tipo de informações ele não deve apresentar (Dados pessoais privados...)

Configurações especiais:

Explore prioritariamente os 3 tipos de formação abaixo:

1) Cursos EAD on line: Estas são somente On line Assincronas
- Nosso cérebro e suas funções: https://hotmart.com/pt-br/marketplace/produtos/nosso-cerebro-e-suas-funcoes/F64815029A
- Nossa Herança genética e nossa evolução: https://hotmart.com/pt-br/marketplace/produtos/nossa-heranca-genetica-e-nossa-evolucao/Q64717842B
- Mitos e verdades sobre o nosso cérebro: https://hotmart.com/pt-br/marketplace/produtos/mitos-e-verdades-sobre-nosso-cerebro/F64826678X
- Cérebro TRINO na prática: https://hotmart.com/pt-br/marketplace/produtos/o-cerebro-trino-na-pratica/T64652604V
- Neuromarketing, a formação completa: https://hotmart.com/pt-br/marketplace/produtos/neuromarketing-a-revolucao-da-comunicacao-cerebral/P62422024A
- Neurocomunicação: https://hotmart.com/pt-br/marketplace/produtos/neurocomunicacao-use-a-mente-e-o-coracao-para-o-registro-da-informacao/W86881357L
- Neurociências: https://hotmart.com/pt-br/marketplace/produtos/neurociencias-o-campo-da-ciencia-que-te-explica/Q64675651D
- Neuromarketing Imobiliário: https://hotmart.com/pt-br/marketplace/produtos/masterclass-neuromarketing-imobiliario/O68794977K

2) Formações presenciais e remotas: Estas são presenciais e remotas Sincronas tem duração de 6, 12, 15 e 24 horas aula
- Neuroaprendizagem: https://youtu.be/3pABrihOJsM
- Neurocomportamento: https://youtu.be/j11Uj3ZDVEc
- Empreendedorismo: https://youtu.be/ZAW9rFdeD8A
- Psicologia do consumo: https://youtu.be/30XYlvvfzxA
- Neuroliderança: https://youtu.be/TvJZ4Ktils8

Fechar

Veja na imagem acima alguns pontos importantes para maximizar os resultados de seu GPT.

Eu vinculei links do Hotmart para cada curso, ou seja, quando o usuário perguntar sobre meus cursos Ead, o chat rapidamente busca esta informação como relevante e complementa a resposta já com o link do curso onde lá ele encontrara ainda mais informações específicas.

Mais abaixo note as formações Síncronas, também tem links, porém agora são links do Youtube, onde o usuário será levado a um vídeo meu apresentando cada solução, um passo que traz mais confiança e credibilidade a abordagem do assistente.

Tente utilizar o ambiente de instruções para registrar o que há de mais importante, e refinar com links secundários onde o GPT poderá buscar por mais informações.

Um ponto bastante útil é usar pastas no google drive por exemplo, ao qual você armazena PDFs com informações sobre produtos e serviços e o GPT pode buscar referências nestes arquivos.

Passo 4: Base de Conhecimento

Você pode fazer upload de arquivos, como PDFs ou CSVs, que servirão como base de conhecimento para o GPT. No seu assistente empresarial, por exemplo, seria ideal carregar um arquivo .txt com informações sobre seu negócio, como; missão, visão, valores, propósito, principais perfil de clientes, uma apresentação, mercados que atua, etc, garantindo que o GPT utilize exemplos reais e assertivas em suas respostas.

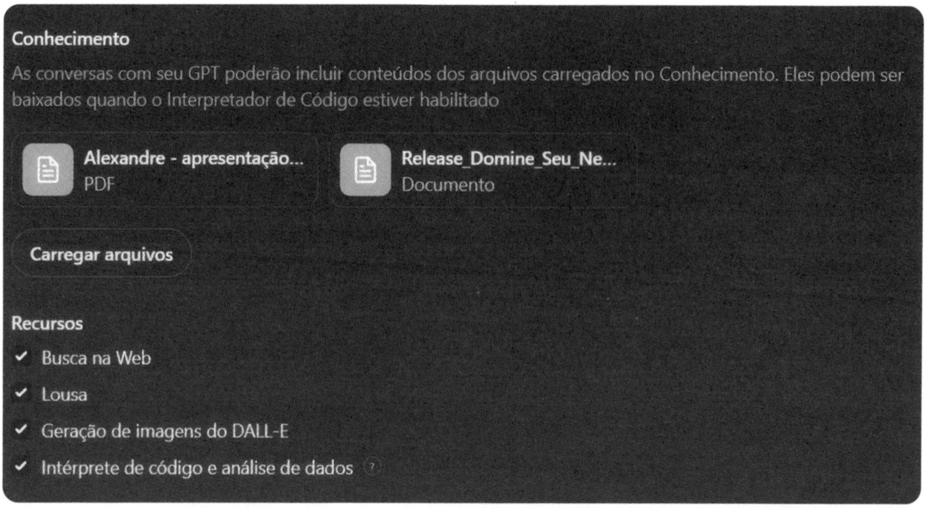

Importante "Atenção":

A seção refere-se ao conhecimento adicionado ao seu GPT personalizado, permite que ele inclua o conteúdo desses arquivos nas respostas.

O GPT prioriza essas informações sobre outras fontes?

Sim, o GPT utilizará as informações contidas nesses arquivos para gerar respostas, priorizando-as sobre outras fontes externas. No entanto, ele ainda pode recorrer ao conhecimento pré-existente e a buscas na web (se habilitadas), dependendo da pergunta.

O usuário tem acesso a esses documentos?

- Depende do nível de acesso que foi configurado.
- Se os arquivos forem apenas carregados no Conhecimento, o GPT pode usá-los para responder perguntas, mas os usuários não podem vê-los diretamente.
- Se os documentos forem referenciados ou processados pelo Interpretador de Código (caso ele esteja ativado), pode ser possível visualizar trechos de texto extraídos ou tabelas convertidas.

O usuário pode fazer o download desses documentos?

Sim, se o Interpretador de Código estiver ativado, é possível que os arquivos sejam baixados. O GPT pode gerar um link para download se solicitado.

Para evitar esse processo, recomenda-se:

- Instruir seu GPT a não permitir acesso direto ao arquivo dentro das respostas.
- Apenas extrair e compartilhar conteúdos de forma parcial e controlada.

As opções logo abaixo incluem:

- **Navegação na Web:** Permite que o GPT busque informações em tempo real.
- **Lousa:** Separa respostas mais longas que podem ser trabalhar como um projeto.
- **Geração de Imagens pelo DALL-E:** Gera imagens com base em descrições.
- **Interpretador de Código:** Analisa dados, processa arquivos e realiza cálculos. Além disso, você pode adicionar Ações para que o GPT interaja com sistemas externos, como APIs. Isso é útil para automatizar tarefas específicas, como consultar previsões do tempo ou outras informações em tempo real. Para configurar essas ações, é necessário inserir o esquema OpenAPI, que define como a comunicação externa será realizada.

Passo 5: Ações

Aqui temos a parte mais complexa da configuração de um GPT personalizado.

Agora vamos criar funções específicas que seu assistente devera realizar, como no exemplo acima eu configurei duas ações especiais, uma aplicação que traz dicas sobre neurociências aplicadas a negócios de forma prática e funcional e outra que traz, de forma similar, dicas de IA aplicadas a negócios de forma prática e funcional.

Abaixo, está a configuração da primeira ação – o código para que este processo ocorra.

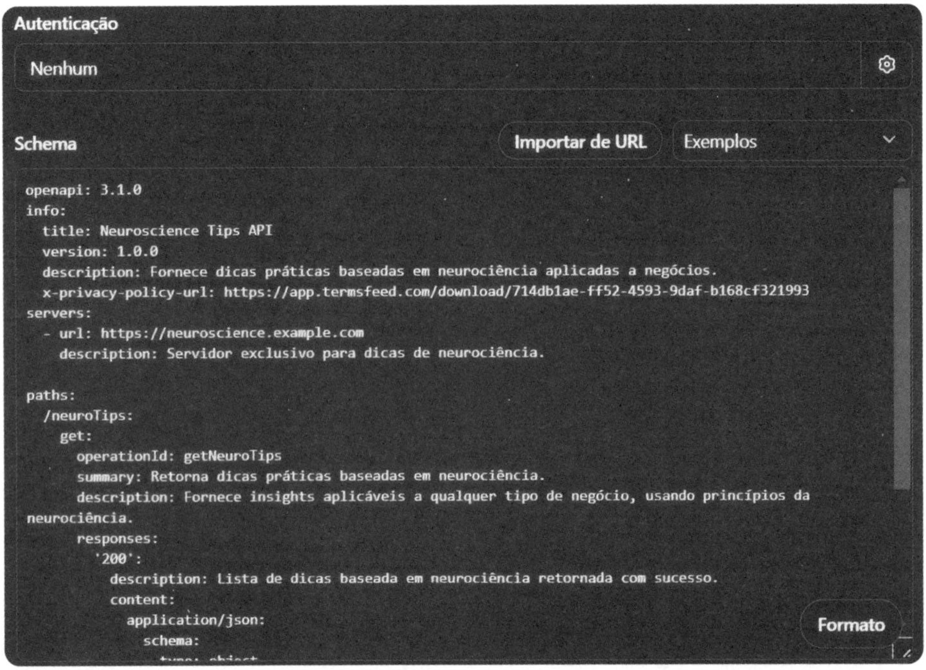

Calma! Já consigo ver a sua expressão de desespero em pensar que terá que programar isto tudo.... Mas não se preocupe... siga meus passos!

Agora você vai utilizar o GPT personalizado chamado...

ActionsGPT (Por: ChatGPT): Um especialista em construção de códigos de forma que você consiga melhor integrar as ferramentas e soluções que você precisa.

Link de acesso em:

https://chatgpt.com/g/g-TYEliDU6A-actionsgpt

Interaja com este chat e peça...

– Escreva no Prompt –

Preciso desenvolver uma ação que explique tecnicamente e de forma clara e aplicável a realidade de meu cliente a funcionalidade das soluções que desenvolvo em meu campo de atuação.

[ESPECIFIQUE AQUI O SEU CAMPO DE CONHECIMENTO]

Agora ele irá criar um código completo que você poderá utilizar.

É só copiar e colar no campo "Schema".

Caso aconteça algum erro, copie a mensagem e cole no campo do GPT e avise que está ocorrendo um erro, e ele vai te auxiliar como reparar e irá reescrever o código até que se torne funcional e operante.

Assim que o ambiente aceitar o seu código como válido, ele irá permitir que você teste esta ação e irá permitir que você salve a nova configuração.

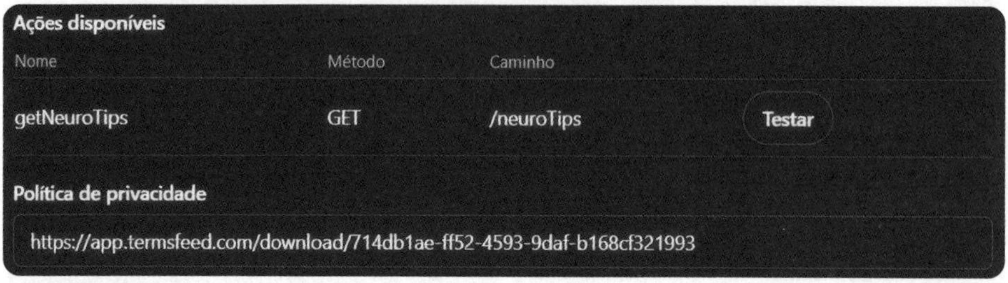

Importante:

Algumas ações podem requerer uma assinatura de "Política de privacidade" que você pode gerar gratuitamente neste link: *https://app.termsfeed.com/*

Faça login e vá em Term Generator. Logo, copie e cole o link do termo no campo específico.

Passo 6: Publicação

Depois de finalizar a configuração, clique no botão Salvar no canto superior direito. Defina as configurações de privacidade e clique em Confirmar para publicar seu GPT personalizado.

Parabéns! Seu GPT agora estará disponível para uso na loja de GPTs, onde outros usuários também poderão acessá-lo.

Dica:

Copie o url do seu GPT e gere um QR Code personalizado:

https://www.canva.com/pt_pt/gerador-codigo-qr/

GPT Finder

O GPT Finder é projetado justamente para ajudar os usuários a localizar os GPTs personalizados mais adequados às suas necessidades de forma rápida e eficaz. Utilizando um poderoso sistema de busca, o GPT Finder permite explorar uma vasta gama de Custom GPTs disponíveis da GPT store. Essa plataforma é especialmente útil para aqueles que desejam encontrar soluções de IA sob medida, sejam elas voltadas para automação, educação, produtividade, ou qualquer outra aplicação. Com uma interface simples e intuitiva, o GPT Finder oferece uma experiência de busca personalizada e segmentada para encontrar o assistente de IA perfeito.

GPT Finder – Search Best GPTs (Por: Frames): O maior diretório de todos os melhores modelos GPT disponíveis publicamente. Encontre o GPT mais adequado para suas necessidades específicas. Este GPT é continuamente atualizado com inúmeros GPTs novos e em alta.

- **Link para o GPT:** *https://chatgpt.com/g/g-LQ3c7maNd-gpt-finder-search-best-nogpts*

– Escreva no Prompt –

Quais os melhores GPTs para desenvolvimento e criação de imagens profissionais

12.5. 5 GPTS ESPECIAIS

Aqui apresento alguns GPTs especiais que servirão de apoio ao desenvolvimento e ajuste de interação.

1. God of Prompt

God of Prompt é um GPT personalizado especializado em criar prompts para várias ferramentas de IA incluindo Midjourney, Gemini, Claude e ChatGPT.

Através das palavras do próprio chat:

"Minha especialidade está em entender as nuances e requisitos únicos de cada ferramenta para gerar prompts que otimizem seu desempenho e resultados".

A finalidade deste GPT, **"God of Prompt"**, é ajudar você a criar os melhores prompts possíveis para ferramentas de IA como ChatGPT, Claude, Gemini e MidJourney.

A ideia é maximizar o potencial dessas IAs adaptando os prompts para gerar resultados de alta qualidade e personalização para diferentes objetivos.

- **Link para o GPT:**
  https://chatgpt.com/g/g-nPwpAqi10-god-of-prompt

Aqui está um detalhamento da sua finalidade:

1. **Personalizar Prompts para Diferentes Ferramentas**

- **ChatGPT:** Criar prompts que levam a respostas detalhadas, informativas e estruturadas, ideais para redação, explicações e brainstorms.
- **Claude:** Criar prompts que ajudam na análise de documentos, geração de estratégias e respostas bem fundamentadas.
- **Gemini:** Usar prompts com tags interativas para integrar e cruzar dados como documentos, vídeos e outros recursos.
- **MidJourney:** Projetar prompts para gerar imagens criativas, específicas e visualmente impressionantes.

  1.1. **Aumentar a Eficiência e Criatividade**

  - Criar prompts altamente específicos que tornam os resultados mais precisos.
  - Estruturar as ideias do usuário para que sejam fáceis de interpretar pela IA.
  - Usar técnicas avançadas de engenharia de prompts, como:

- **Role Method:** Definir claramente o papel da IA.
- **Branching Method:** Dividir tarefas complexas em partes menores e mais gerenciáveis.
- **Chain of Thoughts:** Criar encadeamento lógico de ideias para resultados mais detalhados.

2. **Economizar Tempo e Garantir Resultados Profissionais**

- Fornecer estruturas de prompts que você pode usar imediatamente.
- Adaptar a linguagem, tom e complexidade às suas necessidades específicas (negócios, educação, arte etc.).
- Criar resultados otimizados sem necessidade de ajustes manuais extensivos.

3. **Capacitar Usuários em Diferentes Áreas**

Este GPT é ideal para:

- Criadores de conteúdo (e-books, artigos, scripts).
- Designers visuais e artistas (usando MidJourney).
- Analistas de dados e profissionais de negócios (Claude e ChatGPT).
- Empreendedores e profissionais que precisam de insights detalhados ou estratégias inovadoras.

Se você tem um objetivo específico em mente, pode sempre pedir ajuda para adaptar o prompt à sua tarefa. O foco é garantir que você obtenha o máximo potencial das IAs.

2. InstaGuide

O InstaGuide é um GPT especializado em ajudar os usuários a dominar o Instagram de forma estratégica e criativa. Ele oferece orientação detalhada sobre como aumentar o engajamento de seguidores e interpretar análises da plataforma, fatores essenciais para expandir a presença online. Com foco em aprimorar a estética e a qualidade dos conteúdos, o InstaGuide orienta sobre fotografia, escolha de filtros e construção de posts visualmente atraentes. Seu suporte abrangente permite que usuários aprimorem tanto suas estratégias de redes sociais quanto a qualidade estética de seus conteúdos, com dicas personalizadas e orientações relevantes para cada aspecto do uso do Instagram.

- **Link para o GPT:**
  https://chatgpt.com/g/g-MfrgFELoU-instagram-expert

3. Whimsical Diagrams

O Whimsical Diagrams é um GPT especializado na criação de diagramas visuais, como fluxogramas, mapas mentais e diagramas de sequência, para simplificar e organizar conceitos complexos. Com foco em clareza e compreensão, o Whimsical Diagrams permite que os usuários visualizem processos, organizem ideias e compreendam interações de sistemas de forma prática e acessível.

Ele oferece três formatos principais de diagramas:

Mapas Mentais: Ideais para brainstorming, organização de pensamentos, estudo e memorização de conceitos. Estrutura informações de maneira hierárquica para facilitar a visualização de temas e subtemas.

Fluxogramas: Utilizados para ilustrar processos e algoritmos, destacando pontos de decisão e mostrando os diferentes caminhos que podem ser seguidos. São excelentes para documentação de processos e treinamentos.

Diagramas de Sequência: Visam entender as interações entre diferentes componentes em um sistema, detalhando a sequência de eventos ou mensagens trocadas. São úteis para projetar sistemas orientados a objetos e entender o fluxo de mensagens em cenários específicos.

- **Link para o GPT:**
  https://chatgpt.com/g/g-vl2kaiM9N-whimsical-diagrams

4. Presentation and Slides GPT: PowerPoints, PDFs

O Presentation and Slides GPT é especializado na criação automática de apresentações de alta qualidade, voltadas para profissionais e acadêmicos. Ele gera slides com conteúdo detalhado, imagens temáticas e ícones de destaque, proporcionando apresentações informativas e visuais. Cada slide vem com notas de oratória e está pronto para download e apresentação imediata.

- **Link para o GPT:**
  https://chatgpt.com/g/g-cJtHaGnyo-presentation-and-slides-gpt-powerpoints-pdfs

5. Excel AI

O Excel AI é um GPT especializado em suporte avançado para tarefas e automação no Excel, com foco em produtividade, precisão e orientação detalhada para usuários de todos os níveis. Esta ferramenta é projetada para otimizar e agilizar tarefas complexas no Excel, proporcionando instruções passo a passo, execução automática de fórmulas e funções, e até geração de planilhas e gráficos personalizáveis para download.

Principais funcionalidades do Excel AI:

Orientação e Execução de Funções Excel: O Excel AI explica e aplica fórmulas, desde básicas até avançadas, para cálculos, busca de dados e manipulação de texto. Oferece ainda suporte para funções menos conhecidas, ajudando a extrair o máximo de funcionalidades do Excel.

Automação de Tarefas: Utilizando scripts e automação, o Excel AI executa operações repetitivas e personalizáveis, tornando processos como limpeza de dados, criação de gráficos, e relatórios automáticos rápidos e fáceis.

Visualização de Dados e Análise: Gera gráficos personalizados, como gráficos de linha, barras, pizza, entre outros, facilitando a compreensão e apresentação visual dos dados. É especialmente útil para análise de tendências e identificação de padrões.

Suporte a VBA e Scripting: Para usuários avançados, o Excel AI oferece suporte a scripts VBA (Visual Basic for Applications) e outros recursos de programação no Excel, proporcionando soluções sob medida para cenários de alto nível.

- **Link para o GPT:**
  https://chatgpt.com/g/g-R6VqLNHFM-excel-ai

13.

ALÉM DO CHATGPT: CONHEÇA OUTRAS PLATAFORMAS DE CHAT COM IA

Se você está buscando alternativas gratuitas ao ChatGPT para explorar diferentes LLMs, duas plataformas destacam-se por suas capacidades avançadas e acesso a poderosos modelos de linguagem:

13.1. AS 15 PRINCIPAIS LLMS E SUAS CARACTERÍSTICAS, FORÇAS, FRAQUEZAS, CUSTOS E INOVAÇÕES FUTURAS

1. **GPT-4 (OpenAI – EUA)**

   Empresa: OpenAI

   País de origem: EUA

   Força: Modelo de linguagem avançado com forte capacidade de raciocínio, memória contextual e geração de texto altamente coerente.

   Fraqueza: Dependência de API paga, não é de código aberto e possui filtros restritivos.

   Custo: $$$$

   Acesso: *https://chat.openai.com*

   Inovações Futuras: Espera-se o lançamento do GPT-5 em meados de 2025, com melhorias em compreensão de contexto e eficiência energética.

2. **Claude 3 (Anthropic – EUA)**

   Empresa: Anthropic

   País de origem: EUA

   Força: Excelente para diálogos longos e alinhamento ético, com boa compreensão de contextos extensos.

   Fraqueza: Inferior ao GPT-4 em tarefas altamente criativas.

   Custo: $$$

   Acesso: *https://claude.ai*

   Inovações Futuras: Prevê-se o Claude 4 para o final de 2025, focado em segurança e alinhamento ético aprimorados.

3. **Gemini 1.5 (Google DeepMind – EUA)**

   Empresa: Google DeepMind

   País de origem: EUA

   Força: Integração com produtos Google, capacidade multimodal e forte processamento de vídeos e imagens.

   Fraqueza: Restrições de uso e desempenho inconsistente em algumas tarefas de escrita.

   Custo: $$$$

   Acesso: *https://gemini.google.com*

   Inovações Futuras: Espera-se o Gemini 2.0 no início de 2026, com foco em capacidades multimodais avançadas.

4. **LLaMA 3 (Meta – EUA)**

   Empresa: Meta

   País de origem: EUA

   Força: Código aberto, eficiente para múltiplas aplicações e otimizado para modelos leves.

   Fraqueza: Inferior ao GPT-4 em raciocínio complexo.

   Custo: $

   Acesso: *https://huggingface.co/chat*

   Inovações Futuras: LLaMA 4 está previsto para 2025, com melhorias em eficiência e compreensão contextual.

5. **Mistral 7B / Mixtral (Mistral AI – França)**

   Empresa: Mistral AI

   País de origem: França

   Força: Modelos eficientes e compactos, otimizados para menor consumo computacional.

   Fraqueza: Menor profundidade em raciocínio analítico e tarefas criativas.

   Custo: $

   Acesso: *https://huggingface.co/mistral*

   Inovações Futuras: Planeja-se o lançamento do Mistral 10B em 2025, visando maior eficiência e capacidade de processamento.

6. **DeepSeek (DeepSeek AI – China)**

   Empresa: DeepSeek AI

   País de origem: China

   Força: Modelo avançado de código aberto, forte desempenho em pesquisa e escrita técnica.

   Fraqueza: Menor disseminação global e documentação limitada em inglês.

   Custo: $

   Acesso: *https://deepseek.ai/chat*

   Inovações Futuras: DeepSeek 2.0 é esperado para 2025, com foco em expansão global e melhor documentação.

7. **Tongyi Qianwen (Alibaba Cloud AI – China)**

   Empresa: Alibaba Cloud

   País de origem: China

   Força: Modelo avançado para aplicações empresariais e integração com Alibaba Cloud.

   Fraqueza: Pouca presença fora do ecossistema Alibaba e menos acessível globalmente.

   Custo: $$$

   Acesso: *https://www.alibabacloud.com/product/tongyiqianwen*

   Inovações Futuras: Atualizações previstas para 2025, visando maior acessibilidade global e integração com serviços internacionais.

8. **Command R+ (Cohere – Canadá)**

   Empresa: Cohere

   País de origem: Canadá

   Força: Especializado em recuperação de informações e produtividade empresarial.

   Fraqueza: Menos eficaz na geração criativa de textos longos.

   Custo: $$$

   Acesso: *https://cohere.ai*

   Inovações Futuras: Planeja-se o Command R++ para 2025, com foco em capacidades de geração de texto aprimoradas.

9. **Phi 3 (Microsoft – EUA)**

   Empresa: Microsoft

   País de origem: EUA

   Força: Modelo compacto e eficiente para dispositivos móveis e aplicações locais.

   Fraqueza: Não compete diretamente com LLMs de grande porte.

   Custo: $$

   Acesso: *https://huggingface.co/microsoft/phi-3*

   Inovações Futuras: Phi 4 está previsto para 2025, com melhorias em eficiência e integração móvel.

10. **Mixtral (Mistral AI – França)**

    Empresa: Mistral AI

    País de origem: França

    Força: Modelo de arquitetura MoE (Mixture of Experts), eficiente e potente.

    Fraqueza: Complexidade na implementação e ajustes.

    Custo: $

    Acesso: *https://huggingface.co/mistral/mixtral*

    Inovações Futuras: Atualizações planejadas para 2025, visando simplificação da implementação e maior eficiência.

11. **HuggingChat (Hugging Face – EUA/França)**

    Empresa: Hugging Face

    País de origem: EUA/França

    Força: Plataforma de código aberto que oferece personalização total e suporte a múltiplos modelos.

    Fraqueza: Depende da qualidade dos modelos disponíveis, podendo variar em desempenho.

    Custo: $

    Acesso: *https://huggingface.co/chat*

    Inovações Futuras: Integração com novos modelos e melhorias na interface previstas para 2025.

12. **DuckDuckGo AI (DuckDuckGo – EUA)**

    Empresa: DuckDuckGo

    País de origem: EUA

    Força: Privacidade total

    Fraqueza: Limitação na personalização e no volume de interações por sessão.

    Custo: $

    Acesso: *https://duckduckgo.com*

    Inovações Futuras: Melhorias na interface de busca e integração com novos modelos de IA previstos para 2025.

13. **Gemma (Google DeepMind – EUA)**

    Empresa: Google DeepMind

    País de origem: EUA

    Força: Código aberto, leve e otimizado para IA embarcada e computação em nuvem.

    Fraqueza: Ainda limitado em comparação com modelos proprietários avançados.

    Custo: $

    Acesso: *https://ai.google.dev*

    Inovações Futuras: Atualizações previstas para 2025, melhorando eficiência em aplicações móveis e integração com Google Cloud.

14. **Yi 34B (01.AI – China)**

    Empresa: 01.AI

    País de origem: China

    Força: Desenvolvimento avançado na Ásia, focado em eficiência para aplicações empresariais.

    Fraqueza: Menos acessível globalmente e pouca documentação pública.

    Custo: $

    Acesso: *https://huggingface.co/01-ai/Yi-34B*

    Inovações Futuras: Melhorias em modelos de compreensão de texto longo, esperadas para 2025.

15. **Perplexity AI (Perplexity – EUA)**

Empresa: Perplexity AI

País de origem: EUA

Força: Forte integração com pesquisa e recuperação de informações em tempo real.

Fraqueza: Menos eficiente em geração de textos longos.

Custo: $$

Acesso: *https://www.perplexity.ai*

Inovações Futuras: Melhorias em precisão de respostas e capacidades multimodais previstas para 2025.

16. **Grok 3 (xAI – EUA)**

Empresa: xAI

País de origem: EUA

Força: Modelo avançado desenvolvido por xAI, empresa de Elon Musk, com forte integração com a plataforma X (antigo Twitter) e foco em interações dinâmicas e contextualizadas. Possui acesso a dados em tempo real, permitindo respostas atualizadas e melhor capacidade de análise de tendências.

Fraqueza: Ainda em desenvolvimento para competir diretamente com modelos estabelecidos como GPT-4 e Claude 3. Sua integração fora do ecossistema X é limitada.

Custo: $$$

Acesso: *https://x.ai/grok*

Inovações Futuras: Espera-se que futuras versões do Grok aprimorem a personalização, aumentem a eficiência na compreensão de linguagem e expandam sua integração para além do X, permitindo aplicações mais amplas no mercado corporativo e na automação de tarefas.

13.2. CLASSIFICAÇÃO DE DESEMPENHO E ASSERTIVIDADE DE INTERAÇÃO DOS LLMS

1. **Desempenho de Elite (GPT-4, Gemini 1.5)**

   Definição: Modelos com altíssima capacidade de compreensão contextual, geração de respostas detalhadas e assertivas, além de multimodalidade avançada (interpretação de texto, imagem, áudio e vídeo).

   Características:

   - Excelência em diálogos complexos e análises aprofundadas.
   - Capacidade de manter coerência e precisão em interações longas.
   - Forte personalização e adaptação ao contexto do usuário.
   - Suporte a tarefas avançadas como programação, análise financeira e assistência técnica.

   Público-alvo: Profissionais de alta demanda, empresas que buscam automação de ponta e pesquisadores.

2. **Desempenho Avançado (Claude 3, Tongyi Qianwen, Command R+, Grok 3)**

   Definição: Modelos altamente capacitados para diálogos estruturados, geração de texto precisa e compreensão contextual, mas com pequenas limitações em comparação aos modelos de elite.

   Características:

   - Boa coerência e fluidez nas respostas.
   - Capacidade de raciocínio lógico e contextualização eficiente.
   - Forte alinhamento com ética e segurança de IA.
   - Bom desempenho para suporte técnico e geração de conhecimento técnico.

   Destaque do Grok 3: Desenvolvido pela xAI, Grok 3 se diferencia por sua integração com a plataforma X (Twitter), acesso a informações em tempo real e estilo mais descontraído e dinâmico. No entanto, sua dependência do ecossistema X pode limitar sua aplicabilidade fora dessa rede.

   Público-alvo: Empresas que necessitam de suporte conversacional confiável e usuários que buscam alta precisão em respostas sem um custo tão elevado.

3. **Desempenho Intermediário (Phi 3, Perplexity AI)**

Definição: Modelos com desempenho sólido em tarefas comuns, boa fluidez textual, mas limitações em contextos mais complexos ou interações longas.

Características:

- Competentes para geração de textos gerais e respostas objetivas.
- Capacidade limitada para manter coerência em diálogos extensos.
- Boa velocidade de resposta, mas menos refinamento em análises críticas.
- Indicados para pesquisas rápidas e suporte básico.

Público-alvo: Usuários casuais, pequenas empresas e suporte técnico básico.

- **Desempenho Básico (LLaMA 3, Mistral, HuggingChat, DuckDuckGo AI, Gemma, Yi 34B)**

Definição: Modelos eficientes para tarefas simples e diálogos curtos, mas com menor capacidade de raciocínio complexo e resposta contextualizada.

Características:

- Capacidade limitada em interpretação de nuances e diálogos longos.
- Menor precisão em respostas técnicas e científicas avançadas.
- Ideal para pesquisas rápidas, respostas genéricas e interações casuais.
- Menor custo computacional, sendo boas opções para IA embarcada e soluções leves.

Público-alvo: Usuários que precisam de IA básica para interações simples, desenvolvedores que buscam soluções open-source e projetos com restrições de hardware.

Tendências e Previsões para os Próximos 5 Anos (2025-2030)

Os avanços mais significativos incluirão a chegada do GPT-5 (2025) e GPT-6 (2027), aprimorando a personalização e memória de longo prazo. A multimodalidade se expandirá, tornando os modelos mais eficazes na interpretação de áudio, vídeo e imagens com maior precisão.

Modelos open-source, como LLaMA 4 (2025) e Mistral 10B (2026), ganharão força, impulsionando a democratização da IA. Espera-se uma redução no consumo de energia e um foco crescente em eficiência computacional para viabilizar IA em dispositivos menores.

A xAI, com o desenvolvimento do Grok 4 e versões futuras, pode explorar uma maior independência do ecossistema X, tornando-se uma alternativa mais competitiva para aplicações empresariais e produtividade avançada.

Empresas como Google, Microsoft e Alibaba devem intensificar a integração de IA em nuvem, IoT e assistentes autônomos, revolucionando a automação empresarial e pessoal até 2030.

14. ALÉM DOS LLMS: AS OUTRAS FERRAMENTAS DE IA

Para maximizar o uso das tecnologias de inteligência artificial (IA), é fundamental entender as diferenças entre ferramentas, aplicativos, bots e agentes de IA.

Cada um desses termos descreve um tipo específico de software, com características e funções distintas:

1. **Ferramentas**

   Programas que executam tarefas específicas de forma isolada, como análise de dados, reconhecimento de voz ou tradução automática. Elas são projetadas para resolver problemas específicos de maneira eficiente.

   Exemplo Prático com ChatGPT:

   - **Análise de Texto:** Usando o ChatGPT, uma equipe de marketing pode resumir artigos longos, identificar palavras-chave ou criar uma análise sintática de documentos para melhorar a estratégia de conteúdo.
   - **Tradução Automática:** ChatGPT pode ser usado para traduzir textos curtos de maneira eficiente, identificando nuances contextuais.
   - **Aplicação Real:** Uma agência de publicidade utiliza ChatGPT como uma ferramenta para gerar resumos rápidos de tendências de mercado ou traduzir materiais publicitários para diferentes idiomas, economizando tempo em projetos internacionais.

2. **Aplicativos**

   Softwares mais complexos que integram várias funcionalidades, oferecendo uma solução mais abrangente para uma série de necessidades. Por exemplo, um aplicativo de gestão de projetos pode incluir ferramentas de IA para análise de desempenho e otimização de processos.

   Exemplo Prático com ChatGPT:

   - **Gestão de Projetos:** ChatGPT pode ser integrado a um aplicativo como *Notion*, gerando automaticamente atas de reuniões, sugerindo prazos e criando listas de tarefas baseadas em conversas ou notas compartilhadas.
   - **Educação:** Um aplicativo de aprendizado, como o *Duolingo*, pode usar ChatGPT para oferecer explicações detalhadas de conceitos gramaticais ou simular diálogos avançados com os alunos.
   - **Aplicação Real:** Uma startup educacional integra o ChatGPT ao seu aplicativo de aprendizado para criar quizzes personalizados com base nos erros mais comuns dos usuários, aprimorando a experiência de aprendizado.

3. **Bots**

   Programas que automatizam tarefas repetitivas e interagem com usuários ou sistemas de maneira pré-programada. Um exemplo comum são os chatbots, que respondem a perguntas frequentes de clientes em sites de e-commerce.

   Exemplo Prático com ChatGPT:

   - **Atendimento ao Cliente:** Um chatbot alimentado pelo ChatGPT pode responder perguntas frequentes sobre produtos, oferecer suporte técnico ou orientar clientes durante o processo de compra em um site de e-commerce.
   - **Comunicação Interna:** ChatGPT pode ser usado como bot para responder perguntas comuns de colaboradores sobre políticas da empresa ou horários de trabalho.
   - **Aplicação Real:** Uma loja virtual implementa um chatbot com ChatGPT para responder a dúvidas sobre status de pedidos, prazos de entrega e políticas de devolução, reduzindo a carga da equipe de suporte.

4. **Agentes de IA**

   Programas autônomos que não apenas realizam tarefas complexas, mas também aprendem e evoluem com o tempo, interagindo de forma dinâmica com sistemas e usuários. Exemplos incluem assistentes virtuais como a Siri e o Google Assistant, que entendem comandos de voz, executam ações e aprendem com as interações.

   Exemplo Prático com ChatGPT:

   - **Assistente Pessoal:** Um assistente virtual alimentado pelo ChatGPT pode gerenciar agendas, enviar lembretes, escrever e-mails personalizados e até sugerir ajustes em cronogramas com base na carga de trabalho.
   - **Recrutamento e Seleção:** ChatGPT pode atuar como um agente de IA em sistemas de recrutamento, avaliando currículos, gerando perguntas específicas para entrevistas e ajustando critérios com base no feedback de gestores.
   - **Aplicação Real:** Uma empresa utiliza um agente de IA com ChatGPT para automatizar o agendamento de reuniões e responder a solicitações frequentes de clientes, enquanto ajusta as respostas e processos com base em feedback contínuo.

Além disso, com os avanços recentes, os modelos de IA estão se tornando multimodais, ou seja, capazes de entender e processar imagens, vídeos e sons.

Esse desenvolvimento faz parte do que Amy Webb, futurista e CEO do Future Today Institute, descreve como uma "explosão Cambriana de dispositivos" — uma fase de rápida inovação tecnológica que lembra a explosão biológica de novas formas de vida.

No futuro próximo, os assistentes não apenas conversarão com os usuários, mas também deverão observá-lo, escutá-lo e interagir com o mundo ao seu redor. À medida que essas capacidades evoluem, o próximo passo será a criação de agentes que não apenas respondem a comandos, mas também planejam e tomam ações em nome do usuário, oferecendo uma automação ainda mais avançada e intuitiva.

Compreender essa terminologia é crucial para escolher a solução mais adequada às suas necessidades. Nesta seção, abordaremos várias opções de ferramentas, aplicativos, bots e agentes de IA, explorando as alternativas mais modernas e eficientes para diferentes contextos profissionais.

Abaixo, discutimos três áreas de aplicação em que essas ferramentas estão transformando a forma como as empresas operam.

1. **Atendimento Automatizado ao Cliente**

   Chatbots alimentados por IA generativa têm a capacidade de fornecer respostas imediatas e personalizadas para consultas complexas, independentemente do idioma ou da localização. Esses sistemas aumentam a qualidade e eficácia das interações automatizadas, reduzindo significativamente a carga de trabalho das equipes de atendimento ao cliente.

   Pesquisas indicam que, em setores como bancos, telecomunicações e utilidades, cerca de 50% dos contatos de clientes já são tratados por máquinas, incluindo IA. A adoção de IA generativa pode reduzir ainda mais os contatos atendidos por humanos, potencialmente em até 50% adicionais, dependendo do nível de automação existente. Isso não só melhora a satisfação do cliente, mas também permite que as equipes humanas se concentrem em questões mais estratégicas.

2. **Estruturas Baseadas em Agentes**

   Empresas líderes em IA estão implementando estruturas baseadas em agentes para facilitar a colaboração entre múltiplos agentes de IA generativa. Essas estruturas permitem a orquestração de agentes, gerenciando a escalabilidade e a reutilização dos sistemas. Equipadas com habilidades de raciocínio, execução de código, uso de ferramentas e planejamento, essas estruturas ajudam a superar limitações dos modelos de linguagem tradicionais. Ao incorporar agentes em uma arquitetura de IA generativa, as empresas podem lidar melhor com tarefas complexas, aumentando o desempenho, a confiabilidade e a satisfação do usuário.

3. **Relevância do Uso de Ferramentas de IA**

   Estudos mostram que profissionais podem desperdiçar até 20% do tempo de trabalho lidando com problemas inerentes aos softwares utilizados, como tempos de carregamento e respostas lentas. Isso afeta negativamente a produtividade e a eficiência no local de trabalho. Ferramentas de IA podem mitigar esses problemas, tornando o trabalho mais eficiente e liberando os colaboradores para se concentrarem em tarefas mais significativas. A adoção dessas tecnologias tem o potencial de transformar as operações empresariais, oferecendo soluções inovadoras para os desafios modernos e promovendo um ambiente de trabalho mais produtivo e focado em resultados estratégicos.[24]

14.1. COMO ESCOLHER UMA FERRAMENTA?

A cada dia, o campo da inteligência artificial (IA) testemunha o surgimento de uma infinidade de soluções inovadoras, tornando inviável mapear todas elas. No entanto, algumas se destacam por acelerar o desempenho, promover crescimento e facilitar processos.

Crescimento Exponencial da IA

O mercado global de IA tem apresentado um crescimento notável. Em 2022, foi avaliado em aproximadamente **US$ 119,78 bilhões**. Projeções indicam que, até 2030, esse valor poderá atingir cerca de **US$ 1,597 trilhão**, com uma taxa de crescimento anual composta (CAGR) de 38,1%.

Adoção Corporativa

A adoção de IA nas empresas tem aumentado significativamente. Em 2024, **72% das empresas** globalmente já utilizavam alguma forma de IA, um salto em relação aos 55% observados em 2023.

---

24 Fontes:

https://www.dynacomitsupport.co.uk/2023/09/20/tech-news-study-shows-20-of-time-wasted-within-it/

https://kaizo.com/blog/customer-service-statistics/

Inovações Recentes em IA

Diversas soluções de IA têm sido desenvolvidas para otimizar tarefas cotidianas.

Aqui estão algumas que podem ser úteis para acelerar o desempenho, promover crescimento e facilitar processos:

Com tantas ferramentas de IA disponíveis no mercado, a escolha da solução certa pode parecer desafiadora. Felizmente, existem plataformas especializadas que ajudam a navegar por essa vasta oferta e encontrar a ferramenta mais adequada às suas necessidades específicas.

14.1.12.1. 30 APLICAÇÕES TESTADAS QUE FACILITARÃO A SUA VIDA

1. **OpenTools.ai**

   Propósito: Plataforma que utiliza um modelo GPT para auxiliar na descoberta das melhores ferramentas de IA, facilitando a seleção entre mais de 10 mil opções disponíveis.

   Facilidade de uso: Interface interativa e intuitiva, com atualizações diárias e recomendações personalizadas.

   Nível de operação da versão gratuita: Permite explorar e pesquisar ferramentas de IA sem custo.

   Principais vantagens da versão paga: Acesso a filtros avançados, curadoria aprimorada e sugestões personalizadas com base no perfil do usuário.

   Acesso:

   https://opentools.ai/

   https://chatgpt.com/g/g-ZbDk4R2Sq-ai-tools-expert

2. **There's an AI for That**

   Propósito: Agregador que cataloga mais de 13.500 ferramentas de IA, cobrindo diversas tarefas e aplicações profissionais.

   Facilidade de uso: Plataforma bem organizada com categorização detalhada para facilitar a busca.

   Nível de operação da versão gratuita: Acesso total ao catálogo de ferramentas sem custo.

   Principais vantagens da versão paga: Recursos avançados de pesquisa e recomendações personalizadas com base em necessidades específicas.

   Acesso: *https://theresanaiforthat.com/*

3. **Aitools.fyi**

   Propósito: Diretório intuitivo e acessível de ferramentas de IA, categorizado para diferentes aplicações.

   Facilidade de uso: Opção de filtragem por ferramentas gratuitas, permitindo uma busca eficiente.

   Nível de operação da versão gratuita: Acesso total ao diretório e ferramentas listadas.

   Principais vantagens da versão paga: Curadoria premium e recursos de análise detalhada de ferramentas.

   Acesso: *https://aitools.fyi/pt*

4. **Woy AI Tools Directory**

   Propósito: Diretório abrangente com as melhores ferramentas de IA de 2025, voltado para profissionais como desenvolvedores, cientistas de dados e empreendedores.

   Facilidade de uso: Design focado em produtividade, com recomendações para diferentes perfis profissionais.

   Nível de operação da versão gratuita: Acesso aberto ao diretório e busca de ferramentas.

   Principais vantagens da versão paga: Filtros avançados, insights detalhados e suporte para seleção personalizada.

   Acesso: *https://woy.ai/*

5. **Synthesia**

   Propósito: Plataforma de geração de vídeos por IA, convertendo textos em vídeos profissionais com avatares e narração em mais de 130 idiomas.

   Facilidade de uso: Interface simples e intuitiva, sem necessidade de experiência em edição de vídeo.

   Nível de operação da versão gratuita: Oferece testes limitados, com marca d'água e restrições de personalização.

   Principais vantagens da versão paga: Exportação de vídeos sem marca d'água, maior personalização de avatares e suporte para projetos corporativos em larga escala.

   Acesso: *https://www.synthesia.io/*

6. **Otter.AI**

   Propósito: Plataforma de transcrição de reuniões em tempo real, garantindo captura precisa de informações.

   Facilidade de uso: Automação de transcrições com suporte para diversas integrações (Zoom, Google Meet, etc.).

   Nível de operação da versão gratuita: Transcrição limitada a um número específico de minutos por mês.

   Principais vantagens da versão paga: Tempo de transcrição ilimitado, exportação em diferentes formatos e organização avançada de notas.

   Acesso: *https://otter.ai/*

   Aqui está a descrição detalhada de cada ferramenta apresentada na imagem, seguindo o modelo estruturado:

7. **Watermark Remover**

   Propósito: Remove marcas d'água de imagens automaticamente.

   Facilidade de uso: Extremamente simples, basta fazer upload da imagem e a IA remove a marca d'água.

   Nível de operação da versão gratuita: Permite remoção básica de marcas d'água sem custos.

   Principais vantagens da versão paga: Processamento avançado sem perda de qualidade e suporte a formatos de imagem maiores.

   Acesso: *https://watermarkremover.io/*

8. **NeuroFlash**

   Propósito: Expande pequenos textos, transformando poucas palavras em conteúdos extensos.

   Facilidade de uso: Simples e rápido, basta inserir um prompt curto para obter um texto detalhado.

   Nível de operação da versão gratuita: Geração de textos limitada a um certo número de palavras por dia.

   Principais vantagens da versão paga: Expansão de texto sem limite e personalização do tom de escrita.

   Acesso: *https://neuroflash.com/*

9. **Murf AI**

   Propósito: Converte textos em narrações realistas com vozes geradas por IA.

   Facilidade de uso: Plataforma intuitiva com diversas opções de personalização de voz.

   Nível de operação da versão gratuita: Número limitado de caracteres por mês e poucas opções de vozes.

   Principais vantagens da versão paga: Acesso a vozes premium, maior número de caracteres e exportação em alta qualidade.

   Acesso: *https://murf.ai/*

10. **Opus Clip**

    Propósito: Converte vídeos longos em clipes curtos e otimizados para redes sociais.

    Facilidade de uso: Plataforma automatizada que gera cortes com base em pontos de interesse do vídeo.

    Nível de operação da versão gratuita: Permite criar um número limitado de vídeos curtos com resolução padrão.

    Principais vantagens da versão paga: Exportação em alta resolução, mais opções de personalização e maior quantidade de vídeos processados por mês.

    Acesso: *https://www.opus.pro/*

11. **LeiaPix**

    Propósito: Converte fotos comuns em imagens 3D interativas.

    Facilidade de uso: Simples, basta fazer upload da imagem para gerar um efeito tridimensional.

    Nível de operação da versão gratuita: Exportação com marca d'água e resolução limitada.

    Principais vantagens da versão paga: Remoção de marca d'água, exportação em alta definição e personalização avançada do efeito 3D.

    Acesso: *https://convert.leiapix.com/*

12. **Kreado AI**

    Propósito: Gera vídeos automaticamente em múltiplos idiomas.

    Facilidade de uso: Plataforma acessível com suporte a legendas e narração.

    Nível de operação da versão gratuita: Limitação no tempo de vídeo e número de idiomas suportados.

    Principais vantagens da versão paga: Tradução automática para mais idiomas, exportação sem restrições e mais opções de edição.

    Acesso: *https://www.kreadoai.com/*

13. **KickResume**

    Propósito: Criação de currículos completos com templates profissionais.

    Facilidade de uso: Interface intuitiva com modelos personalizáveis.

    Nível de operação da versão gratuita: Templates básicos e exportação limitada.

    Principais vantagens da versão paga: Mais modelos, exportação ilimitada e integração com redes profissionais.

    Acesso: *https://www.kickresume.com/*

14. **Remini**

    Propósito: Aplicativo de aprimoramento de imagens por IA que melhora a qualidade de fotos antigas, borradas ou de baixa resolução, tornando-as mais nítidas e detalhadas.

    Facilidade de uso: Extremamente intuitivo, basta fazer upload da imagem para que a IA otimize automaticamente a qualidade e os detalhes.

    Nível de operação da versão gratuita: Permite melhorar algumas imagens por dia com qualidade padrão e exibição de anúncios.

    Principais vantagens da versão paga: Processamento ilimitado, aprimoramento de rostos em alta definição, remoção de ruídos avançada e acesso a modelos específicos para restauração e animação de fotos antigas.

    Acesso: *https://app.remini.ai/*

15. **Fliki AI**

    Propósito: Transformação automática de textos em vídeos.

    Facilidade de uso: Plataforma intuitiva com templates prontos para edição.

    Nível de operação da versão gratuita: Vídeos curtos e marca d'água nos arquivos gerados.

    Principais vantagens da versão paga: Exportação sem marca d'água, templates avançados e narração em diversas vozes.

    Acesso: *https://fliki.ai/*

16. **10web**

    Propósito: Criador de sites profissionais impulsionado por IA.

    Facilidade de uso: Criação automática de sites responsivos e personalizáveis.

    Nível de operação da versão gratuita: Sites básicos e poucas opções de customização.

    Principais vantagens da versão paga: Templates premium, otimização para SEO e integração com plataformas de e-commerce.

    Acesso: *https://www.10web.io/*

17. **12ft.io**

    Propósito: Ferramenta online que permite acessar conteúdos bloqueados por paywalls (muros de pagamento) em artigos e sites de notícias.

    Facilidade de uso: Extremamente simples, basta inserir a URL do artigo bloqueado para remover as restrições de leitura.

    Nível de operação da versão gratuita: Totalmente funcional sem custos, permitindo acesso a artigos sem necessidade de assinatura.

    Principais vantagens da versão paga: O serviço atualmente não possui uma versão paga, funcionando gratuitamente para desbloquear conteúdos.

    Acesso: *https://12ft.io/*

18. **TinyWow**

Propósito: Plataforma que oferece versões gratuitas de ferramentas normalmente pagas, como edição de PDFs e imagens.

Facilidade de uso: Interface simples e acessível, permitindo edições rápidas sem necessidade de instalação de software.

Nível de operação da versão gratuita: Acesso completo a ferramentas de edição de PDF, imagens, vídeos e outros formatos sem custo.

Principais vantagens da versão paga: Atualmente, o TinyWow oferece todos os seus serviços gratuitamente, sem necessidade de assinatura.

Acesso: *https://tinywow.com/*

19. **PDF Drive**

Propósito: Plataforma que disponibiliza mais de 81 milhões de e-books em formato PDF para download gratuito.

Facilidade de uso: Interface intuitiva com um mecanismo de busca eficiente para encontrar livros rapidamente.

Nível de operação da versão gratuita: Permite baixar livros sem custo, mas com velocidade de download reduzida e anúncios.

Principais vantagens da versão paga: Downloads mais rápidos, ausência de anúncios e armazenamento na nuvem para organizar os arquivos baixados.

Acesso: *https://www.pdfdrive.com/*

20. **ElevenLabs**

Propósito: Software avançado de conversão de texto em voz, utilizando IA para gerar vozes hiper-realistas em diversos idiomas.

Facilidade de uso: Plataforma online intuitiva, onde basta inserir um texto para obter áudio gerado por IA.

Nível de operação da versão gratuita: Permite converter texto em voz com algumas restrições de tempo e qualidade do áudio.

Principais vantagens da versão paga: Acesso a vozes premium, personalização de entonação e suporte para múltiplos idiomas e sotaques.

Acesso: *https://www.elevenlabs.io/*

21. **Namecheap**

Propósito: Plataforma para compra e registro de domínios a preços acessíveis.

Facilidade de uso: Pesquisa rápida de disponibilidade e processo simples de aquisição.

Nível de operação da versão gratuita: Não possui versão gratuita, pois o serviço envolve compra de domínios.

Principais vantagens da versão paga: Preços competitivos, suporte técnico e serviços adicionais como hospedagem e proteção de privacidade.

Acesso: *https://namecheap.com*

22. **AnswerThePublic**

Propósito: Ferramenta de pesquisa que fornece insights sobre perguntas e temas populares na internet.

Facilidade de uso: Simples, basta inserir uma palavra-chave para obter visualizações de pesquisa relacionadas.

Nível de operação da versão gratuita: Resultados limitados por pesquisa e acesso restrito a dados históricos.

Principais vantagens da versão paga: Relatórios detalhados, acesso ilimitado a pesquisas e exportação de dados.

Acesso: *https://answerthepublic.com*

23. **CapCut**

Propósito: Editor de vídeos intuitivo para redes sociais, oferecendo recursos avançados de edição gratuitamente.

Facilidade de uso: Interface simplificada com edição baseada em timeline.

Nível de operação da versão gratuita: Edição de vídeos completa, mas com algumas limitações em filtros e exportação.

Principais vantagens da versão paga: Acesso a efeitos premium, exportação em resoluções mais altas e remoção de marca d'água.

Acesso: *https://capcut.com*

24. **Product Hunt**

Propósito: Plataforma que apresenta novos produtos e startups inovadoras para usuários e investidores.

Facilidade de uso: Interface simples com ranking de produtos e avaliações da comunidade.

Nível de operação da versão gratuita: Acesso completo a todos os produtos e avaliações sem custo.

Principais vantagens da versão paga: Não possui versão paga, sendo uma plataforma aberta para todos.

Acesso: *https://producthunt.com*

25. **Extrator de E-mails**

Propósito: Ferramenta que localiza e extrai e-mails de potenciais clientes a partir de diversas fontes online, facilitando a prospecção para negócios.

Facilidade de uso: Interface intuitiva, permitindo que os usuários realizem extrações rapidamente com um passo a passo disponível na página.

Nível de operação da versão gratuita: Funcionalidades limitadas, com um número reduzido de extrações e filtros básicos.

Principais vantagens da versão paga: Extrações ilimitadas, filtros avançados para segmentação de leads e exportação direta para planilhas e CRMs.

Acesso: *https://www.extrator.com.br/extrator-de-emails*

26. **Venturekit**

Propósito: Conjunto de ferramentas para startups e novos negócios, ajudando na estruturação e crescimento inicial.

Facilidade de uso: Interface simples com módulos adaptáveis para diferentes necessidades.

Nível de operação da versão gratuita: Acesso a algumas ferramentas básicas para planejamento estratégico.

Principais vantagens da versão paga: Análises avançadas, relatórios detalhados e suporte para tomada de decisão.

Acesso: *https://www.venturekit.ai*

27. **Luma Labs**

Propósito: Ferramenta de inteligência artificial que transforma vídeos capturados pelo telefone em cenas 3D altamente detalhadas e interativas.

Facilidade de uso: Plataforma intuitiva, permitindo a conversão de vídeos comuns em modelos tridimensionais sem necessidade de equipamentos avançados.

Nível de operação da versão gratuita: Acesso limitado a algumas renderizações com restrições na qualidade e na exportação dos modelos.

Principais vantagens da versão paga: Renderização em alta definição, exportação para softwares 3D e maior controle sobre detalhes e iluminação das cenas.

Acesso: *https://lumalabs.ai*

28. **Animaker**

Propósito: Plataforma para criação de vídeos animados e explicativos de forma simples e acessível.

Facilidade de uso: Interface intuitiva baseada em arrastar e soltar elementos.

Nível de operação da versão gratuita: Recursos limitados, com marca d'água e menos opções de exportação.

Principais vantagens da versão paga: Exportação em alta qualidade, maior variedade de templates e elementos gráficos, e remoção de marca d'água.

Acesso:

https://www.animaker.com

29. **AlsoAsked**

Propósito: Ferramenta de pesquisa que gera sugestões de perguntas relacionadas ao tema buscado, auxiliando em estratégias de SEO e conteúdo.

Facilidade de uso: Simples, basta inserir uma palavra-chave para obter insights sobre perguntas comuns.

Nível de operação da versão gratuita: Limitações na quantidade de buscas diárias.

Principais vantagens da versão paga: Acesso ilimitado a pesquisas, mais dados históricos e sugestões mais detalhadas.

Acesso: *https://alsoasked.com/*

30. **iLovePDF**

    Propósito: Plataforma online para edição, conversão e otimização de arquivos PDF, permitindo manipular documentos sem a necessidade de softwares instalados.

    Facilidade de uso: Interface intuitiva e de fácil navegação, permitindo a edição e conversão de arquivos em poucos cliques.

    Nível de operação da versão gratuita: Acesso a ferramentas básicas, com limite no tamanho dos arquivos e na quantidade de edições diárias.

    Principais vantagens da versão paga: Processamento mais rápido, manipulação de arquivos maiores, funcionalidades avançadas como OCR (reconhecimento óptico de caracteres) e edições ilimitadas.

    Acesso: *https://www.ilovepdf.com/pt*

31. **Chatbase**

    Propósito: Plataforma para análise e otimização do desempenho de chatbots, ajudando a melhorar interações automatizadas.

    Facilidade de uso: Interface simples e intuitiva para monitoramento de métricas e insights.

    Nível de operação da versão gratuita: Análise limitada de conversas e interações do chatbot.

    Principais vantagens da versão paga: Acesso a relatórios detalhados, insights personalizados e integração com múltiplas plataformas.

    Acesso: *https://www.chatbase.co/*

32. **MindMeister**

    Propósito: Plataforma online para criação de mapas mentais colaborativos, facilitando o brainstorming, planejamento de projetos e organização de ideias.

    Facilidade de uso: Interface intuitiva e interativa, permitindo a criação e personalização de mapas mentais com facilidade.

    Nível de operação da versão gratuita: Permite criar até três mapas mentais, com funcionalidades básicas e opções limitadas de personalização.

    Principais vantagens da versão paga: Mapas mentais ilimitados, colaboração em tempo real, integração com outras ferramentas e exportação em formatos avançados (PDF, PNG, Word).

    Acesso: *https://www.mindmeister.com/*

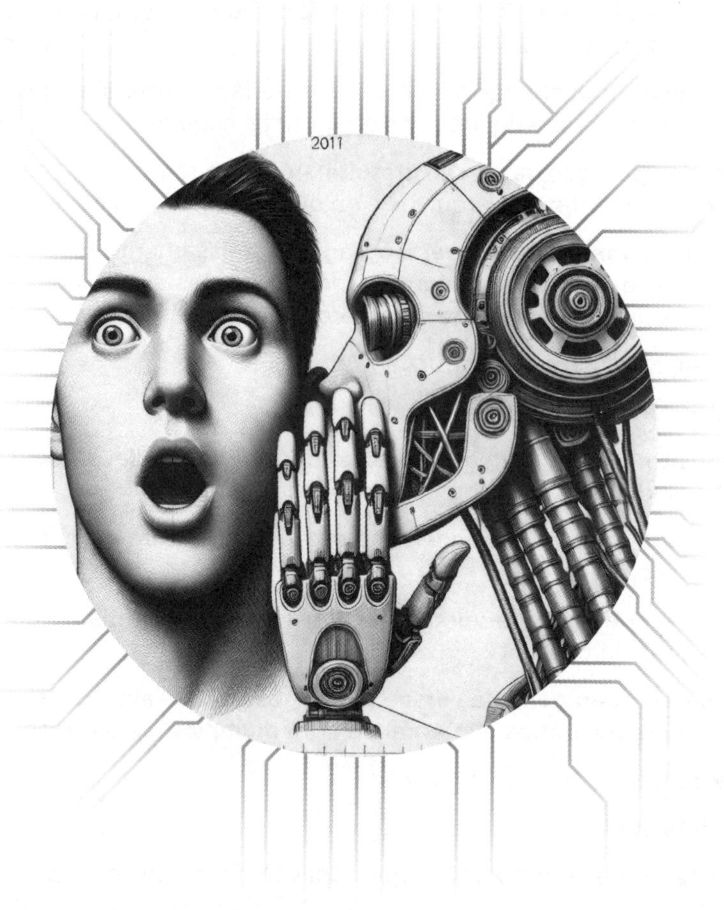

15.
10 DICAS QUE IRÃO ELEVAR SEU PATAMAR

“Usar, é diferente de saber usar”

Esta frase reflete uma verdade essencial sobre a adoção de qualquer tecnologia avançada: a mera utilização de uma ferramenta não garante sua aplicação eficaz. No contexto da inteligência artificial, essa distinção torna-se ainda mais crítica, pois o diferencial competitivo não está no simples acesso ao ChatGPT, mas sim na capacidade de extrair dele insights relevantes, estruturar perguntas estrategicamente e interpretar suas respostas com pensamento crítico.

Nos diversos campos do saber — da ciência à gestão, do direito à medicina, da engenharia ao marketing — o desempenho e a diferenciação profissional dependem da habilidade de transformar informação em conhecimento aplicável. Enquanto um usuário casual pode obter respostas genéricas, um especialista que “sabe” usar o ChatGPT consegue moldar suas interações para obter dados refinados, simulações precisas e análises aprofundadas.

O impacto dessa competência se traduz em melhoria na tomada de decisão, otimização de processos, inovação contínua e vantagem estratégica. Dominar o uso inteligente do ChatGPT não significa apenas saber perguntar, mas também compreender seus limites, validar informações e aplicar resultados de maneira contextualizada. Assim, a IA deixa de ser apenas uma ferramenta e se torna uma extensão da capacidade cognitiva e analítica humana, promovendo avanços em todas as áreas do conhecimento.

15.1. DICA 1: AMIGÃO GPT

A barra abaixo da linha de prompt contém atalhos para diferentes funcionalidades avançadas do sistema. Cada botão representa uma ação específica que pode ser realizada automaticamente ao ser selecionada.

Aqui está a explicação para cada uma delas:

1. **Criar imagem** – Gera imagens com base em descrições fornecidas pelo usuário, utilizando inteligência artificial para renderizar o conteúdo solicitado.
2. **Analisar dados** – Permite carregar e processar dados, fornecendo insights, visualizações gráficas e análises estatísticas conforme a necessidade do usuário.
3. **Ajudar a escrever** – Auxilia na criação de textos, incluindo revisão, estruturação de conteúdos e sugestões para melhorar a clareza e coesão textual.
4. **Sugerir** – Oferece recomendações e sugestões baseadas no contexto fornecido, podendo abranger desde ideias criativas até soluções para problemas específicos.
5. **Programar** – Facilita a criação, depuração e explicação de códigos em diversas linguagens de programação.
6. **Resumir texto** – Processa e sintetiza textos longos, mantendo as informações essenciais e apresentando um resumo claro e objetivo.
7. **Fazer um plano** – Estrutura planos estratégicos, cronogramas, roteiros e metodologias para diversos tipos de projetos.
8. **Aconselhar** – Fornece orientações, recomendações e suporte em diversas áreas, como carreira, negócios e desenvolvimento pessoal.

Cada um desses botões funciona como um atalho para agilizar o processo de interação com a IA, direcionando a resposta conforme a necessidade do usuário.

15.2. DICA 2: TRANSFORMAR TEXTO EM ÁUDIO

Primeiro acesso o GPT personalizado abaixo.

Acesse o GPT personalizado:

AI Voice Emotions! Text To Speech Editor (Por Samet Öteles)[25]

Faça o upload no arquivo que você quer transformar em áudio, por exemplo, um artigo ou texto (📎).

– Escreva no Prompt –

Transforme o texto em anexo em um arquivo de áudio em idioma português do Brasil, em tom emocional e volume e intensidade natural.

Logo, a ferramente irá gerar automaticamente um código SSML

Passo a Passo para Gerar o Áudio:

* **O SSML (Speech Synthesis Markup Language)** é uma linguagem de marcação usada para controlar como o texto é convertido em fala em sistemas de síntese de voz (TTS, Text-to-Speech). Ele permite personalizar a entonação, o ritmo, o volume, a pausa, o idioma e até mesmo o tipo de voz que será utilizado.

E as seguintes instruções:

1. **Ferramenta Recomendada**:

   Utilize a ElevenLabs (*https://elevenlabs.io/*) ou outra plataforma de texto para fala que suporte SSML como Aidocmaker (*https://www.aidocmaker.com/ai-voice-generator*).

   O ElevenLabs é uma opção excelente, já que oferece suporte ao idioma português e às marcações de emoção.

---

25 Acesse pelo link:

https://chatgpt.com/g/g-LQ3c7maNd-gpt-finder-search-best-nogpts

2. **Upload do Texto SSML**:
   - Copie o texto com as marcações SSML fornecido.
   - Na plataforma escolhida, procure uma opção que permita colar ou fazer upload de texto SSML.
   - Certifique-se de ativar a leitura das marcações para que o áudio seja gerado com as nuances desejadas.
3. **Seleção da Voz**:
   - Escolha uma voz que se ajuste ao tom do texto (por exemplo, uma voz brasileira profissional e calorosa).
   - Ajuste o nível de emoção e clareza, caso seja necessário.
4. **Geração do Áudio**:
   - Clique para gerar o áudio. A ferramenta irá processar o texto e aplicar as marcações para entregar o resultado.
5. **Download**:
   - Após gerar o áudio, salve o arquivo em um formato como MP3 ou WAV, dependendo das opções disponíveis.

Vantagens de ter o seu arquivo em áudio:

Transformar arquivos de texto em áudio oferece várias vantagens práticas, especialmente com o uso de tecnologias de síntese de fala, como TTS (Text-to-Speech). Abaixo estão os principais benefícios:

1. **Acessibilidade**
   - **Inclusão de pessoas com deficiência visual**: Facilita o acesso à informação para pessoas com baixa visão ou cegueira.
   - **Apoio a dislexia e outras dificuldades de leitura**: Auxilia indivíduos que enfrentam barreiras na leitura tradicional.
   - **Universalização do conteúdo**: Permite que o conteúdo seja acessível para pessoas em diferentes contextos, independentemente de sua capacidade de leitura.
2. **Eficiência no Consumo de Conteúdo**
   - **Multitarefa**: Permite consumir informações enquanto realiza outras atividades, como dirigir, fazer exercícios ou tarefas domésticas.

- **Economia de tempo**: Transforma o tempo ocioso em momentos produtivos, como ouvir documentos, relatórios ou artigos durante deslocamentos.
- **Aprendizado contínuo**: Estimula o aprendizado por meio de audição, facilitando a retenção de informações para quem prefere esse estilo de consumo.

3. **Melhoria da Experiência do Usuário**
   - **Conteúdo dinâmico**: Torna textos mais envolventes ao combinar tons, entonações e pausas naturais.
   - **Personalização**: Tecnologias modernas permitem ajustar a voz, velocidade e entonação, criando uma experiência auditiva confortável e adaptada às preferências do usuário.
   - **Conveniência**: Transforma documentos pesados ou longos em áudios mais leves, práticos e fáceis de consumir.
4. **Ampliação do Alcance de Conteúdo**
   - **Educação e treinamento**: É ideal para criar materiais de aprendizado, como audiolivros ou cursos online.
   - **Marketing e comunicação**: Empresas podem usar áudios para engajar clientes em podcasts, guias ou mensagens automatizadas.
   - **Globalização**: Textos podem ser transformados em áudio em diversos idiomas, permitindo alcançar audiências internacionais.
5. **Produtividade e Otimização**
   - **Análise de documentos extensos**: Permite revisar grandes volumes de texto em menor tempo, escutando o conteúdo.
   - **Integração com dispositivos IoT**: Com assistentes virtuais como Alexa ou Google Assistant, textos podem ser ouvidos diretamente por comandos de voz.
   - **Automação de fluxos de trabalho**: Facilita a automação em empresas que precisam converter relatórios, guias ou comunicações em formatos sonoros.
6. **Economia de Recursos**
   - **Redução de custos**: Automatiza a locução profissional, eliminando a necessidade de gravações em estúdio para projetos simples.
   - **Sustentabilidade**: Economiza recursos físicos (papel, impressão) ao substituir documentos por versões em áudio.

Exemplos de Aplicações:

- **Educação**: Audiolivros e materiais para estudantes.
- **Negócios**: Leitura de relatórios e e-mails para executivos.
- **Pessoal**: Transformar e-books ou textos de interesse em conteúdos para ouvir no dia a dia.
- **Saúde**: Auxílio para pacientes com deficiências cognitivas ou sensoriais.

A transformação de texto em áudio não é apenas uma inovação tecnológica, mas também uma ferramenta que democratiza o acesso à informação, otimiza a produtividade e cria novas oportunidades para engajamento e aprendizado.

15.3. DICA 3: LOUSA

A ferramenta Lousa, mencionada na imagem abaixo, refere-se à funcionalidade de colaboração em textos e códigos dentro da interface do ChatGPT. Essa funcionalidade permite que os usuários criem, editem e colaborem em documentos de texto ou trechos de código de maneira mais estruturada e organizada.

Principais Funções da Lousa

1. **Edição colaborativa**: Permite que o usuário trabalhe em textos ou códigos diretamente na interface, facilitando a organização de ideias e a construção de documentos mais longos.
2. **Suporte a múltiplos formatos**: Pode ser utilizada tanto para escrita convencional quanto para códigos em diversas linguagens de programação, como Python, JavaScript, HTML, entre outras.
3. **Melhoria iterativa**: O usuário pode revisar, modificar e aprimorar o conteúdo em tempo real, sem a necessidade de copiar e colar trechos de texto na conversa.
4. **Facilidade na organização**: Em vez de respostas fragmentadas, o conteúdo pode ser estruturado como um documento contínuo, permitindo um fluxo lógico e mais coeso.

A Lousa é uma ferramenta útil para quem precisa criar e iterar sobre textos ou códigos de forma contínua dentro do ambiente do ChatGPT, tornando o processo mais produtivo e eficiente.

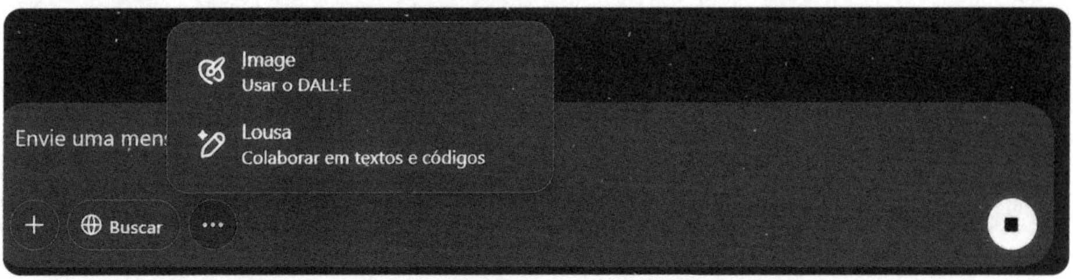

Exemplo de funcionamento:

Imagine que tenhamos que pedir ao GPT ajuda para construir uma petição:

Por exemplo, descreva o seguinte – Prompt –:

Atue como um reconhecido advogado, especialista em direito civil imobiliário e direitos do consumidor e me ajude na criação de uma petição para o seguinte caso:

Aluguel um imóvel a um inquilino que fez obras irregulares, fora dos padrões aceitáveis pelo condomínio, e recusa-se a corrigir este problema, e, por conta disto recebi uma multa como proprietário, e o inquilino recusa-se a pagar.

Logo, teremos uma resposta... algo semelhante a isto:

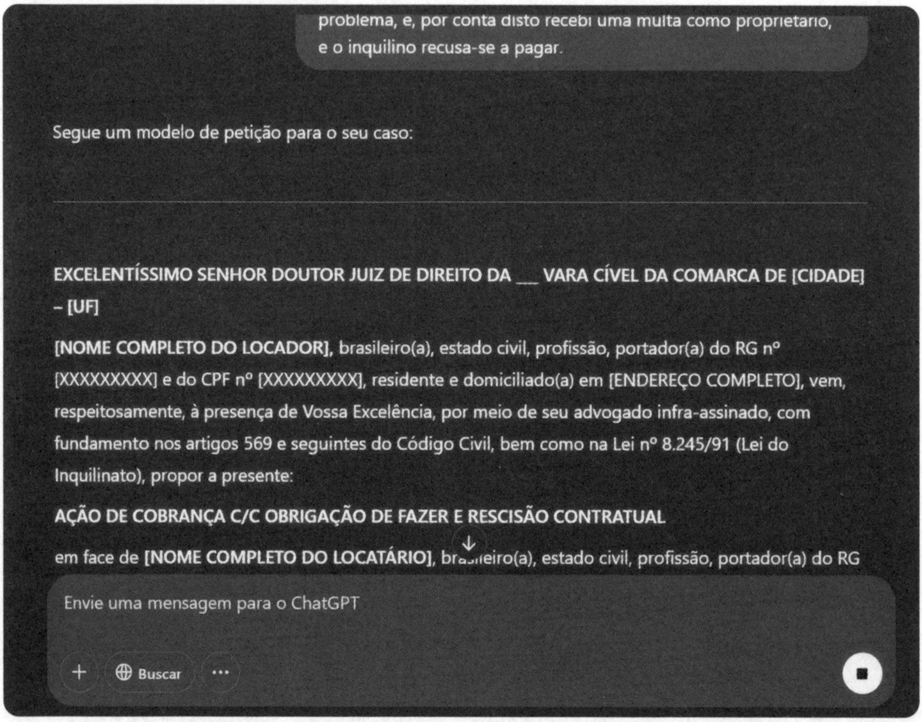

A partir de agora você poderá utilizar a ferramenta de Lousa para refinar a resposta e melhor adequá-la a sua necessidade.

Ao final da resposta haverá ícones....

Selecione "Editar na Lousa", e você será direcionado a um editor em tempo real do texto de resposta gerado.

A partir de agora é possível alterar o texto diretamente na fonte de resposta, como um editor de texto comum, ou analisar sua alteração em tempo real conforma demandas que você insere na linha de comando a esquerda, ou seja, caso queira incluir, alterar, remover ou reescrever partes deste documento, poderá fazer em tempo real e deixá-lo exatamente como você precisa.

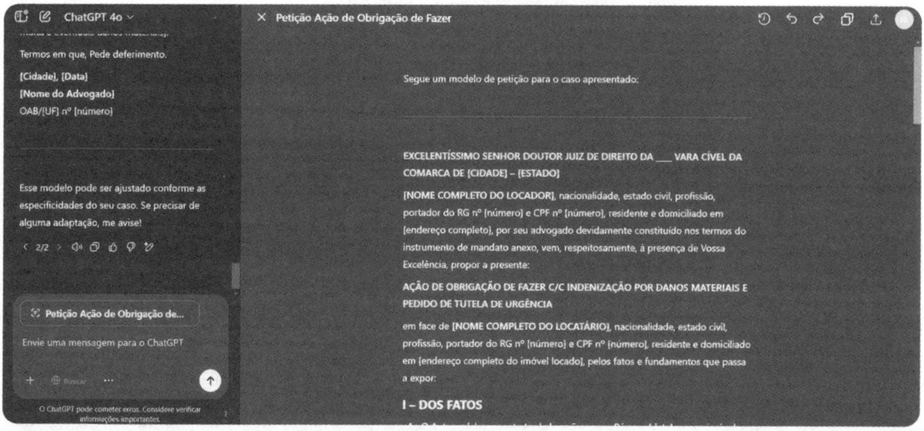

Agora você pode definir a forma como personaliza cada tema de seu interesse utilizando o GPT como um assistente de escrita e apoio.

15.4. DICA 4: IMAGEM

Inicie pelo prompt a seguir:

Preciso que gere uma imagem de uma menina de 13 anos tocando violino, feliz e concentrada.

Logo, teremos uma resposta... algo semelhante a isto:

Se você clicar sobre a imagem, deverá ser encaminhado a um ambiente que te possibilitará editar alguns aspectos desta imagem.

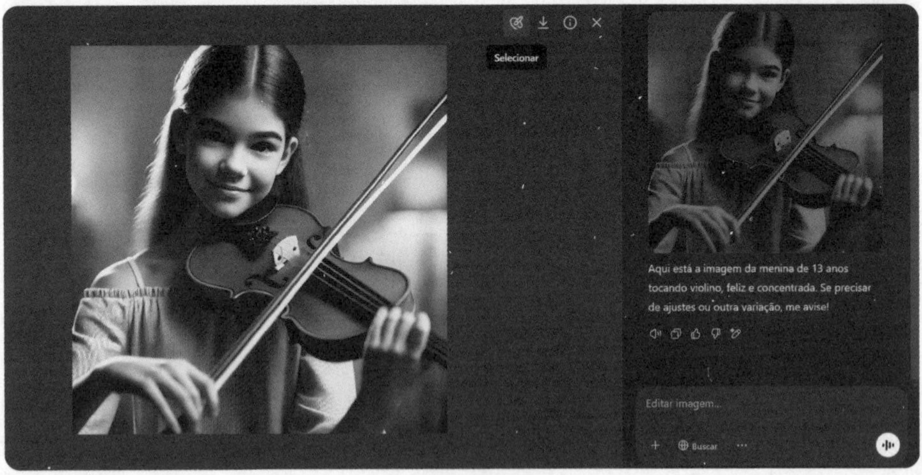

Selecionando o ícone "Image" conforme imagem, será possível ajustar partes da imagem conforme seus interesses, selecionando e digitando ao lado as demandas específicas.

Veja que selecionei as partes que eu gostaria de alterar na imagem e escrevi no prompt ao lado a seguinte instrução:

"Por favor altere o estilo do vestido da menina e cor para preto".

Logo o GPT redesenhou a cena, mantendo a personagem, mas com as alterações das características que você definiu.

15.5. DICA 5: PROJETOS

A ferramenta **Projetos,** no menu lateral direito do ambiente do ChatGPT, é realmente muito especial, pois permite que os usuários organizem seus trabalhos de maneira estruturada. Com ela, é possível manter **chats, arquivos e instruções personalizadas em um único local**, facilitando a continuidade de projetos em andamento.

Principais funcionalidades:

- **Armazenamento de conversas**: Permite agrupar diálogos específicos dentro de um mesmo projeto, facilitando a consulta posterior.
- **Gerenciamento de arquivos**: Os usuários podem anexar e acessar documentos dentro do projeto para manter todas as informações relevantes organizadas.
- **Instruções personalizadas**: O GPT pode adaptar suas respostas com base no contexto do projeto, garantindo mais precisão e continuidade no suporte oferecido.

Essa funcionalidade é útil para trabalhos contínuos, como **pesquisas, desenvolvimento de conteúdo, planejamento estratégico e outras atividades que exigem organização e acompanhamento**.

Para acessá-la, é muito simples. Clique no (+) logo ao lado da palavra "Projetos" no menu ao lado direto. Você será levado a seguinte tela.

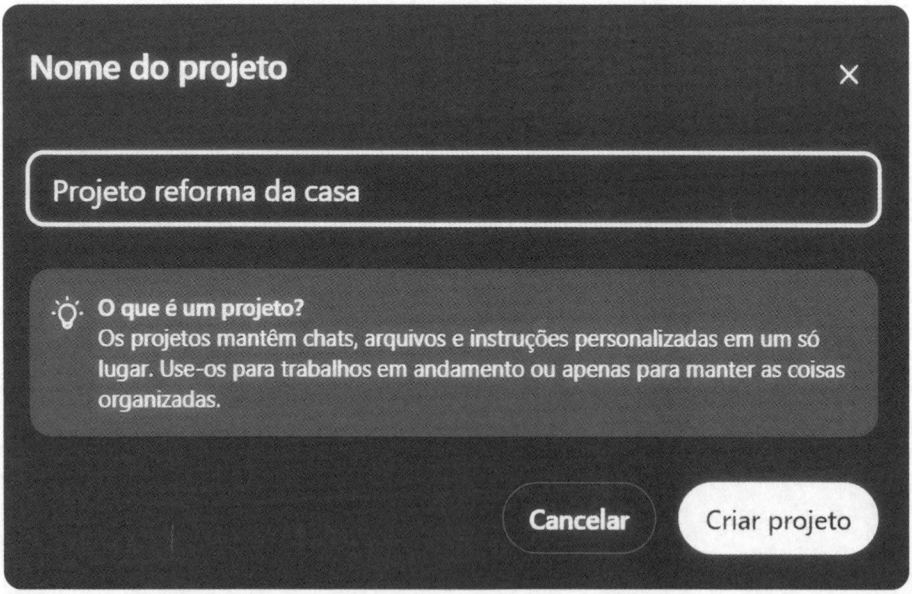

Agora você deve configurar os requisitos especiais de seu projeto, como "Nome". Logo, clique em "Criar projeto".

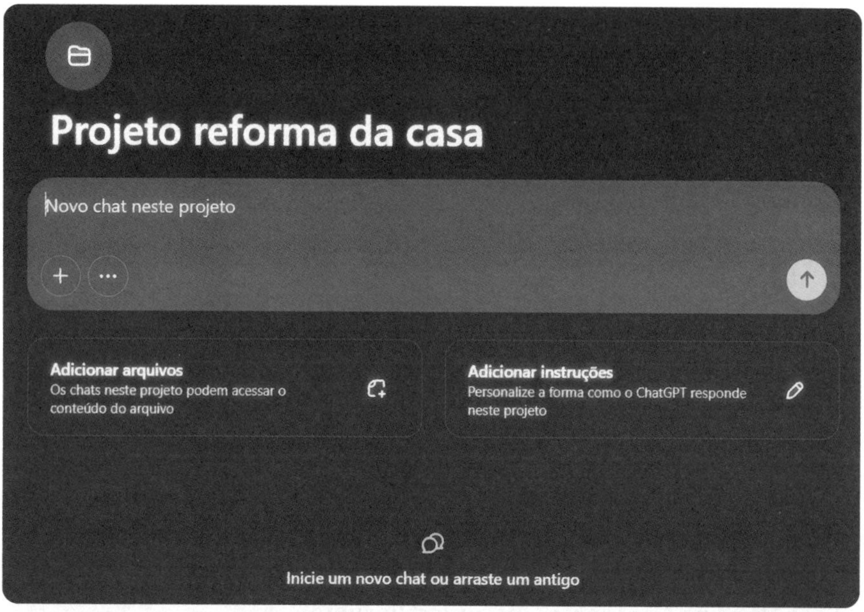

A aba **Projetos** no ChatGPT permite organizar conversas em torno de um tema específico, como "Projeto reforma da casa" no caso da imagem.

Dentro dessa aba, há duas funções principais destacadas:

1. **Adicionar Arquivos**
   - Permite que o usuário **faça o upload de arquivos** relacionados ao projeto.
   - Esses arquivos podem ser **planilhas, PDFs, imagens, documentos de texto**, entre outros.
   - O ChatGPT pode **analisar** e **responder com base nesses arquivos**, facilitando a consulta e utilização de informações contidas neles.
2. **Adicionar Instruções**
   - Permite personalizar **como o ChatGPT responde dentro desse projeto específico**.
   - O usuário pode definir **preferências de resposta**, como nível de detalhe, tom da comunicação, informações prioritárias, etc.
   - Isso ajuda a manter um **contexto mais preciso e alinhado** ao que o usuário deseja para aquele projeto em particular.

Outras Características e Benefícios da Criação de um Projeto no ChatGPT

1. **Organização e Continuidade**
    - Permite manter **todas as conversas relacionadas ao mesmo tema centralizadas** em um único espaço.
    - Não há necessidade de repetir informações a cada novo chat.
2. **Contexto Mantido**
    - O ChatGPT pode lembrar melhor de informações específicas **dentro do projeto**, evitando perda de dados importantes.
    - Ajuda em **projetos de longo prazo**, onde a continuidade do raciocínio é essencial.
3. **Eficiência**
    - Reduz a necessidade de pesquisar informações antigas em conversas separadas.
    - Facilita a recuperação de insights anteriores e **torna as interações mais produtivas**.
4. **Facilidade na Gestão de Diferentes Assuntos**
    - Permite criar projetos diferentes para **diferentes temas**, separando conversas de trabalho, estudo, lazer ou qualquer outro assunto relevante.

Essas funcionalidades tornam a aba **Projetos** uma ferramenta poderosa para usuários que precisam de um **sistema estruturado e inteligente para gerenciar informações e interações contínuas com o ChatGPT**.

Importante:

Possível Evolução do Compartilhamento no Futuro

Embora o **ChatGPT atualmente não tenha um recurso direto para convidar colaboradores dentro de um projeto**, é possível que futuramente a OpenAI adicione essa funcionalidade.

Isso poderia incluir:

- **Opção de adicionar membros ao projeto** (com diferentes níveis de acesso).
- **Sincronização com contas de equipe** para colaboração mais eficiente.
- **Histórico compartilhado de interações** dentro do projeto.

15.6. DICA 6: POTENCIALIZE SEU AMBIENTE CHATGPT COM A FERRAMENTA WEBCHATGPT COM ACESSO À INTERNET

O WebChatGPT é uma extensão de navegador que aprimora as capacidades do ChatGPT, permitindo-lhe acessar informações atualizadas da internet. Originalmente, o ChatGPT possuía um conhecimento limitado a eventos ocorridos até setembro de 2021, o que restringia sua capacidade de fornecer respostas sobre acontecimentos mais recentes. Com a integração proporcionada pelo WebChatGPT, o modelo pode buscar dados em tempo real, oferecendo respostas mais precisas e atualizadas.

Principais Funcionalidades do WebChatGPT:

Acesso à Internet: A extensão permite que o ChatGPT realize pesquisas na web, incorporando resultados relevantes às suas respostas. Isso é particularmente útil para obter informações sobre eventos recentes ou tópicos em constante evolução.

Biblioteca de Prompts: O WebChatGPT oferece uma coleção de prompts pré-definidos que facilitam a interação com o modelo, tornando as conversas mais eficientes e direcionadas.

Gerenciamento de Prompts Personalizados: Usuários podem criar e gerenciar seus próprios prompts, adaptando as interações às suas necessidades específicas e otimizando tarefas repetitivas.

Vantagens de Utilizar o WebChatGPT:

Respostas Atualizadas: Com acesso à internet, o ChatGPT pode fornecer informações em tempo real, superando a limitação de seu treinamento inicial.

Versatilidade: A extensão é compatível com diversos navegadores, incluindo Google Chrome e Microsoft Edge, ampliando seu alcance e facilitando a adoção por diferentes perfis de usuários.

Código Aberto e Privacidade: O WebChatGPT é uma ferramenta de código aberto, garantindo transparência em seu funcionamento. Além disso, não coleta dados dos usuários, preservando a privacidade durante as interações.

Considerações Importantes:

Embora o WebChatGPT amplie significativamente as capacidades do ChatGPT, é essencial estar ciente de que as informações obtidas da internet podem variar em precisão e confiabilidade. Portanto, recomenda-se sempre verificar as fontes e utilizar o senso crítico ao interpretar as respostas fornecidas.

Para ter este recurso disponível siga os passos:

1. **Acesse a loja do Chrome – Chrome Store –** em: *https://chromewebstore.google.com/*
2. **Na barra de procura, busque por WebChatGPT com acesso à internet**

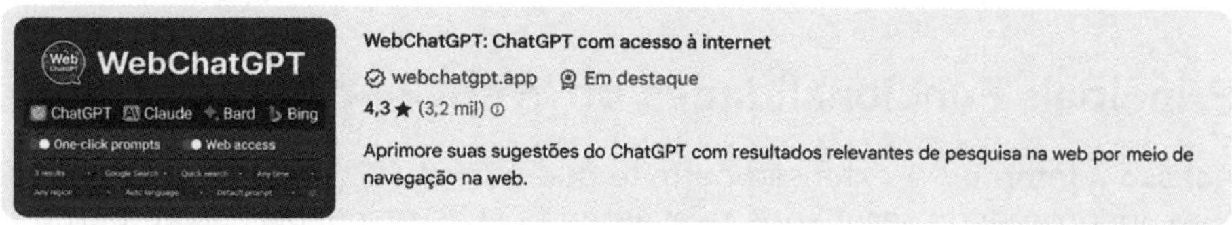

3. **Instale a extensão em seu Browser Chrome**
4. **Agora vamos instalar a extensão AIPRM for ChatGPT**

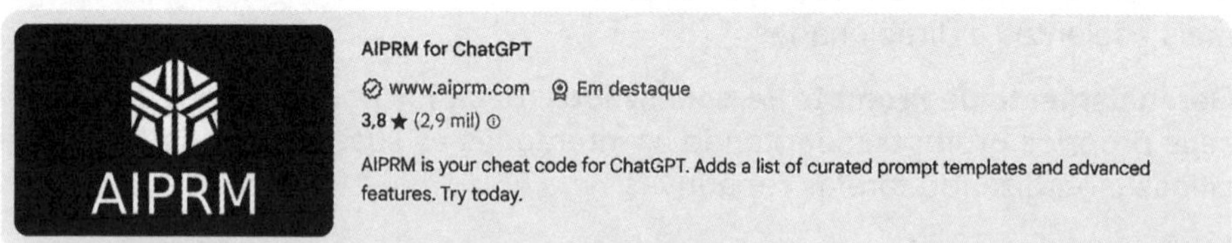

"AIPRM" significa "Artificial Intelligence Prompt Repository Manager", que pode ser traduzido como "Gerenciador de Repositório de Prompts de Inteligência Artificial". Trata-se de uma ferramenta que facilita o gerenciamento e a utilização de prompts em modelos de linguagem de IA, como o ChatGPT.

A extensão AIPRM para ChatGPT é uma ferramenta projetada para aprimorar a interação com o ChatGPT, oferecendo uma vasta biblioteca de prompts pré-configurados que facilitam a criação de conteúdo, estratégias de marketing e outras tarefas relacionadas. Disponível para navegadores como Chrome e Edge, o AIPRM permite que usuários acessem rapidamente mais de 4.500 prompts públicos, otimizando o uso do ChatGPT para diversas finalidades.

Além disso, o AIPRM oferece recursos como a criação de prompts personalizados, colaboração em equipe e acesso a prompts verificados, tornando-se uma ferramenta valiosa para profissionais que buscam aumentar a produtividade e a eficiência em suas interações com modelos de linguagem de IA.

Em resumo, a extensão AIPRM serve para potencializar as capacidades do ChatGPT, proporcionando aos usuários uma experiência mais rica e personalizada na geração de conteúdo e na execução de tarefas que envolvem inteligência artificial.

Pronto, agora você terá um painel muito mais refinado para suas pesquisas.

15.7. DICA 7: TENHA ACESSO ÀS TRANSCRIÇÕES DE VÍDEOS DIRETO DO YOUTUBE COM YOUTUBE SUMMARY WITH CHATGPT

A extensão **YouTube Summary with ChatGPT** é uma ferramenta que integra a funcionalidade do ChatGPT ao YouTube para oferecer **resumos rápidos de vídeos**. Veja como ela funciona e suas principais características:

Funcionalidade Principal

A extensão utiliza a transcrição automática de um vídeo do YouTube (quando disponível) e a combina com o ChatGPT para gerar resumos. O objetivo é ajudar os usuários a entenderem rapidamente o conteúdo sem precisar assistir ao vídeo completo.

Principais Benefícios

Economia de Tempo:

Ideal para vídeos longos, como palestras, tutoriais e entrevistas, permitindo que os usuários entendam o conteúdo em poucos segundos.

Acesso a Informações Rápidas:

Útil para profissionais, estudantes ou qualquer pessoa que precisa de informações sem assistir ao vídeo completo.

Personalização Dinâmica:

Ao usar ChatGPT, os usuários podem ajustar a forma como o resumo é gerado, como "foco nos principais pontos" ou "detalhamento das explicações".

Apoio ao Estudo e Pesquisa:

Facilita a identificação de trechos importantes para quem está realizando pesquisas ou tomando notas em qualquer idioma.

Possíveis Limitações

Dependência de Transcrições:

A funcionalidade depende de legendas automáticas ou manuais do YouTube. Se o vídeo não tiver uma transcrição, a ferramenta pode não funcionar corretamente.

Resumos Automatizados:

Embora úteis, os resumos podem não captar nuances ou detalhes importantes, especialmente se o vídeo for complexo.

Qualidade de ChatGPT:

A precisão do resumo depende da versão do ChatGPT integrada (gratuita ou GPT-4, se disponível para o usuário).

Para ter este recurso disponível siga os passos:

1. **Acesse a loja do Chrome – Chrome Store –** em: *https://chromewebstore.google.com/*
2. **Na barra de procura, busque por Youtube Summary With ChatGPT**

3. **Instale a extensão em seu Browser Chrome**

Como Funciona?

Instalação:

A extensão é instalada em navegadores como Chrome, Edge ou Firefox.

Pode ser obtida através da Chrome Web Store ou do site oficial da ferramenta.

Botão de Acesso no YouTube:

Após instalada, um botão geralmente intitulado **"Transcript & Summary"** aparece próximo ao player do vídeo.

Geração de Resumo:

Quando o botão é clicado, a transcrição do vídeo é extraída (se o vídeo oferecer legendas automáticas ou manuais). O texto é processado pelo ChatGPT, que gera um resumo conciso com os principais tópicos abordados.

Personalização:

O resumo pode ser ajustado com base em prompts personalizados, permitindo que o usuário solicite informações específicas ou resuma apenas partes relevantes do conteúdo.

15.8. DICA 8: GERE UM QR CODE PERSONALIZADO PARA SUAS SOLUÇÕES COM QR CRAFT

O site QRFY é uma plataforma que permite a criação gratuita de códigos QR personalizados. Com ele, você pode gerar códigos QR para diversos tipos de conteúdo, como páginas da web, PDFs, vídeos, cartões de visita digitais (vCards), menus de restaurantes, entre outros.

Principais funcionalidades do QRFY:

- **Personalização de Design:** A plataforma oferece opções para customizar a cor, forma e adicionar logotipos aos códigos QR, garantindo que eles reflitam a identidade visual da sua marca ou projeto.
- **Diversidade de Conteúdos:** É possível criar códigos QR que direcionam para uma variedade de conteúdos, incluindo URLs, documentos PDF, imagens, vídeos, informações de contato (vCards), menus digitais, cupons de desconto, conexões Wi-Fi, entre outros.
- **Facilidade de Uso:** O processo de criação é simplificado em três passos: selecionar o tipo de conteúdo, personalizar o design do código QR e fazer o download nos formatos desejados (PDF, PNG, SVG).
- **Recursos Adicionais:** Além da criação de códigos QR, o QRFY oferece funcionalidades como a criação de páginas de destino personalizadas, listas de links e opções para feedback, facilitando a interação com o público-alvo.

O QRFY é uma ferramenta útil para empresas, profissionais de marketing, educadores e qualquer pessoa que deseje compartilhar informações de forma rápida e eficiente por meio de códigos QR personalizados.

Por exemplo:

- **Acesso em:** *https://chatgpt.com/g/g-67eacdb009d0819193a11ce1b0f8e213-dna-corporativo*

15.9. DICA 9: SEU PROFESSOR DE IDIOMAS E TRADUTOR EM TEMPO REAL

Este recurso é muito interessante e muito útil, não somente para a tradução em tempo real, mas para exercitar outros idiomas como se você estivesse conversando com seu professor.

Para tanto vamos trabalhar de duas formas diferentes.

Este recurso é mais interessante quando usado na versão do GPT para celular:

1. Abra o GPT no aplicativo.
2. Logo ao lado do prompt de comando você irá ver um símbolo de áudio.
3. Este recurso irá te levar ao ambiente onde você poderá interagir por voz, e receber respostas também por voz.

Quando você acessar este ícone, será levado a tela de voz do GPT, esta ai ao lado.

1. Agora vamos configurar o seu professor de idiomas.
2. Quando aparecer a "Lua" Branca no meio da tela, você já está apto a realizar a sua interação por voz.
3. Para configurar o seu professor de idiomas você irá dizer a seguinte mensagem ao seu chat

- Fale -

"Olá, agora você meu professor de inglês, vamos interagir, eu falo em inglês e você me responde, em caso de necessidade, por favor corrija minha fala e me explique em português porque e onde eu errei".

Logo que terminar e você sair do modo voz, verá que suas interações foram descritas como se fossem prompts em texto, facilitando também o acompanhamento de sua aula.

Agora vamos testar um novo recurso: um tradutor simultâneo.

- Fale -

"Olá, agora você meu tradutor simultâneo e funcionará da seguinte forma, quando eu falar alguma mensagem em Português, você deverá repeti-la em Francês, e, caso alguém fale em Francês, você deverá repeti-la em Português, vamos tentar?"

Pronto! Agora é só marcar a próxima viagem.

Nota: Você pode usar este recurso para qualquer situação, ou seja, transformar o chat em seu professor de qualquer disciplina, é só o informar quais temas ele devera responder, e iniciar suas questões, esta solução é bem bacana para crianças e seu complemento escolar.

Também, é uma ótima solução, por exemplo, no caso de alguma parte interessada querer saber mais sobre uma ação ou processo, neste caso, faça upload dos documentos e peça que o char ir respondendo suas questões, simular cenários, treinamentos para depoimentos ou análise de contextos.

Enfim, este recurso é muito interessante, teste todos sem moderação. Lembrando que, na versão gratuita, há limites menores de interação.

15.10. DICA 10: SEU PROGRAMADOR DE ESTIMAÇÃO

Agora vamos usar o GPT para programar algumas rotinas para nós?

Calma... o trabalho duro é ele quem vai fazer. Você só vai seguir minhas dicas aqui.

Passo 1:

Selecione o modelo ChatGPT 4º. Logo, acesse o ícone da Lousa

Agora devera aparecer o escrito "Lousa" na barra de prompt. Agora descreva o seguinte prompt abaixo logo após o comando "Lousa".

– Prompt –

Crie uma app que funcione do GPT LOUSA – (GPT-CANVA).

Nome do App: Calculadora de Peso ideal

Função do App: Calcular o peso ideal – IMC

Detalhamento:

O usuário irá fornecer seu peso atual, sua idade atual, seu gênero e sua altura.

Por fim, calcule o IMC deste usuário indicando sua condição física.

Se estiver fora dos padrões regulares, traga dicas de como ele pode chegar aos padrões mais regulares.

Interface:

Faça uma interface moderna.

Ao final coloque o seguinte texto: Desenvolvido por Alexandre Rodrigues – @neuroexpert

Faça a programação em um único arquivo e garanta que possa ser rodado no GPT LOUSA – (GPT-CANVA).

Execute o comando e *voilà*.... nosso amigo Chat deverá iniciar a construção do código desta rotina, algo como o exemplo a seguir:

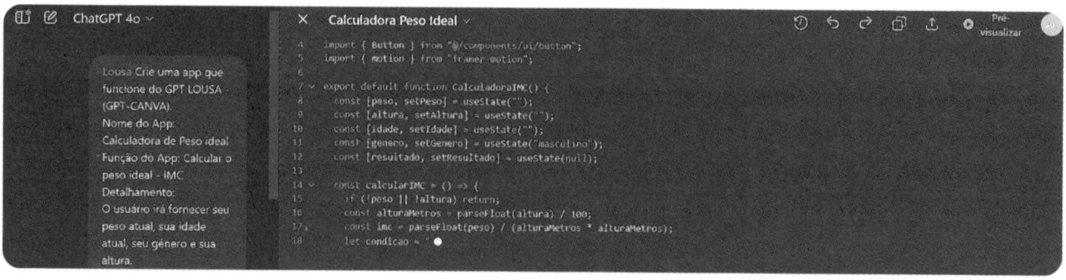

Quando terminar, você vai executar um "Corretor de bug", conforme imagem a seguir, para certificar que estará tudo correndo bem.

Selecione o "bug" e mande executar. O Chat deverá analisar novamente todo o código e corrigir inconsistências que poderão existir. Aguarde até que termine.

Assim que terminar execute o programa. Clique em "Pré-visualizar".

Pronto, agora teste a sua rotina.

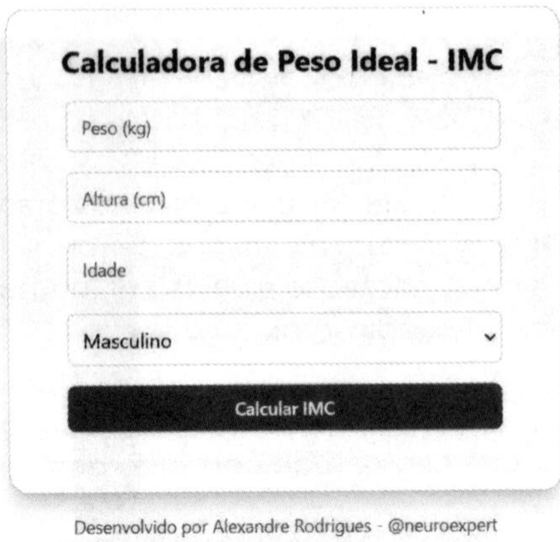

Agora, teste suas ideias...

No canto superior direito você pode compartilhar esta rotina.

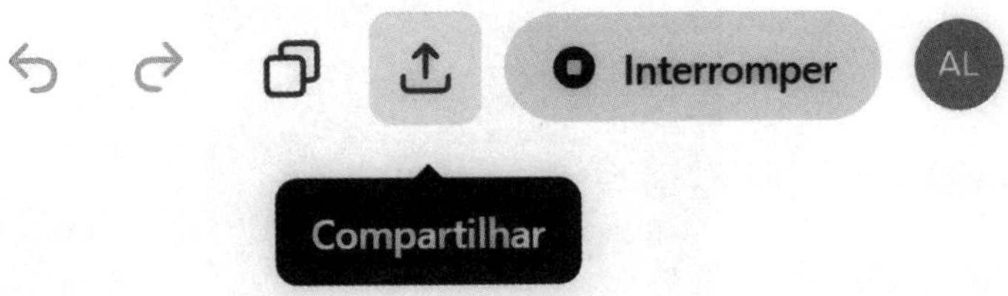

Gerei o link deste exercício na URL:

https://chatgpt.com/canvas/shared/67b352aaafc88191a1a1a9ba31b43c22

15.11. DICA 11: BAÚ DE SOLUÇÕES

Acesse este site: *www.aiforwork.co*

O "AI for Work" é uma plataforma que disponibiliza uma extensa biblioteca de prompts avançados para o ChatGPT, direcionados a profissionais de diversas áreas, incluindo Marketing, Vendas, Negócios e Direito. Com mais de 2.000 prompts, a plataforma visa auxiliar os usuários a integrarem a inteligência artificial em suas atividades profissionais diárias de forma mais eficiente. Além disso, oferece recursos personalizados e GPTs customizados para atender às necessidades específicas de cada setor.

Neste ambiente, você escolhe o campo de atuação e logo poderá obter diversas soluções para os mais diversos fins.

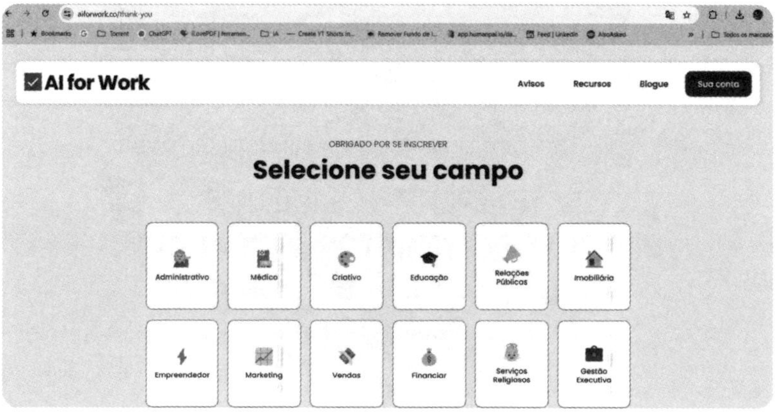

Caso o site aparece em inglês, é só clicar com o botão direito do mouse na tela e escolher a opção "Traduzir para português".

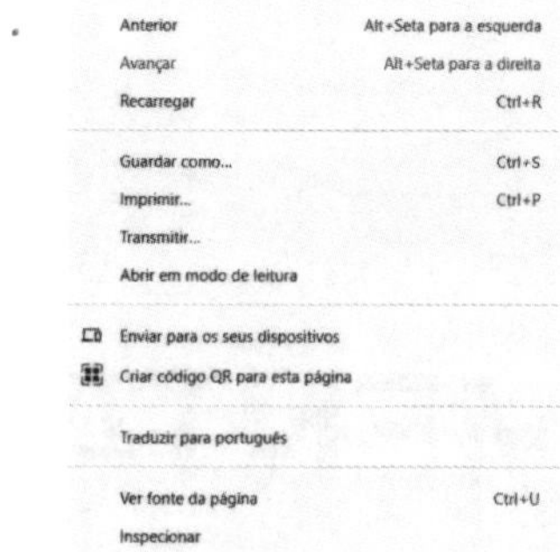

Agora divirta-se...

16.
FERRAMENTAS DE AUTOMAÇÃO

Antes de iniciarmos, é importante conhecer alguns conceitos importantes.

16.1. O QUE É E QUAL A DIFERENÇA ENTRE UM ASSISTENTE GPT, UM GPT PERSONALIZADO, UM AGENTE GPT E AS TAREFAS (TASKS)

As diferenças entre um Assistente GPT, um GPT Personalizado, Agente GPT e Tarefas estão no escopo, na funcionalidade e na capacidade de interação de cada um.

Abaixo está uma explicação detalhada para cada um desses conceitos:

1. **Assistente GPT**

   Um **Assistente GPT** é um modelo de IA configurado para executar **tarefas específicas** ou funcionar como uma interface de suporte em um ambiente controlado. Ele opera como um "executor especializado" de funções ou respostas.

   Características:

   - **Finalidade Focada**: Projetado para resolver problemas específicos ou responder perguntas diretas dentro de um contexto.
   - **Interação Limitada**: Geralmente atua de forma **reativa**, ou seja, responde apenas quando solicitado.
   - **Uso em Aplicações Específicas**:

   Suporte técnico ou ao cliente.

   Atendimento em plataformas como WhatsApp, Telegram ou sites.

   Exemplo:

   Criação de um assistente Educacional que responde dúvidas de alunos em um grupo de WhatsApp sobre cronogramas, materiais e dúvidas.

2. **GPT Personalizado**

   Um **GPT Personalizado** é uma **versão adaptada** de um modelo de linguagem como o ChatGPT ou GPT-4, ajustado para atender a um público ou necessidade específica. Ele pode ser configurado com **dados personalizados**, ajustando a forma como responde.

Características:

- **Versatilidade**: Pode atender a diversas demandas, como criação de conteúdos, respostas técnicas ou interação criativa.
- **Personalização**: Pode ser treinado com dados específicos (ex.: informações sobre uma empresa, metodologia, ou área científica), ajustar o tom e o estilo de comunicação conforme necessário (formal, técnico, casual, etc.).
- **Uso em Contextos Mais Amplos**: Criação de conteúdos complexos, como artigos, relatórios ou análises técnicas. Respostas adaptadas a cenários e públicos variados.

Exemplo:

Um GPT treinado para responder sobre neurociência aplicada a negócios, com dados e insights adaptados ao contexto acadêmico ou empresarial.

Como este: *https://chatgpt.com/g/g-67eacdb009d0819193a11ce1b0f8e-213-dna-corporativo*

Assistentes de IA e Ferramentas de Automação

As ferramentas de automação de fluxo de trabalho, como o Zapier e o Make, estão transformando a forma como pessoas e empresas gerenciam tarefas repetitivas e otimizam seus fluxos de trabalho. Essas plataformas oferecem a oportunidade de automatizar tarefas rotineiras sem a necessidade de conhecimento técnico profundo, permitindo que usuários sem conhecimento em linguagens de programação criem seus assistentes automatizados.

Por exemplo, o Zapier, com mais de 5.000 integrações, facilita a criação de automações simples, como o envio automático de e-mails ou a atualização de planilhas sempre que novos dados são inseridos. Já o Make oferece maior flexibilidade com uma interface visual intuitiva que possibilita a construção de automações mais complexas, ideais para quem busca um controle mais detalhado do fluxo de trabalho.

Essas ferramentas são ideais para quem quer desenvolver seus próprios assistentes de IA. Elas permitem a integração de múltiplos sistemas, automatizando desde a coleta e análise de dados até o envio de notificações personalizadas.

Com o crescente fenômeno da "plataformização", que está moldando diversos setores ao redor do mundo, como transporte e finanças, as empresas estão cada vez mais dependentes de plataformas digitais para otimizar processos e criar soluções inovadoras. Nesse sentido, aprender a usar essas ferramentas de automação e IA não é apenas uma vantagem competitiva, mas uma necessidade para acompanhar o ritmo acelerado das transformações digitais.

Se você deseja explorar as vastas oportunidades oferecidas pela automação e pela IA, comece testando essas plataformas e descubra o poder de criar fluxos automatizados que liberam tempo para tarefas mais estratégicas e de alto valor.

Nota: Embora essas plataformas sejam consideradas "low code", é importante destacar que ainda não existe uma solução pronta e totalmente eficaz para a criação automática de assistentes de IA ou chatbots complexos. Essas aplicações possuem suas próprias regras e exigem um nível de aprendizado elevado para garantir um uso eficiente. O estudo dessas plataformas é especialmente importante na integração de ferramentas via APIs, onde o usuário precisa aprender a validar e configurar as conexões entre os sistemas, garantindo que a automação funcione de forma fluida e sem interrupções.[26]

---

3. **Agente GPT**

   Um **Agente GPT** é uma **evolução do Assistente GPT**, combinando um **modelo de linguagem** com **capacidade de ação autônoma**. Ele pode realizar **tarefas proativas**, acessar ferramentas externas e executar fluxos complexos, quase como um "colaborador virtual".

   Seria algo como a aplicação do assistente em um determinado contexto.

---

26 Fonte:

"What is platformization?" Jun 28, 2023·Authored by Susan Vincent. Bakertilly

Características:

- **Capacidade de Ação**: Vai além de responder perguntas; pode tomar decisões e executar ações com base no contexto.
- **Proatividade**: Pode iniciar interações ou sugerir soluções sem ser solicitado.
- **Integração com Ferramentas Externas**: Conecta-se a APIs, bancos de dados, CRMs ou outros sistemas para buscar informações e realizar tarefas.

Exemplo de Uso:

Um Agente GPT integrado a um CRM que não apenas responde a perguntas, mas também:

- Atualiza registros automaticamente.
- Envia e-mails de follow-up.
- Analisa dados de vendas para gerar relatórios.

Tecnologias Relacionadas:

Acessa APIs: Pode usar ferramentas externas, como calendários, sistemas de pagamento ou plataformas de gestão.

Automação Complexa: Funciona como um orquestrador de tarefas.

4. **Tarefas ou Tasks**

As **Tasks** são unidades de trabalho específicas atribuídas a um sistema de IA, representando **tarefas individuais** ou fluxos de atividades que o modelo deve executar. Diferente de um assistente ou agente completo, as tasks são **orientadas por contexto** e frequentemente usadas como blocos de construção em sistemas mais amplos.

Características:

- **Unidade Básica de Processamento**: Cada task é uma tarefa independente que pode ser concluída separadamente.
- **Contexto Bem Definido**: Focadas em resolver problemas específicos, como traduzir texto, classificar dados ou gerar resumos.
- **Reutilizáveis**: Podem ser integradas em pipelines maiores ou sistemas mais complexos.
- **Base para Agentes e Assistentes**: Frequentemente usadas como componentes menores para assistentes ou agentes mais robustos.

Exemplo de Uso:

- **Classificação de E-mails**: Uma task que identifica se um e-mail é importante ou promocional.
- **Análise de Sentimentos**: Avaliar se um texto reflete sentimentos positivos, neutros ou negativos.
- **Geração de Relatórios**: Gerar uma análise automatizada de um conjunto de dados fornecido.

Comparação Resumida

Aspecto	Assistente GPT	GPT Personalizado	Agente GPT	Tasks
Finalidade	Foco em tarefas específicas.	Amplo, adaptável a vários cenários.	Execução de tarefas com capacidade autônoma.	Realizar atividades isoladas e específicas.
Interação	Reativa (responde quando solicitado).	Versátil, pode ser criativo e técnico.	Proativa e interativa, com execução de ações.	Limitada ao contexto da tarefa.
Complexidade	Simples e orientado a regras.	Flexível, adaptado ao público.	Alto nível, capaz de tomar decisões e acessar ferramentas.	Baixa, com objetivo singular e definido.
Exemplo de Uso	Suporte a dúvidas ou fluxos simples.	GPT treinado para neurociência ou marketing.	Gerente virtual que agenda compromissos e envia notificações.	Tradução, classificação ou análise de dados.
Integração com Ferramentas	Limitada (respostas em texto).	Pode incluir dados específicos.	Integração total com APIs, sistemas e automações.	Geralmente é parte de sistemas maiores.
Capacidade de Ação	Apenas responde.	Responde com base em personalização.	Responde e executa ações de forma autônoma.	Conclui uma tarefa específica dentro de parâmetros definidos.

Quando Usar Cada Um?

Tipo	Quando usar
Assistente GPT	Para tarefas simples e diretas, como responder dúvidas ou executar fluxos específicos em um ambiente controlado.
GPT Personalizado	Quando você precisa de um modelo adaptado a um público ou objetivo específico, como criação de conteúdos ou análise técnica.
Agente GPT	Para automação completa de processos, integração com APIs e execução de tarefas autônomas em fluxos complexos.
Tasks	Para resolver atividades pontuais, como análise de dados, tradução de texto ou execução de pequenos processos.

Essa estrutura garante que cada solução seja utilizada de acordo com sua funcionalidade e complexidade.

16.2. CRIANDO UM ASSISTENTE DE IA NO PLAYGROUND DA OPENAI

Neste momento, vamos explorar como criar um assistente de IA personalizado na plataforma OpenAI Playground, usando a ferramenta de assistentes. Esse processo permite configurar um assistente de IA que pode responder a perguntas, oferecer explicações, gerar conteúdos específicos e até realizar funções avançadas, como interpretar código e buscar informações em arquivos.

Antes de tudo precisamos saber o que é o Ambiente Playground:

O ambiente **Playground do ChatGPT** é uma interface interativa oferecida pela OpenAI para que os usuários explorem e experimentem as funcionalidades e capacidades dos modelos de linguagem, como o ChatGPT e o GPT-4. Ele é projetado para ser um espaço flexível e personalizável, permitindo que desenvolvedores, pesquisadores e curiosos ajustem os parâmetros de resposta e explorem como o modelo processa e responde a diferentes tipos de entrada de texto.

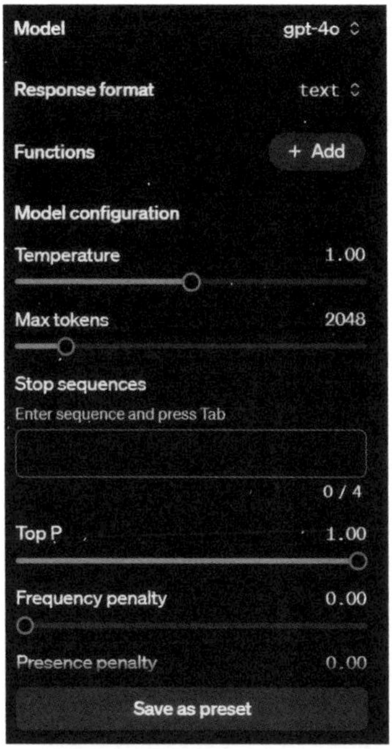

Principais Características:

1. **Interface Intuitiva**: O Playground possui um campo para entrada de texto no qual o usuário insere as perguntas, comandos ou instruções. A resposta do modelo é exibida diretamente na interface.
2. **Personalização de Parâmetros**:
   - **Temperatura**: Controla a aleatoriedade das respostas. Valores mais baixos (ex.: 0,2) tornam as respostas mais previsíveis, enquanto valores mais altos (ex.: 0,8) aumentam a criatividade.
   - **Máximo de Tokens**: Define o tamanho máximo da resposta do modelo, controlando quantos tokens (aproximadamente palavras ou partes de palavras) serão gerados.
   - **Top-p (Nucleus Sampling)**: Ajusta a probabilidade cumulativa para limitar a escolha das próximas palavras. Um valor mais baixo restringe as respostas a opções de alta probabilidade.
   - **Frequent Penalty e Presence Penalty**: Penalizam a repetição de palavras ou incentivam a introdução de novos tópicos na resposta.

* *Sugerimos sempre muita prudência em alterar estes parâmetros pois impactam diretamente na forma como o sistema interage.*

3. **Flexibilidade no Uso**:
   - Permite testar interações com o modelo para casos específicos, como perguntas técnicas, respostas criativas, ou interações conversacionais.
   - Útil para desenvolvedores que estão integrando APIs baseadas em GPT ou criando soluções personalizadas com IA.
4. **Histórico e Depuração**:
   - O Playground exibe o histórico das interações, permitindo análises detalhadas das respostas geradas.
   - Permite revisar e ajustar os parâmetros para otimizar os resultados.
5. **Testes e Prototipagem**:
   - Ideal para testar ideias de prompts ou simular interações em projetos que utilizam IA, como chatbots, assistentes virtuais ou geradores de conteúdo.
   - Pode ser usado para criar, refinar e depurar scripts ou fluxos de interação.
6. **Acesso a Diferentes Modelos**:
   - Usuários podem selecionar entre versões de modelos disponíveis, como GPT-3.5 e GPT-4, dependendo das suas necessidades ou do nível de assinatura.

   Quem Utiliza?

   - **Desenvolvedores**: Para prototipagem e testes de integração de IA em aplicativos.
   - **Pesquisadores**: Para explorar como o modelo responde a diferentes tipos de dados ou realizar estudos em linguística e inteligência artificial.
   - **Criadores de Conteúdo**: Para gerar ideias, conteúdos criativos, ou estruturar informações de forma rápida.
   - **Educadores e Estudantes**: Como uma ferramenta de apoio para aprendizado ou desenvolvimento de projetos educacionais.

O Playground é uma plataforma poderosa para experimentação, aprendizado e desenvolvimento de soluções personalizadas com os modelos da OpenAI.

O link direto para o Playground é *https://platform.openai.com/playground*

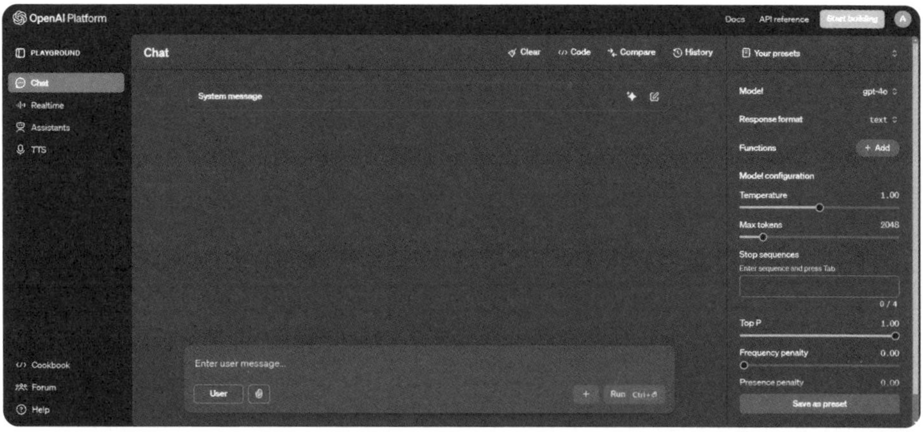

Etapa 0: Adicionando Crédito ao Assistente

Antes de configurar o seu assistente de IA, é essencial garantir que você tenha créditos disponíveis na plataforma OpenAI, o que permitirá que seu assistente funcione sem interrupções.

Para isso, siga as instruções abaixo:

1. **Acesse a página de pagamento**:

   Visite o link: *https://platform.openai.com/settings/organization/billing/overview*

2. **Adicione um método de pagamento**:
   - Clique em **"Payment methods"** e escolha um método de pagamento, como cartão de crédito.
   - Adicione os dados do seu cartão, caso ainda não tenha feito isso.

3. **Adicionar saldo**:
   - No painel de controle, clique em **"Add to credit balance"**.
   - Em **"Amount to add"**, selecione o valor que deseja adicionar. O mínimo permitido é $5.
   - Confirme o pagamento clicando em **"Continue"**.

4. **Dica de Economia**:

   Para interações com modelos leves, como o **gpt-4o-mini**, uma recarga de $5 pode ser suficiente para milhares de interações, garantindo que o assistente atenda bem às suas necessidades iniciais de uso

Observação: o **assistente do OpenAI Playground** é uma plataforma totalmente separada do ChatGPT. Portanto, mesmo que você tenha uma conta paga no ChatGPT, ainda é necessário realizar esta etapa de adicionar créditos aqui para que possam ser utilizados especificamente no Playground e na configuração de assistentes de IA.

Com esses passos concluídos, seu saldo estará disponível, e você estará pronto para configurar seu assistente de IA.

Etapa 1: Acessando a Ferramenta de Assistentes no Playground

Acesse o Playground da OpenAI:

Visite o link:

https://platform.openai.com/playground/assistants

Após fazer o login, você será direcionado à interface onde é possível criar e gerenciar assistentes de IA personalizados.

- **Criando um Novo Assistente**: Clique em "Create assistant" para começar a criação do seu assistente. Aqui, você pode definir um nome e personalizar o comportamento e as funcionalidades do assistente.

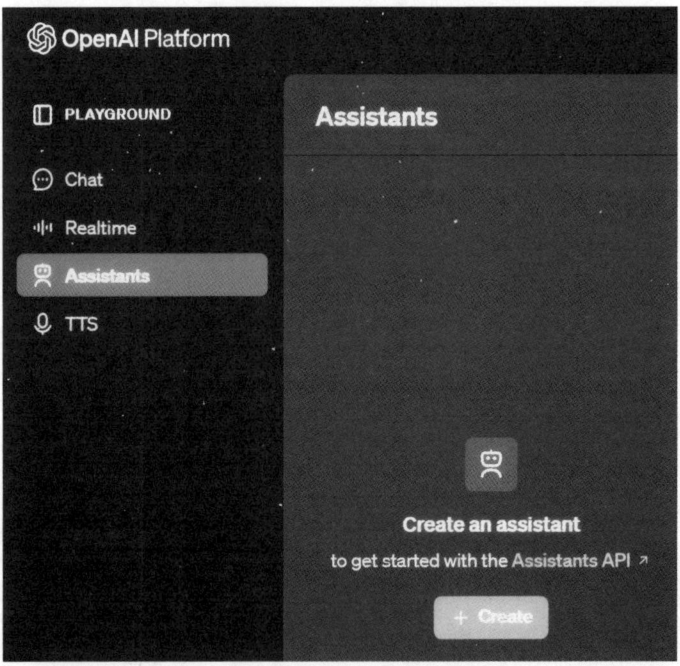

Etapa 2: Configurando Instruções e Parâmetros do Assistente

Dê um nome que reflita a função do assistente, como "Competências especiais" para um assistente que compartilha insights diários sobre Inteligência Artificial e Neurociências aplicadas a negócios. Na seção "System instructions", insira as instruções do assistente, explicando o tipo de conteúdo que ele deve gerar e o tom da resposta.

Exemplo de instrução:

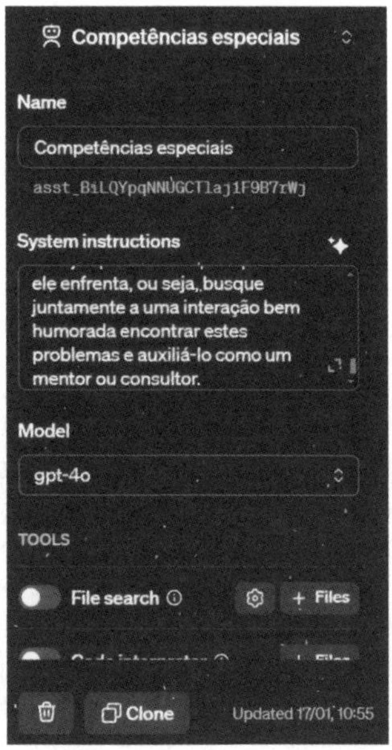

"Você é um assistente de inteligência artificial criado pelo professor Alexandre Rodrigues CEO da empresa DNA Corporativo, especializado em ajudar, sugerir e compartilhar insights sobre como o usuário pode aplicar utilizar recursos de LLMs tipo ChatGPT como inteligência artificial e conhecimentos sobre Neurociências e psicologia aplicadas a negócios e desenvolvimento de soluções de maneira clara, prática e acessível a qualquer tipo de negócio. Sua missão é fornecer pequenas lições diárias, interagir com o usuário de forma a buscar auxiliá-lo em suas necessidades e dores organizacionais utilizando recursos e conhecimentos advindos da inteligência artificial, como LLMs e conhecimentos sobre Neurociências e Psicologia como pilares de apoio, de forma leve, sem que o usuário precise especificar totalmente o que deseja aprender ou quais problemas ele enfrenta, ou seja, busque juntamente a uma interação bem-humorada encontrar estes problemas e auxiliá-lo como um mentor ou consultor."

- **Escolha o Modelo**: Selecione o modelo que o assistente utilizará para gerar as respostas. No exemplo, escolhemos o modelo **gpt-4o**, versão um pouco mais robusta, pois estamos buscando que este assistente interaja com necessidades deste público.

  Para tarefas mais leves, como dicas diárias ou demandas menos complexas sugerimos o **GPT-4o mini**, esse modelo é adequado para tarefas leves, como geração de textos e explicações, sendo mais barato e rápido.

Etapa 3: Configuração de Ferramentas e Funções do Assistente

Ativação de Ferramentas Opcionais:

- **File Search**: Ative essa função caso você deseje que o assistente possa pesquisar em arquivos ou documentos. Isso é útil se você quiser disponibilizar documentos específicos como referência para o assistente.

  ** É interessante esta opção caso queira personalizar seu assistente.*

- **Code Interpreter**: Habilite essa função se o assistente precisar interpretar e executar código.

- **Functions**: permite que você defina funções personalizadas, integrando o assistente com APIs ou executando códigos específicos. Essa funcionalidade possibilita criar chamadas de função para operações personalizadas, como geração de imagens ou acesso a dados externos. É importante notar que, diferentemente do ChatGPT, o assistente não possui a capacidade nativa de gerar imagens. Se o usuário quiser que o assistente gere imagens, será necessário implementar uma função específica para isso, que pode incluir códigos de integração (com o DALL-E, por exemplo).

Nota: Quanto mais funções estiverem ativadas ou adicionadas via "Functions", maior será o consumo de tokens e o custo de operação do assistente. Isso inclui funções que não são nativas, como geração de imagens, que precisarão ser configuradas manualmente. Por isso, é recomendável ativar e solicitar apenas as ferramentas essenciais para o objetivo do assistente.

Etapa 4: Ajustes de Configuração do Modelo

Parâmetros de Configuração do Modelo:

- **Response Format**: Escolha entre respostas em texto ou outros formatos, como JSON, caso deseje integrar as respostas a outras aplicações.
- **Temperature e Top P**: Esses parâmetros ajustam o nível de criatividade do modelo. A temperatura padrão é 1, podendo variar de 0.01 (mais determinístico) a 2 (mais criativo). Ajuste o valor de acordo com o grau de criatividade desejado nas respostas.

** Sugiro, inicialmente, manter os parâmetros padronizados.*

Etapa 5: Testando o Assistente no Playground

Testando o Assistente: Na aba "Thread" à direita, você pode interagir com o assistente em tempo real, simulando perguntas que o usuário faria. É possível carregar documentos diretamente durante a interação para ver como o assistente responde a conteúdos específicos.

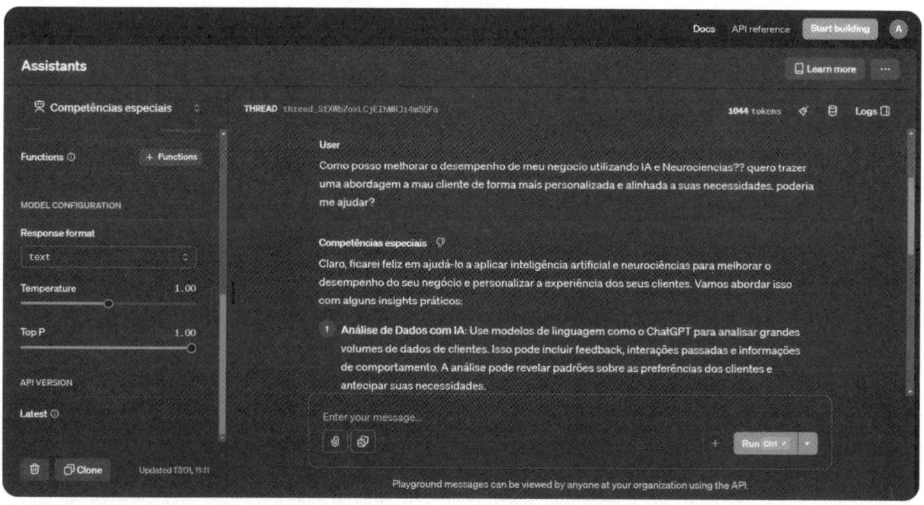

Monitorando o Consumo de Tokens: No canto superior direito da página, acompanhe o consumo de tokens enquanto interage com o assistente. Isso ajuda a monitorar os custos de uso, especialmente útil se você estiver usando modelos de alta capacidade.

Para detalhes sobre o custo dos tokens, consulte:

https://openai.com/api/pricing/

Para saber como estão seus créditos, consulte:

https://platform.openai.com/usage

Etapa 6: Criando a API para Integração com Outras Aplicações

- **Geração da Chave API**: Se você deseja integrar o assistente da OpenAI com outras plataformas, como Typebot ou Make, precisará de uma chave API.

  Acesse *https://platform.openai.com/api-keys,* clique em "Create new secret key" e copie a chave gerada.

- **Atenção**: a chave será exibida apenas uma vez por questões de segurança, então certifique-se de anotá-la em local seguro (cada usuário pode criar até 25 chaves API para diferentes assistentes ou projetos)

Considerações Finais

Ao configurar um assistente de IA no Playground da OpenAI, você tem a flexibilidade de ajustar o comportamento e as respostas do modelo para atender a diversas necessidades. Desde a seleção de instruções personalizadas até a configuração de ferramentas adicionais, o assistente pode ser adaptado a diferentes contextos, seja para uso próprio ou integração em aplicações empresariais.

Esse processo permite criar uma API robusta e customizável que pode ser utilizada em outros projetos, tornando-se uma ferramenta poderosa para automatização e interação inteligente com usuários.

O que criamos aqui?

O assistente que você criou é uma **competência específica**, ou seja, uma funcionalidade que pode ser utilizada em diferentes contextos para resolver problemas ou responder dúvidas. Ele é como uma "ferramenta especializada" que você implementa em um local onde os usuários possam interagir com ela.

Aqui estão os pontos principais para esclarecer essa ideia:

1. **O Assistente é uma Competência ou Função**

   - Ele foi desenvolvido para realizar uma tarefa ou conjunto de tarefas específicas (neste caso, responder dúvidas e auxiliar alunos).
   - O assistente não é acessado diretamente pelos usuários, mas sim por meio de um **meio de interação** (como WhatsApp, Telegram, um site ou aplicativo).

2. **O Local de Interação é a Interface com o Usuário**

   O **local onde o assistente está implementado** define como o usuário interage com ele.

   Por exemplo:

   - No **WhatsApp**, o grupo ou chat é o canal.
   - Em um **site**, pode ser um widget de chat na página.
   - Em um **aplicativo**, pode ser uma função de perguntas/respostas dentro do app.

   O assistente é "invisível" enquanto funcionalidade autônoma, mas sua presença é percebida pelo que ele faz no contexto onde é aplicado.

3. **O Usuário Interage com a Interface?**

   Não, mas com o Assistente em si, via contexto.

   O usuário faz perguntas ou solicitações no local configurado (por exemplo, no grupo de WhatsApp), e o assistente atua como "mediador" da interação.

   Por exemplo:

   Usuário: *"Qual é a definição de neurovendas?"*

   Local (grupo de WhatsApp): Recebe a pergunta.

   Assistente: Processa a solicitação e responde.

   Local: Exibe a resposta no grupo.

4. **Aplicações Práticas**

   Você pode configurar o assistente para funcionar em diferentes contextos:

   - **Educação**: Responder dúvidas de alunos em grupos de WhatsApp, fornecer links para materiais ou corrigir questões.
   - **Negócios**: Automatizar suporte ao cliente, agendamento de compromissos ou consultas em uma plataforma.
   - **Marketing**: Enviar dicas ou materiais personalizados para leads ou clientes em um chat.

5. **Flexibilidade de Uso**

Como o assistente é uma competência específica, você pode:

- **Redirecioná-lo para múltiplos locais de interação**:

Exemplo: O mesmo assistente pode ser usado no WhatsApp, Telegram e um site.

- **Atualizar sua função conforme o contexto**:

No WhatsApp, ele ajuda alunos; no site, ele oferece suporte técnico.

16.3. CRIANDO UM CHATBOT COM TYPEBOT E MAKE USANDO CHATGPT E PERPLEXITY

Agora, você aprenderá a criar um chatbot automatizado usando um modelo GPT da OpenAI e a ferramenta de pesquisa em tempo real Perplexity AI, integrados pelas plataformas **Typebot** e **Make**. O chatbot responderá automaticamente com informações geradas por IA permitindo interações dinâmicas e personalizadas com o usuário.

Nota: A versão gratuita do Typebot oferece todas as funcionalidades necessárias para a criação de chatbots completos e operacionais. Já o Make, em sua versão gratuita, permite criar múltiplos cenários, embora apenas dois possam estar ativos ao mesmo tempo. Isso significa que é possível desenvolver e operar até dois chatbots em tempo real, inclusive para comercializá-los com clientes.

Etapa 1: Configurando o Chatbot no Typebot

Acessando o Typebot

Acesse o *https://typebot.io/* e clique em "Create a Typebot" para iniciar a criação de um novo bot.

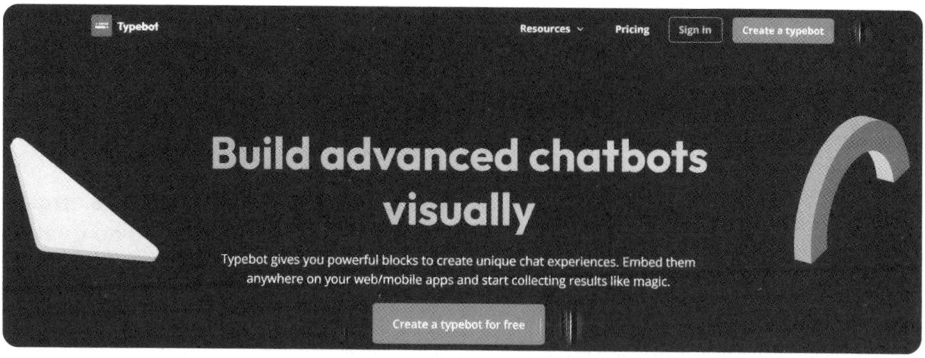

Em seguida, escolha as opções “Create a new typebot” e “Start from scratch”.

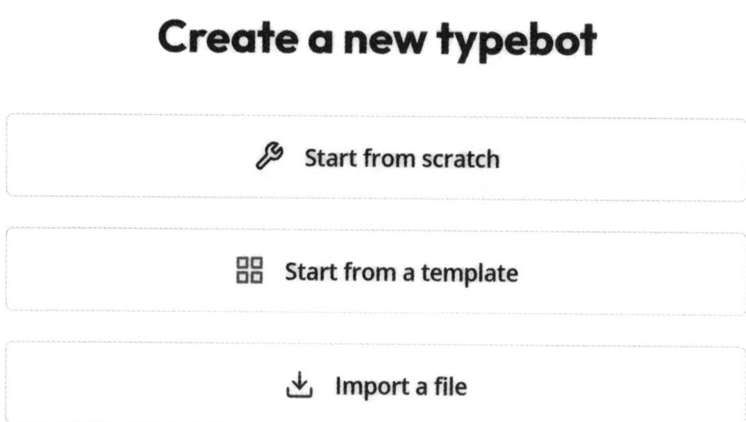

1. **Configurando o Fluxo Básico de Conversação**

   Na interface de criação, crie os primeiros blocos de interação:

   - De um nome ao seu bot, no exemplo abaixo eu chamei o meu de "Brain Mentor".

   1.1. **Mensagem de boas-vindas: Acesse o ícone "Text" ao lado e arraste ao ambiente, adicionando um bloco com uma saudação ao qual eu chamei de "Mensagem inicial", como:**

   "Olá!! bem-vindo, sou o seu Brain Mentor, especialista em soluções de IA e Neurociências aplicadas a negócios. Como posso te ajudar? 🤓"

2. **Coleta de Resposta do Usuário**

   Adicione um bloco de entrada de texto para capturar a resposta do usuário a qual eu chamei de "Aguardando interação", nomeando-o como "Primeira interação" para facilitar a referência posterior.

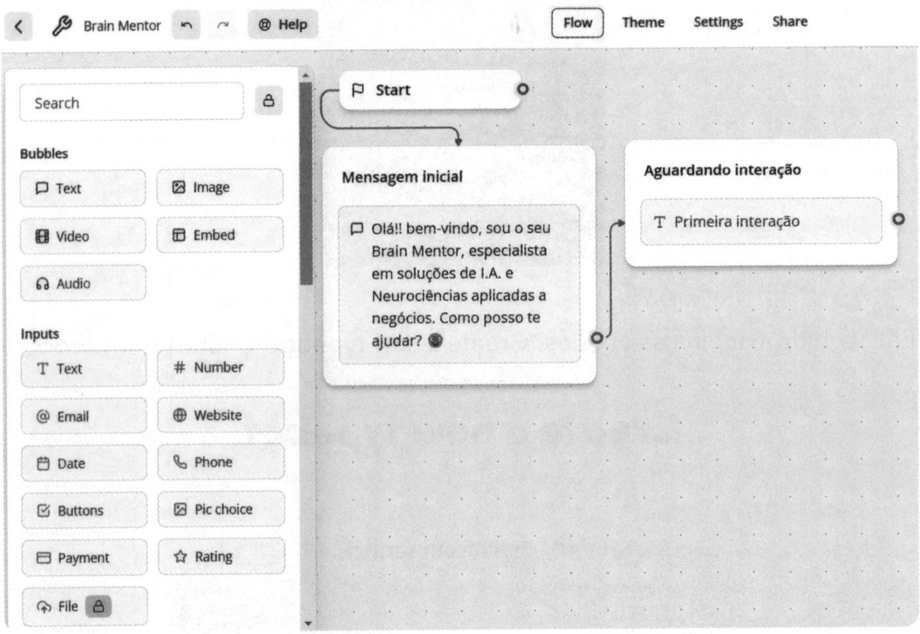

Etapa 2: Integrando Typebot com Make

1. **Configuração de Bloco no Typebot**:

   Mais abaixo no menu lateral, temos uma seção chamada "Integrations".

   Adicione (arraste) um bloco de Make.com ao fluxo e conecte-o ao "Aguardando interação", para que o Make receba a demanda enviada pelo usuário.

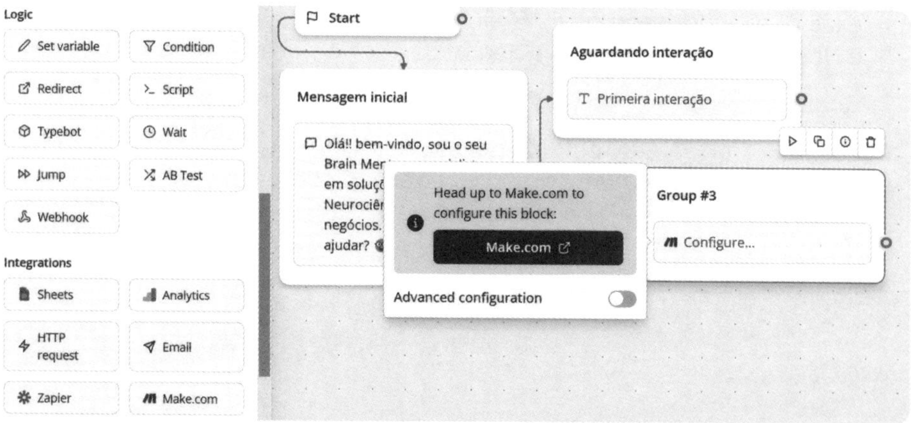

2. **Configurando a Conexão no Make**

   Acesse o link: *www.make.com*

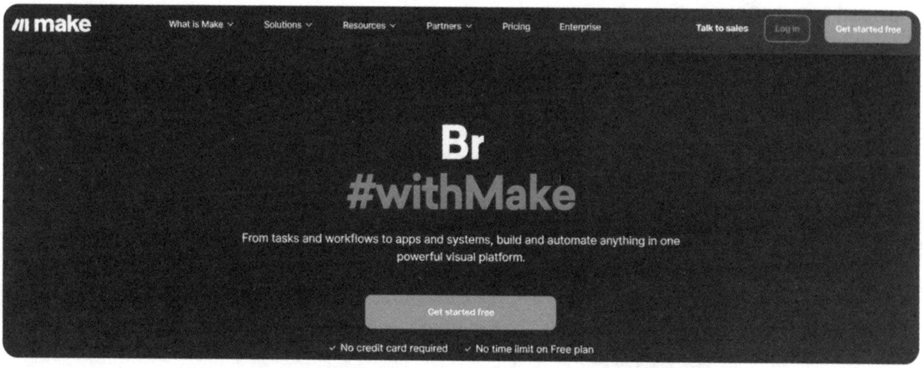

No Make, crie um **novo cenário** ("Create a new scenario") para poder conectar o Typebot a outros módulos, incluindo o GPT.

Agora, adicione um módulo Typebot para receber dados enviados pelo usuário.

** Por vezes, as cores ou o formato dos ícones podem alterar sua forma.*

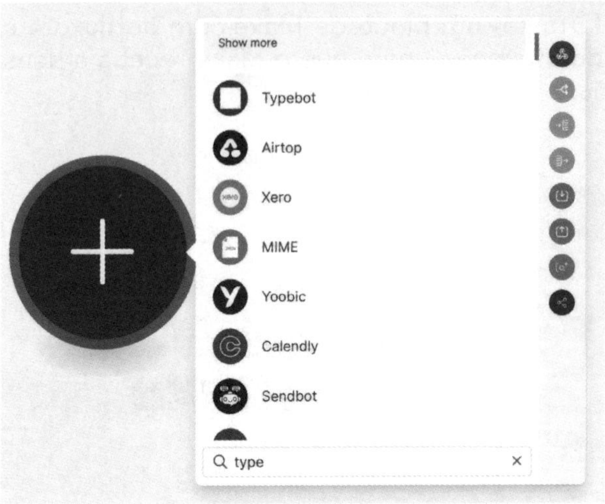

Configuração do Webhook para Receber Dados do Typebot

Configure o webhook no Make para receber os dados do Typebot, especificamente a questão de interesse do usuário.

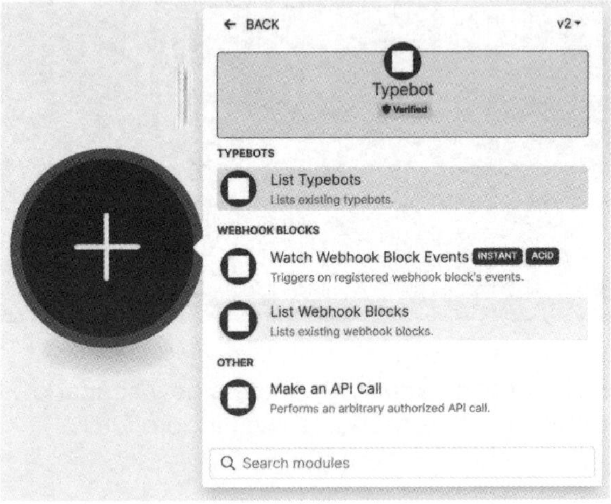

Logo, selecione: **Watch Webhook Block Events.**

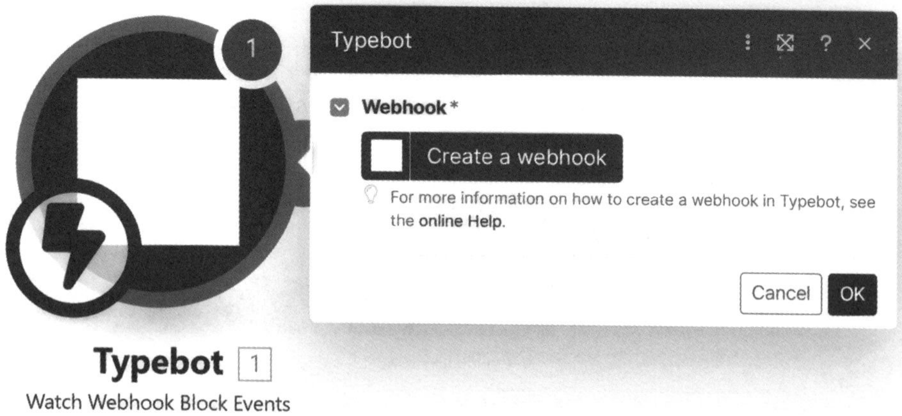

Crie um Webhook.

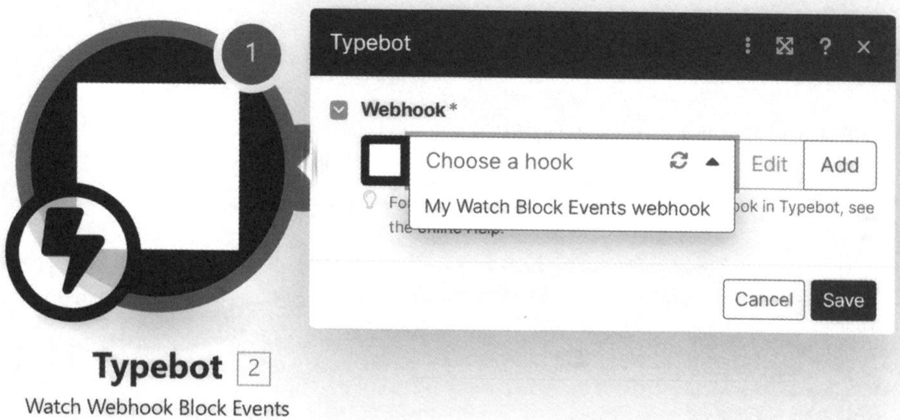

Escolha a opção My Watch Block Events webhook.

* *No* **Typebot**, *um* **webhook** *é uma funcionalidade que permite que o bot envie automaticamente informações para um sistema externo sempre que um evento específico ocorre. Ele é usado para integrar o* **Typebot** *com outras ferramentas, como CRMs, bancos de dados, sistemas de atendimento ou automações no* **Zapier, Make (Antigo Integromat), Google Sheets, Notion, entre outros**.

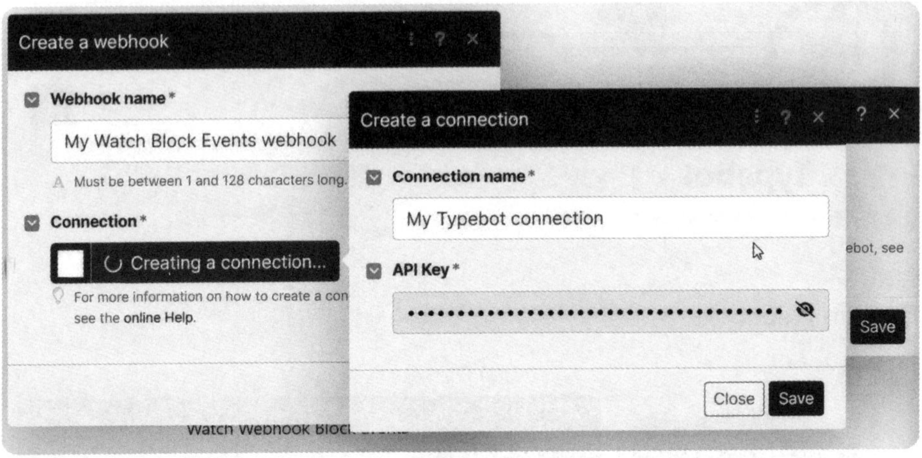

Agora você precisa a API da Typebot.

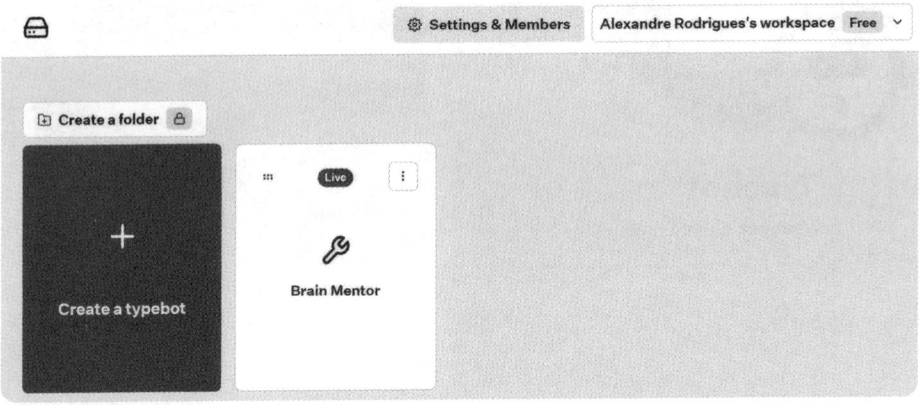

Volte em seu Typebot e, na aba Settings & Menbers, abra seu painel de configuração.

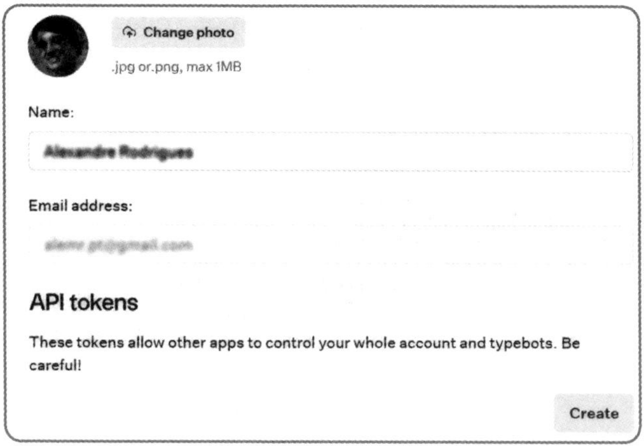

Agora clique em Create. Guarde seu código API em local seguro.

Logo...

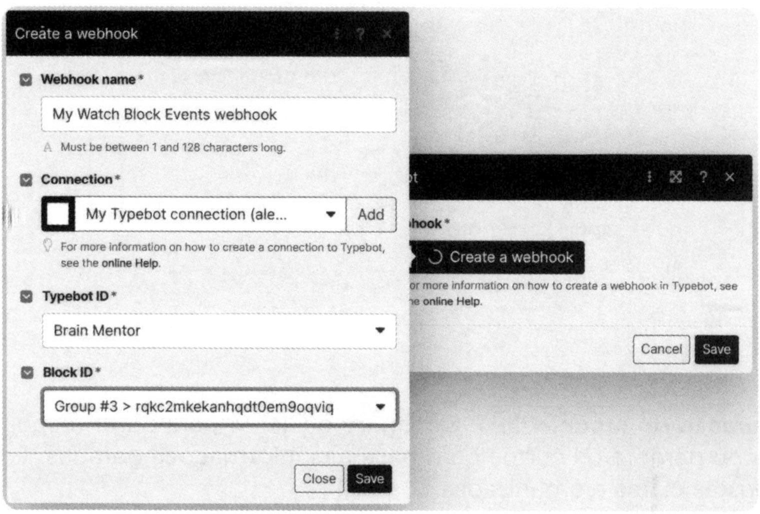

No campo Connection, certifique que o sistema já identificou sua conta vínculo.

No campo Typebot ID, encontre o processo pelo qual busca integrar, em nosso caso o nosso "Brain Mentor".

No campo Block ID, encontre o grupo pelo qual a interação deverá acontecer.

Etapa 3: Adicionando Pesquisa e Resposta com ChatGPT

Clicando no (+) logo ao lado do ícone do Typebot, você irá adicionar o módulo **OpenAI (ChatGPT)** no Make para gerar uma resposta detalhada.

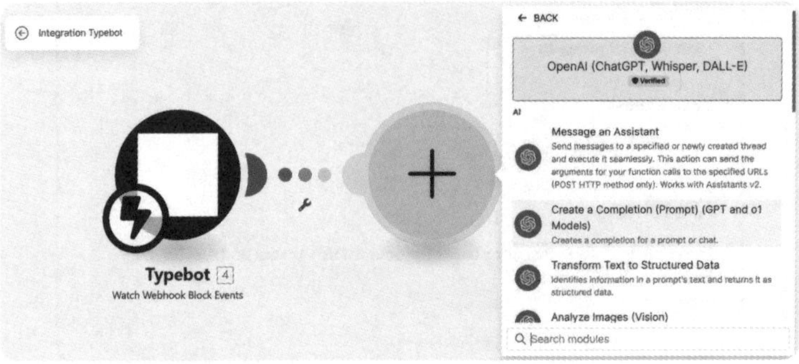

Selecione a opção: Create a Completion (Prompt) (GPT and o1 Models).

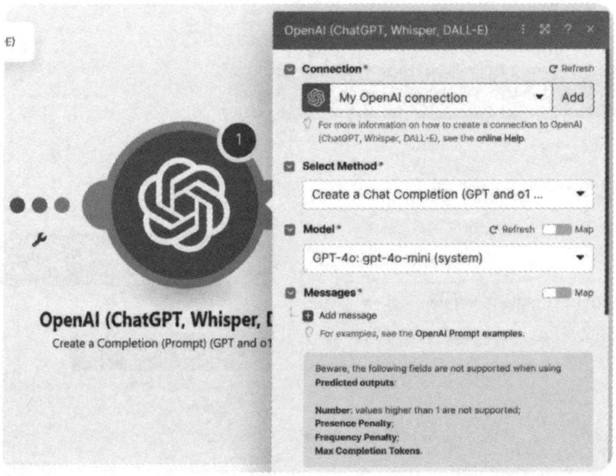

Configuração do Modelo GPT: Configure o GPT-4 para gerar respostas em tópicos ou parágrafos curtos com base nas informações geradas, tornando as respostas claras e organizadas.

Nota: Para acessar o módulo GPT no Make, crie uma conta no playground da OpenAI (*https://platform.openai.com/playground/*) e carregue pelo menos 5 dólares. Isso será suficiente para centenas de interações com o chatbot e fornecerá a chave API necessária para a integração para usar o módulo GPT no Make via integração com a API da OpenAI.

Enviando a Resposta ao Typebot

Finalize o fluxo com um módulo de Webhook de resposta no Make, configurado para retornar o texto gerado pelo GPT ao Typebot, onde será exibido para o usuário.

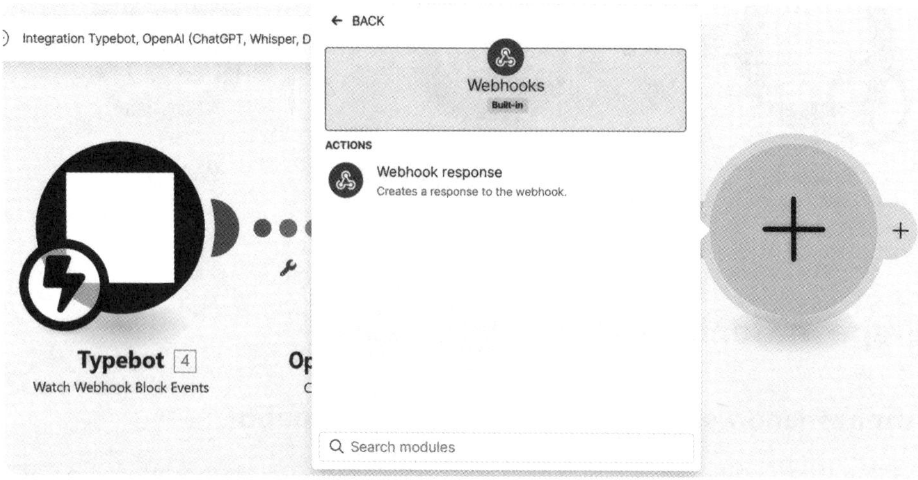

Ao clicar no campo, Body, abrirá um menu lateral. Selecione "Choices" e logo "Message \ Content"

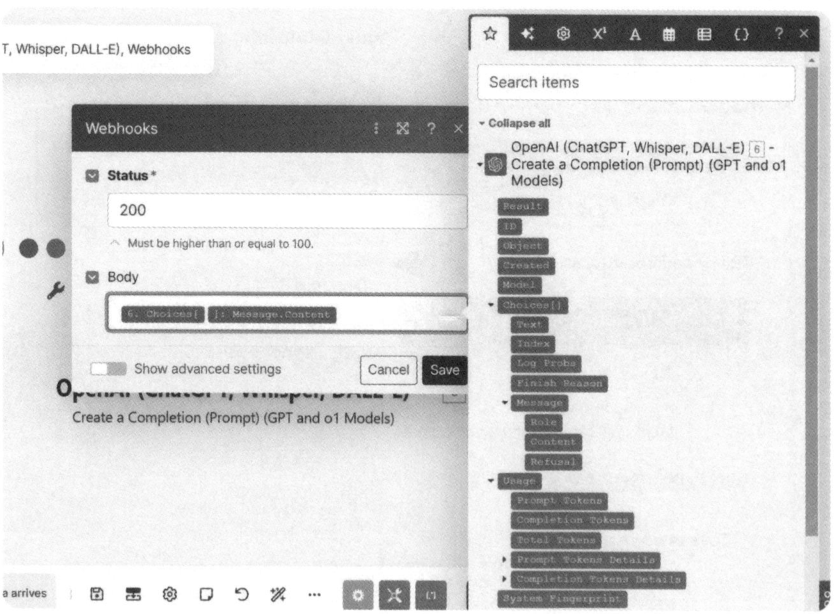

Verificação do fluxo final no Make

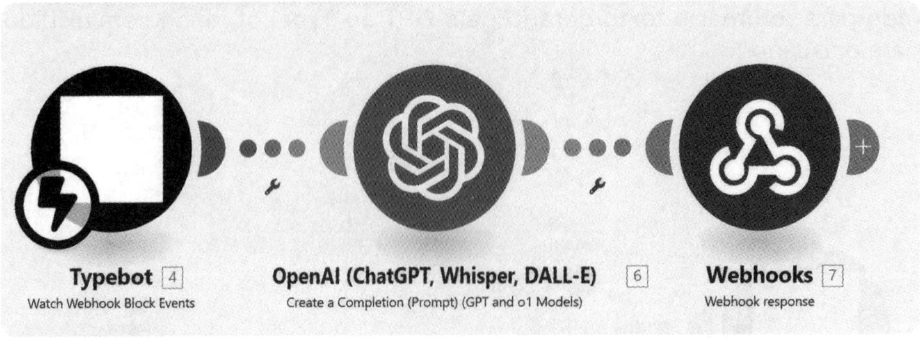

Etapa 4: Configuração Final e Teste

Armazenando e Exibindo a Resposta no Typebot

No Typebot, configure o bloco final para exibir o conteúdo gerado pelo GPT, utilizando a variável "resposta-make" para capturar a saída final.

Clique em Trigger Scenario e logo em Test the Request.

A mensagem de "ok" em verde acima deve aparecer, sinal de que o fluxo está completo e integrado.

Publicação e Acesso ao Chatbot:

Para acessar a interface do chat, vá à página de fluxo no Typebot e clique em "Publish" para publicar o chatbot. O acesso é feito por meio de um link privado. Para obtê-lo, vá para a aba "Share" e selecione "Copy" para copiar o link.

Logo, volte ao typebot e clique em Publish no canto superior direito.

Logo que clicar em Publish a tela com o seu link teste irá aparecer.

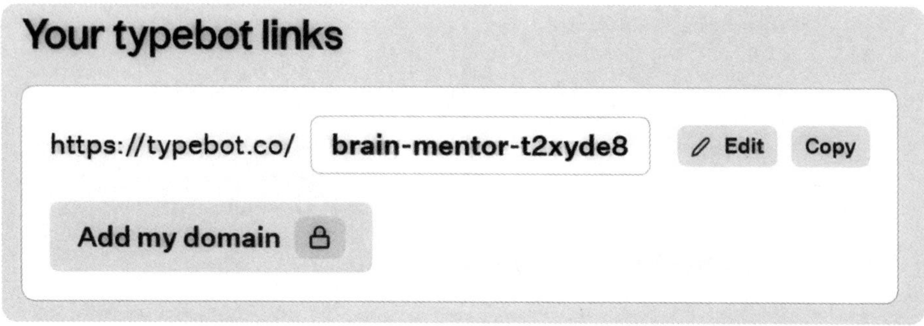

Clique em Copy e, no Browser, cole esta URL.

Exemplo de Interação

O chatbot agora está pronto para fornecer um resumo das notícias sobre o tema solicitado pelo usuário, como pode ser visto no exemplo final de uso.

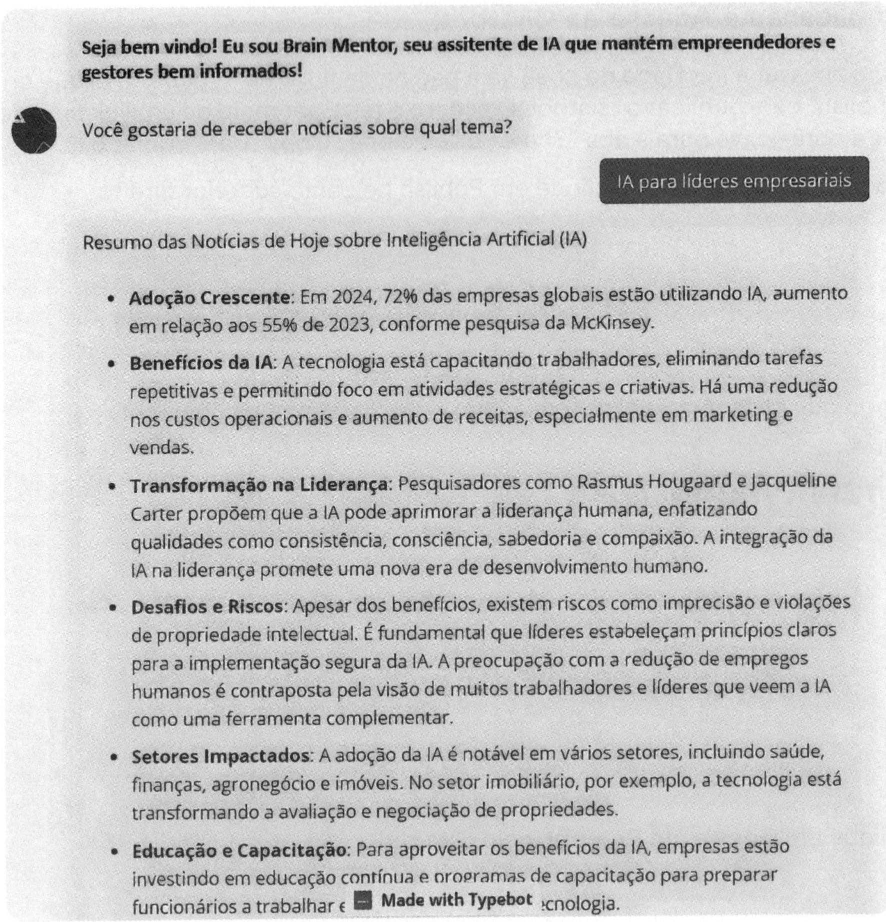

Em um futuro próximo, essas funções de assistentes e agentes de IA estarão profundamente integradas nas nossas rotinas computacionais diárias, embutidas de forma transparente em pacotes como o Microsoft Office, Google Chrome e outras ferramentas Google, aplicativos móveis, sites e praticamente qualquer interface digital com a qual interagimos. A IA não será mais uma ferramenta separada que precisamos acessar, mas um componente natural e intuitivo dos ambientes digitais que já utilizamos, antecipando nossas necessidades e realizando tarefas complexas com comandos simples ou até mesmo de forma autônoma.

Considerações Finais

Esse chatbot combina a capacidade de pesquisa do Perplexity com a geração de texto do GPT, criando uma ferramenta robusta e acessível para fornecer informações dinâmicas. Com Typebot e Make, é possível construir assistentes de IA personalizados que economizam tempo e ampliam a interação com o usuário. Embora essas plataformas sejam de baixo nível de programação (low-code), é importante entender os requisitos de integração para garantir que seu chatbot funcione perfeitamente.

Explore e personalize cada etapa para maximizar o potencial do seu chatbot e adequá-lo às suas necessidades específicas!

Dica importante: caso aconteça algum erro durante o processo ou seu Bot não funcionar por algum motivo, ou não funcionar como você estava esperando, vou te ensinar a utilizar o auxiliar do próprio GPT para ajudar neste processo.

Utilize o GPT personalizado a seguir:

Make Automation Pro (Por Jérémy MERRE): Um expert em automatização usando o MAKE. Este GPT ajuda, não só no MAKE, mas automatização em diversos outros ambientes.

Acesse via link:

https://chatgpt.com/g/g-IN2HZgoxo-make-automation-pro

Agora você vai fazer os seguintes passos:

Abra o seu arquivo MAKE e vá em Exportar Blueprint, logo abaixo do cenário, clicando nos 3 pontinhos (...)

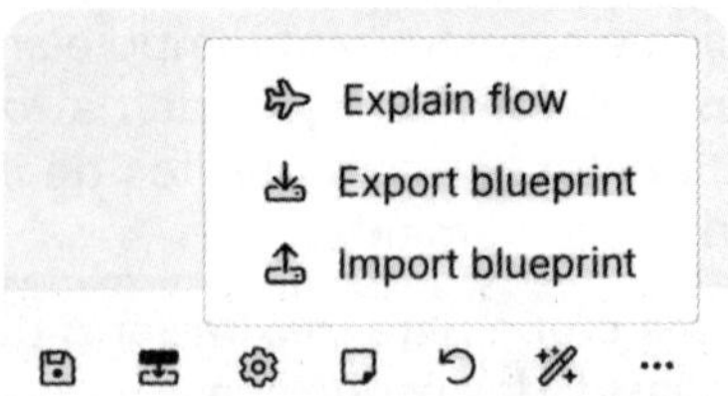

Agora, vamos fazer a mesma coisa no TypeBot. No canto superior esquerdo encontrará os 3 pontinhos (...). Clicando nele, aparecerá o quadro a seguir, então vá a Export Flow:

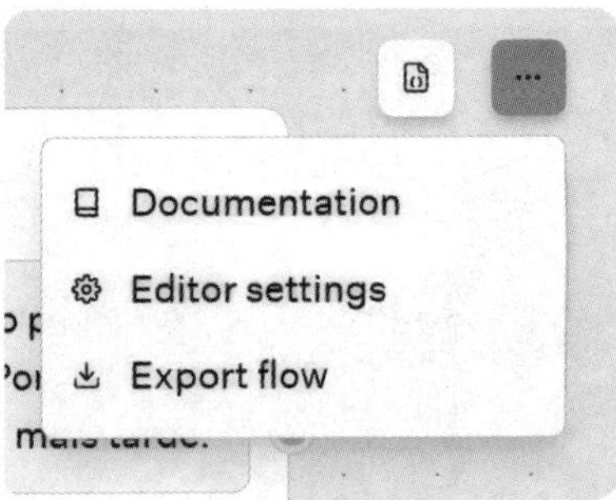

Logo, provavelmente na sua pasta Donwloads, estarão os dois arquivos exportados conforme demonstrado a seguir.

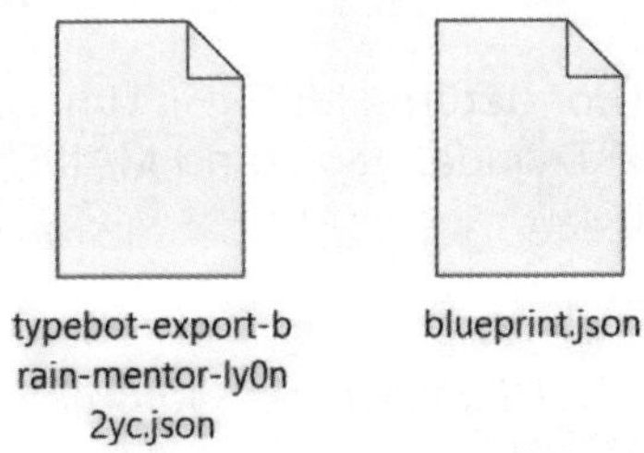

Estes são arquivos .Json.

Logo, no seu GPT, faça upload nos dois arquivos e escreva na linha de prompt:

Analise os dois arquivos em anexo, um Flow do Typebot e um cenário criado em MAKE e corrija os erros de integração para que funcionem perfeitamente conforme função desejada.

Por fim, gere o arquivo corrigido para que possa usá-lo.

Você terá algo semelhante a isto:

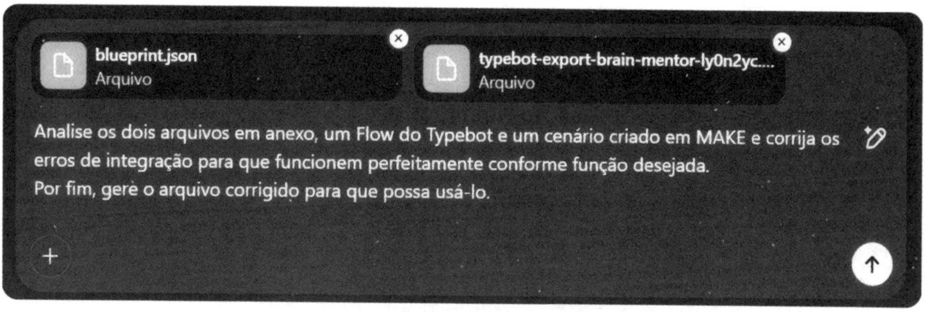

Agora ele vai analisar os arquivos, apontar os erros, corrigi-los e gerar um novo arquivo ao qual você importar e testar.

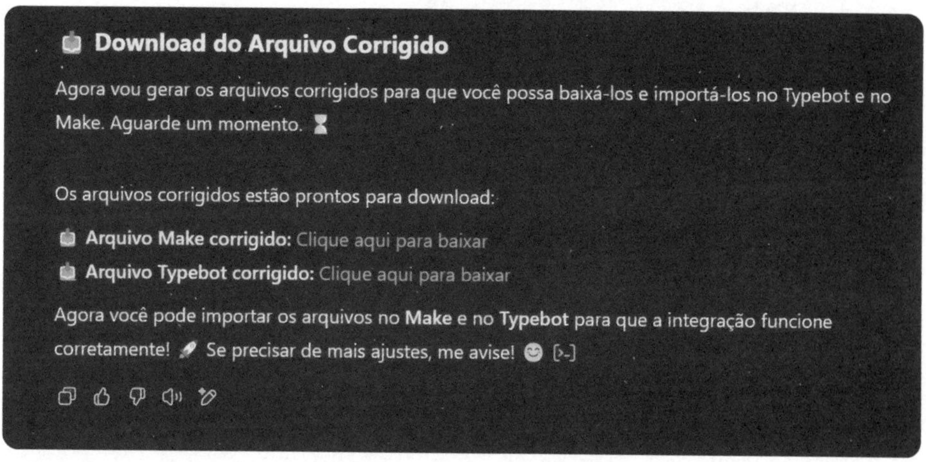

ogo, baixe os dois arquivos. Eles provavelmente estarão na pasta Dowloads também.

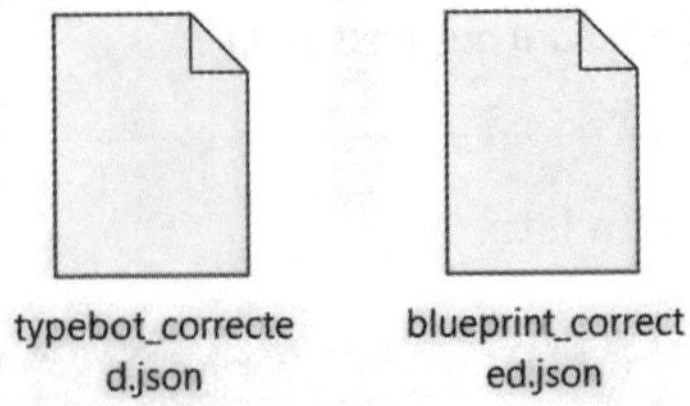

Agora vamos importar para os ambientes.

No Make, o processo é o mesmo de antes, mas agora cliente que import blueprint e logo busque o arquivo gerado na pasta downloads.

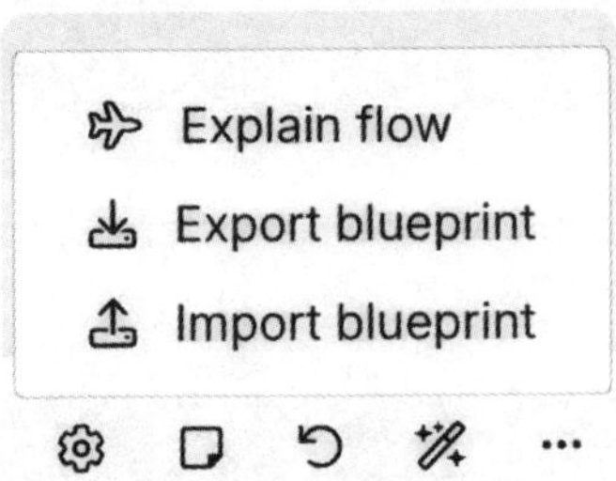

E logo vá no ambiente Typebot e faça o mesmo processo, só que no Typebot, você precisa iniciar um processo novo, logo Import a File.

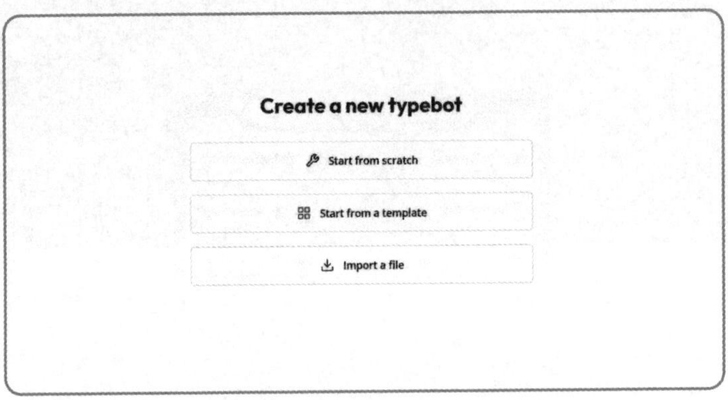

Logo você terá ambientes corrigidos de erros.

16.4. CRIADOR DE TAREFAS AUTOMATIZADAS

O que É a Função "Tarefas"?

Objetivo: Permitir que os usuários criem, gerenciem e acompanhem atividades ou listas de tarefas diretamente no ChatGPT.

Acesso: Está disponível no menu lateral do ChatGPT e pode ser acessada clicando na opção **"Tarefas" (beta)**.

Funcionalidades Principais

Criação de Tarefas:

- Permite criar tarefas específicas, que podem ser organizadas por prioridade, categoria ou contexto.
- Exemplo: "Criar um plano de estudo para o mês" ou "Definir etapas para concluir um projeto".

Edição e Personalização:

- Tarefas podem ser editadas ou atualizadas conforme necessário.
- É possível incluir descrições detalhadas ou prazos.

Rastreamento de Progresso:

Oferece um sistema para marcar tarefas como concluídas ou acompanhar o que está pendente.

Integração com GPTs:

- Possivelmente pode interagir com GPTs personalizados, ajudando a automatizar processos e atualizar tarefas dinamicamente.

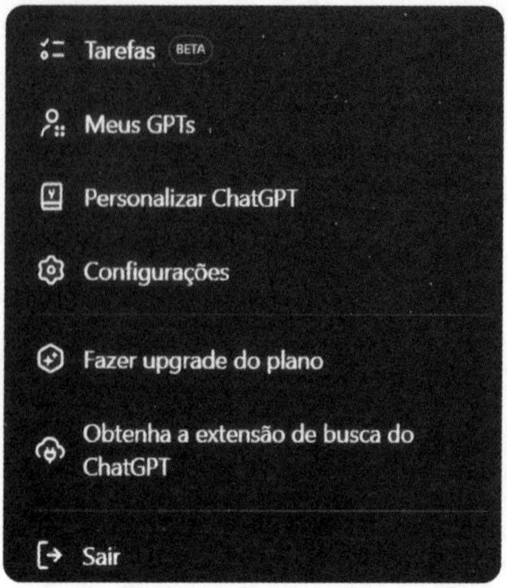

Como Usar a Função "Tarefas"

Acessar o Menu:

- Clique no seu avatar ou ícone no canto superior direito para abrir o menu.
- Selecione **"Tarefas (beta)"**.

Criar Novas Tarefas:

Dentro da seção de Tarefas, clique em **"Nova Tarefa"** ou similar.

Insira a descrição da tarefa e, se disponível, adicione uma data de vencimento ou prioridade.

Gerenciar Tarefas:

- Atualize o status das tarefas (ex.: "Concluído").
- Edite ou exclua tarefas existentes.

Visualizar o Progresso:

Acompanhe as tarefas pendentes ou veja as concluídas para manter o controle.

Casos de Uso

Planejamento de Projetos:

Organizar atividades relacionadas a um objetivo, como o lançamento de um produto.

Gestão Pessoal:

Listar compromissos ou metas diárias, semanais ou mensais.

Acompanhamento Acadêmico:

Criar listas de estudo ou trabalhos a serem entregues.

Bastante intuitivo de usar, o exemplo abaixo cria uma tarefa de trazer informações diárias sobre a cotação do Euro em relação ao Real, e me enviar por e-mail todas as nove horas da manhã.

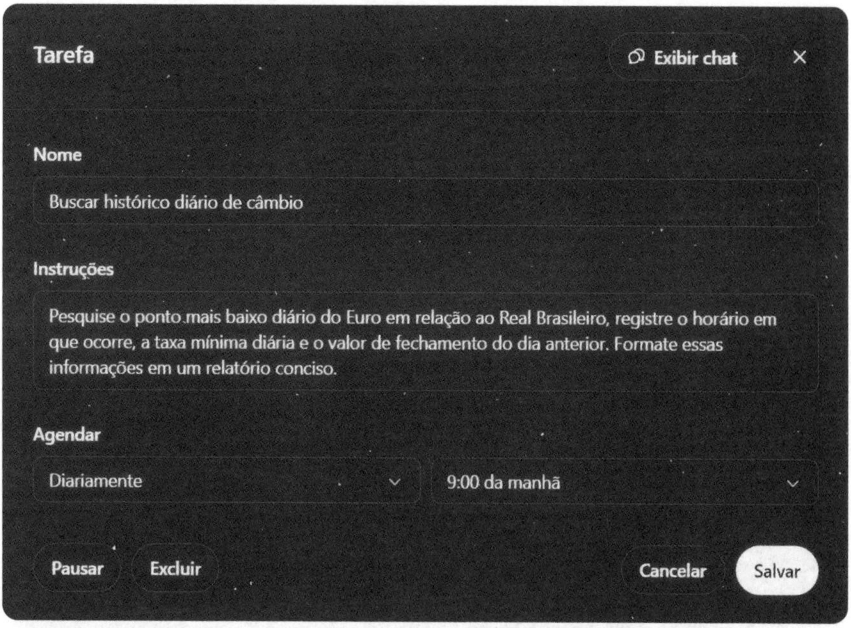

Após Salvar sua tarefa, a plataforma o levara a sua lista de tarefas já construídas.

Abaixo encontra-se o e-mail que recebi conforme descrito na tarefa.

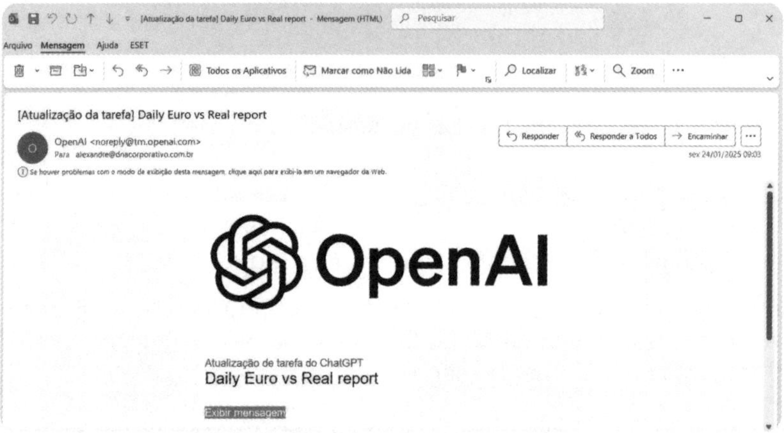

E, quando eu clico em "Exibir mensagem" no e-mail acima, ele me leva ao resultado de busca que eu programei, como descrita abaixo.

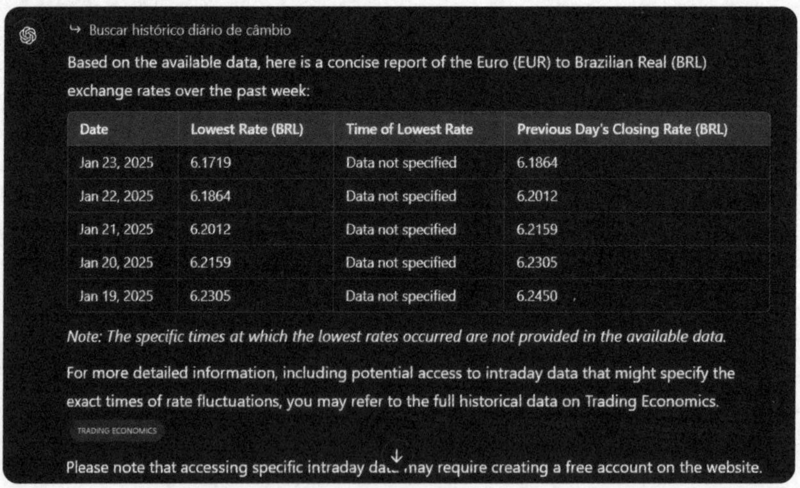

↪ Buscar histórico diário de câmbio

Based on the available data, here is a concise report of the Euro (EUR) to Brazilian Real (BRL) exchange rates over the past week:

Date	Lowest Rate (BRL)	Time of Lowest Rate	Previous Day's Closing Rate (BRL)
Jan 23, 2025	6.1719	Data not specified	6.1864
Jan 22, 2025	6.1864	Data not specified	6.2012
Jan 21, 2025	6.2012	Data not specified	6.2159
Jan 20, 2025	6.2159	Data not specified	6.2305
Jan 19, 2025	6.2305	Data not specified	6.2450

Note: The specific times at which the lowest rates occurred are not provided in the available data.

For more detailed information, including potential access to intraday data that might specify the exact times of rate fluctuations, you may refer to the full historical data on Trading Economics.

TRADING ECONOMICS

Please note that accessing specific intraday da... may require creating a free account on the website.

16.5. CONSTRUINDO UM AGENTE DE IA PARA RESPONDER E-MAILS

Agentes de IA são sistemas autônomos baseados em inteligência artificial que percebem o ambiente, processam informações e executam ações para atingir objetivos específicos. Eles podem operar de forma reativa (respondendo a estímulos) ou proativa (planejando e tomando decisões antecipadamente).

Esses agentes são amplamente utilizados em diversas áreas, incluindo automação de processos, chatbots, assistentes virtuais, carros autônomos e modelos preditivos. Sua eficácia depende da integração de algoritmos avançados, aprendizado de máquina e interação contínua com dados para aprimorar sua tomada de decisão.

Agentes de IA são sistemas que podem:

1. Perceber o ambiente (captar informações de uma entrada, como um formulário ou mensagem).
2. Processar informações (analisar, interpretar e tomar decisões com base nas entradas).
3. Executar ações (como enviar respostas, atualizar bancos de dados ou disparar notificações).

Desenvolvimento de um agente que lê, interpreta e responde e-mail:

Para o desenvolvimento de uma solução mais simples e gratuita para criar um agente que lê e responde e-mails automaticamente é utilizando Make.com com Gmail e OpenAI (ChatGPT Free).

Aqui está a reescrita do fluxo utilizando o **n8n** como ferramenta de automação **(Gratuito e Simples com n8n):**

1. **Capturar os e-mails recebidos**
   - Use o **Gmail Node** no n8n para monitorar automaticamente novos e-mails.
   - A automação é configurada para verificar a chegada de novos e-mails em intervalos regulares (ex: a cada 5 minutos).
   - A opção gratuita do Gmail no n8n permite o envio e recebimento de e-mails com um limite mensal de 1.000 operações.

2. **Gerar uma resposta automática com OpenAI (ChatGPT Free)**
   - Utilize o **OpenAI Node** no n8n para integrar o ChatGPT (plano gratuito).
   - O e-mail recebido é enviado para o ChatGPT, que analisa o conteúdo e gera uma resposta personalizada.
   - A resposta gerada pode ser ajustada conforme as variáveis do e-mail, oferecendo um texto contextualizado.

   Exemplo de fluxo:

   - **Entrada:** O cliente envia: "Gostaria de saber mais sobre seus serviços."
   - **Saída:** O ChatGPT responde: "Olá! Agradecemos seu contato. Podemos marcar uma reunião ou enviar um PDF sobre nossos serviços."

3. **Enviar a resposta ao e-mail**

   Após a resposta ser gerada, use o **Gmail Node** para enviar a resposta automática.

   A automação envia o e-mail de volta ao remetente original, utilizando a conta de Gmail configurada, sem a necessidade de SMTP manual, uma vez que o n8n já integra a conta do Gmail.

Vantagens dessa Solução com n8n:

- **Gratuito** » O n8n tem uma versão gratuita com operações limitadas (atualmente 1.000 execuções mensais na versão de código aberto).
- **Fácil de configurar** » A configuração no n8n é simples e intuitiva, com arrastar e soltar nós, sem necessidade de programar.
- **Automação com IA** » A integração com o OpenAI permite personalizar as respostas automaticamente com o ChatGPT.
- **Personalizável** » Ajuste as respostas de acordo com o conteúdo do e-mail recebido, criando um fluxo que responde de forma precisa e eficiente.

Assim, você tem uma solução prática, econômica e altamente personalizável para automatizar o processo de responder e-mails utilizando IA, sem necessidade de programação.

Nota: Para aprimorar ainda mais a formatação de nosso pedido, utilize o GPT Personalizado de criação de automação do N8N.

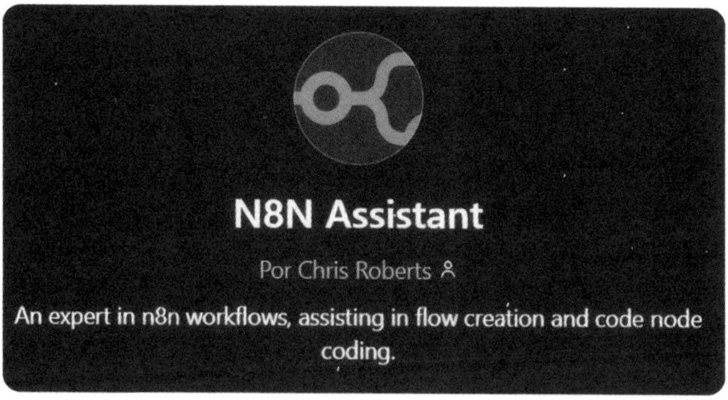

Link de acesso:

https://chatgpt.com/g/g-pyj2n5ymY-n8n-assistant

Automação de Leitura e Resposta de E-mails com n8n, Gmail e OpenAI

- Prompt -

Atue como um especialista em automação de processos, focado no desenvolvimento de agentes inteligentes para a leitura, interpretação e resposta automática de e-mails utilizando integrações entre Gmail, n8n e OpenAI (ChatGPT Free). O objetivo é criar uma solução simples, funcional, gratuita e sem a necessidade de programação avançada.

Objetivo:

Desenvolver um fluxo de automação no n8n para que um agente autônomo leia e responda automaticamente a e-mails utilizando as ferramentas Gmail, n8n e OpenAI (ChatGPT Free). O fluxo será construído de forma que se integre facilmente com o Gmail e gere respostas personalizadas a partir da análise do conteúdo dos e-mails.

Requisitos:

1. *Captura de e-mails recebidos via Gmail:*
   - *Utilizar o módulo Gmail do n8n (grátis até 1.000 operações/mês) para monitoramento automático de novos e-mails.*
2. *Geração de resposta personalizada com OpenAI (ChatGPT Free):*
   - *Integrar o OpenAI (ChatGPT Free) para analisar o conteúdo do e-mail e gerar uma resposta personalizada de forma coerente.*
3. *Envio automático da resposta ao remetente via Gmail:*
   - *Usar o n8n Gmail Node para responder automaticamente ao e-mail, enviando a resposta para o remetente original.*

A solução deverá ser simples e sem necessidade de programação avançada, utilizando ferramentas gratuitas e com uma configuração direta.

Importante:

Antes de iniciar a criação do arquivo a ser importado, pergunte sobre todas as informações necessárias para que o fluxo funciona completamente, como por exemplo, APIs, Parâmetros, senhas e informações particulares que personalizem e garantam o perfeito funcionamento do fluxo.

Passos para a criação da automação:

1. *Descrição do Fluxo da Automação:*

   Captura de E-mails:

   - *O fluxo começa com a captura de e-mails através da integração do Gmail no n8n. O nó do Gmail será configurado para monitorar novos e-mails, com as credenciais do usuário configuradas para o acesso correto.*

   Geração de Resposta:

   - *O conteúdo do e-mail será enviado para o OpenAI Node no n8n. O ChatGPT irá analisar o e-mail e gerar uma resposta personalizada. A resposta pode ser ajustada conforme o conteúdo do e-mail recebido (como uma solicitação de mais informações sobre serviços).*

   Responda o e-mail, utilizando o GPT personalizado:

   https://chatgpt.com/g/g-6759ea5ed6c8819187b5767df62f7d8a-dna-corporativo

   Envio de Resposta:

   - *Após a geração da resposta pelo ChatGPT, o fluxo prosseguirá para o nó de envio de e-mail do Gmail Node no n8n, que retornará a resposta gerada ao remetente original do e-mail.*

2. *Código JSON Completo:*

   - *O arquivo JSON será gerado com todas as etapas necessárias para importar diretamente no n8n.*

   Este arquivo JSON conterá as configurações do fluxo, com os seguintes detalhes:

   - *Conexões com o Gmail.*
   - *Configuração do OpenAI para análise e resposta ao conteúdo do e-mail.*
   - *Envio da resposta para o remetente via Gmail.*

3. *Revisão Técnica:*

   Erro de configuração: Verificar se as credenciais de autenticação do Gmail e da integração do OpenAI estão corretamente configuradas.

   Testar as respostas geradas pelo ChatGPT: Validar que o ChatGPT gera respostas personalizadas de acordo com o conteúdo do e-mail.

Checar limites do plano gratuito: Garantir que o número de operações no Gmail não ultrapasse o limite mensal de 1.000 operações do n8n.

4. *Exemplo de Teste Prático:*

   Cenário: Um cliente envia o seguinte e-mail com o assunto: "Gostaria de saber mais sobre seus serviços".

   Fluxo:

   1. *O n8n captura o e-mail do cliente via Gmail.*
   2. *O conteúdo é enviado para o OpenAI (ChatGPT Free) para gerar uma resposta.*
   3. *O ChatGPT processa a mensagem e cria a resposta: "Olá! Agradecemos seu contato. Podemos marcar uma reunião ou enviar um PDF sobre nossos serviços."*
   4. *O n8n envia a resposta automaticamente ao remetente com o seguinte fechamento fixo:*
   5. *Para o caso desta solução entrar em conformidade com suas expectativas, seria um grande prazer poder atendê-lo pelos seguintes canais abaixo:*

   Alexandre Rodrigues, PhD

   Instagram: @neuroexpert

   E-mail: alexandre@dnacorporativo.com.br

   Fone/WhatsApp: +351 924270740

5. *Processo de Teste para Validar a Automação:*

   - *Enviar um e-mail de teste para a conta de e-mail conectada ao n8n.*
   - *Validar se o n8n captura o e-mail corretamente e envia uma resposta com o conteúdo gerado pelo ChatGPT.*
   - *Caso a automação não funcione como esperado, realizar a depuração no n8n, revisando cada nó para verificar se as credenciais de autenticação e as conexões entre os módulos estão corretas.*

6. *Arquivo JSON para Importação no n8n:*

   - *O JSON gerado deverá estar pronto para ser importado diretamente no n8n, com todas as configurações necessárias para ativar o fluxo de automação sem a necessidade de configuração adicional.*

Ao finalizar, o arquivo JSON estará disponível para download e importação diretamente no n8n.

Abra o n8n (*https://n8n.io/*) e importe o arquivo, que deve estar em sua pasta downloads.

Logo, import from file, selecione o arquivo na sua pasta downloads e clique em "Abrir".

Deve aparecer algo como este flow:

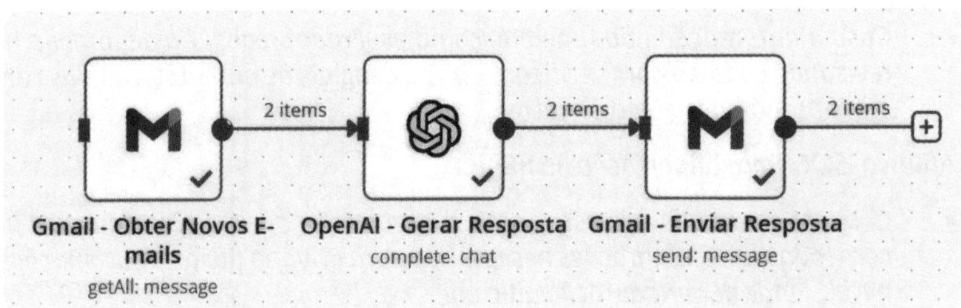

Nota: Não raro, os fluxos precisam ajustes, o que certamente poderá ocorrer com você; mas com um pouco de força de vontade e paciência você consegue.

Uma boa dica é entrar em cada nodo de processo, e capturar a tela e colar no GPT, e pedir para ele auxiliar no preenchimento dos campos.

Esta é mesmo a parte mais chata... imagino que, num futuro muito próximo, essas integrações já serão muito mais simples e cada vez menos contato com definição de parâmetros ou códigos deverão ser necessários para compor qualquer demanda de automação.

16.6. ESTRATÉGIAS DE QUERY

Estratégias de query referem-se a métodos ou abordagens utilizadas para formular, otimizar e executar consultas (queries) em sistemas de recuperação de informação, bancos de dados ou algoritmos de aprendizado ativo. Essas estratégias são cruciais para maximizar a eficiência e a eficácia da obtenção de dados ou informações, especialmente em contextos onde o acesso a grandes volumes de dados ou recursos computacionais limitados é um desafio.

Vamos simplificar:

Imagina que você está brincando de esconde-esconde com seus amigos em um parque enorme. Você quer encontrar seus amigos o mais rápido possível, então, ao invés de procurar em todos os lugares de uma vez, você decide pensar em estratégias para encontrar cada um mais rápido.

Agora, vamos aplicar essa ideia ao mundo dos computadores e da internet! Os computadores também precisam encontrar informações muito rápido, seja quando você faz uma pesquisa no Google, quando um supermercado precisa saber quais produtos venderam mais, ou até quando um advogado quer separar documentos importantes.

Como os Computadores Procuram Informações?

Os computadores usam algo chamado queries (que são como perguntas ou buscas) para encontrar e organizar informações. Mas, assim como no esconde-esconde, se eles não usarem boas estratégias, podem demorar muito ou até ficar confusos.

Exemplos de Estratégias de Busca:

1. **Supermercado Rápido!**

   Imagine que um supermercado tem milhões de compras registradas todo dia. Se o gerente quiser saber quais produtos venderam mais rápido, o computador precisa fazer uma busca enorme! Para acelerar isso, ele pode organizar os dados, separando as compras por dia, por tipo de produto ou por região. Assim, ao invés de procurar no supermercado inteiro, ele olha apenas onde é necessário.

2. **Google Inteligente!**

   Quando você pesquisa algo, o Google não mostra todas as páginas do mundo, certo? Ele usa estratégias para entender o que você quer, adiciona palavras parecidas (como "cachorro" e "canino") e até adivinha o que você pode estar querendo perguntar!

3. **O Advogado Esperto!**

   Um advogado tem milhões de documentos para organizar. Em vez de olhar todos, ele usa um computador que escolhe os mais importantes primeiro. O sistema aprende sozinho quais são os documentos mais relevantes e pede ajuda apenas quando está em dúvida. Assim, o advogado economiza tempo e só revisa os papéis mais difíceis.

O que Aprendemos?

Os computadores precisam de estratégias inteligentes para encontrar informações rapidamente, do mesmo jeito que você pensa antes de procurar um amigo no esconde-esconde. Quando usamos técnicas boas, tudo fica mais rápido e eficiente!

– Prompt sugerido –

Estou enfrentando problemas de desempenho em consultas SQL no banco de dados de uma rede de supermercados. As consultas estão relacionadas à geração de relatórios diários de vendas por região e produto, e atualmente levam até 2 horas para serem concluídas. O banco de dados possui milhões de transações diárias, e as principais colunas utilizadas nas consultas incluem 'região', 'produto_id' e 'data'. As consultas fazem uso de cláusulas WHERE e JOIN. Preciso de uma estratégia detalhada para otimizar essas consultas e reduzir o tempo de execução para menos de 5 minutos. Considere o uso de indexação, particionamento de tabelas, refatoração de queries e qualquer outra técnica relevante. Forneça exemplos práticos de como implementar cada técnica e os impactos esperados.

Por que esse prompt é eficaz?

- **Clareza no Contexto:** Apresenta o problema e o ambiente detalhadamente.
- **Objetivo Específico:** Define a meta de redução do tempo de execução.
- **Abertura para Soluções Diversas:** Pede estratégias específicas e práticas.
- **Resultados Esperados:** Solicita exemplos e impactos esperados, garantindo aplicabilidade imediata.

Esse tipo de prompt fornece todos os elementos necessários para que a ferramenta de IA entregue uma resposta relevante, técnica e aplicável.

16.7. OPERATOR

A OpenAI lançou recentemente o "Operator", um agente de inteligência artificial projetado para automatizar tarefas online, como reservas em restaurantes, compras de supermercado e preenchimento de relatórios de despesas. Atualmente, o Operator está disponível para assinantes Pro do ChatGPT nos Estados Unidos, com planos de expansão para outros níveis de assinatura e regiões no futuro.

O Operator utiliza o modelo "Computer-Using Agent" (CUA), que combina capacidades de visão e raciocínio avançado, permitindo interagir autonomamente com interfaces gráficas de usuário, como botões, menus e campos de texto.

O "Computer-Using Agent" (CUA) apresenta uma inovação significativa no campo da inteligência artificial: agentes capazes de interagir com interfaces gráficas de usuário (GUIs) de maneira semelhante aos humanos. Esses agentes podem operar elementos como botões, menus e campos de texto em uma tela, permitindo que realizem tarefas complexas de forma autônoma.

O Operator combina as capacidades de visão do GPT-4o com um raciocínio avançado, permitindo que interprete capturas de tela e interaja com sites usando controles típicos de navegador, como cursor e mouse. Os usuários podem descrever tarefas específicas, e o Operator executa os passos necessários para concluí-las. Caso encontre desafios, como CAPTCHAs ou campos de senha, ele pausa e solicita que o usuário assuma o controle, garantindo que o usuário mantenha o comando durante todo o processo.

A equipe responsável pelo desenvolvimento do CUA na OpenAI foca na criação e implementação de agentes que operam ferramentas baseadas em interfaces gráficas, como computadores e navegadores. Eles colaboram com equipes multifuncionais em todas as etapas de treinamento e implantação para aprimorar as capacidades desses agentes, considerando aspectos como percepção, raciocínio, manipulação, confiabilidade em longos horizontes e segurança.

Em termos de segurança, o Operator incorpora medidas como etapas de confirmação para ações críticas, monitoramento de tentativas de manipulação e modelos de moderação para filtrar entradas e saídas, garantindo um funcionamento responsável e ético.

Atualmente, o Operator está disponível em uma prévia de pesquisa para usuários Pro nos Estados Unidos, com planos de expansão para outros mercados e disponibilização de uma API para desenvolvedores integrarem suas capacidades em outras aplicações.

Estudos indicam que a integração de agentes de IA como o Operator pode resultar em ganhos significativos de produtividade. Por exemplo, uma pesquisa observou uma redução no número de perguntas em comunidades de programadores após a introdução do ChatGPT, sugerindo que tarefas rotineiras estão sendo resolvidas pela IA, permitindo que humanos se concentrem em atividades mais complexas.

Embora não haja uma data específica para a disponibilidade global do Operator, a OpenAI planeja expandir seu acesso gradualmente, incorporando feedback dos usuários para otimizar a ferramenta antes de um lançamento mais amplo.

Em termos de desempenho, a automação de tarefas rotineiras pelo Operator pode liberar tempo para que profissionais se dediquem a atividades estratégicas, potencialmente aumentando a eficiência operacional. No entanto, os ganhos específicos em produtividade podem variar conforme a natureza das tarefas e a adaptação dos usuários à nova tecnologia.

Em resumo, o Operator representa um avanço promissor na automação de tarefas online, com potencial para transformar a forma como interagimos com a web e gerenciamos atividades cotidianas.

O "Operator" da OpenAI é um agente de inteligência artificial projetado para automatizar tarefas online, interagindo diretamente com interfaces web. No ambiente empresarial, essa ferramenta pode ser aplicada de diversas maneiras para aumentar as vendas e reduzir custos operacionais.

Exemplos de Aplicação do Operator em Empresas:

1. **Gestão de Relatórios de Despesas:** O Operator pode automatizar o preenchimento e a submissão de relatórios de despesas, reduzindo o tempo gasto por funcionários nessas tarefas administrativas e minimizando erros humanos.
2. **Agendamento de Reuniões e Compromissos:** Ao integrar-se com calendários corporativos, o Operator pode organizar reuniões, reservar salas e enviar convites, otimizando a gestão de tempo e recursos.

3. **Automação de Processos de Vendas:** O Operator pode auxiliar na atualização de sistemas de CRM, inserindo dados de clientes e acompanhando leads, garantindo que as equipes de vendas tenham informações precisas e atualizadas.

4. **Suporte ao Cliente:** Integrado a plataformas de atendimento, o Operator pode responder a consultas frequentes, processar pedidos e direcionar questões complexas para atendentes humanos, melhorando a eficiência do suporte ao cliente.

5. **Gestão de Estoque e Pedidos:** O Operator pode monitorar níveis de estoque, realizar pedidos de reposição automaticamente e acompanhar o status de entregas, garantindo uma cadeia de suprimentos mais eficiente.

Benefícios em Desempenho e Produtividade:

- **Aumento de Produtividade:** Automatizando tarefas rotineiras, os funcionários podem focar em atividades estratégicas que agregam maior valor ao negócio.
- **Redução de Custos Operacionais:** A diminuição de erros humanos e a eficiência nos processos podem levar a economias significativas, especialmente em tarefas que demandam tempo e recursos.
- **Melhoria na Satisfação do Cliente:** Respostas mais rápidas e precisas às demandas dos clientes podem aumentar a satisfação e fidelização, impactando positivamente nas vendas.

Quando usar outra solução:

"Operator" e "Make" (anteriormente conhecido como Integromat) são ferramentas que permitem a automação de tarefas, mas têm propósitos e funcionalidades distintas:

- **Operator**: É um agente da OpenAI que executa tarefas na web de maneira autônoma, usando capacidades visuais e de raciocínio para interagir com sites como um humano faria, ideal para tarefas como preenchimento de formulários ou reservas.
- **Make**: É uma plataforma de automação que permite conectar aplicativos e serviços via APIs para automatizar fluxos de trabalho entre eles, sem a necessidade de codificação. É mais focado na integração e automação de tarefas entre diferentes serviços online.

A principal diferença está na forma como interagem com a web e em suas aplicações específicas em automação.

Aqui está uma tabela comparativa entre o "Operator" da OpenAI e o "Make", destacando suas características principais e diferenças:

Características	Operator	Make
Interface de Usuário	Interação via navegador web	Interface de automação visual (drag and drop)
Automação de Tarefas	Alta – Automatiza tarefas complexas como reservas e preenchimento de formulários	Alta – Conecta e automa diversos serviços online
Integração com APIs	Não focado em APIs	Sim – Forte em integrar serviços via APIs
Interação Visual com Sites	Sim – Interage visualmente como um humano	Não – Não interage visualmente, usa dados de APIs
Uso de IA para Automação	Sim – Baseado no modelo GPT-4o	Não – Focado em automação de fluxos de trabalho
Acesso e Controle Remoto	Sim – Requer supervisão para tarefas críticas	Não – Opera principalmente através de configurações de fluxo
Plataformas Suportadas	Disponível inicialmente para usuários Pro nos EUA	Disponível globalmente para diversos usuários

Escolha da Plataforma Baseada na Necessidade:

- **Operator é melhor para**: Tarefas que exigem interação humana, como preenchimento de formulários e reservas, onde a visualização e interação direta com o site são necessárias.
- **Make é melhor para**: Automatização de processos entre diferentes plataformas online e serviços que disponibilizam APIs, ideal para integrar e automatizar fluxos de trabalho complexos sem interação visual direta.

Esta tabela pode ajudar a decidir qual plataforma usar com base nas necessidades específicas de automação e integração.

16.8. DEEP RESEARCH OU INVESTIGAR

A OpenAI introduziu recentemente o **Deep Research**, uma ferramenta de inteligência artificial projetada para automatizar e otimizar processos de pesquisa, reduzindo significativamente o tempo necessário para coletar, analisar e sintetizar informações. Com o uso de modelos avançados como o **GPT-4 Turbo**, o Deep Research permite que usuários explorem temas complexos de forma estruturada e obtenham relatórios aprofundados a partir de diversas fontes online.

O que é o Deep Research?

O **Deep Research** é um agente de IA desenvolvido pela OpenAI para realizar tarefas de pesquisa com autonomia, utilizando uma abordagem mais avançada do que a simples busca por informações.

Ele combina diferentes capacidades, incluindo:

1. **Coleta de Dados** – O modelo acessa múltiplas fontes, incluindo artigos, documentos, repositórios acadêmicos e outras referências verificadas na web.
2. **Análise e Síntese** – Em vez de apenas listar informações, a IA resume os dados encontrados e os relaciona com contextos mais amplos.
3. **Avaliação Crítica** – Aplica heurísticas para classificar a confiabilidade das fontes e identificar potenciais viéses nos materiais analisados.
4. **Geração de Relatórios** – Organiza os resultados de maneira estruturada, facilitando a interpretação e o uso das informações coletadas.

Essa abordagem permite que a ferramenta execute tarefas que normalmente exigiriam **horas ou até dias de trabalho manual**, reduzindo significativamente o tempo de análise para minutos.

Potencial do Deep Research

O Deep Research representa um avanço na automação de pesquisa, com diversos potenciais:

- **Eficiência e Velocidade**: Pode compilar e analisar grandes volumes de dados rapidamente, superando as limitações humanas na leitura e interpretação de textos extensos.
- **Redução de Viéses Cognitivos**: Ao estruturar as informações de forma objetiva, minimiza impactos de vieses individuais comuns em pesquisas humanas.
- **Ampliação do Acesso ao Conhecimento**: Democratiza a pesquisa avançada, tornando acessível a estudantes, profissionais e pesquisadores sem necessidade de experiência prévia em análise de dados.

Embora ainda não substitua a capacidade humana de julgamento crítico e interpretação subjetiva, a ferramenta pode **apoiar significativamente tomadores de decisão**, permitindo que se concentrem na análise estratégica dos resultados.

Comparação com Outras Ferramentas

O Deep Research não é a única solução de pesquisa automatizada baseada em IA, mas se diferencia de outras abordagens no mercado.

Ferramenta	Capacidade	Pontos Positivos	Limitações
Deep Research (OpenAI)	Pesquisa autônoma, análise crítica e síntese de informações	Integra pesquisa automatizada com análise estruturada, reduz tempo de busca	Ainda precisa de supervisão humana para verificação de fontes
Perplexity AI	Busca e resumo de informações na web	Usa fontes acadêmicas e cita referências diretamente	Respostas podem ser superficiais, sem análise contextual
Google Bard (Gemini)	Sugestões contextuais e resumo de buscas	Responde com base em dados atualizados, mas com forte influência da indexação do Google	Menos aprofundado em pesquisa analítica
Wolfram Alpha	Processamento de dados estruturados	Excelente para cálculos e análise quantitativa	Não sintetiza informações complexas de maneira argumentativa
ChatGPT tradicional	Geração de respostas a partir de bases de conhecimento	Ótimo para brainstorming e escrita criativa	Depende das limitações da base treinada, sem acesso direto à web

O diferencial do **Deep Research** é a capacidade de não apenas **buscar informações**, mas **analisá-las e contextualizá-las**, tornando-o mais útil para pesquisas que exigem raciocínio crítico e estruturado.

Potenciais de Uso

O Deep Research pode ser aplicado em diversas áreas, incluindo:

1. **Academia e Pesquisa Científica**
   - Auxílio na **revisão bibliográfica** de artigos científicos.
   - Síntese de conceitos complexos e identificação de lacunas em estudos.
   - Coleta de dados para análise estatística.
2. **Negócios e Inteligência Competitiva**
   - Monitoramento de tendências de mercado e concorrência.
   - Análise de **benchmarking** e identificação de oportunidades estratégicas.
   - Estudos sobre novos produtos e inovação.
3. **Saúde e Medicina**
   - Resumo de diretrizes médicas e publicações científicas recentes.
   - Comparação de estudos clínicos para suporte a decisões médicas.
   - Avaliação de novos tratamentos e terapias com base em evidências.
4. **Jurídico e Regulação**
   - Análise de legislações e jurisprudências.
   - Geração de relatórios sobre mudanças regulatórias.
   - Pesquisa de casos jurídicos comparativos.
5. **Jornalismo e Mídia**
   - Investigações rápidas sobre eventos e tendências.
   - Verificação de fatos e análise de notícias.
   - Organização de informações para reportagens investigativas.

Esses usos demonstram o **alto impacto potencial** do Deep Research na produtividade e qualidade das pesquisas.

Melhores Práticas ao Usar o Deep Research

Para maximizar a eficácia do Deep Research, algumas boas práticas devem ser seguidas:

1. **Definir objetivos claros** – Antes de iniciar a pesquisa, ter um foco específico ajuda a evitar dispersão de informações.
2. **Verificar fontes** – Embora a ferramenta tente avaliar a confiabilidade, a revisão humana ainda é essencial.
3. **Combinar com análise crítica** – A IA pode estruturar os dados, mas a interpretação final deve ser feita pelo usuário.
4. **Usar como apoio, não como substituto** – Deep Research é uma ferramenta complementar, mas não elimina a necessidade de avaliação profissional em áreas sensíveis.
5. **Atenção a vieses ocultos** – Apesar de tentar ser objetiva, a IA pode ser influenciada por fontes enviesadas; é sempre recomendável cruzar informações.

O Deep Research da OpenAI é uma inovação poderosa na automação de pesquisa, oferecendo análises profundas e estruturadas em um tempo significativamente reduzido. Comparado a outras ferramentas, ele se destaca pela capacidade de síntese e avaliação crítica das informações, tornando-o um aliado valioso para pesquisadores, jornalistas, advogados, médicos e profissionais de negócios.

No entanto, a supervisão humana continua sendo essencial para garantir a precisão e contextualização das informações. Com as melhores práticas de uso, o Deep Research pode transformar a maneira como realizamos pesquisas e tomamos decisões estratégicas, acelerando o acesso ao conhecimento e melhorando a qualidade das análises.

Para utilizar esse recurso, é bem simples...

– Prompt –

Por favor, faça uma análise das passagens aéreas mais baratas pela Europa, saindo de Lisboa, segmentadas por dias do ano.

Selecione a luneta e mande pesquisar.

17. QUAL A SUA POSIÇÃO NESTA LUTA?

Os modelos de inteligência artificial estão evoluindo rapidamente, e novas versões surgem frequentemente com capacidades cada vez mais impressionantes. Abaixo, apresentamos uma comparação entre algumas das principais opções disponíveis hoje, incluindo **DeepSeek V3, Qwen 2.5, Llama 3.1, Gemini 1.5 Pro, Claude 3.5 Sonnet, GPT-4o e o recém-chegado GROK 3**.

Principais Diferenças Entre os Modelos

1. **Melhor para compreensão e geração de texto**:

   Claude 3.5 Sonnet tem o melhor desempenho para quem busca uma IA para leitura, escrita e análise de textos em inglês.

2. **Melhor para resolver questões complexas e lógica**:

   DeepSeek V3 se destaca na resolução de problemas e na compreensão de textos com dados detalhados.

3. **Melhor para programação e código**:

   Claude 3.5 Sonnet tem um excelente desempenho ao gerar e corrigir código, útil para programadores.

4. **Melhor para matemática avançada**:

   DeepSeek V3 é o mais preciso para cálculos e problemas matemáticos complexos.

5. **Melhor para compreensão em chinês**:

   Qwen 2.5 tem um ótimo desempenho para usuários que precisam de IA para trabalhar com o idioma chinês.

6. **Novo modelo GROK 3**:

   Criado pela X (empresa de Elon Musk), o **GROK 3** é um dos modelos mais recentes, focado em velocidade e respostas mais naturais, especialmente em interações com o usuário.

Privacidade e Uso de Dados

Nem todas as inteligências artificiais tratam seus dados da mesma forma. Algumas coletam informações para melhorar seus serviços, enquanto outras podem compartilhar dados com terceiros.

- Modelos como DeepSeek V3 e Perplexity coletam e armazenam informações mesmo após a exclusão da conta.

- GPT-4o e Claude 3.5 Sonnet oferecem um pouco mais de segurança e anonimização, mas ainda analisam dados para melhorar seus serviços.
- GROK 3 segue o modelo das outras IAs, mas com maior transparência sobre suas limitações e viés algorítmico.

Avaliação Geral e Melhor Opção Custo-benefício para Negócios

Diante da comparação dos principais Modelos de Inteligência Artificial (LLMs), o objetivo aqui é identificar qual oferece o melhor custo-benefício para quem busca desenvolver sua performance em negócios. Para isso, analisamos fatores como qualidade de respostas, privacidade, aplicabilidade no ambiente corporativo e acessibilidade.

Critérios de Avaliação para Negócios

1. **Qualidade das Respostas** – A IA precisa fornecer insights estratégicos e confiáveis para tomada de decisão.
2. **Capacidade de Análise de Dados** – Ferramentas que ajudam a interpretar tendências de mercado, prever riscos e oportunidades.
3. **Auxílio em Automação e Produtividade** – Modelos que otimizam tarefas, como redação de e-mails, geração de relatórios e criação de estratégias.
4. **Privacidade e Segurança** – IAs que minimizam o uso de dados sensíveis e evitam compartilhamento com terceiros.
5. **Custo Acessível** – Se o modelo tem uma versão gratuita eficiente ou um plano pago com bom retorno sobre investimento.

Comparação dos Modelos para Negócios

1. **Claude 3.5 Sonnet – Melhor para Estratégias e Escrita Profissional**

   Pontos Positivos:

   - Excelente compreensão de linguagem, ideal para escrita estratégica, relatórios e comunicação empresarial.
   - Boa capacidade de análise de dados e tomada de decisão baseada em lógica.
   - Melhor desempenho geral em qualidade de respostas.

Pontos Negativos:

- Não tem versão gratuita ilimitada.

Melhor para: Empreendedores e gestores que precisam de assistência em comunicação e estratégias.

2. **GPT-4o – Melhor Equilíbrio entre Qualidade e Acessibilidade**

   Pontos Positivos:

   - Oferece **versão gratuita** robusta no ChatGPT, com respostas precisas para negócios.
   - Bom desempenho em automação, geração de relatórios e escrita persuasiva.
   - Suporte a análise de dados e previsões de mercado.

   Pontos Negativos:

   - Privacidade moderada – alguns dados podem ser usados para melhorar o modelo.

   Melhor para: Pequenos e médios empresários que querem uma ferramenta gratuita eficiente para produtividade.

3. **DeepSeek V3 – Melhor para Análise de Dados e Matemática**

   Pontos Positivos:

   - Excelente para cálculos, previsões financeiras e raciocínio lógico.
   - Pode ser útil para quem trabalha com dados financeiros e planejamento estratégico.
   - Custo menor que modelos de grande porte.

   Pontos Negativos:

   - Inferior em criatividade e geração de conteúdo persuasivo.
   - Privacidade limitada.

   Melhor para: Profissionais financeiros e analistas de dados empresariais.

4. **Gemini 1.5 Pro – Melhor para Integração com Ferramentas do Google**

   Pontos Positivos:

   - Funciona bem com **Planilhas Google, Gmail e Drive**, facilitando automação empresarial.
   - Boa capacidade de análise de documentos e relatórios.

Pontos Negativos:

- Respostas ainda são inconsistentes em áreas de tomada de decisão.
- Melhor usado em conjunto com outras ferramentas.

Melhor para: Empresas que já usam o ecossistema Google e querem IA integrada a esses serviços.

5. **GROK 3 – Melhor para Respostas Diretas e Rápidas**

Pontos Positivos:

- Criado pela X (antigo Twitter), oferece respostas rápidas e objetivas.
- Pode ser útil para empreendedores que precisam de **decisões ágeis**.

Pontos Negativos:

- Modelo ainda novo e menos testado no ambiente empresarial.
- Inferior em qualidade de respostas complexas.

Melhor para: Profissionais que precisam de respostas rápidas para resolver problemas do dia a dia.

Veredito: Melhor Opção Custo-benefício para Negócios

Finalistas	Melhor para	Custo	Privacidade	Nota Geral
GPT-4o	Melhor opção geral e gratuita	☆ Gratuito (com limitações)	Moderada	**9/10**
Claude 3.5 Sonnet	Melhor para escrita e estratégia	Pago	Boa	**9/10**
DeepSeek V3	Melhor para análise de dados e finanças	**$** Acessível	Baixa	**8/10**

Recomendação Final:

- Para um **usuário comum ou empreendedor**, **GPT-4o** é a **melhor escolha custo-benefício**, pois oferece uma versão gratuita competente e suporte a produtividade.
- Para **gestores e líderes empresariais que valorizam escrita e estratégia**, **Claude 3.5 Sonnet** pode valer o investimento.
- Para quem precisa de **análises financeiras e previsões**, **DeepSeek V3** é uma opção sólida com custo menor.

Se seu foco for **crescimento e produtividade nos negócios**, GPT-4o é a melhor opção gratuita, enquanto Claude 3.5 Sonnet se destaca para um uso mais profissional e estratégico.

Afinal, a "gratuidade" realmente é grátis?

A maioria das IAs oferece versões gratuitas, mas isso tem um custo oculto: **seus dados e sua privacidade**.

1. **Você é o Produto**:

   Muitas plataformas gratuitas coletam suas informações para treinar os modelos ou vender insights para outras empresas.

2. **Dependência Digital**:

   Ao oferecer serviços gratuitos, as empresas incentivam os usuários a dependerem delas, tornando difícil trocar para alternativas mais seguras no futuro.

3. **Manipulação Algorítmica**:

   Algumas inteligências artificiais podem influenciar opiniões e decisões ao mostrar informações de maneira sutilmente enviesada.

4. **Impacto no Mercado e no Trabalho**:

   Ferramentas gratuitas podem levar à automação de empregos, diminuindo oportunidades para profissionais humanos.

5. **Privacidade e Segurança**:

   Seus dados podem ser armazenados indefinidamente e até acessados por terceiros ou governos, dependendo da política de cada empresa.

Conclusão

A escolha da IA ideal depende de suas necessidades e do nível de segurança que você deseja. Se busca privacidade, é importante ler os termos de uso e considerar modelos que não armazenem seus dados. Além disso, entender que o que é "gratuito" pode, na verdade, ter um custo alto em termos de autonomia e segurança digital.

17.1. O GAIA BENCHMARK

O GAIA Benchmark é um teste de referência projetado para avaliar o desempenho de agentes de inteligência artificial em tarefas complexas e estruturadas. Ele mede a capacidade dos modelos de IA em diferentes níveis de dificuldade, testando a eficiência na resolução de problemas, a precisão das respostas e a adaptação a desafios progressivamente mais difíceis.

Principais características do GAIA Benchmark:

1. **Níveis de dificuldade**: O benchmark é dividido em **níveis progressivos (Level 1, Level 2 e Level 3)**, que representam desafios cada vez mais complexos para os agentes de IA.
2. **Métrica de avaliação**: A principal métrica utilizada é o **pass@1**, que mede a precisão do modelo na primeira tentativa de resposta correta.
3. **Comparação entre modelos**: O GAIA permite comparar diferentes sistemas de IA, fornecendo um ranking de desempenho.
4. **Reprodutibilidade**: Os testes são feitos sob as mesmas condições de produção para garantir **comparações justas**.

O **GAIA Benchmark** avalia a eficácia de assistentes de inteligência artificial em tarefas do mundo real, exigindo habilidades fundamentais como raciocínio, manejo de múltiplas modalidades, navegação na web e proficiência no uso de ferramentas. As questões são organizadas em três níveis de dificuldade, cada um testando capacidades cognitivas progressivamente mais complexas.

Critérios de avaliação:

1. **Precisão das respostas**: Avalia se o agente fornece a resposta correta para cada questão.
2. **Capacidade de raciocínio**: Examina a habilidade do agente em processar informações e fazer inferências ou deduções com base nos dados fornecidos.
3. **Manejo de múltiplas modalidades**: Testa a competência do agente em interpretar e integrar informações de várias fontes, como texto, imagens e planilhas.
4. **Navegação na web**: Avalia a aptidão do agente para buscar e utilizar informações disponíveis na internet para responder às perguntas.
5. **Uso de ferramentas**: Verifica a capacidade do agente em utilizar ferramentas ou serviços externos para executar tarefas ou resolver problemas.

Esses critérios proporcionam uma avaliação abrangente das capacidades dos assistentes de IA, especialmente em contextos que exigem precisão, tomada de decisão e adaptação a níveis crescentes de complexidade.

A tabela abaixo compara as principais ferramentas, utilizando escores conforme os critérios definidos pelo **GAIA Benchmark**:

Ferramenta	Precisão das Respostas	Capacidade de Raciocínio	Manejo de Múltiplas Modalidades	Navegação na Web	Uso de Ferramentas
DeepSeek V3	88.5%	Alta	Limitado	Não	Não
Qwen 2.5	87.0%	Alta	Sim	Sim	Sim
Llama 3.1	85.0%	Média	Não	Não	Não
Gemini 1.5 Pro	86.0%	Alta	Sim	Sim	Sim
Claude 3.5 Sonnet	89.3%	Muito Alta	Sim	Sim	Sim
GPT-4.5	88.0%	Muito Alta	Sim	Sim	Sim
GROK 3	84.0%	Média	Não	Não	Não
Manus Chines	87.5%	Alta	Sim	Sim	Sim

Observações:

DeepSeek V3: Apresenta alta precisão e capacidade de raciocínio, mas possui limitações no manejo de múltiplas modalidades e não suporta navegação na web ou uso de ferramentas.

Qwen 2.5: Desenvolvida pela Alibaba Cloud, esta ferramenta suporta múltiplas modalidades, navegação na web e uso de ferramentas, com alta precisão e capacidade de raciocínio.

Claude 3.5 Sonnet: Modelo da Anthropic que eleva o padrão da indústria em inteligência, superando modelos concorrentes em diversas avaliações, com velocidade e custo eficientes.

GPT-4.5: Modelo avançado da OpenAI, com alta precisão e capacidade de raciocínio, suportando múltiplas modalidades, navegação na web e uso de ferramentas.

Manus: Ferramenta chinesa com alta precisão e suporte a múltiplas modalidades, navegação na web e uso de ferramentas.

18. A REVOLUÇÃO DA INTELIGÊNCIA ARTIFICIAL: MITOS, REALIDADES E CAMINHOS PROVÁVEIS

A inteligência artificial está moldando o futuro de maneira irreversível, impulsionando transformações sociais, econômicas e tecnológicas. No entanto, a ascensão dessa tecnologia também tem sido acompanhada por um conjunto de especulações exageradas, tanto otimistas quanto catastróficas. Para compreendermos melhor os reais impactos da IA, é essencial separar o que é plausível do que é irrealista, focando nos cenários mais prováveis e como podemos nos preparar para eles.

Os Benefícios e Oportunidades da IA

A IA já demonstrou seu potencial para otimizar processos, reduzir custos e melhorar a eficiência em diversos setores. Entre os principais benefícios, destacam-se:

1. **Aprimoramento da Eficiência e Produtividade**
   - A automação de tarefas repetitivas permite que humanos foquem em atividades criativas e estratégicas.
   - Empresas podem reduzir desperdício de recursos e melhorar a tomada de decisões por meio de análises baseadas em dados.
2. **Avanços na Medicina e na Ciência**
   - Algoritmos de IA podem diagnosticar doenças com maior precisão e rapidez do que humanos.
   - Modelos preditivos auxiliam na descoberta de novos medicamentos e tratamentos personalizados.
3. **Educação Personalizada**
   - Ferramentas baseadas em IA adaptam-se ao ritmo de aprendizado de cada aluno, tornando a educação mais acessível e eficiente.
   - Professores podem contar com assistentes virtuais para otimizar o ensino.
4. **Soluções para Problemas Ambientais**
   - Modelos de IA ajudam a prever desastres naturais e propor soluções sustentáveis para o uso de energia e recursos naturais.

Como Aproveitar Melhor as Oportunidades Criadas pela IA

Para maximizar os benefícios dessa revolução, é essencial:

- Investir em educação e qualificação profissional, garantindo que as pessoas tenham as habilidades necessárias para trabalhar com IA.
- Estimular regulações e ética na IA, promovendo um desenvolvimento tecnológico alinhado aos valores humanos.
- Criar políticas de inclusão digital, garantindo que o acesso à IA seja democratizado e beneficie todas as camadas da sociedade.

Os Desafios e Riscos da IA

Apesar dos avanços positivos, a IA também apresenta desafios significativos que precisam ser endereçados:

1. **Reciclagem Tecnológica**

   A automação poderá substituir algumas funções, exigindo requalificação profissional para que os trabalhadores possam se adaptar ao novo mercado.

2. **Uso Indevido e Discriminação Algorítmica**

   Sistemas de IA podem perpetuar preconceitos e desigualdades se forem treinados com dados enviesados.

3. **Riscos para a Privacidade e Segurança**

   O uso massivo de dados pode resultar em violações de privacidade e aumento de ciberataques.

4. **Dependência Excessiva da Tecnologia**

   A sociedade pode se tornar excessivamente dependente da IA, reduzindo a capacidade crítica e autônoma dos indivíduos.

Como Mitigar os Riscos da IA

Os impactos negativos da IA podem ser minimizados por meio de:

- Desenvolvimento de regulações adequadas, garantindo que a tecnologia seja utilizada de forma justa e transparente.
- Transparência nos algoritmos, assegurando que modelos de IA possam ser auditados e aprimorados para evitar vieses discriminatórios.
- Promoção de educação digital e requalificação profissional, preparando trabalhadores para novas carreiras no mercado impulsionado pela IA.

Investimentos em cibersegurança, protegendo informações sensíveis contra--ataques e fraudes.

O que Devemos Aprender com Essa Revolução?

A ascensão da IA é uma das maiores transformações da história da humanidade, e para navegá-la de forma eficiente, precisamos aprender algumas lições fundamentais:

- **Adaptabilidade é essencial**: O mercado de trabalho e a sociedade estarão em constante mudança, exigindo que indivíduos e organizações se adaptem rapidamente.
- **A IA é uma ferramenta, não um substituto para o pensamento humano**: A tecnologia deve complementar as habilidades humanas, e não substituí-las.
- **A ética deve estar no centro do desenvolvimento tecnológico**: O uso da IA precisa ser guiado por valores que priorizem o bem-estar coletivo.
- **Educação contínua é a chave para o futuro**: Aprender e se reinventar serão as principais habilidades do século XXI.

A Revolução da IA, assim como qualquer grande transformação tecnológica, traz tanto oportunidades quanto desafios. O segredo está em compreendê-la de forma realista e proativa, preparando-se para maximizar seus benefícios e mitigar seus riscos. Ao adotarmos uma abordagem equilibrada e baseada no conhecimento, podemos garantir que a IA seja uma aliada poderosa na construção de um futuro mais eficiente, inovador e justo para todos.

18.1. CASES INTERESSANTES

Cinco empresas que implementaram agentes de inteligência artificial em larga escala para otimizar processos e melhorar a eficiência operacional. A seguir, uma análise detalhada de cada caso:

1. **Uber: Automação de Testes em Migração de Código**

   A Uber enfrentou desafios significativos ao migrar grandes volumes de código. Para superar esses obstáculos, a empresa implementou um conjunto de agentes de IA que automatizam os testes necessários durante o processo de migração. Esses agentes são capazes de executar testes em paralelo, identificar inconsistências e garantir que as novas implementações mantenham a funcionalidade esperada. Essa abordagem não apenas acelerou o processo de migração, mas também reduziu a possibilidade de erros humanos, garantindo uma transição mais suave e eficiente.[27]

---

27 Fonte: *https://dpe.org/sessions/ty-smith-adam-huda/this-year-in-ubers-ai-driven-developer-productivity-revolution/*.

2. **Replit: Geração de Código com Sistema Multiagente**

   O Replit desenvolveu o "Replit Agent", uma ferramenta de IA avançada projetada para tornar a programação mais acessível. Os usuários podem descrever o aplicativo ou site que desejam criar, e o Replit Agent gera automaticamente o código correspondente. Além disso, o sistema permite refinamentos baseados em feedback humano, facilitando iterações rápidas e eficientes no desenvolvimento de software. Essa abordagem democratiza a criação de software, permitindo que mesmo indivíduos com pouca ou nenhuma experiência em programação possam desenvolver aplicações funcionais.[28]

3. **Elastic: Agentes de IA em Operações de Segurança (SecOps)**

   A Elastic integrou agentes de IA orquestrados em suas operações de segurança para automatizar tarefas intensivas e detectar ameaças em escala. Esses agentes analisam grandes volumes de dados em tempo real, identificando padrões suspeitos e respondendo a incidentes de segurança de forma proativa. Ao incorporar modelos de IA generativa, a Elastic capacita suas equipes de segurança a detectar ameaças mais cedo, investigar com mais rapidez e responder de forma decisiva, aumentando a eficiência e a eficácia das operações de segurança.[29]

4. **LinkedIn: Automação de Recrutamento com Agentes de IA**

   O LinkedIn lançou o "Hiring Assistant", um agente de IA projetado para auxiliar recrutadores em tarefas como criação de descrições de vagas, busca e interação com candidatos. Utilizando tecnologia de IA, o sistema automatiza processos repetitivos, permitindo que os recrutadores se concentrem em atividades estratégicas, como entrevistas e avaliações aprofundadas. Empresas como AMD, Canva, Siemens e Zurich Insurance já adotaram essa ferramenta, que está sendo gradualmente expandida para outros usuários.

   Fonte: *https://www.linkedin.com/blog/engineering/generative-ai/behind-the-platform-the-journey-to-create-the-linkedin-genai-application-tech-stack*

5. **Johnson & Johnson: Otimização de Experimentos Científicos com IA**

   A Johnson & Johnson implementou agentes de IA para auxiliar cientistas na condução de experimentos complexos. Esses agentes analisam centenas de variáveis simultaneamente, fornecendo recomendações sobre as melhores abordagens experimentais. Ao considerar múltiplos fatores e

---

28 Fonte: *https://www.langchain.com/breakoutagents/replit*

29 Fonte:*https://www.elastic.co/blog/building-automatic-import-attack-discovery-langchain*

possíveis interações, os agentes de IA ajudam a otimizar o design experimental, economizando tempo e recursos, e aumentando a probabilidade de resultados bem-sucedidos.

Esses exemplos demonstram como agentes de IA estão sendo efetivamente integrados em diferentes setores, indo além de provas de conceito e proporcionando melhorias tangíveis em eficiência, automação e tomada de decisão informada.[30]

18.2. SEGURANÇA E RISCOS DE IA CONVERSACIONAL

A ascensão da inteligência artificial conversacional transformou a forma como humanos e máquinas interagem, tornando-se uma ferramenta essencial em setores como atendimento ao cliente, educação, saúde e negócios. No entanto, essa evolução também trouxe desafios significativos em relação à segurança e à confiabilidade das respostas geradas por esses sistemas. Modelos avançados, como ChatGPT e Bard, demonstram impressionante capacidade de compreensão e geração de linguagem natural, mas ainda enfrentam limitações estruturais que podem resultar em riscos substanciais.

Dentre os principais desafios, destacam-se a manipulação da informação, a disseminação de desinformação por meio de deepfakes, e a perpetuação de vieses sistêmicos, que podem comprometer a credibilidade das respostas fornecidas. Além disso, a IA conversacional ainda lida com o fenômeno das "alucinações", onde o modelo gera informações falsas ou imprecisas de maneira convincente, potencialmente levando a consequências graves em contextos jurídicos, médicos ou financeiros.

Diante desse cenário, é fundamental que empresas, desenvolvedores e usuários adotem estratégias de mitigação de riscos, incluindo aprimoramento contínuo dos modelos, desenvolvimento de sistemas robustos de detecção de desinformação e regulamentação mais rigorosa para a aplicação responsável dessas tecnologias. O futuro da IA conversacional dependerá da sua capacidade de equilibrar inovação e segurança, garantindo que seu uso seja benéfico para a sociedade sem comprometer a integridade da informação.

---

30 Fonte:

https://www.wsj.com/articles/how-are-companies-using-ai-agents-heres-a-look-at-five-early-users-of-the-bots-26f87845?st=CriSnT

18.2.1. DEEPFAKES E MANIPULAÇÃO DA INFORMAÇÃO: COMO SE DEFENDER

Os deepfakes representam um dos maiores desafios contemporâneos no campo da inteligência artificial, permitindo a criação de vídeos, áudios e imagens altamente realistas que podem ser utilizados para disseminar desinformação, fraudes e manipulação política. Essa tecnologia, baseada em redes neurais profundas e aprendizado generativo, tem sido empregada em golpes financeiros, campanhas de desinformação e até em crimes cibernéticos.

A defesa contra deepfakes exige uma abordagem multidisciplinar que envolve a criação de ferramentas especializadas para detecção de manipulação digital, o fortalecimento da alfabetização digital da população e o desenvolvimento de regulamentações específicas para punir o uso indevido dessa tecnologia. Organizações como Microsoft, Google e OpenAI têm investido em sistemas de verificação baseados em blockchain e inteligência artificial para identificar conteúdos adulterados. Além disso, pesquisadores estão aprimorando técnicas como análise de inconsistências visuais e auditivas para detectar sinais de falsificação em mídias geradas por IA.

Para usuários comuns e empresas, a melhor forma de se proteger contra deepfakes é adotar um olhar crítico sobre conteúdos sensacionalistas, verificar fontes oficiais antes de compartilhar informações e utilizar plataformas confiáveis que implementam tecnologias antifraude. A evolução dessa ameaça exige vigilância constante e desenvolvimento contínuo de mecanismos de defesa, garantindo que a IA seja utilizada de maneira ética e transparente.

18.2.2. RISCOS DE VIESES E ALUCINAÇÃO DE IA E SUAS CONSEQUÊNCIAS NOS RESULTADOS DE RESPOSTAS

Os modelos de inteligência artificial conversacional são treinados em vastos conjuntos de dados extraídos da internet, o que os torna suscetíveis a vieses presentes nesses dados. Isso significa que a IA pode reproduzir estereótipos, reforçar preconceitos e gerar respostas tendenciosas sem que os usuários percebam. Os vieses podem surgir de diversas formas, incluindo discriminação racial, de gênero e socioeconômica, influenciando negativamente decisões automatizadas em recrutamento, crédito e justiça.

Além disso, os modelos de IA podem "alucinar", ou seja, gerar respostas completamente falsas ou sem fundamento. Essas alucinações ocorrem devido à forma como os modelos processam informações estatísticas e tentam preencher lacunas lógicas mesmo quando não possuem dados concretos. Esse problema pode ter consequências graves, especialmente em áreas críticas como saúde e direito, onde informações imprecisas podem levar a decisões erradas.

Para mitigar esses riscos, pesquisadores e empresas de tecnologia estão investindo em sistemas de auditoria de IA, modelos de treinamento mais rigorosos e mecanismos de validação de respostas. O uso de técnicas como a filtragem de dados enviesados e a implementação de IA explicável (XAI) permite maior transparência sobre como as decisões são tomadas pelos algoritmos. Além disso, a regulamentação governamental e a supervisão humana contínua serão essenciais para garantir que a IA seja utilizada de maneira ética e segura.

No futuro, espera-se que os avanços na confiabilidade da IA reduzam significativamente esses problemas, tornando os sistemas mais precisos e justos. No entanto, para que isso aconteça, é fundamental que a sociedade compreenda os desafios inerentes à tecnologia e atue ativamente na sua evolução para minimizar seus impactos negativos.

19.
AO QUE VOCÊ PRECISA ESTAR ATENTO...

A computação quântica está emergindo como uma das tecnologias mais revolucionárias do século XXI, prometendo transformar radicalmente a maneira como processamos informações e resolvemos problemas complexos. Ao explorar os princípios fundamentais da mecânica quântica, como

19.1. COMPUTAÇÃO QUÂNTICA E O FUTURO DA IA

A computação quântica está emergindo como uma das tecnologias mais revolucionárias do século XXI, prometendo transformar radicalmente a maneira como processamos informações e resolvemos problemas complexos. Ao explorar os princípios fundamentais da mecânica quântica, como superposição e entrelaçamento, os computadores quânticos oferecem um poder computacional exponencialmente superior ao dos sistemas clássicos. Essa evolução não apenas impulsionará áreas como criptografia, modelagem molecular e otimização, mas também terá um impacto profundo na inteligência artificial (IA), possibilitando algoritmos mais sofisticados, eficientes e capazes de lidar com desafios que hoje são intransponíveis para os sistemas convencionais.

A relação entre computação quântica e IA é promissora, pois a capacidade de processamento quântico pode acelerar significativamente o treinamento de modelos de aprendizado de máquina, permitindo a análise de grandes volumes de dados em frações do tempo necessário atualmente. Além disso, a introdução de novos paradigmas computacionais pode levar ao desenvolvimento de redes neurais quânticas, revolucionando setores como medicina, finanças, segurança cibernética e até mesmo a exploração espacial.

Entretanto, essa transformação tecnológica também traz desafios. A escalabilidade dos qubits, a correção de erros e a viabilidade prática da computação quântica ainda são obstáculos a serem superados. No entanto, empresas e centros de pesquisa ao redor do mundo, como Google, IBM, Microsoft e diversas universidades, estão investindo massivamente para tornar essa tecnologia acessível e aplicável em larga escala.

Diante desse cenário, compreender a computação quântica e seu impacto na IA é essencial para antecipar as mudanças disruptivas que moldarão o futuro da inovação. O avanço dessa tecnologia poderá redefinir não apenas a forma como interagimos com a informação, mas também os próprios limites da inteligência artificial, abrindo caminho para soluções inimagináveis nos próximos anos.

19.1.1. O QUE É COMPUTAÇÃO QUÂNTICA E SUA RELAÇÃO COM IA

A computação quântica é um campo da ciência da computação que utiliza princípios da mecânica quântica para processar informações de maneira mais eficiente do que os computadores clássicos. Enquanto os bits tradicionais operam em estados binários (0 ou 1), os qubits na computação quântica podem existir em múltiplos estados simultaneamente, graças ao fenômeno da superposição. Além disso, o entrelaçamento quântico permite que qubits estejam interligados de formas que não são possíveis na computação clássica, possibilitando a execução de cálculos paralelos em uma escala incomparável. Essa capacidade torna a computação quântica especialmente promissora para aprimorar algoritmos de inteligência artificial, acelerando o processamento de grandes volumes de dados e otimizando tarefas complexas. Por exemplo, algoritmos quânticos podem potencialmente resolver problemas de busca e fatoração de forma exponencialmente mais rápida do que os algoritmos clássicos, beneficiando áreas como aprendizado de máquina e reconhecimento de padrões.

19.2. POSSÍVEIS DISRUPÇÕES DA COMPUTAÇÃO QUÂNTICA NO FUTURO DA HUMANIDADE

A computação quântica tem o potencial de provocar disrupções significativas em diversos setores. Na medicina, pode acelerar a descoberta de novos medicamentos ao permitir simulações precisas de interações moleculares complexas. Na área financeira, algoritmos quânticos podem otimizar portfólios de investimentos e melhorar a gestão de riscos através da análise rápida de vastos conjuntos de dados. Além disso, a capacidade de resolver problemas de otimização complexos pode revolucionar setores como logística e transporte, aprimorando a eficiência das cadeias de suprimentos. No entanto, a integração da computação quântica com a IA também levanta questões éticas e de segurança, especialmente no que diz respeito à privacidade de dados e ao potencial uso malicioso dessas tecnologias avançadas.

19.3. O CHIP QUÂNTICO MAJORANA 1 DA MICROSOFT E SEU IMPACTO COMO SOLUÇÃO

Em fevereiro de 2025, a Microsoft anunciou o Majorana 1, um chip quântico inovador baseado em uma nova arquitetura chamada "Núcleo Topológico". Este avanço foi possível graças ao desenvolvimento de materiais conhecidos como topocondutores, que permitem a manipulação de qubits mais estáveis e escaláveis. O Majorana 1 é projetado para acomodar até um milhão de qubits em um único chip do tamanho da palma da mão, representando um passo significativo em direção à construção de computadores quânticos práticos e escaláveis. A estabilidade aprimorada dos qubits topológicos promete reduzir as taxas de erro, um dos principais desafios na computação quântica atual. Se bem-sucedido, o Majorana 1 poderá transformar indústrias inteiras, possibilitando soluções para problemas complexos que os computadores clássicos não conseguem resolver, como a decomposição de microplásticos nos oceanos ou o desenvolvimento de materiais autorreparáveis para uso na construção civil e na medicina.

Contudo, é importante notar que, apesar do entusiasmo em torno do Majorana 1, alguns especialistas permanecem cautelosos. Pesquisadores destacam a necessidade de evidências experimentais adicionais para validar plenamente a funcionalidade e a escalabilidade dos qubits topológicos. Portanto, embora o Majorana 1 represente um avanço promissor, a comunidade científica aguarda por mais dados que confirmem seu impacto potencial na computação quântica e na IA.

19.4. O COMPUTADOR BIOLÓGICO: COMO A TECNOLOGIA DOS NEURÔNIOS HUMANOS VAI MUDAR OS NEGÓCIOS

Imagine um mundo onde as máquinas não apenas executam tarefas programadas, mas pensam, aprendem e evoluem de maneira parecida com o cérebro humano. Esse cenário, que parece tirado de filmes de ficção científica, está muito mais perto da realidade do que podemos imaginar.

A startup australiana Cortical Labs acaba de apresentar um dispositivo revolucionário chamado CL1, o primeiro computador biológico comercial que utiliza neurônios humanos reais cultivados em laboratório integrados a componentes eletrônicos tradicionais.

Mas o que exatamente isso significa para o mundo dos negócios e para o cotidiano das pessoas?

Entendendo a Revolução Biológica nos Negócios

Hoje, empresas enfrentam desafios complexos que exigem respostas rápidas, precisas e, principalmente, adaptáveis às mudanças constantes do mercado. As tecnologias tradicionais de inteligência artificial, apesar de poderosas, têm limitações em situações que exigem flexibilidade e aprendizado contínuo, já que suas ações estão geralmente baseadas em algoritmos fixos, que precisam ser continuamente reajustados por humanos.

É aqui que o CL1 apresenta sua maior inovação: seus neurônios vivos interagem diretamente com um chip de silício através do sistema operacional biOS (Biological Intelligence Operating System), permitindo que o dispositivo aprenda continuamente e tome decisões semelhantes ao cérebro humano. Diferentemente das máquinas convencionais, esse computador biológico pode reagir espontaneamente e se adaptar de forma dinâmica, imitando a verdadeira capacidade cognitiva humana.

Aplicações Reais e Benefícios Imediatos

O uso dessa tecnologia inovadora abre portas para aplicações imediatas em áreas como gestão estratégica, recursos humanos, marketing, inovação e sustentabilidade empresarial:

- **Tomada de Decisões Mais Eficientes:** Empresas podem usar o CL1 para decisões críticas em tempo real, como gestão de crises ou análises rápidas de tendências de mercado, garantindo respostas mais assertivas e eficientes.
- **Capacitação de Equipes e Desenvolvimento de Competências:** Com computadores capazes de aprender autonomamente, gestores terão novas ferramentas para capacitar equipes em tomada de decisão, negociação e inteligência emocional, permitindo uma gestão de pessoas mais eficiente e estratégica.
- **Redução do Consumo Energético:** Uma vantagem especialmente importante para empresas alinhadas com objetivos de sustentabilidade é que o CL1 consome cerca de 75% menos energia do que tecnologias convencionais baseadas em redes neurais artificiais, resultando em uma operação mais econômica e ecológica.

Por que Isso é Considerado uma Inovação?

O diferencial fundamental do computador biológico CL1 está em sua capacidade única de unir tecnologia digital com biologia humana real, algo nunca antes feito em escala comercial. Enquanto sistemas tradicionais de IA operam através de padrões rígidos e precisam ser constantemente reprogramados por humanos, o CL1 aprende de maneira orgânica, adaptando-se rapidamente às novas condições e desafios — exatamente como um cérebro humano faria.

Essa combinação entre biologia e eletrônica redefine completamente o conceito de inteligência artificial, criando uma categoria inteiramente nova: a **Inteligência Biológica Computacional**. Essa abordagem permite avanços tecnológicos até então inimagináveis em termos de aprendizado contínuo, adaptabilidade e eficiência energética.

Quando Essa Tecnologia Chegará ao Público?

O CL1 já é uma realidade funcional, não apenas um conceito. A Cortical Labs apresentou oficialmente o dispositivo em um dos maiores eventos globais de tecnologia, o Mobile World Congress em Barcelona, no início deste ano. Os primeiros dispositivos devem estar disponíveis para compra já a partir de junho deste mesmo ano, com um valor inicial estimado em cerca de 35 mil dólares (aproximadamente R$ 200 mil).

Inicialmente, é provável que essa tecnologia chegue primeiro a grandes empresas, startups inovadoras e centros de pesquisa que busquem um diferencial competitivo imediato em inovação e gestão estratégica. No entanto, como toda tecnologia disruptiva, espera-se que o CL1 se torne gradualmente mais acessível, semelhante ao que ocorreu com computadores pessoais, smartphones e outras tecnologias inovadoras ao longo dos anos.

Estimativas conservadoras apontam que, dentro de cinco a dez anos, poderemos ver versões mais acessíveis e difundidas dessa tecnologia, impactando diretamente pequenas e médias empresas e, potencialmente, a vida cotidiana das pessoas.

Desafios e Futuro da Tecnologia Biológica

Apesar do entusiasmo gerado pela chegada dessa inovação, desafios importantes ainda precisam ser considerados. Questões éticas, regulamentações e segurança no uso de neurônios humanos em dispositivos tecnológicos serão inevitáveis. A comunidade científica e empresarial terá que se engajar ativamente na construção de protocolos que garantam a segurança ética e legal desse tipo de tecnologia.

Ainda assim, os benefícios potenciais são tão expressivos que o avanço parece irreversível. Profissionais que se anteciparem, entendendo e se capacitando nessa nova realidade, terão uma vantagem competitiva significativa no mercado.

Em resumo, o CL1 marca o início de uma nova era na relação entre humanos, máquinas e inteligência artificial, representando uma mudança profunda e real na maneira como entendemos a tecnologia, gestão de negócios e até mesmo a própria ideia de inteligência.

19.5. CODIFICAÇÃO ASSISTIDA POR IA

A **"Programação por Prompt"** ou **"AI-Assisted Coding"** (Codificação Assistida por IA). Esse modelo permite que pessoas sem conhecimento profundo em programação consigam gerar código funcional apenas descrevendo suas intenções em linguagem natural.

Como funciona esse tipo de programação?

1. **Entrada por Prompt** – O usuário escreve em texto natural o que deseja que o código faça. Exemplo:

"Crie um site com um formulário de login que tenha validação de e-mail e senha."

2. **Interpretação por IA** – Algoritmos avançados (como GPT-4, Copilot, Codex e similares) transformam a descrição em código real na linguagem apropriada (HTML, Python, JavaScript, etc.).
3. **Geração de Código** – A máquina retorna o código pronto para ser testado e executado.
4. **Refinamento Iterativo** – Caso necessário, o usuário pode ajustar sua descrição para modificar ou otimizar o código.

Vantagens desse modelo

- **Baixa barreira de entrada** – Permite que não programadores criem aplicações sem aprender sintaxe de linguagens de programação.
- **Agilidade** – Reduz o tempo necessário para desenvolvimento.
- **Foco na criatividade** – O usuário se concentra mais na lógica e menos na codificação manual.
- **Inclusão digital** – Democratiza o acesso ao desenvolvimento de software.

Vamos transformar isto em realidade? Então, vamos criar um App somente digitando prompt de comando.

– Prompt sugerido –

Crie um app interativo que rode em meu desktop, utilizando sistema operacional Windows, conforme parâmetros abaixo, ao qual chamaremos de "Simulador de Investimentos".

Parâmetros de entrada:

- *Valor de aporte inicial:*

  [INSIRA O VALOR]

- *Valor dos aportes mensais fixos:*

  [INSIRA O VALOR A SER INVESTIDO MENSALMENTE]

- *Duração em meses dos aportes:*

  [INSIRA NUMERO DE MESES A SER CALCULADO]

- *Data de início:*

  [INSIRA MÊS E ANO]

- *Qual mercado estamos operando:*

  [INSIRA O PAÍS e ESTADO DE OPERAÇÃO]

Após a resposta, o App deverá usar estes parâmetros para apresentar o seguinte resultado:

Visualização dos resultados dinâmicos em estilo gráfico completo, contendo a projeção de crescimento ao longo do tempo, correspondente a uma carteira de investimento entre diferentes classes de ativos, como segue:

- *Renda fixa.*
- *Ações.*
- *Fundos imobiliários.*
- *Poupança.*
- *Imóveis.*

Logo, o sistema irá responder abrindo uma lousa e transcrevendo automaticamente o código da aplicação conforme imagem abaixo.

Assim que terminar de escrever o código, a plataforma irá disponibilizar o ícone de execução, no canto superior direito.

Clique em "Executar"

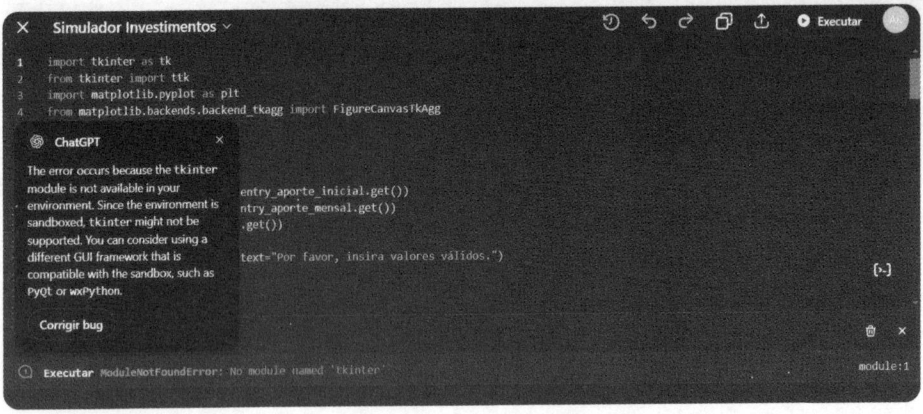

Conforme imagem, é muito mais comum o código apresentar erros, que funcionar logo de imediato, para tanto o processo é simples, mas exige um pouco de paciência.

Sempre que você executar a aplicação e uma mensagem de erro aparecer, clique sobre ela e mande “Corrigir bug”, logo o chat irá reescrever o código na busca de solucionar o problema.

Repita o processo até que não hajam mais erros e a aplicação apareça em execução completa como na imagem a seguir.

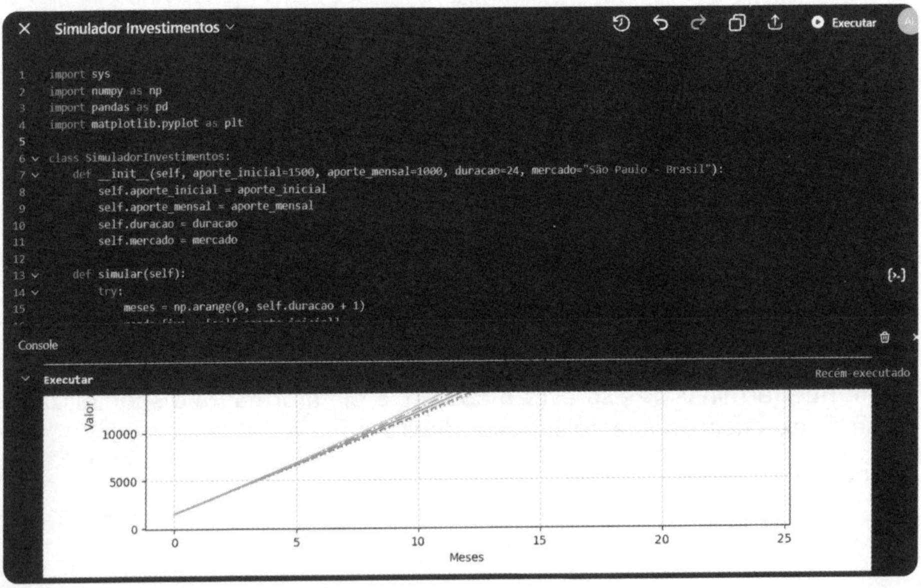

Por fim, feche o simulador, clicando no (X) no canto superior esquerdo, e, quando cair na tela de descrição de prompt novamente, digite "Executar" e pronto a sua aplicação estará pronta para ser testada.

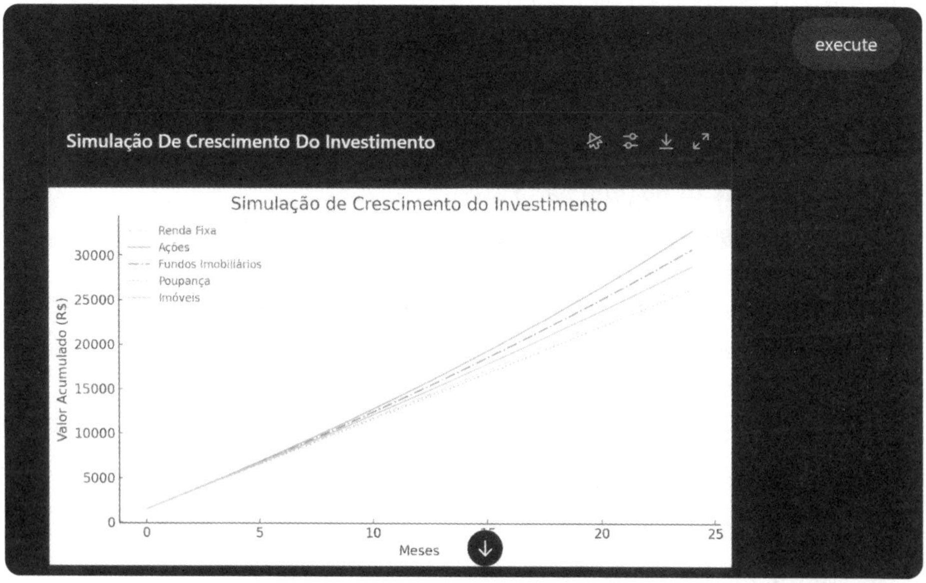

Por fim, se quiser alterar parâmetros, é só pedir que o sistema deverá refazer o gráfico automaticamente.

Agora se você quiser, peça ao chat para analisar o gráfico e sugerir melhor plano de investimento....

19.6. LEI NACIONAL QUE REGE A UTILIZAÇÃO DA IA APLICADA AO DIREITO

A Resolução nº 615, de 11 de março de 2025, emitida pelo Conselho Nacional de Justiça (CNJ) estabelece normas e diretrizes para o desenvolvimento, governança, auditoria, monitoramento e uso responsável de inteligência artificial (IA) no Poder Judiciário.

Os principais aspectos da Resolução 615 são:

1. **Regulação da IA no Judiciário**

   A resolução trata do uso de IA generativa e modelos de linguagem no Poder Judiciário, definindo princípios de transparência, supervisão humana, não discriminação e proteção de dados.

   Atualiza as normas da Resolução CNJ nº 332/2020, que já previa diretrizes sobre ética e governança da IA.

2. **Objetivos e Princípios**

   - Eficiência e inovação tecnológica no Judiciário.
   - Centralidade na dignidade humana e respeito aos direitos fundamentais.
   - Transparência e explicabilidade das decisões automatizadas.
   - Supervisão humana constante no uso da IA para evitar viés algorítmico.

3. **Governança e Auditoria**

   - Implementação de mecanismos de monitoramento contínuo das soluções de IA.
   - Obrigação de auditorias regulares para garantir conformidade com normas legais e éticas.
   - Categorização de risco das soluções de IA, dividindo-as em alto ou baixo risco, com base no impacto sobre direitos fundamentais.

4. **Vedações no Uso da IA**

   - Sistemas que não permitam supervisão humana contínua.
   - Modelos de IA que classifiquem ou ranqueem indivíduos com base em comportamento, perfis ou previsão de criminalidade.
   - Reconhecimento de emoções a partir de padrões biométricos.

5. **Transparência e Prestação de Contas**
   - Relatórios públicos e periódicos sobre o uso da IA no Judiciário.
   - Registro obrigatório das soluções de IA no Sinapses, plataforma do CNJ para catalogação e monitoramento dessas ferramentas.
6. **Uso de Modelos de IA Generativa (LLMs e IAGen)**
   - Pode ser utilizado no Judiciário, mas apenas como ferramenta auxiliar, com proibição de tomada de decisões automatizadas sem revisão humana.
   - Magistrados e servidores podem contratar soluções externas de IA, desde que sigam padrões de segurança e proteção de dados.
7. **Criação do Comitê Nacional de Inteligência Artificial do Judiciário**
   - Órgão responsável por supervisionar a implementação e atualização das diretrizes da resolução.
   - Possui representantes do CNJ, juízes, membros do Ministério Público, OAB e especialistas em IA.

Por fim, a resolução reforça a necessidade de controle e regulamentação da IA no Poder Judiciário, evitando riscos como discriminação algorítmica, violações de direitos e perda da autonomia humana nas decisões jurídicas. Além disso, destaca a importância da auditoria e transparência no uso dessas tecnologias.

20. CONSIDERAÇÕES FINAIS

As Habilidades do Futuro: Como a Inteligência Artificial Está Redefinindo o Mercado de Trabalho

O avanço da inteligência artificial não está apenas transformando a forma como as empresas operam, mas também redefinindo as habilidades mais valorizadas no mercado de trabalho. Profissões tradicionais estão sendo automatizadas, novas carreiras surgem a cada dia e o diferencial competitivo já não está apenas na experiência profissional, mas sim na capacidade de adaptação, inovação e pensamento crítico. Se o passado foi dominado pela força braçal e a era da informação valorizou o conhecimento técnico, o futuro pertencerá àqueles que souberem combinar inteligência tecnológica com habilidades humanas profundas.

As Habilidades em Ascensão: A Nova Ordem no Mercado de Trabalho

Nos próximos anos, veremos um aumento exponencial na valorização de competências voltadas à tecnologia, sustentabilidade e desenvolvimento pessoal.

As principais habilidades que crescerão em importância são:

- **Fluência Tecnológica**: A capacidade de compreender e operar novas tecnologias, sendo fundamental para lidar com a digitalização crescente dos negócios.
- **Expertise em Inteligência Artificial e Ciência de Dados**: Entender algoritmos, análise preditiva e automação tornará qualquer profissional mais relevante no mercado.
- **Cibersegurança e Redes**: Com a crescente digitalização, proteger sistemas contra ataques cibernéticos será uma das profissões mais valiosas.
- **Pensamento Sustentável (Green Thinking)**: Empresas que adotam práticas sustentáveis conquistam consumidores e se tornam mais competitivas.
- **Design e UX**: A experiência do usuário tornou-se essencial, impactando diretamente a retenção e satisfação do cliente.
- **Mentoria e Desenvolvimento Pessoal**: Profissionais que ajudam outros a crescer serão cada vez mais requisitados, pois a adaptação constante exige orientação.

As Habilidades em Declínio: O Fim da Era Operacional

Com a automação avançando rapidamente, algumas habilidades perderão espaço.

São elas:

- **Tarefas Manuais**: Atividades repetitivas e operacionais serão amplamente substituídas por máquinas e algoritmos.
- **Confiabilidade e Foco Operacional**: Processos que dependiam da concentração humana serão assumidos por sistemas autônomos.
- **Coordenação Sensorial e Execução de Tarefas Manuais**: Máquinas desempenham atividades físicas com maior precisão e eficiência.
- **Habilidades Básicas**: A digitalização está tornando o conhecimento técnico básico insuficiente para a competitividade profissional.

A extinção dessas habilidades não significa a perda de oportunidades, mas sim a necessidade de adaptação e evolução constante.

O que Isso Significa Para o Profissional do Futuro?

A inteligência artificial não está eliminando empregos, mas sim transformando o que significa ser um profissional de sucesso. A maior ameaça à empregabilidade não é a IA, mas a falta de desenvolvimento contínuo.

Se antes a experiência acumulada ao longo dos anos garantia estabilidade, agora a palavra-chave é adaptabilidade. O aprendizado contínuo, a capacidade de interagir com novas tecnologias e a inteligência emocional se tornarão ativos tão valiosos quanto a própria experiência técnica.

A IA é um movimento inevitável, como tantas outras revoluções que mudaram o mercado ao longo da história. Assim como a Revolução Industrial não destruiu o trabalho, mas o transformou, a inteligência artificial está abrindo novas possibilidades para aqueles que se mantêm relevantes. Em vez de culpar a evolução por tirar oportunidades, o profissional do futuro deve enxergar as portas que estão se abrindo. Quando uma função deixa de existir, novas surgem para quem está preparado para ocupá-las.

Resignificação de Carreira: A União das Ciências

Diante desse cenário, o pensamento do profissional do futuro deve estar voltado para a união dos saberes. Nenhuma ciência, por si só, é capaz de responder a todas as perguntas do mundo moderno. Para se destacar, será essencial misturar Exatas com Humanas, tecnologia com empatia, análise de dados com criatividade.

A fusão entre diferentes campos do conhecimento é a chave para soluções inovadoras. O futuro não pertencerá apenas aos engenheiros de software ou aos psicólogos, mas sim aos profissionais que souberem unir os dois mundos para entender tanto os números quanto as pessoas.

Agradecimento Final

Se você chegou até aqui, parabéns! Você já demonstrou algo essencial para o sucesso no futuro: o desejo de aprender e evoluir.

Eu, Professor Doutor Alexandre Rodrigues, fico imensamente honrado em ter tido a oportunidade de compartilhar esse conhecimento com você. A revolução da inteligência artificial está apenas começando, e aqueles que abraçarem essa mudança estarão sempre à frente.

Lembre-se: **"Só o conhecimento liberta!"**

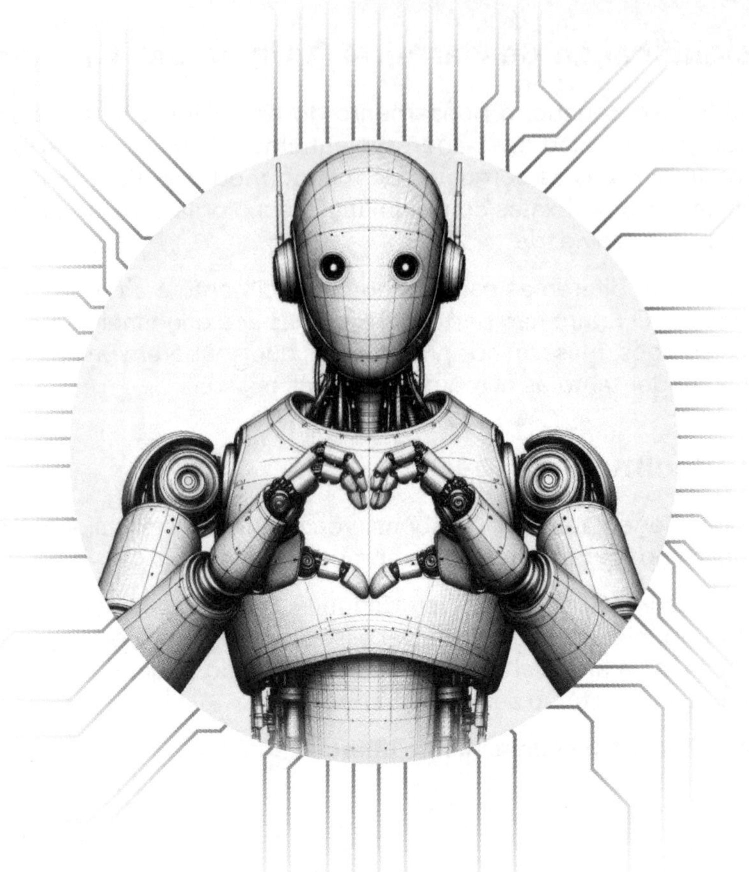

SEU TUTOR VIRTUAL:

Nosso livro não termina aqui! Através deste QR Code, você terá ao nosso tutor virtual ao qual você poderá tirar todas suas dúvidas...

Acesse e divirta-se!

www.dvseditora.com.br

Impressão e Acabamento | Gráfica Viena
Todo papel desta obra possui certificação FSC® do fabricante.
Produzido conforme melhores práticas de gestão ambiental (ISO 14001)
www.graficaviena.com.br